MEIN HAUSHALT

MEIN HAUSHALT

Ein Lehr- und Arbeitsbuch für die Berufsschülerin

Heimgestaltung und Hausarbeit, Wäsche und Kleidung, Ernährung,
Gesundheitslehre, Gartenbau

Schriftleitung: Käthe Gleißner, München

BLV Verlagsgesellschaft München Bonn Wien 1961

Mitarbeiter: Margret Arand, Käthe Gleißner, Dr. med. Johanna Haarer, Eugenie Heim, Maria Perreiter, Maria Sperl, Veronika Veith, Sophie Weiß

Bayerischer Landwirtschaftsverlag GmbH., München 3, Marsstraße 38, VE 418 I 120. — Alle Rechte vorbehalten. Nachdruck und fotomechanische Wiedergabe (Fotokopie, Mikrokopie), auch auszugsweise, nur mit Genehmigung des Verlags. — Zeichnungen: Erich Hölle, Dipl.-Ing. Franz Kunz. — Fotos: Landwirtschaftliche Bildberatung e. V., München; Bavaria-Verlag, Gauting; Altesberger; Dr. Protzeller; Urban; Bayerische Landesanstalt für Pflanzenbau und Pflanzenschutz, München; Gleißner; Veith; Weiß. — Werkfotos: Bauknecht; Bosch; Fucker, Bremen; Heinrich, Selb; Isar-Amperwerke, München; Neue Gemeinschaft für Wohnkultur, Stuttgart; Oberrheinische Kohleunion; Porzellanfabrik Arzberg; Schott & Gen., Mainz; Siemens; WMF, Geislingen. — Printed in Germany. — Satz und Druck: Augsburger Druck- und Verlagshaus vorm. Haas & Grabherr, Augsburg. — Buchbinderische Verarbeitung: Hans Klotz, Augsburg.

VORWORT

Mit dem Lehr- und Arbeitsbuch „MEIN HAUSHALT" wollen wir einem Bedürfnis jener Berufs-
schülerinnen nachkommen, die im elterlichen oder fremden Haushalt beschäftigt sind bzw.
ein eigenes Heim anstreben.

Das vorliegende Buch ist eine Gemeinschaftsarbeit erfahrener Berufsschullehrerinnen unter
Mitwirkung weiterer Fachkräfte. Die wertvollen Anregungen, die uns zugingen, und insbesondere die Erfahrungen der Lehrkräfte wurden in diesem Buch berücksichtigt.

Wir haben uns bemüht, die neueren Erkenntnisse auf den Gebieten der Hausfrau einzube-
ziehen und gerade diesen Fortschritten gerecht zu werden und durch entsprechendes Bild-
material das geschriebene Wort zu erläutern. Unter anderem wurden in einem gesonderten
Kapitel auch Haushaltfragen der berufstätigen Frau besprochen. Ein „Schulbuch" wie das
vorliegende hat aber vor allem die fachlichen Grundlagen zu geben; es muß die lebenswich-
tigen und die durch den Beruf gestellten grundsätzlichen Fragen beantworten und das Verständnis für den Fortschritt wecken und fördern.

Das Lehr- und Arbeitsbuch zielt auf möglichst große Selbständigkeit und eigenständiges
Denken der Schülerin hin. Durch die „Aufgaben" soll sie dazu angeleitet werden, eigene
Beobachtungen anzustellen, Erfahrungen zu sammeln und am Unterricht sich aktiv zu betei-
ligen. So verschieden diese Aufgaben abgewandelt werden können, immer sollten sie auf
die Eigenarbeit der Schülerin abzielen. Unter „Merke" sind im wesentlichen Forderungen
der Praxis aufgezählt; diese Zusammenstellungen bedeuten jedoch keine Gesamtübersicht
über das für die Schülerin notwendige Wissen.

Wir danken allen, die uns bei dieser Arbeit mit Rat und Tat unterstützt haben.

Der weiblichen Jugend und ihren Lehrerinnen wünschen wir, daß ihnen dieses Buch eine
brauchbare Hilfe für Unterricht und Praxis werde.

München, im August 1961

Käthe Gleißner

INHALTSVERZEICHNIS

Heimgestaltung und Hausarbeit

Heimgestaltung   11

Wir suchen eine Wohnung   11
  Eigenheim oder Mietwohnung? 11, Worauf achte ich bei der Wahl einer Wohnung? 12

Wir gestalten das Heim   17
  1. Allgemeines   17
  Gestaltung der Räume 17, Einrichtung der Räume 18, Schmuck im Heim 22
  2. Forderungen im einzelnen   23
  Wohnzimmer 23, Schlafräume 25, Kinderzimmer 26, Bad und Toilette 28, Küche 30, Nebenräume 32, unsere Kochstellen 32

Hausarbeit   37

Die täglichen Reinigungsarbeiten   37
  Spülen und Abwaschen 37, Kehren und Wischen 38, Abstauben 38, Pflege und Reinigung
  von Räumen, Möbeln und Hausrat 39

Arbeitserleichterung   45
  Grundforderungen 45, Praktische Arbeitsgeräte und Maschinen 49, Elektrizität im
  Haushalt 50, Heißwasserversorgung im Haushalt 54

Die Buchführung der Hausfrau   57

Wäsche und Kleidung

Material (Stoffkunde)   59

  Die Rohstoffe   59
  Die Herstellung der Stoffe   64
  Die Nachbearbeitung der Stoffe   66
  Worauf ist beim Stoffeinkauf zu achten?   67

Anfertigung   70

  Nähen   70
  Stricken   92
  Verzierungen   95

Pflege und Instandhaltung der Wäsche und Kleidung   99

Aufgaben der Kleidung   99
Pflege der Kleidung   100
Wäschebehandlung   102
Ausbessern von Wäsche und Kleidung   110

Ernährung

Ernährungslehre   118

1. Abschnitt   118
Warum müssen wir essen? 118, Woher kommt unsere Nahrung? 119, Wie ist der Mensch
mit seiner Ernährung in den Kreislauf der Natur eingeschaltet? 120
2. Abschnitt: Unsere Nährstoffe   122
Baustoffe 122, Brennstoffe 127, Ergänzende Stoffe 131
3. Abschnitt   133
Was geschieht mit der Nahrung im Körper? 133, Was verstehen wir unter Kalorienwert
der Nahrung? 134, Wie muß unsere tägliche Kost beschaffen sein? 135, Die Mahlzeit 135

Nahrungsmittelkunde   136

Die tierischen Nahrungsmittel   136
Milch 136, Ei 137, Fleisch 139, Wurstwaren 140, Wild und Geflügel 141, Fische 142
Die pflanzlichen Nahrungsmittel   143
Getreideerzeugnisse 143, Brot und Backwaren 145, Lockerungsmittel 146, Kartoffel 147,
Hülsenfrüchte 148, Gemüse 148, Pilze 149, Obst 150, Genußmittel 151
Nährstofftabelle   152

Grundsätzliches über das Haltbarmachen von Obst und Gemüse   154

Bedeutung der Haltbarmachung 154, Ursachen für das Verderben der Lebensmittel 154,
Möglichkeiten der Haltbarmachung 155, Regeln für die Haltbarmachung und Vorrats-
pflege 155

Grundsätzliches über die Zubereitung der Speisen   158

Zubereitungsarten 158, Aus der Küchenfachsprache und küchentechnische Winke 159,
Richtiges Würzen und Abschmecken – Kunst der Hausfrau 160, Was ist ein Grundrezept? 160

Über Tischsitten   161

Das Decken des Tisches – Tischschmuck 161, Das Benehmen bei Tisch 164, Das Bedienen
bei Tisch 165

Gesundheitslehre

Gesundheitspflege   167

Gesundheit, unser höchstes Gut 167, Aufgaben der Haut 168, Aufbau der Haut 170, Haare und Nägel 170, Gesunde Zähne 171, Kleidung, gesund und praktisch 173, Arbeit unser Freund – nicht Feind 176, Aufgabe der Knochen 178, Leistungsfähige Muskeln 179, Gesundes Essen, gute Verdauung 180, Blut, unser Lebensspender 181, Sauerstoff – lebenswichtig 183, Körperschlacken beeinträchtigen Wohlbefinden und Gesundheit 184, Nerven – unsere Gesundheitswächter 184, Mehr Leistung durch Freude 185, Gesundes Wohnen 185, Sinnvolle Freizeit 186

Säuglingspflege   188

Die Zeit vor der Geburt 188, Was fällt uns am Säugling auf? 188, Körpergröße, Gewicht und Entwicklung im 1. Lebensjahr 189, Ernährung des Säuglings 190, Pflege des Säuglings 190, Pflege des Säuglings 196, Pflege, Entwicklung und Erziehung des Kleinkindes 200

Krankenpflege   204

Allgemeines über Krankheiten 204, Allgemeine Grundsätze der Krankenpflege 204, Die Pflege des Kranken 205, Ansteckende Krankheiten 208, Erste Hilfe bei häuslichen Unfällen 209, Wo finden wir Rat und Hilfe? 212

Gartenbau

Der Hausgarten   214

Der Garten als Nutz- und Freudebringer 215, Wir planen unseren Garten und legen ihn an 215, Ein guter Gartenboden 218, Die Düngung 219, Vom Gemüsebau 224, Vom Beerenobst 241

Blumen in Garten und Haus   244

Blumen und Sträucher im Garten 244, Zimmerpflanzen 251, Blumen für Balkon- und Fensterblumenkästen 260

Die Berufstätige und der Haushalt   263

Sachverzeichnis   268

HEIMGESTALTUNG UND HAUSARBEIT

Es braucht der Mensch wie jeder Baum
Zum Wachstum einen eignen Raum,
Braucht Vaterland und Vaterhaus,
Das er getreu und recht verwaltet,
Wo er sich sammelt und entfaltet:
Dort blüht er auf, dort welkt er aus.
Johannes Linke

HEIMGESTALTUNG

Wir suchen eine Wohnung

Die Wohnung bietet Unterkunft, Schutz gegen Wetter und Wind, gegen Hitze und Kälte; sie ist Sammelplatz der Familie, gibt evtl. auch den Arbeitsplatz.

Obwohl der Staat jährlich hohe Summen für den Wohnungsbau ausgibt, ist es oft schwer, eine geeignete Wohnung zu finden. Bei Neubauten sind die Mietpreise meist so hoch, daß viele Familien sich gezwungen sehen, in eine für sie zu kleine Wohnung zu ziehen oder weiterhin in ihrer Notunterkunft zu bleiben. Glücklich jene Menschen, die eine ausreichend große Wohnung oder gar ein Eigenheim besitzen.

Die großen Siedlungen am Stadtrand und die vielen Eigenheime in ländlichen Gegenden sind ein Beweis dafür, daß auch heute noch der Wunsch des arbeitenden sparsamen Menschen auf den Besitz eines Eigenheimes, eines Stückchen eigenen Landes hinzielt. Leider gibt es nicht überall genügend Bauplätze; sie sind darum oft unerschwinglich teuer. So kam es zu etwas Neuem, der Eigentumswohnung: In allen Groß- und vielen Kleinstädten entstehen Wohnblocks mit käuflichen Eigentumswohnungen. Auch das Reihenhaus erfordert wenig Grundeigentum.

Eigenheim mit Garten   Eigentumswohnung im Reihenhaus — Gartenanteil

Eigenheim oder Mietwohnung?

Vor- und Nachteile werden an den verschiedenen Wohnungstypen aufgezeigt:

	Vorteile	Nachteile
Einfamilienhaus	Ideales Zuhause für eine Familie; meist mit Garten. Bau nach eigenen Ideen und Wünschen. Bauliche Veränderung jederzeit möglich. Kapitalbildung.	Teuer in Bau und laufenden Ausgaben für Unterhaltung und Reparaturen. An den Ort gebunden. Beheizung, Müllabfuhr, Schneeräumen usw. selbst regeln.

	Vorteile	Nachteile
Reihenhaus	Dem Einfamilienhaus ähnlich. Speicher und Keller, meist Garten. Anschluß an Zentralheizung und Warmwasserversorgung möglich. Geringere Unterhaltskosten. Kapitalbildung.	Kein Einfluß auf bauliche Gestaltung; nur geringer Einfluß auf Innenausbau bei Übernahme der Mehrkosten. An den Ort gebunden. Mit dem Nachbarn unter „einem Dach"; meist große Anlagen.
Eigentumswohnung	1- bis 3- und Mehrzimmerwohnungen als Eigenbesitz. Heizung, Warmwasserversorgung, Müllabfuhr, Treppenreinigung usw. zentral geregelt. Geringere Unterhaltungskosten. Kapitalbildung.	Kein Einfluß beim Bau, nur geringer Einfluß auf Innenausbau bei Übernahme der Mehrkosten möglich. Nachbarschaft in unmittelbarer Nähe. Kein Garten. An den Ort gebunden. Hausordnung, Verwaltungsunkosten.
Mietwohnung	Wahl nach Größe, Preis, Gegend und jederzeit Wechsel möglich. Reparaturen zu Lasten des Hausbesitzers. Mietgesetz und Mietvertrag.	Nie Eigentümer. Verwendung im Rahmen des Mietvertrages. Rücksicht auf Hausinwohner; Hausordnung. Neubauwohnungen sehr teuer; oft nur gegen beträchtliche Vorleistungen (Baukostenzuschuß, Mietvorauszahlung, Ablösung).

AUFGABE

Überlege, welche weiteren Vor- und Nachteile eure Wohnung aufweist! Vergleiche sie mit den anderer Wohnungstypen!

MERKE

Ein Eigenheim ist erstrebenswert, wenn es nicht auf Kosten der notwendigen Lebensbedürfnisse geht.

Worauf achte ich bei der Wahl einer Wohnung?

AUFGABE

Berichte über Anzahl und Größe eurer Räume und über die Lage der Wohnung! Was würdest du bei Neuwahl einer Wohnung anders wünschen?

Über die „Gesunde Wohnung" siehe Kap. Gesundheitspflege.
Der R a u m b e d a r f richtet sich nach der Größe der Familie.

Unbedingt erforderlich sind:
Wohnzimmer und Küche oder Wohnküche,
Eltern- und Kinderschlafzimmer
(für größere Knaben und Mädchen getrennte Schlafräume),
Badegelegenheit und Toilette.

Zusätzlich wünschenswert sind:
Speisekammer,
eigenes Bad,
Keller- und Speicheranteil,
Waschküchenbenützung oder Platz in der Wohnung zum Aufstellen einer Waschmaschine.

In Altbauwohnungen findet man oft große Räume mit wenig Stellfläche für Möbel. Sie entsprechen vielfach nicht, da sie nur schwer zweckmäßig und praktisch eingerichtet werden

können und schlecht zu heizen sind. Überdies wirken sie oft ungemütlich. Mittels eines Vor-
hangs oder eines Möbelstücks läßt sich mitunter eine ansprechende und brauchbare Trenn-
wand schaffen.

Die G r ö ß e eines Raumes entspricht dann, wenn nach Aufstellung der notwendigen Möbel
noch genügend Platz zum Bewegen bleibt. Für ein Wohnzimmer rechnet man etwa 20, für
ein Schlafzimmer 16 qm. Leider sind in den heutigen Neubauwohnungen die Räume oft zu
klein und es wird den Bedürfnissen der Familie zu wenig Rechnung getragen.

Bezüglich der L a g e beachten wir z. B. bei einer Wohnung in einem Reihenhaus oder bei
einer Stockwerkswohnung:

Ist es eine M i t t e l wohnung mit wenig Außenwänden oder eine E c k wohnung? Mittel-
wohnungen sind durch die benachbarten Wohnungen wärmegeschützt, haben aber insgesamt weniger Fenster und damit weniger Lichteinfall; sie sind außerdem lärmempfind-
licher — bei Eckwohnungen ist es umgekehrt.

Liegt die Wohnung zu ebener Erde, im 1., 2., 3. Stock oder noch höher? Rücksicht auf Fa-
milienangehörige: Kinder, alte, kranke Leute (Treppe).

Liegt der Hauptteil der Wohnung nach Osten, Süden, Westen oder gar Norden? Überdenke
die Vor- und Nachteile! Wähle und begründe! Siehe auch Kap. Gesundheitspflege!

Ist die Entfernung zum Arbeitsplatz gering, dann können Zeit und Fahrtkosten gespart werden. Ruhige Wohnlage mit einem Blick ins Grüne ist wünschenswert; viele nehmen dafür oft
weite Anfahrtswege in Kauf.

Man wählt den größten, schönsten und sonnigsten Raum für das Wohnzimmer oder die
Wohnküche. Schlafräume sollen wenigstens einmal am Tage Sonne bekommen. Alle Nebenräume können nach Norden liegen.

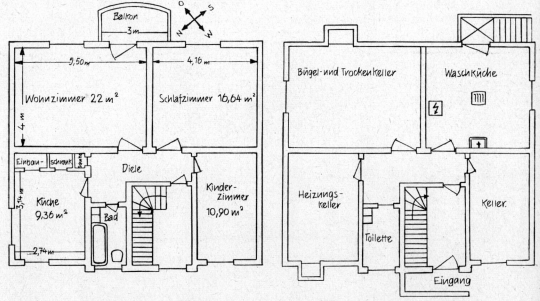

Plan einer Mietwohnung in einem Zweifamilienhaus   Plan des Kellergeschosses im gleichen Haus

Im Einfamilienhaus und Reihenhaus sind die Räume so zu legen, daß keine unnötigen Arbeitswege entstehen. Schlafräume und Bad legt man deshalb gerne ins Obergeschoß. Wohnzimmer und Küche sollen nie durch eine Treppe getrennt sein.

Eine gute W a s s e r v e r s o r g u n g ist Voraussetzung für Sauberkeit und Wohlbefinden.

Es gibt immer noch viele Wohnungen, besonders auf dem Lande, die keine Wasserleitung haben. Selbst in Neubauten spart man gerne an Zapfstellen.

AUFGABEN
Woher bekommt ihr euer Wasser?
Wo würdest du eine zusätzliche Zapfstelle wünschen?

Vor dem Bau oder Bezug einer Wohnung stellt die Hausfrau möglichst ihre Wünsche und überlegt auch, woher sie am günstigsten und billigsten warmes Wasser bekommt.

Benötigte Zapfstellen für einen Normalhaushalt:
In der Küche für Ausguß und Spüle,
im Bad für Wanne und Waschbecken, evtl. für Waschmaschine,
im Klosett für Waschbecken,
in der Waschküche 2–3 Zapfstellen;
im Einfamilienhaus zusätzlich im Keller und Obergeschoß je 1 Zapfstelle.

Der Anschluß an eine zentrale Warmwasserversorgung ist ideal, führt jedoch leicht zu unüberlegtem, unnötigem Verbrauch. Ähnlich dem elektrischen Strom geht der Verbrauch über einen Zähler und wird monatlich abgerechnet. Über Warmwasserversorgung siehe Kap. S. 54.

AUFGABEN
Berichte über dir bekannte Öfen!
Mit welchem Brennmaterial heizt ihr eure Räume?

Bei der Wahl einer Wohnung prüfe auch die Möglichkeit der B e h e i z u n g ! Grundsätzlich merke: Eckwohnungen, Nordzimmer, sehr große Räume und Räume mit großen Fenstern erfordern zur Erwärmung viel Heizmaterial. Öfen kann man nur dort aufstellen, wo Kaminanschluß vorhanden ist. Für Ölöfen ist der Kaminzug zu prüfen. Vom Hausherrn aufgestellte Öfen dürfen nur mit dessen Genehmigung entfernt werden.

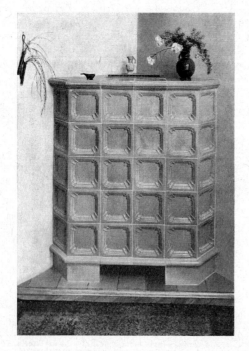

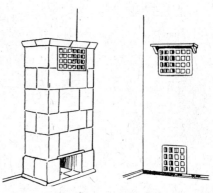

Kachelofen für Mehrraumheizung. Links: Feuerung vom Flur aus; rechts: Warmluftentnahme in anderen Räumen

Einraumheizung	Mehrraumheizung (Warmluft)	Zentralheizung (Dampf oder Warmwasser)
Für jeden Raum eigener Ofen, der nach Bedarf geheizt wird. Einzelbedienung erfordert viel Arbeit, darum wird meist nur der Wohnraum geheizt. Sparsam.	Ein Ofen beheizt 1–4 und mehr Räume, die neben- oder übereinander liegen. Verhältnismäßig wenig Arbeit, geringer Mehrverbrauch von Brennmaterial. Bei Neubau eines Einfamilienhauses zu empfehlen, wenn Zentralheizung nicht in Frage kommt.	Von einer Heizstelle aus wird das ganze Haus beheizt. Wenig Arbeit. Für die Übergangzeit ist z. B. bei Koksbeheizung ein Zusatzofen für den Wohnraum zweckmäßig.

Je nach Brennstoff unterscheiden wir:

Kohle-, Öl-, Gas- und Elektroheizung.

Wichtig ist, daß bei Kohleöfen nur die Kohlenarten verwendet werden, die für den betreffenden Ofen geeignet sind. Nur dann sind guter Brand und richtige Auswertung der Heizkraft zu erwarten. Bei Verwendung von Öl gilt der gleiche Grundsatz.

Für die Heizung mit Kohle kommt heute fast nur noch der D a u e r b r a n d o f e n in Frage, der bei bester Ausnützung des Brennstoffes hohe Leistung bei einfacher Bedienung ermöglicht. Wir unterscheiden vor allem zwei Arten:

den D u r c h b r a n d o f e n (Allesbrenner), bei dem das Brennmaterial von unten nach oben durchbrennt und

den U n t e r b r a n d o f e n, bei dem die Verbrennung nur im unteren Teil des Feuerraumes stattfindet. Aus dem Füllschacht fällt immer nur soviel Brennstoff nach, wie auf dem Rost verbrannt ist. Für diesen Ofen eignet sich nur Magerkohle (Anthrazit u. ähnl.).

Allesbrenner mit D e c k e n z u g haben kurze Ableitung der Heizgase zum Schornstein; sie sind darum auch für weniger günstigen Kaminzug geeignet.

Allesbrenner mit S t u r z - u n d S t e i g z u g haben längere Ableitung der Heizgase zum Schornstein; sie fordern guten Kaminzug.

Beim Einkauf von Kohleöfen achte auf das Gütezeichen! Abb. nebenan!

Die Beheizung mit Öl hat sich in den letzten Jahren mehr und mehr durchgesetzt. Ihre Vorteile sind: einfache, saubere Bedienung, Arbeitserleichterung. Vor dem Kauf eines Ölofens ist der Kaminzug vom Fachmann zu prüfen. G a s - und E l e k t r o heizung sind in ihrem Betrieb noch teuer; sie kommen darum vor allem als Zusatzheizung und in der Übergangzeit in Frage. Elektrische Strahlöfen werden auch für ungeheizte Badezimmer benützt. Hier sind die Anschlußvorschriften unbedingt zu beachten.

MERKE

Die Heizanlage soll in ihrer Bauart in den Raum passen.
Sie soll der Größe des Raumes entsprechen.
Sie soll eine genügende und gleichmäßige Erwärmung des ganzen Raumes ermöglichen.
Sparsamer Verbrauch von Brennmaterial ist Grundbedingung für ihre Eignung.
Mehrraumheizung oder Beheizung von der Küche aus spart Arbeit und ist wirtschaftlicher.
Kohle- und Ölöfen gibt es für Einraum-, Mehrraum- und Zentralheizungen.
Der Kachelofen paßt auch in eine moderne Wohnung; er kann mit Holz, Kohle, Öl oder elektrisch geheizt werden. Mit billigem Nachtstrom werden die Kacheln erhitzt und geben tagsüber die Speicherwärme ab.

Berichte über Art und Farbe eurer Fußböden in den verschiedenen Räumen!
Erkundige dich, mit welchen Böden die Mutter am meisten zufrieden ist und warum! Berichte!

Beim Mieten einer Wohnung haben wir keinen Einfluß auf die Art der F u ß b ö d e n. Sie wurden beim Bau des Hauses verlegt und sind in mehr oder weniger gutem Zustand erhalten. Kennen wir die Vor- und Nachteile der verschiedenen Fußböden, dann können wir bei Neubauten mitbestimmen, welcher Boden in die einzelnen Räume verlegt werden soll.

S t e i n b ö d e n : Naturstein-, Fließen- und Terrazzoböden lassen sich rasch und leicht reinigen und sind sehr haltbar, jedoch kalt, unelastisch, ungesund. Heute verlegt man sie deshalb nur noch in Räumen, in denen viel mit Wasser gearbeitet wird, z. B. Waschküchen, Wirtschaftsräumen und im Bad, verwendet sie aber auch gerne für Treppen und Flure.

H o l z b ö d e n : Weichholzböden aus Fichte und Föhre, auf Nut und Feder verarbeitet und als Riemenböden verlegt, sind preiswert, schön und praktisch. Sie sind für Wohn- und Schlafräume sowie Wohnküchen gut geeignet. Böden aus Eichen- und Buchenholz sind haltbarer, sehr schön, aber auch teurer. Gerne verlegt man schöngemustertes Holz zu Parkettmustern. Schade ist, wenn diese schönen, wertvollen Böden ganz mit Teppichen zugedeckt werden. R o h h o l z ist porös und saugt Feuchtigkeit und Farbe tief ein. Es erfordert mühsame und zeitraubende Pflege. Durch Wachsen, Ölen oder Anstrich wird die Putzarbeit erleichtert. Heute findet die Hausfrau eine gute Hilfe durch das „Versiegeln". Durch einen Überzug mit einem bestimmten farblosen Lack bleiben die Schönheit der Maserung und die Farbe des Holzes erhalten. Die Reinigungsarbeit besteht in einfachem feuchtem Aufwischen und gelegentlichem Wachsen.

L i n o l e u m : Diese schon seit vielen Jahren aus verschiedenen Rohprodukten, wie Leinöl, Kork- oder Holzmehl, Harz u. a. hergestellten Bodenbeläge haben sich in zahlreichen Mustern und Farben in Wohnräumen, Fluren usw. gut bewährt. Linoleum kann entweder auf alte Bodenbeläge aufgelegt oder auch gleich neu verlegt werden, immer aber muß die Auflagefläche glatt, fest und trocken sein.
Linoleumähnliche Beläge (z. B. Balatum, Stragula): Grundlage dieser Beläge ist wasserundurchlässiger Wollfilz oder Pappe. Sie sind in vielen Mustern und Farben auf dem Markt, sind billiger als Linoleum, aber auch weniger dauerhaft. Sie eignen sich zum Schutz stark beanspruchter, anderer Bodenbeläge. Die Auflagefläche muß glatt und trocken sein.

K u n s t s t o f f b ö d e n (chemische Erzeugnisse, z. B. PVC, PVA): In bunten Farben, in verschieden großen Stücken zu modernen Flächenmustern verlegt, sind sie heute schon in vielen Wohnungen zu finden. Da sie ziemlich unempfindlich und leicht zu reinigen sind, können sie teilweise auch in Küchen und Bädern verwendet werden. Über ihre Haltbarkeit fehlen uns jedoch noch die Erfahrungen. Bei ihrer Verwendung für Wohnräume sei man mit der Auswahl von Farbe und Muster vorsichtig, damit die Harmonie im Raum nicht gestört wird.

MERKE
Berücksichtige bei der Auswahl des Bodens den Zweck des Raumes und die erforderliche Pflegearbeit!
Hartholzböden sind zwar teuer, auf die Dauer aber preiswert.
Versiegelte Böden wirken schön, sind praktisch und arbeitssparend.
Bei Kunststoff-, Linoleum- und ähnlichen Belägen achte besonders auf die Musterung und Farbe!
Hole dir in Zweifelsfällen Rat bei einer Fachberaterin!

Wir gestalten das Heim

Zweckmäßigkeit ist das Grundprinzip alles Wohnens, jedoch erst die liebende Hand vermag den Raum wohnlich zu machen.

H. v. d. Velde

1. Allgemeines

Die Wohnung können wir mieten, das Heim müssen wir gestalten. Dazu ist vor allem die Frau berufen. Eine Wohnung wird erst dann zum Heim, wenn sie dem Wesen ihrer Bewohner entspricht. Nicht immer wird die Gestaltung des Heimes auf die Dauer zur Zufriedenheit aller Familienmitglieder ausfallen; vor allem dann nicht, wenn „Schönheit und Mode" zu sehr betont und „Zweckmäßigkeit" zu wenig beachtet wurde. „Die Wohnung ist zwar schön, aber gemütlich ist sie nicht", hört man dann urteilen. Unser Heim soll gemütlich sein; wir sollen uns wohl fühlen, uns erholen können, sollen aber nicht zum Sklaven unserer Wohnung werden.

Nachfolgend wird aufgezeigt, wie man eine Wohnung zum Heim gestalten kann und was dabei grundsätzlich zu beachten ist.

Gestaltung der Räume

Wände

AUFGABEN

Betrachte eure Räume; vergleiche den Wandanstrich der verschiedenen Räume; berichte!
Erkundige dich, wie oft der Anstrich erneuert wird!

In den seltensten Fällen bekommen wir eine Wohnung „ganz nach Wunsch", gleichviel, ob es sich um eine Land- oder Stadtwohnung handelt.
Die Räume sind für unsere Ansprüche zu groß, zu klein, zu hoch oder zu niedrig, zu hell oder zu dunkel. So müssen wir uns mit den Gegebenheiten abfinden und versuchen, das Bestmögliche daraus zu machen.

MERKE

Je heller ein Raum, um so größer — je dunkler ein Raum, um so kleiner wirkt er.
Zu hohe Räume sind ungemütlich, kalt — zu niedrige Räume bedrücken.

Darum beachte:
Kommt von außen zu wenig Licht herein, oder ist der Raum an sich recht klein, dann halte die Wände recht hell; so wirkt er größer und freundlicher.
Sehr große Räume können durch einen in gedecktem Farbton gehaltenen Wandanstrich kleiner und gemütlicher wirken.
Oft findet man die Wände in einem kräftigen Rot, Blau oder Grün getüncht, mit daraufschablonierten Blumenmustern in anderer Farbe. Ein solcher Anstrich wirkt beunruhigend, besonders auf den Menschen, der nach anstrengender Arbeit Entspannung sucht.
Für Schlafzimmer ist ein heller, einfarbiger oder nur unauffällig gemusterter Anstrich am besten geeignet.
Am einfachsten, billigsten und gesündesten ist das K a l k e n. Hierbei wird wegen der Erneuerung auch nicht lange überlegt. Das Tünchen der Küche oder Wohnküche gehört in den meisten Fällen zum jährlichen Hausputz.
Für Wohn- und Schlafräume ist Leimfarbe zu bevorzugen, denn sie kann in vielfältigeren und zarteren Tönungen hergestellt werden und hat den Vorteil, nicht abzufärben.
In Wohn- und Schlafräumen verkleidet man die Wände auch gern mit T a p e t e n. Sie sind in vielen Farben und Mustern zu haben und machen den Raum wärmer. In der Anschaffung jedoch sind sie teurer und werden darum oft nicht rechtzeitig erneuert. Sie wirken dann

unschön, fangen Staub, und können, insbesondere wenn sie schadhaft sind, oft zu Brutstätten für Krankheitskeime und Ungeziefer werden. Bei der Auswahl der Tapete sollen nicht nur der Zweck des Raumes und die Einrichtung, sondern auch seine Größe, Höhe und Helligkeit berücksichtigt werden.

Hinter Sitzecken oder Betten, die mit der Längsseite an der Wand stehen, macht man gern eine Holzvertäfelung oder eine Wandbespannung. Wird geschmackvoll ausgewählt, dann wirkt der Raum dadurch wohnlicher und der Wandanstrich wird geschont.

MERKE
Erneuere den Anstrich in vielbenutzten Räumen rechtzeitig, nach Möglichkeit jedes Jahr!
Tapeten sind haltbarer als Anstriche; bedenke dies bei der Auswahl von Farbe und Muster!
Ist die Inneneinrichtung eines Raumes schlicht, so halte die Wände farbenfroh! Wähle aber ruhige, unauffällige Musterung!

Über Fußböden siehe Seite 16.

Beleuchtung

Als künstliche Lichtquelle für unsere Wohnungen dient heute fast allgemein die elektrische Glühbirne.

Elektroanschlüsse und Steckdosen sind heute in jeder Mietwohnung vorhanden. Es muß geprüft werden, ob genügend Anschlüsse vorhanden und ob sie am richtigen Platz angebracht sind. Bei Neubauten ist gut zu überlegen, wohin die Leitungen verlegt werden

sollen und wo man Steckdosen benötigt. Es ist günstiger und ungefährlicher, eine Steckdose mehr anzubringen, als sich mit Zwischensteckern und Verlängerungskabeln zu behelfen.

Für jeden Raum benötigen wir mindestens einen Anschluß an der Decke und 1–2 Steckdosen für Wand- und Platzbeleuchtung.

Je nach Raum und Verwendungszweck wählen wir
die Deckenleuchte für Ganzraumbeleuchtung,
die Zuglampe über dem Tisch, die zur Arbeitslampe wird,
die Wandlampe als Leuchte für den Arbeitsplatz, für den Waschtisch, den Spiegel,
die Stehlampe für die Behaglichkeit.

MERKE
Schlechte Beleuchtung schädigt das Auge und beeinflußt die Stimmung.
Für den Arbeitsplatz wähle besonders gutes Licht (mindestens 60—100 Watt) und achte auf Lichteinfall von links!
Grelles Licht blende ab!
Für das Schlafzimmer nimm gedämpftes Licht (geschlossener Schirm!)

Größe, Form, Farbe und Material des Lampenschirmes wähle dem Raum und seiner Einrichtung entsprechend! Siehe auch Abb. S. 23, 27, 28.
In Waschküche und Bad müssen besonders gut isolierte Leitungen und gesicherte Lampen angebracht werden. Überlege, warum!

Einrichtung der Räume

AUFGABEN
Betrachte eure Möbel zu Hause!
Frage, aus welchem Holz sie sind!
Frage, wie sie bei der Reinigung behandelt werden!
Schau die Möbel von außen und innen gut an! (Oberflächenbehandlung!)
Welche Überlegungen würdest du beim Kauf neuer Möbel anstellen?

Eichenschrank für Wohnzimmer oder Diele. Zeitlos und schlicht in Form und Ausführung.

Nehmen wir an, wir dürfen eine Wohnung neu einrichten. Vor Anschaffung der Möbel müssen wir überlegen:

Welche Möbel brauchen wir?

Maßgebend für den B e d a r f sind zunächst

die Zahl und Art der Räume,
die Größe der Familie, einschließlich der Beschäftigten,
der Beruf des Mannes oder der Frau.

Die zu treffende Auswahl wird beeinflußt von den zur Verfügung stehenden M i t t e l n , so daß u. U. die Frage auftaucht: Was muß zunächst unbedingt da sein? Was kann vorerst entbehrt werden? Wir müssen uns aber auch nach den gegebenenfalls schon vorhandenen Möbeln richten, die nur ergänzt oder zum Teil auch umgebaut werden sollen. In einem solchen Falle sind auch Holzart, Stil und Verarbeitung der Stücke zu berücksichtigen, wenn sie zueinander passen sollen.

Die A u s w a h l der Möbel ist in erster Linie abhängig

von dem Z w e c k e , dem sie dienen sollen,
zum zweiten vom R a u m , in dem sie stehen,
und zum dritten von der W e s e n s a r t d e r M e n s c h e n , die sie benützen wollen.

Möbel, die für einen städtischen Haushalt gefertigt sind, wirken im Bauernhaus immer weniger günstig als in der Stadtwohnung. Man spürt dies, ist enttäuscht und weiß oft nicht den Grund dafür zu finden. Das gleiche ist zu beobachten, wenn man in der Stadtwohnung, weil die Mode es will, eine „Bauernstube" aufstellt. Auch sie wirkt dort unecht. Für die schlicht-natürliche Wesensart vieler Menschen paßt auch nicht die „zu moderne" Aufmachung einzelner Einrichtungsgegenstände; dagegen fühlen sich andere wieder nur in übertrieben und großzügig eingerichteten Wohnungen wohl.

Erfüllen S e r i e n m ö b e l den gleichen Zweck wie Maßmöbel?

Serienmöbel sind billiger und entsprechen in ihren Ausmaßen Normalwohnungen.
Sie kommen nicht in Frage,
> wenn sie dem in Frage kommenden Raum nicht entsprechen oder
> wenn Sonderwünsche, besonders praktischer Art, bestehen,
> wenn, vor allem für Eigenheime, Einbauschränke oder Schrankwände vorhanden sind
> oder gewünscht werden.

Welches Holz soll verwendet werden?

Für die Möbelherstellung wird sowohl Hartholz (Eiche, Buche, Rüster, Nuß-, Kirsch- und Birnbaum) als auch Weichholz (Tanne, Fichte, Kiefer, Lärche) verwendet. Hartholz ist widerstandsfähig und dauerhaft, aber auch teuer. Weichholz ist dagegen empfindlicher, dafür aber billiger. Es wird zu einfachen, meist gestrichenen oder gebeizten und lasierten Möbeln verwendet.
Die Auswahl des Holzes ist in erster Linie von den vorhandenen Mitteln abhängig. Doch sollte, wenn auch nur wenig Geld zur Verfügung steht, schon überlegt werden, welche Möbel viel beansprucht werden und darum aus härterem Holz sein müssen. Es ist klüger, zunächst auf ein noch entbehrliches Stück zu verzichten, um dafür ein anderes, besseres Holz verwenden zu können. Sollen vorhandene Möbel ergänzt werden, so ist gleichartiges Holz zu nehmen.

Welche Oberflächenbehandlung wähle ich?

Die Familie, insbesondere die Frau und die Kinder sollen nicht Sklaven der Möbel sein. Möbel müssen und sollen benützt werden, sie sind also keine „Schaustücke". Nur wenn wir das bedenken, wird unsere Wohnung gemütlich sein. Durch dauernden Gebrauch werden die Möbel aber auch abgenützt und im Lauf der Zeit unansehnlich, besonders dann, wenn die Oberflächenbehandlung nicht entsprechend ist. Diese soll darum der Beanspruchung der Möbel angepaßt sein. Dabei ist zu bedenken, daß
Möbel in einer Küche oder einem Arbeitsraum stärker beansprucht und daher auch rascher abgenutzt werden als in einem Wohn- oder Schlafzimmer,
Möbel in einer kleinen Wohnung weniger empfindlich sein dürfen als solche in einer genügend großen Wohnung.
Ob die Möbel gebeizt, lasiert, lackiert oder mit Ölfarbe gestrichen sein sollen, hängt also von ihrer Inanspruchnahme und von ihrer Holzart ab, aber auch davon, ob die Hausfrau die Möglichkeit hat, sie zu pflegen. Polierte Möbel sind empfindlich und fordern sehr viel Pflege. Sie kommen darum weniger in Frage. Abzuraten ist von polierten Tischplatten, insbesondere dann, wenn der Tisch täglich und außerhalb der Mahlzeiten benützt wird.

MERKE
Vor dem Kauf schau dir vieles an und wähle sorgfältig! Kaufe nicht unbedacht!
Wähle die Möbel zweckentsprechend und passend zum Raum — nicht in erster Linie nach der Mode! Hohe und große Räume verlangen andere Möbel als niedrige, kleine Räume.
Stelle nicht zuviel Möbel in das Zimmer! Je kleiner der Raum, um so beengender und bedrückender wirken sie.
Es hängt von dir ab, wie der einzelne Raum auf die Bewohner und Besucher wirkt:
1. Die Farbe der Wände wie auch die Größe und die Zahl der Möbel begünstigen oder beeinträchtigen die Raumwirkung.
2. Gute natürliche und künstliche Beleuchtung sowie frische Luft und Wärme machen den Raum behaglich.

Vorhänge

Vorhänge sollen uns vor den Blicken neugieriger Menschen und vor dem grellen Sonnenlicht schützen sowie den Raum freundlich und gemütlich machen. Muster und Machart sind sehr der Mode unterworfen. Heute werden hellere, oft recht buntfarbige Gardinen und reicher Faltenfall bevorzugt. Die verwendeten Stoffe sind meist aus Baumwolle, oft auch Zellwolle oder Mischgewebe. Mehr und mehr werden auch Stoffe synthetischen Ursprungs, wie Diolen, Trevira u. a. angeboten. Wenn die Anschaffungskosten auch hoch sind, werden sie doch gern verwendet. Sie fallen schön, sind haltbar und leicht zu reinigen. Das Waschen ist gegenüber anderen Rohstoffen sehr erleichtert, Bügeln und Spannen entfallen ganz. Beim Einkauf von Vorhängen sollte nicht nur nach dem Zeitgeschmack gewählt werden. Siehe Abb. S. 25, 26, 29. Für die Auswahl und Anbringung

MERKE
Ein Vorhang darf Licht, Sonne und Ausblick nicht ganz wegnehmen.
Nur ein reichlich weiter Vorhang fällt schön, ist wirklich Schmuck.
Sonnenlicht bleicht die Farben.
Große Muster und kräftige Farben passen für große Fensterflächen.
Farbenfrohe Vorhänge beleben schlicht eingerichtete Räume.
Das Auf- und Zuziehen, das Abnehmen zum Waschen oder Reinigen soll nicht unnötige Mühe machen.
Die Fenster müssen sich ohne Mühe öffnen lassen.

Teppiche

Warm und wohnlich ist ein Raum, in dem ein Teppich liegt, insbesondere dann, wenn dieser mit Bedacht ausgewählt wurde. Vor allem ist auf Farbe und Musterung zu achten, wenn er Jahre hindurch erfreuen soll. Teuere Teppiche sollten vor dem Kauf dort ausgelegt werden, wo sie später verwendet werden sollen, weil so erst zu sehen ist, wie Teppich, Raum und Einrichtung harmonieren. Aber auch anderen Ansprüchen müssen Teppiche gerecht werden. So sollen in viel benutzten oder sonst stark beanspruchten Räumen nur solche Teppiche ausgelegt werden, die unempfindlich und leicht zu reinigen sind (Abb. S. 25–29). Vor dem Kauf ist daher zu überlegen, welche Verarbeitung und welches Material in Frage kommen.
Die B o u c l é teppiche haben geschlossene Noppen, die Oberfläche ist recht fest.
Bei V e l o u r teppichen sind die Noppen auf der Oberseite aufgeschnitten, der Flor kann verschieden dick und dicht sein.
Bei T u f t i n g teppichen (neueres Herstellungsverfahren) sind einem Grundgewebe Noppen aus Teppichgarn (geschlossen oder aufgeschnitten) eingearbeitet. Die Unterseite ist mit Kunststoff beschichtet.
Verarbeitet werden Wolle, Haargarn, Sisal und Kokos sowie synthetische Fasern. Wollteppiche gibt es in verschiedenen Macharten. Die Qualität ist von der Wollgüte und der Webart abhängig.
Gewebte Schafwollteppiche geben dem Raum meist eine persönliche Note. Ist die Farbe gedeckt und die Musterung unauffällig, dann hat man lange Freude daran. Vor allem wird Wolle zu Velourteppichen, teilweise auch zu Bouclèteppichen verarbeitet.
Die wertvollsten Wollteppiche sind die echten, handgeknüpften Orientteppiche (Perser). Von billigen „Orient"-Teppichen ist abzuraten, sie sind unecht und im Gebrauch undankbar.
Haargarnteppiche bestehen aus Ziegen- oder Kuhhaaren. Sie werden vor allem als Bouclé-, aber auch als Velourteppiche angeboten. Dieses trittfeste Material ist vor allem für solche Räume geeignet, die stark begangen werden.
Kokos- und Sisalteppiche, -läufer und -matten sind sehr widerstandsfest. Sie werden daher vorwiegend für Gänge, Dielen, Treppen, aber auch stark beanspruchte Wohnräume genommen.
Teppiche aus synthetischen Fasern (Perlon, Dralon, Cuprama) werden meist in Velourart angeboten. Mit kurzem, dichtem Flor sind sie für Räume mit starker Beanspruchung geeignet.

Für schlicht eingerichtete Wohnungen wähle auch schlichte Teppiche!

Kleine, leichte Teppiche rutschen nicht mehr, wenn man Schaumgummi oder Weckringe unterlegt.

Treppenläufer brechen an den Kanten nicht so leicht durch, wenn die Holzkanten mit Filz, Papier oder Schaumgummi „gepolstert" werden.

Die Lebensdauer wird auch verlängert, wenn man den Läufer regelmäßig verschiebt. Schwere Möbelstücke soll man nie auf einen Teppich stellen.

Schmuck im Heim

AUFGABE

Wir stellen in der Klasse verschiedene Schmuckgegenstände für das Heim aus. Bringe hierfür dir geeignet erscheinende Gegenstände mit (Vasen, Bilder, Handarbeiten u. a.)!

Ist durch eine geschmackvoll ausgewählte Einrichtung, durch Vorhänge und Teppiche unsere Wohnung zum Heim geworden, so fehlen doch noch die Dinge, mit denen wir liebevoll den Raum schmücken, damit sie uns erfreuen, ohne unbedingt einen praktischen Zweck zu erfüllen.

Trotz Sauberkeit, der Voraussetzung für ein schönes Heim, kann ein Raum kalt und unpersönlich wirken, wenn nicht durch kleine Besonderheiten der Geist der Bewohner zu spüren ist. Die mit Sorgfalt gewählten schmückenden Dinge sind es, die ein Heim erst schön machen, ihm die persönliche Note geben, so daß Körper und Geist sich hier wirklich erholen können.

Womit können wir unser Heim schmücken?

Früher waren es in erster Linie die von der Hausfrau in unendlicher Kleinarbeit verfertigten Handarbeiten. Heute fehlt dazu meist die Zeit, oft auch die Liebe und das Geschick. Dafür bietet der Markt reiche Auswahl, leider auch viel Unschönes, Geschmackloses. Wähle darum mit besonderer Sorgfalt; kaufe nur in guten Fachgeschäften und bevorzuge handwerklich gefertigte Gegenstände!

Zum Schmuck für jedes Heim gehören auch nette Kissen. Sie passen auf die Eckbank und auf Polstermöbel. Sie sollen aber nicht nur schön sein, sondern auch ihrem Zweck entsprechen. Auf einem Kissen soll man weich sitzen oder liegen können. Viel Unschönes und Unpraktisches finden wir oft auf Jahrmärkten und in Geschäften: kostbare Samt- und Seidenstoffe mit aufgedruckten Bildern, Spitzen- und Rüschenverzierungen sind empfindlich, nicht oder nur schwer zu reinigen, unschön, ja oft kitschig, und darum abzulehnen.

Wohnlich und gemütlich wirkt ein Zimmer erst dann, wenn auf dem Tisch eine saubere, schöne Decke liegt. Auch in der Größe muß die Decke passen, z. B. darf die Decke beim niederen Couchtisch höchstens 15 cm überhängen. Von Leinen- oder Halbleinendecken wird man selten enttäuscht. Sind sie farbecht, so lassen sie sich leicht waschen; sie sind meist auch geschmackvoll in Muster und Farbe. Polierte oder eingelegte Tischplatten sollen in ihrer Schönheit wirken; man belegt sie deshalb höchstens mit kleinen Deckchen.

Große Wandflächen erscheinen kahl, wenn nicht ein Bild, eine Uhr, eine Blumenampel sie schmücken. Die Auswahl von Bildern muß sehr gut überlegt werden. Am besten holt man sich Rat in Kunsthandlungen, wenn man nicht genau weiß, welches Bild man haben möchte. Religiöse Bilder sollten mit Vorsicht gewählt werden und nur in Kunsthandlungen gekauft werden. Fotografien von Eltern und Großeltern hängt man auch gerne auf, jedoch sollen nur gute und nicht zu viele Bilder genommen werden.

Ein Irrtum ist es, wenn man meint, Blumenvasen, Schalen und Krüge seien in jedem Fall Schmuckstücke für die Wohnung. Häufig kommen in die Vase noch Blumen aus Papier oder Wolle, in die Schale Früchte aus Wachs oder Gips. Solche Unechtheiten können nicht schön sein, fangen außerdem nur unnötig Staub und verunzieren den Raum.

Auch in der Pflege der Blumen offenbart sich ein guter Geist. Der Hausgarten und die Flur liefern vom Frühling bis zum Spätherbst die mannigfaltigsten Blüten und auch Früchte zum Schmuck unseres Heimes.

In der Stadt jedoch ist es nicht immer leicht, frische, preiswerte Schnittblumen zu bekommen. In erhöhtem Maße bevorzugt man deshalb die Topfblumen. Zur modernen Wohnkultur gehören die Blumenecke, das Blumenfenster mit immergrünen Blatt- und blühenden Topfpflanzen. Siehe Abb. S. 260.

Über Blumenschmuck im Haus s. Kap. Gartenbau.

Gutes Material — schlichte Formen

MERKE

Sauberkeit ist die erste Voraussetzung für den Schmuck des Heims.
Jeder Schmuckgegenstand soll einen Sinn haben.
Billiger Tand kann niemals Schmuck sein.
Lehne jede Unechtheit ab!
Wähle nur frische Blumen und schöne Früchte als Heimschmuck!

2. Forderungen im einzelnen

Das Wohnzimmer

Das Wohnzimmer ist Eß-, Wohn- und Arbeitsraum. Es muß so geräumig sein, daß alle Familienmitglieder Platz darin haben, ohne sich gegenseitig im Wege zu sein. Verschiebt man den Tisch mit der Sitzgelegenheit in eine Ecke, so bleibt mehr Bewegungsfläche.

Eß- und Arbeitsecke im Wohnzimmer

Vergleiche die beiden
Stühle und beurteile!

Bei der Anschaffung von P o l s t e r m ö -
b e l n für die Wohnstube ist zu überlegen,
welchem Zweck sie in erster Linie dienen
sollen. Ob gepolsterte Eckbank, Sessel oder
Couch, immer soll das Z w e c k m ä ß i g e
und P r a k t i s c h e den Ausschlag geben
(Abb. S. 25 u. 264).
Das gleiche gilt für den Kauf eines Wohn-
zimmerschrankes. Was im Wohnzimmer gebraucht wird, z. B. Eßgeschirr, Gläser, gutes
Besteck, Tischwäsche, soll im Wohnzimmer-
schrank Platz finden und übersichtlich ein-
geräumt werden können.

Einfache, schöne Formen —
Einzelteile sind zu ergänzen

Anbaumöbel — Ergänzung
der Einrichtung nach
Bedarf und Möglichkeit

Gemütliche Ecke im Wohn-
zimmer. Beachte die Wand-
ausnützung über dem Sofa!

Schlafräume

Auch für die S c h l a f z i m m e r m ö b e l gilt der Grundsatz: schlicht, einfach, leicht zu reinigen und nicht mehr, als gebraucht wird.

Notwendig sind: Bettstellen und Nachtschränkchen, Kleiderschrank und eine große Wäschekommode oder ein großer Kleider-Wäsche-Schrank. Besonders viel Platz bietet die Schrankwand.

Ist kein Bad vorhanden, dann ist für eine andere günstige Waschgelegenheit – möglichst im Schlafzimmer – zu sorgen.

Im Elternschlafzimmer soll noch Platz zum Aufstellen eines Kinderbettchens bleiben.

Beim Einkauf der Schlafzimmermöbel achte vor allem auf

entsprechende Geräumigkeit,

zweckmäßige, die Ordnung erleichternde Innenausstattung bei den Schränken (Fächerung,

englische Züge u. a., siehe Abb. S. 27),

leichte Reinigungsmöglichkeit vor allem unter den Bettstellen!

In 6–10 Stunden Nachtruhe muß der müde Körper ausruhen und sich erholen. Voraussetzung hierfür ist ein gutes Bett.

In älteren Haushaltungen findet man noch die Kastenmatratze. Auf ihr ist gut liegen, doch ist sie schwer zu transportieren; sie wird darum oft ungenügend gelüftet und entstaubt. Sie wurde mehr und mehr durch die Drahtfedermatratze mit dreiteiliger Polsterauflage verdrängt. Neuerdings wird die Polsterauflage wieder in einem Stück hergestellt. Die Polster sind mit Roßhaar, Seegras, Kapok oder Wolle gefüllt. Zu ihrer Schonung wird die Federmatratze mit einer Rupfen- oder einer dünnen abgesteppten Decke belegt. Die Polster für Schlafsofas sind Federkernpolster. Federgefüllte Unterbetten sind zu warm und verweichlichen den Körper. Sie sollten darum nicht oder höchstens in ungeheizten Räumen in der kalten Jahreszeit verwendet werden. Empfehlenswert sind die mit Schafwolle gefüllten Rheumaunterbetten. Kopfkissen und Deckbett werden mit Gänse- oder Entenfedern gefüllt. Wichtig ist, daß das Inlett keine Federn durchläßt. Prall gefüllte Betten sind schwer, ungesund und unpraktisch. Für ein Kopfkissen (80×80 cm) rechnet man 1 kg Federn. Das Oberbett (Größe von 130×200 cm) wird mit 2½ bis höchstens 3 kg Federn gefüllt. An Stelle des Federbettes tritt in den warmen Monaten als Zudecke die Wolldecke oder die mit Wolle oder Daunen gefüllte Steppdecke. Diese (150×200 cm) wird mit 2 kg sauberer Schafwolle oder 1 kg Daunen gefüllt. Sämtliche Bettstücke, auch Decken, werden durch Überzüge aus kochbarem Stoff geschützt.

Modernes
Schlafzimmer

4teiliger Kleider-Wäscheschrank aus Lärchenholz. Beachte die schlichte Form, die schöne Maserung, die günstige Aufteilung des Innenraumes! Das Mittelfach ist für lange Kleidungsstücke bestimmt und enthält ein Hutfach.

Schrankwand
im Schlafzimmer

Das Kinderzimmer

Das Eigenheim bietet Platz für eigene Kinderzimmer. Besonders hübsch lassen sich dafür Dachzimmer gestalten. Sind diese heizbar, dann sind sie nicht nur Schlaf-, sondern auch Aufenthaltsräume für größere Kinder und Jugendliche. Die Idealwohnung für Familien mit Kindern ist das Eigenheim mit Garten.

Junge Ehepaare müssen sehr oft erst für eine eigene Wohnung und deren Einrichtung sparen und können sich selten eine Dreizimmerwohnung leisten. Wenn im Schlafzimmer der Eltern Platz für ein Kinderbettchen ist und sich im Wohnraum eine Spielecke einrichten läßt, so mag dies für das kleinere Kind Ersatz für ein Kinderzimmer sein. Mit dem Schulalter oder ab dem zweiten Kind wird ein Kinderzimmer notwendig. Nur in gesunder, ausreichend großer Wohnung können sich alle Familienmitglieder wohl fühlen und entfalten.

Wohnen fremde Arbeitskräfte im Haus, so müssen auch ihnen entsprechende Aufenthalts- und Schlafräume gestellt werden. An diese sind diesselben Anforderungen zu stellen wie an die übrigen Wohnräume.

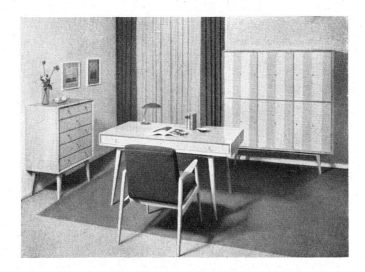

Modernes Zimmer, auch
als Tochterzimmer geeignet

Raumausnützung
im Kinderzimmer

Bad und Toilette

In Neubauten gehören heute Bad und Toilette selbstverständlich zu einer Wohneinheit. Leider werden aus Ersparnisgründen diese Räume oft sehr klein gehalten oder Bad und Toilette werden in einem Raum untergebracht. Für eine Zweizimmerwohnung mag das hingenommen werden; für größere Wohnungen aber ist die Trennung zu fordern und darauf zu achten, daß beide Räume ein Fenster zur direkten Belüftung haben.

Damit das Bad von der ganzen Familie gerne benützt wird, muß ohne viel Mehrarbeit Warmwasser zur Verfügung stehen. Das Bad soll heizbar sein. Ersatz für Heizung vom Ofen kann ein elektrischer Wärmestrahler sein.

Kann im Bad noch eine neuzeitliche Waschmaschine Platz finden, dann wird die Hausfrau zeitlich und kräftemäßig sehr entlastet.

Tochterzimmer

In Altbauwohnungen fehlt sehr oft das Bad und manchmal sogar eine geeignete Waschgelegenheit. Diese Einrichtungen sind aber die Voraussetzungen für Gesundheit und Wohlbefinden der Bewohner. Vor Bezug einer Wohnung ohne diese Einrichtungen sollte auf jeden Fall mit dem Hausbesitzer

Praktischer Nähtisch

darüber verhandelt werden, ob sie nicht doch noch installiert werden können. Ältere Häuser haben oft sehr große Wohnküchen. Davon eine Ecke für ein Bad abzutrennen, läßt sich teilweise ohne große Schwierigkeiten durchführen. Manchmal ist auch in der vorhandenen Toilette Platz für eine Badewanne oder für eine Dusche. In beiden Räumen ist der Wasseranschluß bereits da, so daß ein Einbau nicht allzu teuer wird.

Bad

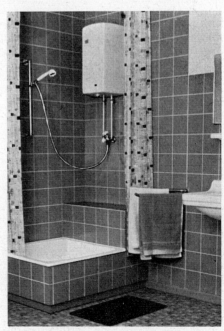
Dusche — Warmwasserspeicher

Die Küche

AUFGABEN
Wie groß ist eure Küche?
Wieviel Personen werden in eurem Haushalt beköstigt?
Gib die Himmelsrichtungen und die Lage eurer Küche an!
Welcher Art sind Fenster, Beleuchtung, Fußboden und Wände?

Die Küche ist der Raum, in dem die Hausfrau den Großteil ihrer Arbeit verrichtet. Von hier aus leitet sie den ganzen Haushalt. Da Arbeitsfreude und Stimmung vom Raum stark beeinflußt werden, sollte für die Küche ein heller, freundlicher Raum zur Verfügung stehen. Wir bevorzugen auch helle Möbel, heute oft mit Türen und Schubladen in verschiedenen Farben.

Anforderungen an eine zweckmäßige Küche:

Die günstigste L a g e für die Küche ist die Ost- oder Nordostseite des Hauses. Sie wird im Sommer nicht zu warm und bekommt doch genügend Sonnenlicht.
Eine Verbindungstür zum Wohnraum oder eine Durchreiche dorthin erspart der Hausfrau viele Schritte. Auch die Speisekammer oder der Vorratsschrank gehört in Küchennähe.

H e l l und freundlich wird der Raum durch genügend große Fenster und durch einen lustigbunten Vorhang. Neuzeitliche Kunstoffvorhänge ersparen vielleicht Wascharbeit, wirken aber in der W o h n küche nicht gemütlich. Für ausreichende Beleuchtung, besonders am Arbeitsplatz, ist Sorge zu tragen. Siehe Abb. S. 18.

Leicht zu öffnende Oberlichter ermöglichen ein Abziehen des Dunstes und erhalten den Raum und die ganze Wohnung trocken. Für Kochnischen und Küchen ohne direkte Lüftung ist ein eigener Dunstkamin nötig. Die Wände erhalten einen hellen Kalkanstrich. Dieser ist luftdurchlässig und leicht zu erneuern. Die Wandfläche an Herd, Arbeitstisch und Spüle soll abwaschbar sein. Das kann durch Ölanstrich, besser noch durch Fliesenbelag erreicht werden. Siehe Abb. S. 31.

Der Boden soll leicht zu reinigen und nicht zu kalt sein. Kunststoffböden und Linoleumbelag haben deshalb die Fliesenböden vielfach verdrängt.
Wasserleitung, Wasserablauf und mindestens zwei Steckdosen gehören in jede Küche.

Die G r ö ß e der Küche richtet sich nach der Art der Benützung (Wohnküche oder Zweckküche) und nach der Zahl der zu beköstigenden Personen. Für eine Wohnküche sollten schon 20 qm verfügbar sein. Die Zweckküchen in Neubauten haben heute fast durchwegs nur 6–8 qm; sie scheiden damit für die Familie als Aufenthaltsraum ganz aus. Die Wohnküche verschwindet in Neubauten immer mehr. Es ist aber wohl zu überlegen, ob der Küchenraum nicht wenigstens so groß gewählt werden sollte, daß noch ein Eßtisch Platz hat. Oft kommen die einzelnen Familienglieder zu verschiedenen Zeiten zum Essen, und es ist störend, wenn im Wohnzimmer über längere Zeit der Tisch gedeckt bleiben soll. Außerdem wird zum Bügeln und anderen Hausarbeiten oft eine größere Tischfläche, die wenig empfindlich ist, benötigt.

Ob die Küche nur Arbeitsstätte der Hausfrau oder auch gleichzeitig Wohnraum ist, immer muß sie z w e c k m ä ß i g   e i n g e r i c h t e t werden. Das Arbeitsfeld der Hausfrau in der Küche teilt sich in vier Gebiete, nach denen auch die Einrichtungsgegenstände gewählt werden:

> zur Vorbereitung der Speisen braucht sie den Arbeitstisch,
> zum Zubereiten die Kochstelle,
> zum Abwaschen des Geschirrs die Spüle,
> zum Unterbringen von Geschirr und Lebensmitteln genügend große Schränke.

Küchenplan:

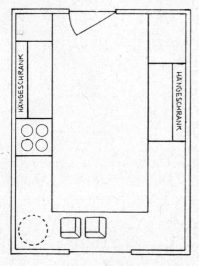

Plan U-Küche

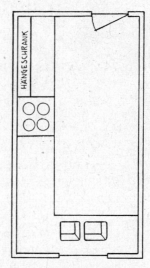

Plan L-Küche

Art und Größe der Küchenmöbel richten sich nach der Zahl der zu beköstigenden Personen und den vorhandenen Stellflächen im Raum. Beim Anordnen der Einrichtungsgegenstände ist zu bedenken, daß der Arbeitsablauf von rechts nach links erfolgt. Siehe S. 46.
Die Möbel sollen einfach, aber zweckmäßig gearbeitet sein. Einfachere Möbelstücke sind aus lasiertem oder gestrichenem Holz. Der höhere Anschaffungspreis für hitze- und laugenbeständigen Kunststoffbelag (s. S. 42) für durchgehende Arbeitsplatten lohnt sich. Die einzelnen Fächer und Schubladen sollen so ausgestattet sein, daß das Geschirr und die Geräte übersichtlich und gut greifbar eingeordnet werden können. Siehe Seite 46.

MERKE
Küchenmöbel sollen schön, einfach in der Form, gut abschließbar und leicht abzuwaschen sein.
Bei der Anordnung der Möbel denke an die Reihenfolge des Arbeitsablaufs!
Stelle die Möbel so auf, daß unnötige Wege gespart werden!
Sorge dafür, daß manche Arbeit auch im Sitzen verrichtet werden kann!
Je kleiner der Raum, um so besser durchdacht muß die Einrichtung sein.
Wähle einen den Verhältnissen entsprechend großen Raum!
Sorge für arbeitserleichternde Einrichtungen!

Küche mit Dauerbrandherd

Das K ü c h e n g e s c h i r r soll ausreichend, gut und zweckmäßig sein. Material, Form und Qualität werden bei den einzelnen Geschirrarten von der Verwendung her bestimmt.
Küchengeschirr wird aus Glas, Ton, Aluminium, Eisen und Holz hergestellt, neuerdings auch aus Kunststoff. Jeder dieser Rohstoffe hat seine Eigenart, die zu beachten und für den Verwendungszweck ausschlaggebend ist. Siehe auch Abb. S. 32 und 49.

Silitstahl — beachte den Topfrand (Cromargan), bei der Pfanne den Boden und den Griff!

Feuerfestes Geschirr (Jenaer Glas) — vom Herd auf den Tisch. Beim Gebrauch achte auf die Anweisung!

Nebenräume

Vorteile eines Eigenheimes oder einer größeren Wohnung sind die reichlicher vorhandenen Nebenräume zum Unterbringen von kleinen und größeren Vorräten, zum Abstellen von nicht mehr oder nur selten gebrauchten Gegenständen. Fehlen in einer Wohneinheit alle Nebenräume, so ist man gezwungen, jeden nur verfügbaren Platz zu benützen. Der Flur wird zur Abstellkammer; auf und hinter Schränken sammeln sich Koffer und Schachteln. Die Wohnung wird eng, ungemütlich und belastend.
In kleinen Haushaltungen mag der Kühlschrank vielleicht Ersatz für eine Speisekammer sein. Wohin aber gibt man Kartoffeln, Obst und Eingemachtes, wenn für einen Mehr-Personen-haushalt im Keller Brennmaterial und Fahrräder untergebracht werden müssen?
Waschküchenbenützung soll im Mietvertrag auch dann vereinbart werden, wenn man die Großwäsche in die Wäscherei gibt und kleine Stücke in der Wohnung gereinigt werden können. Manche Hausbesitzer stellen in der Gemeinschaftswaschküche eine Mietwaschmaschine zur Verfügung. Es ist zu überlegen, ob nicht eine vollautomatische Mietwaschmaschine einer billigen eigenen Maschine vorzuziehen ist.

MERKE

Eine Wohnung ohne Speisekammer, Keller- und Speicheranteil oder Benützungsrecht der Waschküche ist nicht vollwertig.
Nur wenn entsprechend Nebenräume zur Verfügung stehen, kann eine Wohnung voll genützt werden.

Unsere Kochstellen

Der Küchenherd

AUFGABEN

Miß an eurem Küchenherd die Länge und Breite der Herdplatte ohne Randeinfassung ab!
Wie lang und wie breit ist der Rost in eurem Herd? Wie hoch ist der Abstand vom Rost zur Herdplatte?
Verstelle die Klappe von „Anheizen" auf „Kochen" — beobachte dabei! Überlege, was durch das Umstellen der Klappe erreicht werden soll!
Wie wird die Luftzufuhr von unten geregelt?
Welches Heizmaterial verwendet ihr im Küchenherd?
Was weißt du von der Bedienung und Reinigung des Küchenherdes?

Wir verfolgen an der Zeichnung den Weg des Feuers bei geöffneter Anheizklappe und den Weg der Heizgase bei geschlossener Anheizklappe.
Eine oft täglich notwendige Arbeit in der Küche ist das Anheizen des Küchenherdes und die Sorge für ein gutes Feuer.

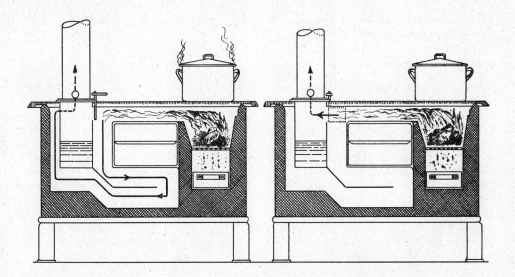

Dazu merke:

Reinige vor dem Anheizen den Rost und entleere den Aschenkasten! Öffne die Anheizklappe!

Lege locker auf den Rost etwas angerissenes Papier oder trockenes Reisig; darüber gib kreuzweise kleingespaltenes trockenes Holz, evtl. etwas Brennstoff, wie einige Kohlen, Brikettstücke oder Holzscheite.

Gib beim Anheizen von u n t e n Luft; sobald das Feuer hell brennt, schließe die Feuertüren! Lege etwas Heizmaterial nach! Glüht dieses, stelle die Anheizklappe um und reguliere den Luftschieber!

Heize rechtzeitig nach, nicht zuviel, aber sorge für bedeckten Rost!

Gib, wenn nötig, etwas Luftzufuhr!

Bei der täglichen Reinigung der Küche wird auch der H e r d s a u b e r g e m a c h t. Die Herdplatte halten wir schon w ä h r e n d des Kochens möglichst sauber.

Z U R T Ä G L I C H E N R E I N I G U N G M E R K E :

Platte und Röhre kehren oder wischen.
Die Herdeinfassung mit Schmirgel oder Sand und Essig oder mit einem käuflichen guten Putzmittel blankreiben.
Den Herdmantel mit heißem Sodawasser säubern.
Das Wasserschiff auffüllen.
Blanke Teile (Nickel oder dgl.) mit Zeitungspapier oder Wollappen nachreiben.

B e d e n k e :

Ein guter Herd spart uns viel Zeit, Arbeit und Brennmaterial (= Geld); die Speisen kommen rasch zum Kochen, ohne daß die Töpfe eingehängt werden. Sie kochen auf der ganzen Herdplatte weiter. Wir können ohne zusätzliches Heizen genügend warmes Wasser bereiten.

Dafür verlangt der Herd aber auch P f l e g e. Darum: Sorge für g u t e n Zug!

Entferne nach Bedarf mindestens monatlich den Ruß durch gründliches Reinigen! Dafür sind nötig: Eimer, Schaufel, Kratze, Gänseflügel, Rohrbesen. Von Ruß und Asche befreit werden die Unterseite der Herdplatte, die Wände des Bratrohres und des Wasserschiffs. Achte auf u n d i c h t e oder f e h l e r h a f t e Stellen! Z. B. Ränder der Herdplatte, Rahmen der Feuertüre, Aschentüre, gesprungene Herdringe oder Herdplatten, durchgerostete Stellen am

Bratrohr, verbogene Anheizklappe, zu großer Rost, durchgebrannter Rost. Sorge für möglichst baldige Behebung der Schäden!

Vom Dauerbrandherd

Dauerbrandherde, sowohl für den kleinen städtischen Haushalt als auch für die größere ländliche Hauswirtschaft, sind in gewünschter Größe und Ausführung zu haben. Als Dauerbrandherd gebaut spart er gegenüber dem normalen Kohlenherd bis zu 40% B r e n n - s t o f f. Vom Brennstoff her gibt es verschiedene Typen, so für Magerkohle, Brikett, als auch für Koks und Anthrazit.

Die Dauerbrandherde ermöglichen ein gleichmäßiges K o c h e n , B r a t e n u n d B a c k e n. Auch kann je nach Bauart die Warmwasserbereitung mit verbunden sein: auf die einfachste Weise durch eine Wasserschiffeinrichtung mit flachem Einhang oder auch durch Einbau einer Rohrschlange im Feuerraum, deren Anschlußrohr zu einem Doppelmantelboiler führt. Jeder Dauerbrandherd ist gleichzeitig das H e i z g e r ä t für die Küche. Die besondere Bauweise ermöglicht schnelles Anheizen, im Sommer Verringerung der Raumheizung, im Winter angenehme Wärme. Auch die Kombination für Mitbeheizung eines Zimmers ist bei bestimmten Größen und Typen möglich.

Die r e g u l i e r b a r e Dauerbrandeinrichtung ermöglicht stundenlanges Brennen, ohne daß eine besondere Bedienung erforderlich ist. Durch feinstufige Regelung hält der Dauerbrand auch über Nacht.

Regulierbarer Dauerbrandherd — praktische Unterbringung des Brennmaterials

Die Bedienung ist durch die technische Ausrüstung mit Glutfang, Aschenableiter, großem Aschenkasten, Schüttelrost u. dgl. heute wesentlich erleichtert. Auch eine staubfreie Reinigung ist möglich. Eine emaillierte, aufklappbare Abdeckfläche gibt dem Herd nach dem Kochgebrauch gepflegtes Aussehen.

Von der ä u ß e r e n F o r m her werden übliche Herdmodelle mit geräumigen Kohlenwagen als auch Schrankmodelle mit und ohne Backofen und Kohlenwagen angeboten. Auch als Zusatzherde zu Elektro- und Gasherden sind die D a u e r b r a n d z u - s a t z h e r d e insbesondere für den kleineren und städtischen Haushalt sehr geschätzt. Breite und Tiefe der Platte betragen dann nur 37:54 cm. Diese Herde lassen sich gut mit neuzeitlichen Anbaumöbeln kombinieren.

Viele bewährte Herdfirmen stellen heute Dauerbrandherde für die verschiedensten Ansprüche her. Beim Einkauf bieten Markenherde mit Gütezeichen (siehe Abb. 15) eine Gewähr für gute Leistung.

AUFGABE

Welche zusätzlichen Kochstellen kennst du? Welcher Tarif für die Strompreisberechnung gilt für euren Haushalt?

Der Elektroherd

Er ist heute in sehr vielen Küchen in Stadt und Land anzutreffen. Für den Landhaushalt ist er eine praktische zusätzliche Einrichtung, für den Stadthaushalt kann er auch als alleinige Kochstelle in Frage kommen, insbesondere wenn Zentralheizung vorhanden ist. Andernfalls gibt es zum Heizen der Küche im Winter passende Kohle-Anstellherde.

Das elektrische Kochen verlangt Sorgfalt und Verständnis. Mit der Anschaffung eines Herdes ist auch mindestens die teilweise Beschaffung von entsprechendem Kochgeschirr geboten. Der Elektroherd bringt wesentliche Vorteile: das Holz- und Kohlenschleppen und das tägliche, oft mehrmalige Anheizen sowie Nachlegen fallen weg. Es gibt weder Rauch noch Ruß und Asche. Der Elektroherd ist immer betriebsbereit. Die Küche bleibt sauber und im Sommer kühl.

Die modernen Elektoherde sind technisch sehr verbessert und in ihrer äußeren Form ansprechend. Sie sind leicht zu reinigen. Elektroherde werden von guten Markenfirmen in verschiedenen Größen und Ausführungen (Type) auf den Markt gebracht. So gibt es Zwei- und Dreistellenherde mit Automatik-Bratofen, dessen Temperatur in einem Bereich von 50 bis 300° C eingestellt werden kann. Durch die Automatik-Regelung paßt sich die Wärme automatisch dem gewünschten Wärmebedarf für das Koch- oder Backgut an. Stelle ich z. B. einen Kuchen bei 200° C in das Rohr und stelle den Regelschalter auf diese Temperatur ein, so sorgt ein Wärmeregler (Thermostat) dafür, daß immer die gleiche Wärme erhalten bleibt. Wenn die eingestellte Temperatur erreicht ist, dann unterbricht der Thermostat die Stromzufuhr und schaltet den Strom wieder ein, wenn die Temperatur absinkt.

Die gleichen Vorteile bietet die Automatik-Kochplatte. Sie läßt sich stufenlos vom Warmhalten bis zum scharfen Braten einstellen und hält dann die gewünschte Hitze ganz gleichmäßig.

Durch diese technischen Verbesserungen kann das Kochen oder Backen weitgehend ohne Aufsicht bleiben; es kann nichts mehr anbrennen und das Gebäck fast nicht mehr mißlingen. Geflügel wird besonders knusprig und saftig, wenn der Backofen noch mit Infrarot-Oberhitze zum Grillen ausgestattet ist.

Die Regler-Blitzkochplatte hat eine besonders kurze Anheizzeit; sie bringt z. B. 2 Liter Wasser in 10 Minuten zum Kochen. Zweckmäßig wählt man für den Herd verschiedene Plattengrößen. Die üblichen Durchmesser-Größen sind 14,5 cm – 18 cm – 22 cm.

Zum vorteilhaften elektrischen Kochen gehören Töpfe mit ebenem Boden. Sie müssen fest auf der Kochplatte stehen, um eine gute Wärmeübertragung zu schaffen. Die Größe des Topfbodens soll möglichst mit dem Kochplattendurchmesser übereinstimmen; keinesfalls darf der Topfboden kleiner sein. Am wirtschaftlichsten ist das Kochen im Spezial-Elektrogeschirr aus Silitstahl oder schwerem Aluminium.

Vor dem Kauf eines Elektroherdes muß überprüft werden, ob der Anschluß von der Stromzufuhr her möglich ist. Da die Hausfrau das meist nicht entscheiden kann, ist es in jedem

Fall ratsam, sich an eine Fachberaterin oder das zuständige Elektrizitätswerk zu wenden; denn nur erst nach Klärung aller Fragen in bezug auf die Anschlußmöglichkeit, den Anschaffungspreis für Herd und Geschirr und die laufenden Betriebskosten (Stromverbrauch) kann sie sich zum „Kochen mit Strom" entschließen.

ZUR REINIGUNG MERKE
Die Heizplatten täglich mit trockenem oder gut ausgewrungenem feuchtem Lappen säubern.
Die Emailteile mit Wasser unter Zusatz eines Reinigungsmittels abwaschen.
Vor der gründlichen Reinigung Sicherung herausschrauben!

Der Gasherd

Beim Kochen mit Gas ist vorteilhaft, daß das Kochgut rasch erhitzt wird; außerdem kann das gebräuchliche Kochgeschirr benützt werden. Wo kein Leuchtgas vorhanden, wird das

Auflegering für kleine Töpfe

Gasherd mit geöffnetem Back- und Bratofen. Stelle die einzelnen Teile fest!

Anzünden im Backofen bei Vorhandensein einer Zündsicherung

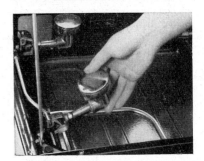

Brenner mit Zündsicherung — unverbranntes Gas kann nicht ausströmen

Herausnehmen des Brenners zum Reinigen

Propangas (Flaschengas) im regelmäßigen Kundendienst gebracht. Zum Heizen der Küche im Winter gibt es passende Kohle-Anstellherde oder Kohlekombinationsherde. Beim Kochen mit Gas ist aber darauf zu achten, daß dieses nicht ausströmen kann, ohne gleichzeitig zu verbrennen. Gas ist giftig und — mit Luft vermischt — explosiv. Man prüfe darum die Geräte auf Sicherheit. Beim Kauf eines Gasherdes achte man darauf, ob Zündsicherungen (siehe Abb.) eingebaut sind.

ZUR REINIGUNG MERKE

Die obere Platte wie das herausnehmbare Schutzblech täglich mit Imi-, Pril-, Rei- oder ähnlichem Reinigungswasser abwischen. Die Herdteile möglichst reinigen, solange sie warm sind. Vor der gründlichen Reinigung den Hahn am Zuleitungsrohr absperren.

Die verschmutzten Gasbrenner in leichtes warmes Seifenwasser einlegen, damit sich eventuelle Krusten lösen; nur wenn nicht anders möglich, mit sehr feiner Stahlwolle reinigen. Backrohr leicht geöffnet auskühlen lassen. Das Rohr noch lauwarm mit einem feuchten Tuch ausreiben. Krusten von Fruchtsaft oder Zuckerlösung mit einem in heißes Spülmittel- oder Seifenwasser getauchten Lappen aufweichen; schwierige Flecken mit sehr feiner Stahlwolle und Schmierseife entfernen. — Nach der gründlichen Reinigung die Herdteile leicht einfetten.

HAUSARBEIT

Die täglichen Reinigungsarbeiten

AUFGABE

Wie führst du die täglichen Reinigungsarbeiten im Haushalt durch?

Es ist unser Bestreben, den Wohn- und Arbeitsräumen stets ein sauberes und wohnliches Aussehen zu geben; denn die Familie soll nicht nur arbeiten, sondern sich auch in den täglichen Arbeitspausen, am Feierabend und am Sonntag im sauberen und behaglichen Heim wohl fühlen. Dafür aber ist die tägliche Pflege des Haushalts Voraussetzung. Zur Bewältigung der dazu notwendigen Arbeiten steht der Hausfrau, insbesondere der berufstätigen, s. S. 263, nur wenig Zeit zur Verfügung. Darum ist hier erforderlich:

1. Gute Arbeitseinteilung,
2. richtige, überlegte Arbeitsweise,
3. die Verwendung arbeitsparender Geräte und Hilfsmittel einschließlich deren Pflege und Aufbewahrung.

Die wichtigsten, täglich wiederkehrenden Hausarbeiten sind das Spülen und Abwaschen, das Kehren und Wischen sowie das Abstauben.

Das Spülen und Abwaschen

Spülkorb, rechts für Bestecke und kleine Geräte

Merke

1. Spare mit Geschirr, spüle wenigverschmutztes Geschirr gleich unter der Leitung ab, weiche Teigschüsseln u. dgl. ein; fülle in angebrannte Töpfe Wasser und stelle sie an die Herdseite!
2. Stelle schmutziges Geschirr geordnet zusammen, möglichst in der Reihenfolge des Spülens!
3. Sorge für genügend heißes Wasser! Spüle besonders schmutziges Geschirr, z. B. von Rotkohl, Rote Beeten, Fisch u. a. möglichst mit heißem Wasser vor!
4. Beginne bei der Spülarbeit mit dem saubersten Geschirr, also Glas, Porzellan! Gib ein Spülmittel ins Wasser!

5. Stelle das gereinigte Geschirr zweckmäßig in Spülkorb oder Wanne ab und spüle mit heißem, klarem Wasser nach! (Bei Spülkorb über Spülwanne kein Heißwasserverlust.)
6. Laß Bestecke mit Holzgriffen nicht im Wasser liegen! Spüle deren blankgeputzte Teile sofort nach und trockne sie ab!
7. Verwende ordentliche Geschirrtücher und nur zum Nachtrocknen für Kochtöpfe den sauberen, gut ausgewrungenen Lappen!
8. Sortiere getrocknetes Geschirr und räume es ordentlich ein! (Stelle es evtl. vorher auf einem Tablett ab!)
9. Wische Küchenmöbel und Plattenwände, soweit notwendig, mit sauberem Lappen und frischem Wasser ab und trockne sie nach! Herde sind täglich zu reinigen.
10. Wasche Spülwannen, Ablaufbrett, Ausguß mit sauberem Lappen, evtl. unter Verwendung von einem Spezialreinigungsmittel, wie Dor, Ajax, aus; trockne die Tücher!

Das Kehren und Wischen

Öffne die Fenster, leere die Aschenbecher aus, nimm Decken ab und schüttle sie aus, stelle kleinere Möbelstücke aus dem Weg bzw. hoch! Vor dem Kehren trockne nasse Stellen am Boden auf!
Kehre von dir weg, auf dem gekehrten Fleck stehend, vom Fenster zur Türe, ruhig, strichweise! Kehre zuerst aus Ecken und unter den Möbeln vor! Nimm Schmutzhäufchen mit Handbesen und Schaufel sofort auf!
In der Küche ist das Wischen nach dem Kehren meist täglich nötig, in den anderen Räumen nach Bedarf und Art des Bodens.
An Arbeitsgeräten sind notwendig: Putzeimer mit reichlich Wasser, großes, gut saugendes Scheuertuch, Schrubber.
Stelle den Eimer überlegt auf, achte auf Wege, Türen, Möbel!
Wische Ecken und Möbelkanten mit der Hand! Benutze für große Flächen und unter Möbeln den Schrubber!
Nur mit sauberem Wasser wird der Boden sauber; wechsle deshalb das Wasser sooft als nötig!
Bringe sofort alle Arbeitsgeräte sauber und ordentlich an ihren Aufbewahrungsort! (Hänge Lappen nach dem Auswaschen zum Trocknen auf!)

Das Abstauben

Trockene, weiche, saubere Lappen (z. B. Baumwolltrikot, nicht Seidentrikot oder Kunstfaser) nehmen den Staub auf und geben dem Möbel Glanz. Arbeite ruhig, von oben nach unten!
Steige mit Schuhen nicht direkt auf Möbel (z. B. Stühle)!
Achte auf Kanten, Rillen und Ecken! Vergiß Bilder, Türrahmen sowie Schmuckgegenstände nicht!
Schüttle das Staubtuch öfters ins Freie (nicht Straßenseite!) aus!
Arbeitserleichterung bringt die Verwendung eines Spezialstaubtuches, das der Markt heute bietet. Es bindet den Staub und frischt auf. Gebrauchsanweisung beachten!
Stelle alles an den gewohnten Platz zurück; betrachte das Zimmer nochmals prüfend und räume Arbeitsgeräte ordnungsgemäß auf!
Außer diesen besprochenen Arbeiten ist noch manches zu beachten, wie Lüften, Öfen richten, Blumen pflegen, Betten machen, Bad oder Waschgelegenheit richten, Abort, Gänge, Nebenräume in Ordnung bringen.

Überlege nun, wie du bei der täglichen Reinigung in den einzelnen Räumen alle anfallenden Arbeiten möglichst gut und zeitsparend verrichtest!

Pflege und Reinigung von Räumen, Möbeln und Hausrat

Art	Verwendung im Haushalt	Pflege und Reinigung	
		Mittel	Anwendung
Glas- und Porzellanwaren			
Glas	Trink- und Einmachgläser, Schüsseln, Vasen	Reinigungs- oder Spülmittel[1]) Essig f. Kalkränder	In heißem Reinigungswasser spülen. Milchflaschen vorher kalt ausspülen.
	Flaschen	Eierschalen	Kalkränder mit Essigwasser und Eierschalen entfernen.
	Fensterscheiben	Spiritus oder Salmiakgeist	Als Zusatz in das Wasser, mit Fensterleder abreiben, mit Zeitungspapier nachreiben.
Porzellan	Kaffee- und Eßgeschirr, feuerfestes Porzellan für Koch- und Backgeschirr	Spülmittel[1])	Täglich heiß spülen und nachspülen.
		Putzmittel[2])	Gründlich einweichen, auskochen, Fleckstellen reiben, heiß nachspülen.
Haushaltgeräte aus Metall			
Aluminium und Aluminiumlegierungen Leichte Erwärmung, n i c h t säurebeständig, mit Ausnahme eloxierter Töpfe	Küchengeräte und Kochgeschirr	Keine Soda! Aluminiumputzwolle, Seife	In heißem Wasser spülen, mit Seife und Putzwolle der Form nach reiben, nachspülen.
Weißblech Verzinnte Geschirre n i c h t hitzebeständig	Küchengeräte, Backformen, Milchgeschirre	Spülmittel[1]) P 3, Zinnkraut Putzmittel[2])	Täglich heiß spülen. Gründlich: mit Reinigungswasser überbrühen, mit Zinnkraut blankreiben, nachspülen. Backformen trocken mit Salz und Papier ausreiben.
Zinkblech säureempfindlich	Putzeimer, Sterilisiertöpfe, Waschwannen M e r k e : nie für Aufbewahrung von Lebensmitteln!	Sand Salz Essig Petroleum	Brei herstellen und damit abreiben, nie mit Salzsäure! Bei starken Schmutzrändern mit Sand und Petroleum putzen.

[1]) z. B. Rei, Pril, Lux u. a., auch Soda, Imi.
[2]) z. B. Ajax, Dor, Vim, Ata u. a.

Pflege und Reinigung von Räumen, Möbeln und Hausrat (Fortsetzung)

Art	Verwendung im Haushalt	Pflege und Reinigung	
		Mittel	Anwendung
Schwarzblech rostempfindlich	Backbleche und Backformen	Salz Papier	Gleich nach Gebrauch mit Salz und Papier abreiben, möglichst nicht spülen.
Stahl Schmiedeeisen rostempfindlich	Messerklingen Bratpfannen Herdeinfassung	Spül-[1]) und Putzmittel[2]) oder Schmirgelblock	In heißem Reinigungswasser spülen, mit Schmirgel reiben, Bratpfannen täglich mit Papier innen und außen abreiben.
Gußeisen gute Wärmespeicherung, bruchgefährdet	Küchenmaschinen Brattöpfe	Spülmittel[1]) Putzmittel[2])	Heiß spülen, wenn nötig mit Putzmittel reiben, nachspülen. Gut trocknen lassen.
Email säurebeständig, leicht zu reinigen	Küchengeräte, Kochgeschirr, Putz- und Waschgeschirr Ausguß, Badewanne	Spülmittel[1]) Putzmittel[2]) Spezialmittel	Täglich heiß spülen. Gründlich: mit Sodawasser überbrühen, mit feinem Sand reiben, nachspülen. Für Schmutzränder n i c h t Salzsäure, evtl. Petroleum.
Hartemail (Silit, Sigenit, Pyrit) widerstandsfähig, säurebeständig, wärmehaltend	Pfannen, Kochgeschirre Brattöpfe	Spülmittel[1])	Heiß spülen. Nachspülen.
Silitstahl widerstandsfähig, dauerhaft, säurebeständig	Pfannen Kochgeschirre Brattöpfe	Spülmittel[1])	Heiß spülen. Nachspülen.
Verchromt rostfrei, leicht zu reinigen	Küchengeräte Bestecke Klinken, Wasserhähne	Spülmittel[1])	Heiß spülen. Nachspülen.
Kupfer, Messing säureempfindlich	Backformen Einmachtöpfe Waschkessel Wasserhähne Klinken	Sidol	Auftragen, antrocknen lassen, abreiben, nachpolieren. Zaponiertes (Lacküberzug) Messing nicht putzen.

[1]) z. B. Rei, Pril, Lux u. a., auch Soda, Imi.
[2]) z. B. Ajax, Dor, Vim, Ata u. a.

Pflege und Reinigung von Räumen, Möbeln und Hausrat (Fortsetzung)

Art	Verwendung im Haushalt	Pflege und Reinigung	
		Mittel	Anwendung
Zinn weich, hitze- und kratzempfindlich	Zu Ziertellern, Schüsseln, Krügen, Krugdeckeln	Reinigungswasser Zinnkraut oder Schlämmkreide u. Salmiakgeist oder Spiritus } Brei	Überbrühen, mit Zinnkraut blankreiben, trocknen, nachpolieren. Einreiben, antrocknen lassen, blankreiben.
Silber bzw. Versilberung säureempfindlich	Schmuck Bestecke	Schlämmkreide und Spiritus } Brei oder Silberputz- seife – Auch Spezialmittel	In heißem Wasser vorwär- men, einreiben, antrocknen lassen, nachspülen oder nur blankreiben. Nach Gebrauchsanweisung.
Oberflächenbearbeitung von Holz *Rohholz*	Nudel-, Fleisch-, Schneidebretter, Kochlöffel, Fleisch- klopfer usw., Tisch- platten, einfache Möbel	Seifenbrühe, Sand, keine Soda! kein Drahtreiber! Schwefelfaden oder -stange Bolus	Schneidebretter vor Ge- brauch naßmachen. Heiß spülen, mit Sand der Faser nach scheuern (große Flä- chen stückweise), gut nach- spülen, an der Luft trocknen lassen. Bei Obst- und Gemüseflecken Holz naßmachen, in ge- schlossenen Behälter legen, Schwefelfaden anzünden; auf Fettflecken Bolusbrei auftragen, über Nacht ein- ziehen lassen, nachwaschen.
Gestrichenes, lackiertes und lasiertes Holz Kein Terpentin oder Benzin verwen- den! Außentüren, Fensterrahmen und -läden dünn mit Leinöl einreiben!	Türen, Fenster- rahmen, Fußböden, Fensterläden, Möbel, Wandverkleidung	Mildes Kernseifen- wasser (Seife nicht direkt auftragen!) K e i n Putzsand, weiche Bürste Petroleum Feines farbloses Bohnerwachs oder Leinöl Spezialmittel[1])	Staub trocken entfernen. Von oben nach unten arbeiten, schnell arbeiten. Kleinere Stücke nach- einander mit Seifenwasser abwaschen, klar nach- waschen, trockenreiben. Starke Schmutzstellen, Fliegenschmutz mit Petro- leumläppchen abreiben. Zur Auffrischung ganz dünn einreiben. Nach Gebrauchsanweisung.

[1]) z. B. Dor, Ajax

Pflege und Reinigung von Räumen, Möbeln und Hausrat (Fortsetzung)

Art	Verwendung im Haushalt	Pflege und Reinigung	
		Mittel	Anwendung
Gebeiztes und gewachstes Holz	Fußböden, Wandverkleidung	Bohnerwachs	Kalt wischen. Nachwachsen, auf Glanz bohnern.
		Seifenlauge	Bei gründlicher Reinigung mit Seifenlauge putzen, nach vollständigem Trocknen Bohnerwachs dünn auftragen, gut einreiben, trocknen lassen.
	Möbel	Fensterleder, Spezialmittel	Möglichst nicht feucht behandeln, wenn nötig abledern; Wachs oder Spezialmittel dünn, rund reibend auftragen, nachpolieren.
Versiegeltes Holz	Fußboden	Lauwarmes Wasser K e i n Putzsand	Wischen.
		Spezialmittel[1]	Nach Gebrauchsanweisung.
Poliertes Holz, mattiertes Holz Vor Feuchtigkeit schützen! (Untersetzer!) Vor Hitze schützen! (Flanell- oder Wolldecke auf Tischplatte)	Für einzelne Möbelstücke	Fensterleder	Trocken mit besonders weichem Tuch abstauben; feucht abledern;
		Möbelpolitur	weichen Lappen mit Politur tränken, kreisförmig einreiben, bis die Stelle trocken ist, oder nach Gebrauchsanweisung.
Kunststoffe wie Resopal, Pollopas, Hostalen u. a.	Wandbekleidung Möbel, Tischbelag Gefäße, Geräte	Lauwarmes Wasser, Spülmittel[2] Kein Scheuermittel,	Abwaschen nicht kochen!
wie Mipolam, PVG-Beläge u. a.	Fußbodenbelag	Lauwarmes Wasser, höchstens Kernseifenlösung	Abwaschen
Gummibelag wie Ilopan, Pegulan, Gutan, Continental u. a.	Fußbodenbelag	Mit Spezialwachs leicht überwachsen, bohnern. Keine Scheuermittel, keine scharfen Mittel, keine Soda, kein Benzin, kein Terpentin!	

[1] z. B. Dor, Ajax.
[2] z. B. Rei, Pril, Lux u. a.

Pflege und Reinigung von Räumen, Möbeln und Hausrat (Fortsetzung)

Art	Verwendung im Haushalt	Pflege und Reinigung	
		Mittel	Anwendung
Linoleum Vor Hitze schützen! (Topfuntersetzer!) Vor Druck schützen! (Schutzteller für Nähmaschine, Bettfuß usw.) Nicht ölen!	Tischbelag Fußbodenbelag	Reinigungswasser[1]) Farbloses Wachs	Kehren, dann mit gut ausgewrungenem Tuch durchwischen, blankreiben. Bei gründlicher Reinigung mit Reinigungswasser bürsten, nachwaschen; (Farbflecken mit Terpentin behandeln) dünn einwachsen, blankbohnern.
Steinbelag *Fliesen*	Für Fußböden, Wandbekleidung	Spülmittel[1]) Putzmittel[2])	Abwaschen, nachspülen, trockenreiben. Wenn nötig, Flecken mit Spezialmittel behandeln.
Terrazzo Holzstrichboden wie Pekalit (fugenlos, schalldämpfend, fußwarm)	Für Küche, Gang Bad	Wie Fliesen, Terrazzoöl oder Bohnerwachs	Ganz dünn auftragen.
Ziegelstein und Zement	Für Waschküche, Kellerräume	Sodawasser	Feucht wischen, wenn nötig schrubben. Nie wachsen!
Besen, Bürsten a) *Tierhaare* wie Roßhaar, Schweinsborsten (Ersatz: künstliche Borsten) b) *Pflanzenfasern* Fiber, Reiswurzel, Piassava	Für Stubenbesen, Kleiderbürste, Haarbürste, Bohnerbesen (Blocker), Schuhpolierbürste Besen für Wirtschaftsräume, Waschbürsten, Putzbürsten, Schrubber, Schmutzbürste für Schuhe	Seifen- oder Salmiakgeistwasser Bohnerwachs	Trocken ausstauben oder auskämmen. Gründliche Reinigung: die polierten Rücken einwachsen. Borstenteil in warmem Seifenwasser oder Salmiakwasser durchwaschen, warm, dann kalt nachspülen, auf Kante liegend austrocknen lassen. Zweckmäßig im Anschluß an große Wäsche reinigen, Waschlauge ausnützen.
Kämme (Horn, Zellhorn, Galalith, Zelluloid)		Salmiak- oder Kernseifenwasser	Ausbürsten, einweichen, durchbürsten, nachspülen, trocknen, Rücken leicht einfetten.

[1]) z. B. Rei, Pril, Lux u. a.
[2]) z. B. Ajax, Dor, Vim, Ata u. a.

Abnehmbare Polster
erleichtern die Reinigung

Teppiche

Außer der Behandlung mit Staubsauger hat sich die kleine Teppichkehrmaschine für den Haushalt gut bewährt, insbesondere für Sisalteppiche.

Reinigung:
Bei starker Benutzung alle 4–6 Wochen klopfen, sonst zweimal im Jahr, davon zweckmäßig einmal im Winter auf trockenem Schnee.
Zur Farbauffrischung mit Sauerkraut abreiben. Für Felle und zur Fleckenentfernung ist Rei-Schaum günstig.

Betten

werden täglich gleich nach dem Aufstehen ausgelegt und dabei gründlich aufgeschüttelt; die Matratzenteile werden hochgestellt. Nach Beendigung der Früharbeiten werden die Betten wieder gemacht.
Beim „Frischbeziehen" (alle 3–4 Wochen) werden die Betten gebürstet, die Matratzen abgesaugt.
Halten wir gründlichen Hausputz, so legen wir sie zum Lüften und Bürsten ins Freie (nicht bei feuchter Luft oder praller Sonne), ebenso die Matratzen, die gelüftet, geklopft und gebürstet werden.

Polstermöbel

werden täglich mit einer nicht zu harten Bürste gereinigt; ein- bis zweimal wöchentlich benützen wir den Staubsauger, um vor allem Staub und Schmutz aus den Ecken zu entfernen. Evtl. Flecken werden möglichst sofort mit entsprechenden Mitteln behandelt.
Beim Hausputz bringen wir die Polstermöbel nach Möglichkeit ins Freie, wo sie geklopft und gründlich gebürstet werden. Durch Auflegen eines mit Essig- oder Salmiakwasser getränkten, gut ausgewrungenen Leinentuches kann ein Auffrischen erreicht werden.

Wie war die Zeit so lieblich, der Tag so froh und klar,
Als noch mit jedem Morgen der Zwerge bunte Schar
Stieg aus den Bergesklüften herab in Wies' und Feld;
Wie haben sie so traulich den Menschen sich gesellt!

Sie schafften in den Feldern, in Haus und Hof und Stall,
Und Menschen, Vieh und Früchte gediehen überall.
Da droben an der Wiese noch steht der Ahorn da,
Wo man auf schwankem Aste die Zwerglein sitzen sah.

's ist über Nacht geschehen, daß man zersägt den Ast;
Er hing nur noch am Stamme, ihn hielt ein Streiflein Bast.
Arglos am Morgen kamen die Kleinen allzugleich;
Sie klommen auf den Ahorn und sprangen auf den Zweig.

Da ist der Bast gerissen; der Ast — er kracht und fällt,
Die treuen Zwerglein stürzen gar jämmerlich ins Feld.
Sie aber rafften eilig sich von dem Boden auf
Und hoben Händ' und Stimmen zürnend zum Himmel auf:

„Wie groß ist doch die Untreu'! Heut hier — und nimmermehr!"
Die treuen Zwerge schieden und kehrten nimmermehr.

V. v. Strauß

Arbeitserleichterung

Grundforderungen

AUFGABEN

Zähle die verschiedenen Arbeiten der Hausfrau auf?
Welche Arbeiten fallen täglich an?
An welchen Tagen häuft sich die Arbeit besonders?

Das Arbeitsgebiet der Hausfrau ist sehr vielseitig. Im nachfolgenden sollen einige Wege aufgezeigt werden, diese Aufgabe zu erleichtern.

Erst besinn's — dann beginn's!

Viel Zeit und Arbeit wird durch eine richtige **Arbeitsplanung** gespart.
Man muß schon in jungen Jahren das Arbeiten „mit Verstand" lernen. Eine Arbeit wird nur
dann richtig ausgeführt, wenn bei geringstem Kraftaufwand in kürzester Zeit der größt-
mögliche Erfolg erzielt wird. Viele Arbeiten wiederholen sich täglich und wöchentlich. Hat
man erst einmal eine bestimmte, zweckmäßige Reihenfolge gefunden, dann gehen die Arbeiten viel leichter von der Hand. Man gewöhnt sich an das Arbeiten nach der Uhr und
freut sich, wenn man bald schneller fertig wird und immer noch neue Vorteile findet. Es ist
dann gar nicht mehr schwer, abends die Z e i t e i n t e i l u n g für den nächsten Tag zu überlegen und einen W o c h e n - oder M o n a t s p l a n für die anfallenden besonderen Arbeiten (Waschen, Hausputz u. a.) aufzustellen.
Durch dieses Planen und Einteilen kommt man von selber auch auf eine gute V o r b e r e i -
t u n g der Arbeiten.
Zeit und Wege werden gespart, wenn durch Überlegen die benötigten Dinge in einem Gang
vom Kaufmann, aus Garten, Keller oder Speisekammer geholt werden.
Jede Arbeit wird erst begonnen, wenn a l l e Geräte und Zutaten bereitgestellt sind, damit
lästige Arbeitsunterbrechungen vermieden und Zeit, Geld und Kraft gespart werden. (Beispiel: Bügeln, Backen usw.)
Wichtig ist auch, daß die Arbeit zum r e c h t e n Z e i t p u n k t (Flicken, Jäten) und in der
r i c h t i g e n Reihenfolge (Spülen, Hausputz) ausgeführt wird, um Mehrarbeit zu verhindern.
Z w e c k m ä ß i g e Arbeitskleidung erleichtert manche Arbeit, schützt die Gesundheit und
hilft Unfälle vermindern.

MERKE

Arbeite mit Überlegung!
Spare Zeit, Wege und Geld durch richtige Vorbereitung!
Überlege die Reihenfolge des Arbeitsablaufes und wähle den richtigen Zeitpunkt!
Teile die Arbeitskräfte mit Überlegung ein!
Trage zweckmäßige Arbeitskleidung!

Schaffe Dir einen günstigen Arbeitsplatz!

AUFGABEN
Überlege, welche Unfälle beim Erledigen von Hausarbeiten geschehen können!

Günstige Arbeitsverhältnisse schaffen Arbeitserleichterung und Arbeitsfreude; sie sparen uns Wege, helfen Unfälle verhüten und schonen die Gesundheit.
Deshalb beachte:
Stehe nicht auf feuchtem, kaltem Boden (Fußmatte, Rost) und auch nicht in der Zugluft (Oberlichte, Kippfenster)! Sorge für ausreichende Beleuchtung (große Fenster, Wandleuchte über dem Herd, Arbeitstisch, Spültisch)! Lichteinfall komme von links. Siehe Abb. S. 18.

Schrank mit Arbeitsfläche. Beachte die Einrichtung!   Zweckmäßig genutzter Raum unter dem Spülbecken

Ordne Einrichtungsgegenstände und Geräte so an, daß sie dort untergebracht sind, wo sie gebraucht werden und in der Reihenfolge des Arbeitsablaufs zur Hand sind!
Beispiel a): Arbeitsgeräte für Vorbereitung zum Arbeitstisch, Kochgeräte in die Nähe des Herdes.
Beispiel b): Von rechts nach links: Abstellbrett, Spülbecken, (Abwasch), Ablaufbrett. Siehe auch Abb. S. 31.

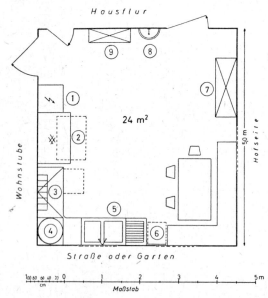

Küche mit Eßecke — Anordnung der Möbel nach Möglichkeit dem Arbeitsablauf entsprechend.
1 Elektroherd
2 Kohlenherd mit -kiste
3 halbhoher Schrank mit Wandschütten und ausziehbarer Arbeitsplatte
4 Karussell
5 Spüle (unterbaut)
6 Klapptisch
7 hoher Schrank
8 Waschbecken
9 Schrank

Achte auf richtige Körperhaltung!

AUFGABEN

Beobachte, welche Arbeiten am meisten ermüden, welche Körperteile besonders betroffen werden! Berichte!
Welche körperlichen Beschwerden treten schon frühzeitig durch Arbeitsüberlastung auf?
Überlege, welche Arbeiten gut im Sitzen verrichtet werden können!

Richtige Körperhaltung schont die Kräfte und beschleunigt die Arbeit. Vermeide unnötiges Bücken, Strecken, Stehen und überflüssige Handgriffe! Sorge für die richtige Höhe der Schränke und des Arbeitstisches sowie für handliche Geräte!
Vermeide Überanstrengungen!
Richtiger Einsatz der Kräfte läßt nicht so schnell ermüden und ermöglicht größere Leistungen.

richtig   falsch   falsch   richtig

Betrachte nachfolgende Zeichnungen
und überlege!

Gesundheit ist ein hohes Gut; vergeud' es nicht, sei auf der Hut!

nicht so   sondern so

zu kurz   zu lang

Schrubberstiele müssen die richtige
Länge haben

Spare unnötige Arbeitswege!

AUFGABEN

Stelle einen einfachen Raumplan auf — Lage der Räume zueinander bei dir daheim!
Miß die Entfernungen der Räume ab, in welche die Mutter während des Tages am häufigsten kommt!
Zeichne eine maßstabgerechte Skizze eurer Küche; zeichne Türen, Fenster und die Einrichtungsgegenstände ein!

Die große Arbeitsüberlastung kostet vielen Frauen ihre wertvolle Gesundheit. Ein Haupt-
übel sind kranke Füße. Der Grund hierfür ist längst bekannt; 14 und noch mehr Stunden
ist die Hausfrau ohne Rast und Ruh täglich auf den Beinen.
Es ist nachgewiesen, daß viele Frauen bei der Erledigung ihrer häuslichen Arbeiten Weg-
strecken bewältigen müssen, die mehrere Kilometer täglich ausmachen, andere bei gleicher
Arbeitsleistung weit kürzere Wege zu gehen haben und dadurch am Abend auch viel weniger angestrengt sind als erstere. Diese tägliche Wegstrecke wird stark mitbestimmt von der
L a g e d e r R ä u m e zueinander und von der E i n r i c h t u n g vor allem der A r b e i t s -
r ä u m e , also der **Raumplanung.** Darum sollten nach Möglichkeit die am meisten benützten
Räume (zähle sie auf!) so zueinander liegen, daß
1. nur kurze Wege anfallen, und
2. für den gleichen Arbeitsgang Wege nicht doppelt gemacht werden müssen.

Zehn Schritt' für einen ist zuviel!
Ein Schritt für zehn ist unser Ziel.   Siehe auch Abb. S. 31, 46.

MERKE
Spare Wege, dann sparst du Arbeit, Zeit und Kraft!

AUFGABEN
Betrachte deine mitgebrachten Skizzen und prüfe, ob diese zwei Forderungen erfüllt sind!
Versuche, praktisch durchführbare Verbesserungsvorschläge zu finden! Zeichne sie ein!

Auch die **Raumgestaltung** muß gut überlegt werden, um lästige Nacharbeiten zu vermeiden.
(Wände, Fenster, Böden, Wasserzu- und -ablauf, elektrische Installation, gute Öfen, Mehr-
raumheizung, zweckmäßige Einrichtung.)
Siehe Heimgestaltung S. 13 f.

Praktischer Putzzeug- und Besenschrank. Lattenwände
ermöglichen Durchlüftung

AUFGABE
Zeichne in deinen Raumplan notwendige Beleuch-
tungskörper (gelb), Steckdosen (rot), Wasserzapf-
stellen (blau) ein!

Halte Ordnung, übe sie!
Ordnung spart dir Zeit und Müh'!

AUFGABEN
Wo und wie bewahrt ihr daheim eure Geräte (z. B.
Schuhputzzeug, Handwerkszeug, Gartengeräte usw.)
auf?

Bei der Einrichtung aller Räume, Schränke,
Regale und Schubladen ist zu beachten,
daß die Geräte in der Nähe des Arbeits-
platzes gut erreichbar, übersichtlich geordnet und jederzeit einsatzbereit sind.
Die Geräte, die man zu ein und derselben
Arbeit braucht, sollen zusammen untergebracht sein.
Zweckmäßige Einrichtung allein aber nützt
nichts, wenn es an der **Ordnung** fehlt. Erst
wenn jedes Ding nach der Benützung wieder sauber und in gutem Zustand an seinen bestimmten Platz kommt, ist der Zweck
erreicht.

Eine gute Beschriftung von Dosen, Flaschen, Schubladen, Schachteln usw. erspart unnützes Suchen und verhütet manches Unglück (z. B. Salmiakgeist, Essig, Medizin, W a r n s c h i l d e r auf Behältnissen mit g i f t i g e n Schädlingsbekämpfungsmitteln usw.).

MERKE
Halte immer und überall Ordnung!

Praktische Arbeitsgeräte und Maschinen

AUFGABEN
Welche Geräte und Maschinen sind bei euch im Haushalt und für den Garten vorhanden?
Welche wären noch notwendig oder wünschenswert?

Viele praktische, arbeit- und zeitsparende Geräte und Maschinen werden heute zur Entlastung eingesetzt. Teilweise sind es billige, einfach herzustellende Einrichtungen, welche die Arbeit wesentlich erleichtern (Klammerschürze, Schlauchhalter, Beregner usw.).
Durch den Einsatz zweckmäßiger Geräte und Maschinen sollen vor allem die Kräfte geschont und bessere Arbeitsergebnisse erzielt werden; vielfach bedeutet der Einsatz auch Zeitgewinn.

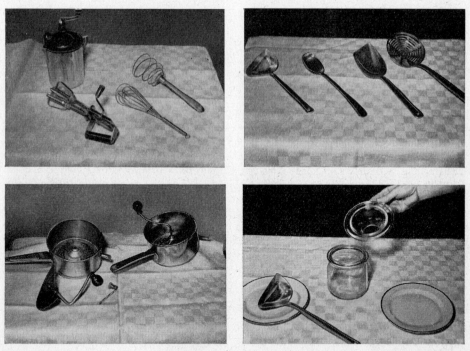

Praktische kleine Geräte für die Küche

Es gibt viele und vor allem immer wieder neue Geräte. Lasse Dir aber nichts Unnützes aufschwätzen!
Große Arbeitserleichterung bringen eine gute Wasserversorgung (kalt und warm) und der richtige Einsatz elektrischer Geräte. Bei der Anschaffung des Gerätes laß dich vom Fachmann über den richtigen Gebrauch und die Pflege unterrichten!

Diese Eimerform bringt Zeitersparnis und Erleichterung beim Füllen und Tragen

MERKE

Laß ein Gerät für dich arbeiten, wo dies am Platz ist!
Vor dem Ankauf von Geräten und Maschinen laß dich gut beraten!
Nimm kein Gerät in Gebrauch, solange dir seine Bedienung und Pflege fremd sind!

Elektrizität im Haushalt

Der elektrische Strom ist heute aus keinem Haushalt und Betrieb mehr wegzudenken. Wie sehr unsere ganze Lebenshaltung in Familie und Beruf durch ihn beeinflußt wird, kommt uns so recht zum Bewußtsein, wenn einmal für Stunden oder Tage die Stromlieferung unterbrochen wird.

Welche H i l f e n gibt uns der elektrische Strom?

Er spendet uns L i c h t in allen Helligkeitsgraden, mit dem wir mühelos unsere Wohn- und Arbeitsräume, den Flur, das Treppenhaus und die Nebenräume, wie Keller, Waschküche, Speicherräume beleuchten.
Er liefert uns W ä r m e zum Kochen, Heizen, Bügeln, zur Warmwasserbereitung u. a.
E l e k t r i s c h e E n e r g i e aber schafft A r b e i t s e r l e i c h t e r u n g (elektrische Geräte und Maschinen unterstützen oder übernehmen Arbeiten, die wir sonst oft unter großen körperlichen Anstrengungen mit der Hand ausführen müßten und die dabei noch mehr Zeit beanspruchen würden), vielfach auch A r b e i t s e n t l a s t u n g (vollautomatische Geräte und Maschinen führen die Arbeit nach dem „Einschalten" bis zum letzten Arbeitsgang durch und schalten nach Beendigung automatisch ab. Eine Überwachung ist nicht notwendig). Hierdurch spart die Hausfrau nicht nur Kraft, sie gewinnt auch Zeit, die sie anderweitig nützen oder ihrer wohlverdienten Erholung widmen kann.
Durch den Einsatz von K ü h l s c h r a n k und auf dem Lande auch der G e f r i e r t r u h e wird die V o r r a t s h a l t u n g für verschiedene Nahrungsmittel einfacher, wodurch der Speisezettel das Jahr hindurch günstig beeinflußt wird; das kann sich u. U. förderlich auf die Gesundheit und Arbeitsleistung der Familie auswirken.
R a d i o - und F e r n s e h a p p a r a t e stellen eine Verbindung mit der großen Welt her. Bei entsprechendem Einsatz k a n n eine H e b u n g d e s B i l d u n g s s t a n d e s der Familie erreicht werden. (Fachvorträge, Berichte aus aller Welt, kulturelle Darbietungen, politische und wirtschaftliche Aussprachen.) Auch auf die Freizeitgestaltung kann ein mit Bedacht ausgewähltes Rundfunk- oder Fernsehprogramm befruchtend wirken.

AUFGABEN

Welche elektrischen Heizgeräte kennst du? Was weißt du über ihren Einsatz?
Nenne arbeitserleichternde Geräte! Arbeitsentlastende und zeitsparende Geräte!

50

Über all diesen Vorteilen dürfen aber nicht die G e f a h r e n übersehen werden, die ein u n s a c h g e m ä ß e r Gebrauch des elektrischen Stromes mit sich bringt:

a) Gefahren für Leben und Gesundheit des Menschen – bei unsachgemäßer Installation, schadhaften Leitungen und Zuleitungen, Benützung schadhafter Geräte oder bei unsachgemäßer Benützung auch einwandfreier Einrichtungen;

b) Brandgefahr durch Kurzschluß, hervorgerufen durch die gleichen Ursachen. Begründe!

Küchenmaschinen mit verschiedenen Zusatzgeräten

Fruchtpresse

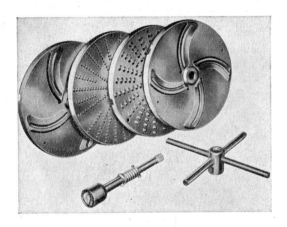

Fleischmaschine

Ansatz zum Saften

Staubsauger — Vergleiche beide Bilder! Begründe!

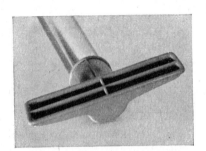

Düse für leichte Stoffe, Vorhänge u. a.

Teppichdüse

52

Laß elektrische Installationen nur vom Fachmann ausführen!

Auch Reparaturen dürfen nur vom Fachmann vorgenommen werden.

Beachte immer und überall die Sicherungsvorschriften (feuchte Räume, Räume mit Dunstentwicklung, feuchte Böden mit Erdschluß u. a.)!

Fasse nicht mit feuchten Händen an den Stecker oder an die Fassung der Lampe (bei der Reinigung)!

Benütze elektrische Geräte nicht, wenn du nasse oder feuchte Hände hast!

Vor der Reinigung festangeschlossener Geräte (z. B. Elektroherd) muß durch Herausnehmen der Sicherung die Stromzufuhr unterbrochen werden.

Flicke keine Sicherungen!

Überlegungen über den Einsatz elektrischer Geräte und Maschinen

1. Welchen A n s c h l u ß w e r t hat das Gerät, die Maschine?

Auf jeder Glühbirne, jedem Gerät ist der jeweilige Anschlußwert verzeichnet; z. B.:

Glühbirne   220 Volt –   60 Watt

Bügeleisen   220 Volt – 500 Watt

Kochplatte   220 Volt – 750 Watt

oder   220 Volt – 1200 Watt usw.

Unter Anschlußwert verstehen wir die Strommenge (Leistung), die der elektrischen Leitung bei Anschluß des Gerätes innerhalb einer bestimmten Zeit (1 Stunde) entnommen wird.

Beispiel: 60 Watt – 1 Stunde = 240 Watt –   4 Stunden

500 Watt – 1 Stunde = 250 Watt – $\frac{1}{2}$ Stunde usw.

So können wir auch errechnen, wieviel Strom bei g l e i c h z e i t i g e m Einschalten m e h r e r e r Geräte entnommen wird bzw. wie hoch der Anschlußwert dieser Geräte zusammen ist. Da wir nicht unbeschränkt Strom entnehmen können, ist die Feststellung des Anschlußwertes von Bedeutung.

2. W i e v i e l e und w e l c h e meiner Beleuchtungs-, Heizungs- und Arbeitsgeräte darf ich g l e i c h z e i t i g einschalten?

Die Gesamtleistung ist abhängig von der e l e k t r i s c h e n S p a n n u n g (Volt) und der S t r o m s t ä r k e (Ampère). Das Produkt dieser beiden Einheiten gibt die L e i s t u n g (Watt). Die Gesamtstromstärke, mit der unsere Leitung belastet ist, ergibt sich aus der Umkehrung der Formel: Volt × Ampère = Watt; also Watt : Volt = Ampère.

Je größer die Ampèrezahl, desto stärker ist die Belastung unserer Leitung. (Beispiel: Wattaufnahme eines Wassererhitzers 2000 an 220-Volt-Leitung: 2000 : 220 = 9,09 Ampère!)

Damit aber keine Überbelastung eintreten kann, ist die Leitung „gesichert".

Die S i c h e r u n g ist ein Drähtchen, das durchschmilzt, wenn die Stromstärke und die durch sie in diesem dünnen Draht entstehende Hitze so groß ist, daß sie ihn zum Schmelzen bringt; dadurch wird der Strom unterbrochen. Eine 6-Ampère-Sicherung schmilzt also, wenn die Stromstärke in der Leitung 6 Ampère übersteigt. Bei obigem Beispiel müßte also eine 10-Ampère-Sicherung verwendet werden. Es gibt außerdem 15-, 20-, 25- und höher belastete Sicherungen.

Wir nehmen an, die Haushaltleitung ist mit 6 Ampère abgesichert (s. Zähler!); Glühbirnen und Geräte können gleichzeitig im Gesamtanschlußwert von (Volt) 220 × (Ampère) 6 = 1320 Watt angeschlossen werden.

AUFGABE

Überlege, welche Geräte kannst du noch einschalten, wenn zur Zeit 4 Lampen mit 25, 40, 60 und 100 Watt brennen! (6 Amp., 10 Amp.)

3. Wie berechnen wir die Kosten für elektrischen Strom?

Die K o s t e n für den elektrischen Strom setzen sich zusammen

aus dem G r u n d p r e i s , der je nach Haushalt und Betrieb unterschiedlich ist, monatlich aber gleichbleibt, und dem A r b e i t s p r e i s, der nach der entnommenen Strommenge = Leistung (Watt-Kilowatt) errechnet wird (Tarif).

Die Berechnungseinheit ist die Kilowattstunde. Der Durchschnittspreis pro Kilowattstunde errechnet sich aus dem Gesamtpreis (Grund- und Arbeitspreis). Er sinkt um so mehr, je größer der Verbrauch ist.

AUFGABEN

Stelle an Hand einer Abrechnung des Elektrizitätswerkes den Durchschnittspreis pro Kilowattstunde fest!
Errechne den Durchschnittspreis bei einer Verdopplung des Verbrauchs! Vergleiche!

4. Elektrischer Strom ist kostspielig. Welche Möglichkeiten zur E i n s p a r u n g sind gegeben?

    a) Laß kein Gerät ungenützt eingeschaltet! Beispiel!

    b) Nütze Wärme g a n z aus!

    c) Spare vor allem beim Gebrauch der Koch- und Bügelgeräte! Beispiel!

    d) Verwende möglichst Geräte mit R e g l e r schaltung (Thermostat)! Wirkung? Vorteile?

    e) Benütze, wo es möglich ist, den billigen N a c h t s t r o m!

AUFGABE

Suche nach weiteren Möglichkeiten, die Stromkosten niedrig zu halten!

Die Heißwasserversorgung im Haushalt

Für die Einrichtung der Heißwasserversorgung gibt es verschiedene Möglichkeiten. Heißes Wasser in Verbindung mit der Beheizung der Küche oder des Hauses siehe Seite 15, 34. Sehr beliebt ist die Heißwasserversorgung durch Einzelgeräte, wobei Elektrizität oder Gas als Heizquelle dient.

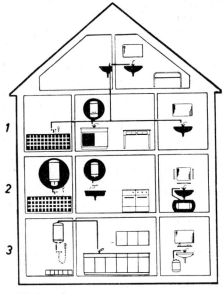

1 = Zentralversorgung
2 = Einzelversorgung
3 = Gruppen

Einzelgerät für eine Zapfstelle

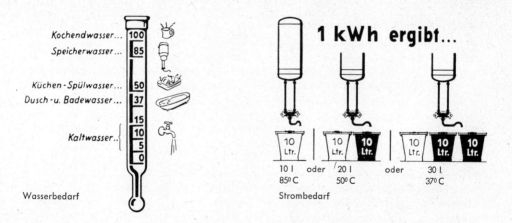

Kochendwasser... 100
Speicherwasser... 85

Küchen-Spülwasser... 50
Dusch-u. Badewasser... 37

15
Kaltwasser..{ 10
5
0

Wasserbedarf

1 kWh ergibt...

10 Ltr.	oder	10 Ltr. 10 Ltr.	oder	10 Ltr. 10 Ltr. 10 Ltr.
10 l 85°C		20 l 50°C		30 l. 37°C

Strombedarf

Die elektrische Heißwasserversorgung ist sehr verbreitet. Bei Verwendung von E i n z e l -
g e r ä t e n wird meist an jeder Zapfstelle, der heißes Wasser entnommen werden soll, ein
Heißwasserbereiter installiert. (Siehe Abb. S. 54.) Der Vorteil dabei ist, daß Geräte verwendet werden können, deren Inhalt dem Bedarf jeweils angepaßt ist. Lange Leitungswege
und damit Wärmeverlust werden vermieden. Die einzelnen Warmwassergeräte lassen sich
auch nach und nach ohne bauliche Veränderung einrichten. Nahe b e i e i n a n d e r l i e -
g e n d e Z a p f s t e l l e n können durch ein Gerät g e m e i n s a m versorgt werden. Der
Heißwasserbereiter wird dann an der Zapfstelle angebracht, der am häufigsten Warmwasser entnommen wird. (Siehe Abb. S. 54.)

Kochendwassergerät

Die elektrischen Heißwasserbereiter

H e i ß w a s s e r s p e i c h e r sind wärmeisolierte Geräte, in denen das Wasser von einem elektrischen Heizkörper aufgeheizt und dann gespeichert wird. Durch die gute I s o l i e - r u n g behält das Wasser im Speicher stundenlang seine Temperatur. Ohne Wartezeit kann immer heißes Wasser entnommen werden, denn die Heißwasserspeicher haben Temperatur- wähler. Diese schalten bei Erreichen der eingestellten Temperatur automatisch ab. Fließt aber infolge der Entnahme kaltes Wasser nach, oder sinkt durch die Abkühlung die Tempe- ratur des Wassers im Speicher, so schalten sie automatisch wieder ein; die eingestellte Tem- peratur ist schnell wieder erreicht (siehe unten).

Nach der Betriebsweise unterscheidet man:
drucklose Speicher, die meist zur Versorgung einzelner Zapfstellen dienen, und
Druckspeicher, durch die beliebig viele Zapfstellen versorgt werden können.
Boiler sind nicht so weitgehend wärmeisoliert. Das Wasser wird erst kurz vor dem Gebrauch aufgeheizt. Will man Wärmeverlust durch Abkühlung vermeiden, so muß das Wasser, wenn es die gewünschte Temperatur erreicht hat, möglichst sofort verbraucht werden. Boiler wer- den gerne für Dusch- und Wannenbad benutzt, da man zur bestimmten Zeit eine bestimmte Menge an einer Stelle benötigt. Die gewünschte Temperatur wird von Hand eingeschaltet; ist sie erreicht, erfolgt das automatische Abschalten.
Das K o c h e n d w a s s e r g e r ä t, eine Art Boiler, wird immer mehr verwendet.

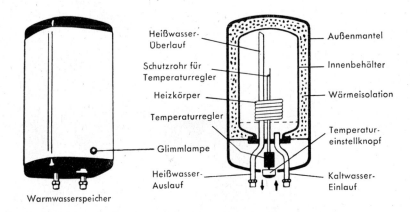

Warmwasserspeicher

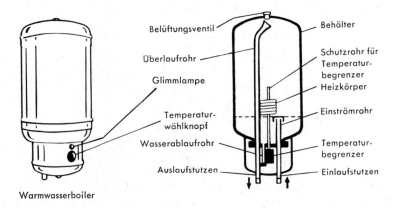

Warmwasserboiler

Der Wasserbehälter, oft aus hitzebeständigem Glas, zeigt Füllmarkierungen zwischen 1 bis 5 Liter. Mit Anschlußwert von 2 kW dauert das Aufheizen der ganzen Füllung auf „kochend" etwa 15 Minuten, bei geringeren Mengen entsprechend kürzere Zeit. Dieses Gerät wird gern über dem Spülbecken angebracht und ist vor allem zur schnellen Zubereitung von Kleinmengen kochenden Wassers für Getränke und Speisen geeignet; z. B. Tee, Kaffee, Zusetzen von Speisen usw. (siehe Abb. S. 55).

D u r c h l a u f e r h i t z e r erwärmen das Wasser während des Durchlaufens. Sie erfordern aber wesentlich höhere Anschlußwerte als Speicher und Boiler und sind auch weniger wirtschaftlich. Steht Gas bzw. Propangas zur Verfügung, so ist die Warmwasserbereitung mittels Durchlauferhitzer preisgünstiger.

Die Buchführung der Hausfrau

Das Haushaltbuch

Zur sparsamen Haushaltführung gehört die richtige Einteilung des Geldes. Um einen Überblick über die Einnahmen und Ausgaben zu gewinnen, legt die gewissenhafte Hausfrau ein Haushaltbuch an. Das gut geführte Haushaltbuch zeigt, wofür das Geld ausgegeben wurde, ob Ausgaben gemacht wurden, die unnötig waren, an denen gespart werden kann, und erinnert außerdem an Dinge, die sonst vergessen würden.

Die Anlage des Haushaltbuches

Dazu genügt schon ein einfaches Heft, das wir uns selbst einteilen. Zunächst stellen wir den H a u s h a l t p l a n auf. Er regelt die Ausgaben nach den Einnahmen. Die Bedürfnisse des täglichen Lebens, für die wir Geld ausgeben müssen, fassen wir in bestimmte Gruppen zusammen. Dann verteilen wir die Einnahmen auf diese Gruppen, etwa in folgender Weise:

Ausgaben für

Lebensmittel	50–55%
Kleidung und Wäsche	12–15%
Wohnung, Heizung, Beleuchtung	15–20%
Beiträge, Zeitung, Radio	3%
Berufsausbildung für Kinder	3–5%
Rücklagen, Vorräte, Sonstiges	5–10%

AUFGABEN

Stelle einen Haushaltplan für deine Familie auf und errechne die Summen der einzelnen Posten wöchentlich, monatlich!

Das Aufschreiben der Einnahmen und Ausgaben können wir auf verschiedene Weise vornehmen. Hier ein Beispiel:

Datum	Einnahmen	DM	Ausgaben	DM
15. 1.	Lohn des Vaters	80.–	Zeitung	3.90
			Radio	2.—
			Nährmittel	1.64
			1 kg Fleisch	4.90
17. 1.	Haushaltgeld von Sohn Hans	20.–		

Zweites Beispiel laut Haushaltplan mit monatlicher Abrechnung:

Datum	Gegenstand	Einnahmen	Ausgaben						
			Nahrung	Kleidung	Wohnung	Zeitung Beiträge	Berufsbildung	Vergnügen	Sonstiges
Febr.		DM	270.—	60.—	80.—	15.—	20.—	15.—	70.—
1.	Lohn des Vaters	450.—							
	Haushaltgeld des Sohnes	80.—							
	Nährmittel 1.50								
	Fleischwaren 3.40		4.90						
	1 P. Strümpfe 6.70			6.70					
2.	Zeitung 3.90								
	Radio 2.—					5.90			
	Kino 2.40							2.40	
	Miete 55.—				55.—				

Am Ende der Woche rechnen wir zusammen und ziehen die Ausgaben von den Einnahmen ab. Wir erhalten den Kassenrest, mit dem wir die Einnahmen der neuen Woche beginnen oder den wir als Ersparnis zurücklegen können.

MERKE

Gib dem Haushaltbuch einen Platz, an dem es jederzeit griffbereit ist!

Gewöhne dich daran, sofort aufzuschreiben, wenn du Geld eingenommen oder ausgegeben hast!

Laß dir beim Einkauf die Waren mit dem Preis aufschreiben, kontrolliere die Richtigkeit!

Nimm dir am Abend ein Viertelstündchen Zeit, deine Eintragungen zu überschauen und den Kassenbestand zu prüfen!

Betrüge dich nicht selbst durch falsche Eintragungen!

Rechnungen bewahre in einer Mappe auf, und zwar zwei Jahre lang!

WÄSCHE UND KLEIDUNG

MATERIAL (STOFFKUNDE)

Zu einem ordentlichen Haushalt gehört gute Wäsche sowie praktische und schöne Kleidung der Familienangehörigen.

Gedankenlos tragen und behandeln viele Menschen Kleidung und Wäsche. Jedes Stück sollte aber entsprechend seiner besonderen Art gebraucht, gereinigt und gepflegt werden.

Es ist daher für die Hausfrau ebenso wichtig, die Stoffe und deren Verwendung und Pflege zu kennen, wie es notwendig ist, daß sie kochen und nähen kann.

Die Rohstoffe

AUFGABEN

Sieh deine Wäsche und Kleider nach und überlege, aus welchem Material die einzelnen Stücke hergestellt sind!

Gib an, wie du deine Kleidung einteilen kannst
a) nach ihrer Verwendung,
b) nach ihrem Rohstoff!

Bei der Durchsicht unserer Kleidung stellen wir fest, daß zu ihrer Herstellung Rohstoffe verschiedenster Art verwendet werden.

Ausgangsmaterial für unsere Stoffe sind
Wolle, Haare und Seide, die uns
das Tierreich liefert,
Fasern aus dem Pflanzenreich
und Fasern, die künstlich hergestellt
werden.

Rohstoffe aus dem Tierreich

Die Schafwolle

Der bedeutendste Wollieferant ist das Schaf. Es wird ein- bis zweimal im Jahr geschoren. Dabei wird besonders darauf geachtet, daß das Wollkleid (Vlies) zusammenhängend in einem Stück gewonnen wird. Dieses Vlies enthält Wolle verschiedener Güte (Qualität). Die beste Wolle ist die Schulter- und Rückenwolle.

Die Qualität der Wolle ist vor allem abhängig von der Rasse, der Fütterung und der Pflege der Tiere.

Eigenschaften

AUFGABEN

Was weißt du von der Gewinnung der Wolle?

Ziehe aus Strickwolle, aus einem Wollstoff einzelne Wollfasern heraus, halte sie gegen das Licht und betrachte!
  Berichte!

Achte beim Tragen eines Wollkleides und eines Baumwoll- oder Zellwollkleides auf das Knittern der Stoffe!
  Vergleiche und berichte!

Berichte über Beobachtungen beim Tragen von Woll- oder Baumwollkleidung bei schweißtreibender Arbeit!

Betrachte Wollstrümpfe, Strickjacken, wollene Kinderjäckchen und -kleidchen nach mehrmaligem Waschen!
  Berichte!

Wir stellen fest:

Die einzelnen Wollfasern sind sehr dünn, verschieden lang, verschieden stark g e k r ä u - s e l t, haben milden G l a n z, sind e l a s t i s c h und w e i c h.

Unter dem Mikroskop betrachtet, ist die Wollfaser nicht glatt; sie hat eine schuppenartige Oberfläche.

Wolle hat die Fähigkeit, viel F e u c h t i g - k e i t aufzunehmen, ohne sich naß anzufühlen. Sie ist e m p f i n d l i c h gegen L a u - g e n und f i l z t leicht.

Wolle hält w a r m. Sie ist ein schlechter Wärmeleiter; Fäden und Gewebe schließen viel Luft (ebenfalls schlechter Wärmeleiter) ein, da die Kräuselung der Faser und die geschuppte Oberfläche ein dichtes Aneinanderliegen der Fasern beim Verarbeiten verhindern.

Die Wollfaser v e r b r e n n t s c h l e c h t, entwickelt dabei einen Geruch nach verbranntem Haar oder Horn und hinterläßt knötchenartigen Rückstand. Diese Brennprobe wird gemacht, um Wollstoffe zu erkennen (Einkauf).

Überlege, was sich aus den Eigenschaften der Wollfaser für die Kleidung und ihre Pflege ergibt!

Wollfaser unter dem Mikroskop

Die Menschen verarbeiten Schafwolle schon seit Jahrtausenden. Vom 10. bis 16. Jahrhundert hatte auch unser Vaterland eine blühende Schafzucht. Heute gibt es nur noch wenige Schafherden bei uns. Hauptgebiete der Schafhaltung sind gegenwärtig Australien, Argentinien, Südafrika und England.

Auch andere Tierhaare werden zu Wolle verarbeitet: das Kamel liefert das Kamelhaar (Decken), das Angorakaninchen die Angorawolle.

MERKE

Wolle wärmt, ist wasserabstoßend und nimmt langsam viel Feuchtigkeit auf, ohne sich naß anzufühlen. Sie ist darum sehr gut geeignet für Winter- und Schlechtwetterkleidung.

Wolle ist elastisch und weich. Sie knüllt darum nicht bzw. hängt wieder glatt.

Wolle ist empfindlich gegen Laugen und filzt leicht. Darum Vorsicht beim Waschen! Wähle das richtige Waschmittel! Wasche nicht zu heiß! Vermeide Reiben und Wringen!

Die Seide

AUFGABE

Erkundige dich in einem Geschäft nach dem Durchschnittspreis für reinen Seidenstoff und vergleiche ihn mit dem Preis für Kunstseide (bei gleicher Breite)!

Naturseide kann nur dort gewonnen werden, wo Maulbeersträucher wachsen; denn die Raupen des Seidenspinners leben vom Laub dieses Strauches. Jahrhundertelang war China das einzige Land, in dem die kostbaren Seidenstoffe hergestellt wurden. Niemandem gelang es, die Seidenspinner über die streng bewachten Grenzen des Landes zu bringen. Erst im Jahre 530 n. Chr. brachten Mönche durch List Seidenraupeneier in ihren ausgehöhlten Pilgerstäben an den Hof des römischen Kaisers. Von da ab breitete sich die Seidenraupenzucht auch in anderen Gebieten mit warmem Klima aus.

Lieferant der Seide ist die Raupe des Maulbeerspinners. Das Weibchen legt 300—400 winzig kleine Eier von der Größe des Mohnsamens. Aus den Eiern kriechen die kleinen Raupen (3 mm groß), die vom Züchter in eigenen Brutkammern sorgsam gehegt werden. Sie sind sehr gefräßig und wachsen in ungefähr 30 Tagen bis zur Größe eines Fingers. In dieser Zeit häuten sie sich mehrmals.

Wenn die Raupe „spinnreif" ist, hört sie auf zu fressen und sucht einen passenden Ort, um sich einzuspinnen. Zu diesem Zweck stellt der Züchter „Spinnhütten" aus Stroh oder Reisig auf.

Während der 30tägigen Wachstumszeit hat die Raupe im Körper einen dickflüssigen Saft gesammelt, den sie jetzt durch die Spinndrüsen (am Kopf) auspreßt. Dieser Saft erhärtet beim Austritt an die Luft sofort und ergibt den Seidenfaden. Durch Bewegungen des Körpers wird der Faden um diesen herumgesponnen und die Raupe ganz eingehüllt (Kokon). In diesem Versteck verpuppt sie sich und bildet sich innerhalb 20 Tagen zum Schmetterling um. Dieser durchbeißt die Kokonwand, um auszuschlüpfen.

Zur Gewinnung des Seidenfadens sind solche zerstörte Kokons schlecht brauchbar. Darum tötet der Züchter die Puppen vor dem Zeitpunkt des Ausschlüpfens durch Hitze ab. Der Seidenfaden kann dann gut abgehaspelt werden.

Die Länge eines Kokonfadens beträgt etwa 3000 m. Doch kann nur etwa ein Viertel davon abgespult werden; das übrige muß versponnen werden. Der einzelne Seidenfaden ist zu dünn für die Weiterverarbeitung; es werden darum mehrere Fäden gleichzeitig abgehaspelt und zu einem Faden vereinigt.

Eigenschaften

Reine Seide ist sehr w e i c h , g l ä n z e n d und e l a s t i s c h . Sie ist sehr teuer. Rohseide ist m a t t und n i c h t so weich (enthält noch den Seidenleim), wird erst e n t b a s t e t . Dadurch verliert sie an Gewicht. Oft wird dies durch Zusätze wieder aufgeholt: die Seide wird „beschwert", z. B. mit Wasserglas. Sie verliert dadurch aber an Wert.

Bei der Brennprobe verhält sich Seide w i e W o l l e . Beschwerte Seide ist daran erkennbar, daß sie nur glüht, nicht brennt. Seide ist e m p f i n d l i c h g e g e n H i t z e .

MERKE

Reine Seide gibt schöne, weiche Stoffe, ist aber sehr teuer.
Der Einkauf reiner Seide ist Vertrauenssache. Darum lasse dich vom Fachmann beraten!
Seide ist empfindlich gegen Hitze. Achte beim Waschen und Bügeln darauf!

Rohstoffe aus dem Pflanzenreich

Geblüht im Sommerwinde,
Gebleicht auf grüner Au,
Liegt still es nun im Spinde,
Zum Stolz der Bauersfrau.
„Rätsel für die Jugend"

Der Flachs

Wenn heute das „Leinen" im Wäschebestand der Hausfrau nicht mehr die Rolle spielt wie ehedem, so ist doch jede Hausfrau stolz, wenn sie „echtes" Leinen besitzt. Reines Leinen hat so w e r t v o l l e E i g e n s c h a f t e n, daß es trotz seines hohen Preises sehr geschätzt ist.

Eigenschaften

Die Flachsfaser ist l a n g, r e i ß t s c h w e r und g l ä n z t. Flachs ist ein guter Wärmeleiter; leinene Gewebe fühlen sich kühl an. Die Flachsfaser v e r b r e n n t l e i c h t und hinterläßt eine feine Asche. Gegen L a u g e n ist sie u n e m p f i n d l i c h.

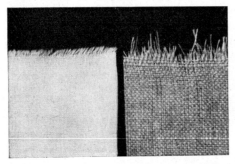
Rißkante eines Baumwoll- und eines Leinenstoffes

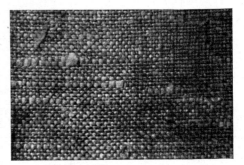
Leinen, Verdickungen und Knoten im Gewebe

MERKE

Die Flachsfaser gibt sehr schöne Haus- und Tischwäsche (Glanz).
Leinen kühlt, darum wird es gerne für Wäsche und Kleider für die heiße Jahreszeit verwendet.
Leinengewebe erkennst du meist an der Unregelmäßigkeit des Gewebes.

Die Baumwolle

AUFGABEN

Erkundige dich nach dem Preis von einem Meter Baumwollwäschestoff guter und bester Qualität und nach dem von einem Meter Reinleinen! Vergleiche und berichte!

Betrachte und befühle Baumwollgewebe und Leinengewebe und vergleiche! Reiße ein Stück Baumwollstoff ab, desgleichen ein Stück Leinen! Was stellst du fest?

Welche Erfahrungen hast du beim Abtrocknen von Geschirr gemacht? Wie trocknen leinene Tücher, wie baumwollene?

Zweig eines Baumwollstrauches mit Blüte und Samenkapsel

Die Baumwollfaser kommt vom Baumwollstrauch, der nur in heißen Ländern gedeiht. Bei der Reife springen die Samenkapseln dieser Pflanze auf und eine weiche, flaumige Watte quillt heraus. Bei näherem Zusehen erkennen wir, daß die Kapsel Samenkerne enthält, welche rundum mit Samenhaaren bewachsen sind.

(Was schließt du daraus?) Mit der Hand oder der Maschine werden die Kapseln gepflückt. Die Kerne werden entfernt, und die weiche, 2–6 cm lange geschmeidiger Faser ist schon „spinnfertig". Die Baumwollfaser ist wegen der nur geringen Mühen bei ihrer Gewinnung viel billiger als Flachs. Nur die weiten Transportwege verteuern die Ware. Obwohl die Baumwolle anfangs in europäischen Ländern nur vorsichtig aufgenommen wurde, hat sie doch den Flachs bei uns stark verdrängt. Baumwollstoffe für Wäsche, Kleider, Dekorationen und anderes sind heute nicht mehr wegzudenken. Die Hauptlieferanten sind: Nordamerika, Ägypten, Afrika und Indien.

Eigenschaften

Die Baumwollfaser ist g e l b l i c h - w e i ß , k u r z , sehr f e i n , m a t t g l ä n z e n d , w e i c h und fühlt sich warm an. Bei der Brennprobe verhält sie sich ähnlich wie Flachs. Die Faser reißt leicht (siehe Abb. S. 62). Gegen L a u g e n i s t s i e u n e m p f i n d l i c h .

MERKE
Die Baumwollfaser ist kurz; Gewebe aus ihr sind nicht so widerstandsfähig.
Baumwollstoffe sind leicht zu reißen. Rißkante ist gleichmäßig und feinfaserig. (Zu beachten beim Einkauf.)
Baumwolle ist wenig elastisch, knittert darum leicht.

Industriell geschaffene Fasern

Kunstseide und Zellwolle

Erzähle, was du über diese Stoffe weißt! Du kennst sie sicher von deiner Kleidung her.

Das Material für die Herstellung von Kunstseide und Zellwolle liefert heute zum weitaus größten Teil das Holz. Es enthält sehr viel Z e l l u l o s e , den G r u n d s t o f f für diese Gewebe. Diese wird aber erst in den Zellstoffwerken aus dem Holz gewonnen. Das Holz wird zerkleinert und mit Chemikalien behandelt, um die Zellulose zu erhalten. Erfolgt die weitere Verarbeitung nicht im gleichen Werk, dann wird die Zellulose in Platten gepreßt und an die Kunstseidefabriken weitergegeben.
Dort wird durch nochmalige chemische Behandlung eine honiggelbe zähe Flüssigkeit hergestellt, die Ähnlichkeit mit dem Spinnsaft der Seidenraupe hat. Und so, wie man es der Seidenraupe abgeschaut hat, wird der Saft durch winzigkleine Öffnungen – Spinndüsen – gepreßt. Dabei entsteht ein langer seidenähnlicher Faden, die K u n s t s e i d e (Reyon).
Dieser Faden ist schwerer als der der Seidenraupe, ist meist auch nicht so haltbar und elastisch.
Wird er kleingeschnitten und dann noch gekräuselt, so erhält man ein wollartiges Material, die Z e l l w o l l e .
Zellwolle hat die Eigenschaften der Kunstseide, wärmt aber mehr als diese. Da sie nur geringe Faserlänge hat, muß sie versponnen werden und schließt dabei Luft (schlechter Wärmeleiter) mit ein. Man versucht, die Zellwolle in ihren Eigenschaften der Wolle anzugleichen.

MERKE
Kunstseide und Zellwolle werden meist aus Holz gewonnen. Sie ähneln den teuren Naturstoffen Seide und Wolle, haben aber nicht dieselben Eigenschaften.
Zellwolle wärmt nicht so wie Wolle, ist schwerer., nicht elastisch, knittert.

Nylon und Perlon

AUFGABEN
Welche Waren aus Nylon oder Perlon sind dir bekannt?
Berichte über Erfahrungen mit Nylon- oder Perlonstrümpfen, -wäsche, anderen Kleidungsstücken!
Wie behandelst du deine Nylonstrümpfe?

Nylon und Perlon sind Fasern, die auf chemischem Wege gewonnen werden. Sie heißen auch synthetische Fasern; sie werden aus Nebenprodukten des Steinkohlenteers, des Erdöls und anderem unter Zuhilfenahme verschiedener Chemikalien aufgebaut.

N y l o n wurde erstmals in der amerikanischen Industrie entwickelt, wird aber heute auch in anderen Ländern hergestellt.

P e r l o n ist ein deutsches Erzeugnis und ist durch ein Warenzeichen geschützt.

Nylon und Perlon sind

sehr fest — reißfest und scheuerfest, obwohl der Faden sehr dünn ist;

elastisch — gehen nach der Dehnung in ihre ursprüngliche Lage zurück;

knitterfest;

sehr leicht im Gewicht;

gut widerstandsfähig gegen Stockflecke und Chemikalien;

empfindlich gegen Hitze, darum Vorsicht beim Bügeln!

Nylon und Perlon nehmen Feuchtigkeit nur schwer an,

trocknen darum sehr schnell;

lassen wegen der glatten Oberfläche Staub und Schmutz nur lose haften und sind darum leicht zu reinigen;

braucht man in der Regel nicht zu bügeln, weil Falten nach dem Waschen durch glattes Aufhängen verschwinden;

lassen Bügel- und Plisseefalten so einpressen, daß diese auch nach dem Waschen bleiben.

Nylon und Perlon werden verwendet:

als langer endloser Faden vor allem für Strümpfe (Perlonseide);

als gesponnenes Perlon (der lange Faden wird auf lange Stapel geschnitten und dann versponnen — vergleiche Zellwolle!);

zur Verstärkung von Geweben und Gewirken.

In den letzten Jahren kamen noch andere synthetische Stoffe, wie Dralon, Pan, Terylen, Diolen u. a., in den Handel. Sie haben ähnliche Eigenschaften wie Nylon und Perlon. Im Gebrauch achte auf die jedem Stück beigegebene Behandlungs- und Waschanweisung! Kleidungsstücke aus diesen Fasern laden sich bei längerem Tragen mehr oder weniger stark elektrostatisch auf. Wäsche- und Kleidungsstücke kleben dann am Körper; insbesondere weite Röcke verlieren durch dieses Anhaften den Fall. Es gibt im Handel ein Sprühmittel (Antistatikum), mit dem das Kleidungsstück nach dem Waschen oder Reinigen leicht übersprüht wird. Neues Aufladen wird so für längere Zeit verhindert.

AUFGABEN

Überlege, inwieweit Kleidung und Wäsche aus Nylon, Perlon oder anderen synthetischen Stoffen vom gesundheitlichen Gesichtspunkt her zu empfehlen sind!

Überlege, ob und inwieweit die Verwendung von synthetischen Stoffen im Haushalt anzuraten ist!

Die Herstellung der Stoffe

Gewebte Stoffe

AUFGABEN

Betrachte ein Stückchen groben Stoff! Ziehe einen oder zwei Fäden vorsichtig aus! Beobachte dabei!

Vergleiche deine Stopfarbeit mit dem Stoffgewebe!

Gibt es in eurem Ort noch einen Webstuhl?

Es gibt heute viele und vielerlei Stoffe. Wir staunen über die Vielfalt der Farben, der Webarten und der Ausrüstung. Es ist heute selbst für den Fachmann nicht immer leicht, die Stoffe sicher zu bestimmen; nicht nur vom Rohstoff her ergeben sich Schwierigkeiten, auch die Webart fordert genaues Prüfen, soll der Stoff richtig bezeichnet werden. Nicht immer war es so. Erst die Entwicklung und der Ausbau der Webvorrichtungen brachten diese Vielfalt. Doch trotz dieser Mannigfaltigkeit haben a l l e Gewebe ein Gemeinsames: Jedes Gewebe besteht aus Längsfäden (Kette) und Querfäden (Schuß), die in ganz bestimmter Reihe miteinander verbunden sind (Bindung).

Schon das Kind im Kindergarten oder in der Schule webt aus Wolle, allerdings nur kleine Stückchen. Es spannt über einen Rahmen aus Holz oder Pappe Längsfäden, zieht mit Hilfe einer Nadel Querfäden reihenweise durch. Das g l e i c h e   g e s c h i e h t — allerdings viel leichter und schneller — b e i m   W e b e n mit dem **Webrahmen** oder dem **Webstuhl**.

Die Bindungen

A U F G A B E

Suche aus Mutters Flickenkiste Stoffreste verschiedener Webart! Lege alle Fleckchen, welche die gleiche Flechtart haben, zusammen!

Wenn wir bei den verschiedenen Geweben die Flechtart, B i n d u n g genannt, genau betrachten, dann finden wir eine große Mannigfaltigkeit. Und doch sind sie alle auf nur drei Grundbindungen zurückzuführen.

Diese sind: 1. die L e i n e n bindung, 2. die K ö p e r bindung, 3. die A t l a s bindung.

   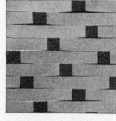

Leinenbindung   Köperbindung   Atlas- oder Satinbindung

Stoffe in Leinenbindung   Stoff in Schußköper   gleichseitiger Köper
                                 Stoff in Kettköper

Wir vergleichen die Fadenverbindungen der drei Arten und stellen fest, daß die Leinenbindung die dichteste, die Atlasbindung die loseste Webart darstellt.

M E R K E

Je dichter ein Stoff gewebt ist, desto fester und haltbarer ist er.

Je loser eine Webart ist, desto leichter sind Fäden auszuziehen oder zu beschädigen.

Gewirkte Stoffe

AUFGABE
Betrachte den Stoff eines Unterkleides oder Schlüpfers, vergleiche ihn mit einem Stück Schürzenstoff oder Bettstoff!

Nicht alle Stoffe bestehen aus Kett- und Schußfäden. Es gibt auch Stoffe (z. B. Trikot), die nur aus einem, aber endlos langen Faden bestehen und in der Art des Strickens auf besonderen Maschinen hergestellt (gewirkt) werden.
Die Vorzüge der Wirkwaren sind folgende:
Als Maschengebilde sind sie sehr elastisch und schmiegen sich dem Körper gut an. Sie schließen Luft ein und wärmen dadurch (Baumwoll- und Wolltrikot).
Sie sind infolge der Schlingenbildung auch porös und begünstigen so die Hautatmung und Hautausdünstung.

Die Nachbearbeitung der Stoffe

AUFGABEN
Nimm ein Stückchen neuen Stoff, übergieße ihn zur Hälfte mit heißem Wasser, reibe ihn durch!
Nach dem Trocknen vergleiche beide Stoffteile und berichte!
Ziehe aus buntem Stoff einige Fäden aus, betrachte sie und berichte!

Die aus dem Webstuhl kommenden Stoffe werden, ehe sie in den Handel kommen, erst noch einer entsprechenden Nachbearbeitung unterzogen. Diese dient dazu, evtl. Mängel und Fehler aufzufinden und zu verbessern, und hat außerdem den Zweck, die Stoffe ansehnlicher zu machen. Die für uns wichtigsten Nacharbeiten sind:

Das Bleichen

Wolle, Baumwolle und Leinen werden häufig gebleicht. Dazu werden heute chemische Mittel verwendet, da die natürliche Rasenbleiche zuviel Zeit beansprucht. Die Stoffe erhalten dadurch wohl eine schöne weiße Farbe, die Faser leidet aber unter dem Bleichvorgang.

MERKE
Stark gebleichte Ware hat an Haltbarkeit eingebüßt.

Das Färben

Die meisten Stoffe werden gefärbt, und zwar entweder im Garn, also v o r dem Weben (suche solche Stoffe aus, woran erkennst du sie?), oder im Stoff, also n a c h dem Weben.

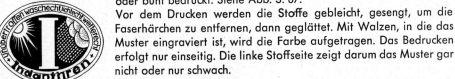

Nach dem Weben wird entweder einheitlich gefärbt oder einfarbig oder bunt bedruckt. Siehe Abb. S. 67.
Vor dem Drucken werden die Stoffe gebleicht, gesengt, um die Faserhärchen zu entfernen, dann geglättet. Mit Walzen, in die das Muster eingraviert ist, wird die Farbe aufgetragen. Das Bedrucken erfolgt nur einseitig. Die linke Stoffseite zeigt darum das Muster gar nicht oder nur schwach.

MERKE
Stoffe mit eingewebtem buntem Muster halten die Farbe besser als Stoffe mit aufgedrucktem Muster.
Achte beim Einkauf darauf, daß du Stoffe mit guten Farben wählst, die licht-, luft- und waschecht sind (Indanthren)!

Das Appretieren

Manche Stoffe, vor allem Wäschestoffe, werden nach dem Bleichen (und Färben) oft auch noch appretiert. Sie sollen dadurch griffiger werden, fester und kräftiger aussehen. Man erkennt appretierte Ware am Glanz, der beim Reiben und mit dem Waschen verschwindet.

Vor dem Weben im Garn gefärbt

Nach dem Weben gefärbt (Druck)

Es werden verschiedene Mittel dazu verwendet: Stärke macht den Stoff steif; Gips, Kreide und Wasserglas machen ihn schwer. Die so bereiteten Stoffe werden noch unter Hitze gepreßt, um den gewünschten „Ladenglanz" zu bekommen.

MERKE

Gute Stoffe zeichnen sich durch eine nur unauffällige, solide Nachbearbeitung aus. Jede aufdringliche Nachbearbeitung will täuschen.
Darum: Je weniger Appretur im Stoff, desto besser ist die Qualität zu erkennen. Prüfe jederzeit schon v o r dem Kauf durch leichtes Reiben des Stoffes!

Das Walken

Wollwaren, vor allem Streichgarnstoffe, werden durch einen Filzprozeß (Walken) dicht und flauschig gemacht. In besonderen Walkmaschinen werden die Gewebe unter Feuchtigkeit durch Drücken, Stoßen, Kneten und Reiben bearbeitet. Infolge der Schuppung an der Oberfläche des Wollhaares verfilzen die Fäden hierbei ineinander, d. h. sie haken sich gegenseitig fest; der Stoff geht dabei sehr ein.
Anschließend werden die Stoffe unter Hitze und Druck gepreßt und dabei geglättet.

Das Dekatieren

Unter Einwirkung von Feuchtigkeit und Hitze werden die Stoffe „regenecht" gemacht (d. h. sie bekommen beim Tragen keine Flecke mehr durch Nässe). Sie gehen auch beim Bügeln nicht mehr ein. Dies ist wichtig bei der Verarbeitung neuer Stoffe.

Das Sanforisieren

Wäschestoffe werden durch warmes Krumpen und eine besondere Dauerappretur vor späterem Einlaufen geschützt.

Das Imprägnieren

Mit Hilfe von chemischen Mitteln werden die Stoffe wasserabstoßend gemacht, sollen aber luftdurchlässig bleiben.

Das Eulanisieren

Wollstoffe werden durch besondere Bearbeitung mottensicher gemacht.

Worauf ist beim Stoffeinkauf zu achten?

AUFGABEN

Lasse dir in einem Geschäft verschiedene Wäschestoffe vorlegen! Versuche die Qualitäten zu unterscheiden! Wie kannst du feststellen, ob der Stoff starke Appretur hat?
Notiere Breite und Preise der Stoffe und berichte!

Wollen wir günstig und zur Zufriedenheit einkaufen, dann müssen wir uns vor jedem Stoff-kauf fragen:

Wozu will ich den Stoff verwenden?

Für ein Wäschestück? Leibwäsche – Hauswäsche?

Nimm wasch- und kochechten Stoff! Nimm für Leibwäsche nicht allzu dichtes Gewebe! Dies ist schwerer zu waschen, denn das Gewebe wird im Wasser durch das Quellen der Faser noch dichter und kann darum nur schwer durchspült werden.

Für ein Kleid? Ein Arbeitskleid? Ein Sonntagskleid? Ein Sommer- oder Winterkleid?

Wähle für das Arbeitskleid waschbare Stoffe! Wähle gute Stoffe, die der stärkeren Be-anspruchung besonders bei schwerer körperlicher Arbeit auch standhalten! Wähle Stoffe, die Schweiß und Feuchtigkeit gut aufsaugen! Wähle durchlässige Stoffe! Denke an die vermehrte Hautatmung und Ausdünstung bei schwerer Arbeit!

Welcher Rohstoff kommt in Frage?

Lies die Eigenschaften der verschiedenen Fasern vorne in den entsprechenden Kapiteln nach und prüfe, welche Rohstoffe deinen Anforderungen am meisten gerecht werden! Dann wähle!

MERKE
Nimm nicht Seide für Wäsche und Kleider, die viel beansprucht werden!
Für kühle und kalte Tage wähle Barchent, Flanell; Wolljäckchen zum Überziehen; Leichte Baumwollstoffe und Leinen sind für warme Tage.
Für das Festtagskleid wähle wertvollere Stoffe, wie Wolle und Seide!

Willst du richtig entscheiden, muß du beim Einkauf die Stoffe nach ihrem Rohstoff erkennen. Darum prüfe erst! Achte auf Gütezeichen! Siehe auch S. 66.

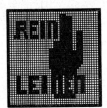  

Gütezeichen für Leinen und Halbleinen   Gütezeichen für Perlon

MERKE
Die tierischen Fasern, also auch Woll- und Seidenstoffe (Naturseide), verbrennen nur langsam, glimmen mehr, zeigen dabei Klümpchenbildung und riechen stark nach verbranntem Horn oder Haar.
Die pflanzlichen Fasern, also auch Baumwoll- und Leinenstoffe, verbrennen rasch ohne besonderen Geruch, hinterlassen weiße, feine Asche. Dies gilt auch für die meisten Zellwollen.
Die synthetischen Fasern brennen schlecht, schmelzen; glasharter Rückstand.

AUFGABEN
Unterscheide Baumwolle und Leinen,
        Baumwolle und Wolle,
        Zellwolle und Wolle!
Vergleiche die Eigenschaften der verschiedenen Fasern (in einschlägigen Kapiteln nachzulesen) und du hast die Unterscheidungsmerkmale der Stoffe.
Überlege, was ist Halbleinen? Der Name sagt es dir.

Welche Qualität wähle ich?

Normalerweise scheint das Beste sehr teuer, erweist sich aber gleichzeitig als das Billigste.

MERKE
Die Qualität des Stoffes ist abhängig vom Rohstoff und wird durch die Beanspruchung während der Herstellung und durch die Nachbearbeitung beeinflußt. So erfolgt z. B. das Rauhen der Stoffe auf Kosten der Qualität. Gerauhte Stoffe halten wohl wärmer, sind aber weniger haltbar als glatte Stoffe gleichen Materials.

Bei der Auswahl der Qualität überlege also, was du erreichen willst und wie stark die Beanspruchung beim Tragen ist! Ein Kleidungsstück, das Tag für Tag in Wind und Wetter getragen werden soll, muß aus besserem Stoff sein als ein anderes, das seltener getragen wird. Laß dich beim Bestimmen der Qualität nicht allein von der Preisfrage her leiten!

Für wen kaufe ich ein?

Jeder, ob alt, ob jung, ob arm, ob reich, möchte nicht nur ordentlich, sondern auch gut aussehend gekleidet sein. Das Sprichwort sagt: „Kleider machen Leute." Das stimmt. Ein und derselbe Mensch sieht verändert aus, wenn er, bisher vorteilhaft gekleidet, einmal etwas trägt, das nicht zu ihm paßt.
Eines paßt nicht für alle. Dir gefällt das Kleid deiner Freundin, und schon möchtest du das gleiche. Du meinst, was deiner Freundin gut steht, müsse auch dir passen. Wie ist das eigentlich?

MERKE DIR
**Was einem jungen Menschen vorteilhaft zu Gesicht steht, kann einen älteren sehr entstellen oder umgekehrt.
Was zu dunklem Haar und dunklem Teint gut aussieht, kleidet noch lange nicht zu blondem Haar und heller Hautfarbe.
Helle Farben, große Muster lassen größer und kräftiger erscheinen; gedeckte Farben, kleinere Muster lassen Übergrößen leichter übersehen.**

Wieviel Stoff muß ich kaufen?

Der Bedarf richtet sich
    nach der Machart des Kleidungsstückes,
    nach der Größe des Trägers (bei Kindern Einschlag!),
    nach der Stoffbreite,
    nach der Qualität des Stoffes (stark einlaufende Gewebe!),
    nach der Musterung. Der Stoff soll so verarbeitet werden, daß beim Zusammensetzen das Muster nicht gestört wird. Darum ist bei großer Musterung mehr zu kaufen als bei kleinen Mustern.
Bei der Bedarfsberechnung beobachten wir oft falsches Sparen. Ein Zuwenig von einigen Zentimetern beim Einkauf kommt oft ziemlich teuer zu stehen, da wegen bestimmter Schnittteile dann vielfach bedeutend mehr nachzukaufen ist, will man unschönes Stückeln vermeiden. Außerdem bedenke bei der Berechnung, daß, insbesondere bei der Arbeitskleidung, genügend Stoff für Ausbesserungsarbeiten bleibt!
Überlege also gut, bevor du kaufst!

MERKE
Empfehlenswerte Stoffbreiten sind:
    für Wäschestoffe 80 cm,
    für Bettwäsche 130—150 cm, 160 cm,
    für leichte Kleiderstoffe 80 cm und 90 cm,
    manche billige Stoffe auch nur 68—70 cm,
    Wollstoffe für Kleider ca. 120 cm, 130 cm,
    Wollstoffe für Mäntel und Kostüme 130—140 cm,
    Wollstoffe, Herrenstoffe 140 cm,
    gestreifte Schürzenstoffe (Baumwolle) ca. 112—116 cm.
    Gardinenstoffe 120 cm,
    Stores 200 und 300 cm.

ANFERTIGUNG

Nähen

Die verschiedenen Nähte und ihre Anwendung

AUFGABEN
Betrachte daheim die Nähte an Wäsche- und Kleidungsstücken! Welche Nähte unterscheidest du?
Wo findest du die einzelnen Nähte angewandt?

Wenn wir unsere Wäsche- und Kleidungsstücke genauer ansehen, fällt uns auf:
- a) daß ganz verschiedene Nähte angewendet werden,
- b) daß bestimmte Nähte an bestimmten Stoffen und
- c) an bestimmten Stellen bevorzugt werden.

So unterscheiden wir:

1. Die **einfache** Naht: 2 Stoffteile werden in nur e i n e m A r b e i t s g a n g mit e i n e r N a h t zusammengefügt. Die Nahtränder werden gut ausgestrichen (Webekante), evtl. auch mit leichten Stichen versäubert (Abb. a).

   Anwendung vor allem bei Wollstoffen, bei dicken Stoffen und Nahtrand mit Webekante.

2. Die **überwendliche Naht**, Überwendlingsnaht oder Endelnaht: Zwei Stoffteile (Webekante) werden Rand auf Rand aufeinandergelegt und mit kleinen Überwendlingsstichen zusammengenäht (Abb. b).

   Anwendung (nur Webekante) bei Stoffknappheit oder unauffälligen Nahtverbindungen.

3. Die **Doppelnaht**, Rechts-Linksnaht, auch „Französische Naht": Zwei glatte Stoffteile werden zunächst mit einfacher Naht (diesmal aber Naht nach der rechten Seite) zusammengenäht; die Nahtränder werden etwas nachgeschnitten, die Naht wird gut ausgestrichen, dann dicht an der Nahtlinie nach links umgebrochen. Die zweite Naht ist so breit auszuführen, daß die S c h n i t t r ä n d e r g a n z i n d e r N a h t liegen (Abb. c).

   Anwendung vor allem bei Wäsche, Waschkleidern, Blusen usw.

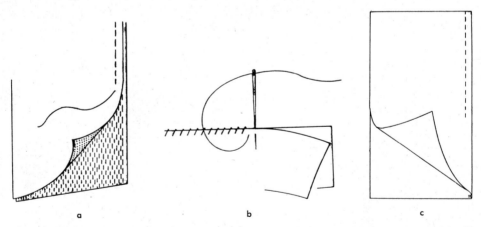

a   b   c

4. Die **Übernaht** oder Niedernaht: Zwei Stoffteile werden (rechte Stoffseite auf rechte Stoffseite) aufeinandergelegt, so daß der untere Stoffrand n a h t b r e i t vorsteht. (Siehe Abb. d) Dann wird von der inneren Schnittkante nahtbreit entfernt genäht. Die Naht wird gut ausgestrichen, der überstehende Schnittrand zur Naht hin umgebrochen und gesteppt. (Siehe Abb. e)

   Anwendung bei Seitennähten an Hemden, Unterröcken, Säuglingswäsche, Knaben- und Herrenhemden usw.

5. Die **Saumnaht** oder Schneidernaht: Zwei Stoffteile (rechte Stoffseite auf rechte Stoffseite) werden aufeinandergelegt, dabei u n t e r e n Stoff mehr als Nahtbreite vorstehen lassen. Dieser vorstehende Stoff wird zum Saum gebrochen und über den Schnittrand des oberen Stoffes gelegt und aufgesteppt (nur ein Arbeitsgang, dadurch Garn- und Zeitersparnis) (Abb. f).

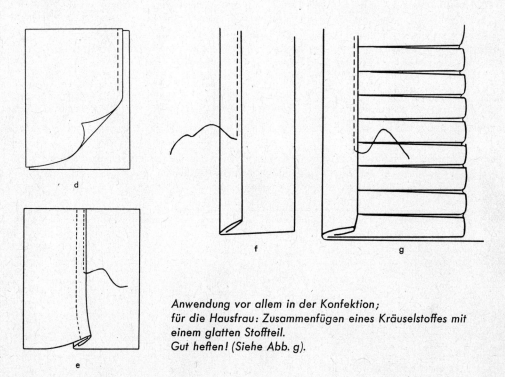

Anwendung vor allem in der Konfektion;
für die Hausfrau: Zusammenfügen eines Kräuselstoffes mit einem glatten Stoffteil.
Gut heften! (Siehe Abb. g).

MERKE
Wäschestoffe verarbeite mit schmalen Nähten!
Wollstoffe verarbeite mit breiteren Nähten!
Beim Flicken nimm die gleichen Nähte, die am Gegenstand Verwendung fanden!
Achte immer darauf, daß die Nähte schon beim Arbeiten gut ausgestrichen werden! Bei Stoffen, die sich schlecht brechen (umbiegen) lassen, nimm das Bügeleisen!

Bettwäsche

AUFGABEN
Erkundige dich im Geschäft, wie breit Wäschestoffe liegen!
Miß dein Deckbett, dein Kopfkissen! Überlege, wieviel Stoff du kaufen mußt
  a) für ein Kopfkissen,
  b) für einen Deckbettbezug,
  c) für ein Bettuch (Leintuch),
  d) für einen Deckenbezug.

Stoffbedarf für Bettwäsche

Anzahl und Maße der einzelnen Bettstücke sind je nach Gegend verschieden.

Gebräuchliche Maße

Kopfkissen	80×80 cm,	60× 80 cm,	70× 90 cm;
Deckbett		120×180 cm,	130×180 cm,
		130×200 cm,	140×200 cm.

Der Stoffbedarf für die Bezüge und Tücher wird in gleicher Weise errechnet. Die Stoffe für Bettwäsche sind in den erforderlichen Breiten zu kaufen; bei der Errechnung des Stoffbedarfs sind darum nur die L ä n g e n m a ß e zu berücksichtigen.

Deckbett und Kissen sollen den Bezug glatt füllen. Wir brauchen für den Bezug also immer die d o p p e l t e L ä n g e des entsprechenden Bettstückes, die Z u g a b e für das Einlaufen des Stoffes beim Waschen (je nach Webdichte 2½ bis 8 cm pro Meter) und die Z u g a b e für den Verschluß.

AUFGABE

Betrachte den Verschluß eines Kopfkissens genau und überlege, wieviel Stoff in jedem Fall dafür zugegeben werden muß!

Der Verschluß besteht aus z w e i Säumen, je 3 cm breit. Da die beiden Säume übereinander zu liegen kommen, ist die Zugabe folgendermaßen zu berechnen:

2 Säume je 3 cm breit + je ½ cm Saumeinschlag	= 7 cm,
1 Saumbreite übereinander also	= 3 cm,

gibt 3 Saumbreiten je 3 cm + 2 Saumeinschläge je ½ cm = **10 cm.**

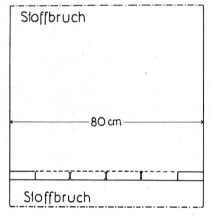

Kopfkissen

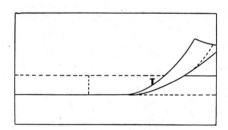

Kopfkissenverschluß aufgeklappt

Diese Berechnung gilt für Bezüge aller Art; sie richtet sich immer nach der Breite des Saumes, die im Verhältnis zur Größe des Wäschestückes stehen muß.

AUFGABE

Berechne die Zugabe für den Verschluß eines Sofakissens, eines Heizkissenbezuges, eines Kopfkissens für das Kinderbettchen!

Das B e t t u c h soll oben und unten eingeschlagen werden können. Damit es sich beim Gebrauch nicht verschiebt, muß dieser Einschlag genügend breit sein; wir rechnen ca. 20 bis 25 cm dafür.

Der S t o f f b e d a r f für ein Bettuch beträgt demnach
     1mal die Länge der Bettstelle (Erwachsenenbett, Kinderbett),
     + 2mal den Einschlag (je 25 cm),

$=$ z. B. 2,00 m $+$ 2mal 0,25 m $=$ 2,50 m
und die Zugabe für das Einlaufen des Stoffes.

Die Säume werden 1–2 cm breit gearbeitet.

Das E i n s c h l a g t u c h bekommt einen 50 cm breiten Umschlag nach der Oberseite der Decke.

Den S t o f f b e d a r f errechnen wir aus

der Länge der Decke $=$ 200 cm
dem Umschlag $=$ 50 cm
den Säumen je 5 cm $=$ 10 cm
der Einlaufzugabe.

In manchen Gegenden bekommt das Einschlagtuch neben dem breiten Überschlag am oberen Rand noch je einen schmalen Überschlag von 12–16 cm am unteren Rand und an den beiden Seiten. Die seitlichen Überschläge sind bei der Auswahl der Stoffbreite zu berücksichtigen.

AUFGABEN

Errechne den Stoffbedarf für eine Decke = 190 cm lang, 130 cm breit,
  a) mit nur einem Überschlag (45 cm) am oberen Rand,
  b) mit Überschlag (45 cm) am oberen Rand, mit je einem schmalen Überschlag von 12 cm am unteren Rand und an den beiden Seiten!
Welche Stoffbreiten wählst du beim Einkauf?

Gebräuchliche Breiten der Stoffe für Bettwäsche:
  für Kopfkissen   80 cm, 90 cm,
  für Deckbettbezüge   130–150 cm,
  für Bettücher (Leintücher) 150 cm,
  für Einschlagtücher   160 cm.

Beim **Zuschneiden** der Bettwäsche achte auf fadengeraden Schnitt! Die einzelnen Stücke verziehen sich sonst in der Wäsche.

Für das **Nähen** der Bezüge merke:

Zuerst fertige den S a u m v e r s c h l u ß :

Nähe an den beiden Schnitträndern je einen 3 cm breiten Saum! Brich erst ½ cm scharf um, miß längs der Kante 3 cm ab, bezeichne mit Stecknadeln! Dann brich längs der Stecknadeln scharf um und hefte! Die Säume sind knappkantig zu nähen. Das Abmessen der Saumbreite kannst du durch Benützung eines Papiermaßes erleichtern. (S. 80.)

Dann l e g e d i e b e i d e n S ä u m e ü b e r e i n a n d e r , wie Abb. S. 72 zeigt! Stecke! Miß an beiden Seiten von außen nach innen je 12 cm, stecke noch mal! Dann nähe! (Betrachte diese Arbeit an einem fertigen Kissen!)

Ist der Saumverschluß fertig, dann lege das Kissen so, daß der Verschluß an die gewünschte Stelle kommt und du die Seitennähte schließen kannst!

Der Verschluß kommt an die U n t e r s e i t e d e s B e z u g e s zu liegen, einige Zentimeter über der Buglinie, und zwar so, daß das große Stück auf das kleine knöpft. (S. 72.)

Bei e i n f a c h e n Kissen ohne jede Verzierung kann man den Verschluß auch an den unteren Rand (Bruchlinie) bringen und so den Bezug gleichmäßig von der Ober- und Unterseite benützen. Dadurch erreicht man eine gleichmäßige Abnützung beider Seiten und damit eine längere Lebensdauer.

Soll das Kopfkissen eine V e r z i e r u n g erhalten (Biesen, Säumchen, Einsätze, Monogramm usw.), dann muß erst diese festgelegt werden. Verzierungen werden vor dem Zusammennähen der Bezüge eingearbeitet.

Das E i n s c h l a g t u c h bekommt an allen vier Seiten einen 4½ cm (5 cm) breiten Saum. Achte dabei auf die Eckbildung!

Die Knopflöcher werden, an den Ecken beginnend, gleichmäßig über die Seiten verteilt. Sie werden senkrecht zur Nahtlinie eingeschnitten. An den Ecken erfolgt schräger Schnitt.

Der K n o p f v e r s c h l u ß an den Bezügen kann verschieden sein:
a) wir arbeiten in den Decksaum die Knopflöcher, in den unteren Saum die Knöpfe, oder
b) wir arbeiten in beide Säume Knopflöcher und verwenden Doppelknöpfe oder eine Knopfleiste.

Für das **Annähen der Knöpfe** merke:
a) Nähe den Knopf immer in doppeltem Stoff!
b) Nähe n i c h t mit doppeltem Faden, aber nähe gut haltbar an!
c) Achte auf das Knopfstielchen (-hals)! Der Knopf darf n i c h t dicht auf dem Stoff aufsitzen, damit der Oberstoff beim Einknöpfen sich glatt einfügen kann.

Für das Arbeiten des **Knopfloches** merke:
a) Arbeite das Knopfloch immer in doppelte Stofflage!
b) Schneide es f a d e n g e r a d e in der Z u g r i c h t u n g des Knopfes ein! Die Länge des Knopflochs entspricht dem Durchmesser des Knopfes.
c) Arbeite es mit entsprechendem Material (Rohstoff, Fadenstärke, Farbe)!
d) Umstich die Schnittränder mit Schrägstrichen (Windelstichen) oder festige v o r dem Einschneiden mit Vorstichen!
e) Arbeite den Knopflochstich (s. Abb.) dicht und gleichmäßig!
f) In Wäsche arbeite Knopflöcher mit zwei Riegeln, in B l u s e n und K l e i d e r n mit e i n e m Riegel!

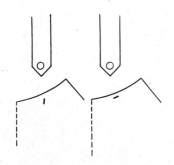

Welche Knopflöcher entsprechen der Zugrichtung des Knopfes?

Hauswäsche

Zur Hauswäsche gehören vor allem:
Handtücher, alle Arten Geschirrtücher (Wischtücher),
Staubtücher, Putztücher,
Tischtücher und Servietten,
Vorhänge und Decken für die verschiedenen Räume.

Gebräuchliche Maße

für Handtücher	40 cm× 90 cm, 50 cm×100 cm, 50 cm×110 cm, 55 cm×110 cm,
für Geschirrtücher	40 cm× 40 cm, 40 cm× 60 cm, 50 cm× 80 cm, 60 cm× 60 cm,
für Tischtücher	130 cm×160 cm, 140 cm×140 cm,
für Servietten	50 cm× 50 cm, 60 cm× 60 cm.

Arbeitsrichtung von links nach rechts

Schürze

AUFGABEN

Betrachte deine Schürzen daheim nach Form, verwendetem Stoff und Benützung! Berichte!
Wähle eine deinen Wünschen entsprechende Form, stelle die einzelnen Teile fest und überlege, wie du zu einem passenden Schnitt kommst!

Die Schürze hat in erster Linie die Aufgabe, das Kleid zu schützen. Sie soll darum

a) so g r o ß gearbeitet sein, daß das Kleid (entsprechend der Beschäftigung) gut bebeckt ist,

b) e i n f a c h und b e q u e m gearbeitet sein, damit sie leicht an- und auszuziehen ist und das darunter getragene Kleid nicht verknüllt wird,

c) aus gut w a s c h b a r e m Stoff sein, damit sie bequem und leicht zu reinigen ist.
S c h ü r z e n f o r m e n : Trägerschürzen (Zierschürze und Arbeitsschürze) und Kittelschürzen.

Schnitt

Die T r ä g e r s c h ü r z e n sind so einfach im S c h n i t t , daß man sie ganz leicht selbst herstellen kann. Die bekanntesten sind:

a) Trägerschürzen mit **angeschnittenem Latzteil**

Stoffart: für Zierschürze Gmindner Linnen in beliebigen Farben (Verzierung: Zierstichkanten, Zackenlitze mit Zierstich, gewebte Borten); für derbe Arbeitsschürze im Garten Leinen in gedeckten Farben (blau, grün u. a.). S. Abb. unten links!

Stoffbedarf: Bei einer Stoffbreite von 80 cm einmal die Schürzenlänge + Saumeinschlag + etwa 20 cm für Träger und Bänder.

Schnittgewinnung: Eine gut passende Schürze wird flach aufgelegt und in Papier oder Stoff nachgeschnitten.

Oder: Es wird Maß genommen wie unten beschrieben; die Maße werden auf Papier übertragen, die Schürzenform wird eingezeichnet und der fertige Schnitt am Körper anprobiert, gegebenenfalls verbessert.

Links: Trägerschürze mit angeschnittenem Latzteil; rechts: einfache Latzschürze mit geradem Rockteil. Jeweils als Zierschürze und Arbeitsschürze

Anfallende Teilarbeiten:
　　Trägerdopplung (Knopfverschluß),
　　Träger-(Band-)spitze,
　　Schrägstreifenversäuberung (an der Latzrundung),
　　Aufsetzen der Tasche,
　　Annähen der Träger und Bänder.

b) **Einfache Latzschürze** mit geradem Rockteil

Stoffart: Baumwolle oder Zellwolle (einfarbig, kariert, beliebig gemustert). S. Abb. S. 75.

Verzierung: Biesen oder Säumchen, Zierstichkante, Zierstich in Verbindung mit Musterung (karierte Stoffe), Zackenlitze.
　　Formbesatz, Schrägstreifenblende oder Paspel.

B e a c h t e : Gemusterte Stoffe sind nur für bestimmte Verzierungen geeignet.

Stoffbedarf: Bei einer Stoffbreite von 80 cm 2mal die Rocklänge + Saumeinschlag.

Schnittgewinnung: Wir nehmen z. B. folgende Maße:

Latzbreite	= 22 cm
Latzhöhe	= 20 cm
Rocklänge	= 64 cm
Bundweite	= 52 cm
Trägerlänge	= 63 cm

Da die einzelnen Schnitteile der einfachen Schürze alle gerade geschnitten werden, ist es nicht schwer, die Maße anzulegen.

Der L a t z ist 22 cm breit und 20 cm hoch.

Das R o c k t e i l hat als Weite die Stoffbreite 80–100 cm und ist 64 cm lang.

Der B u n d ist fertig 3 cm breit und 53 cm lang.

Die T r ä g e r sind bis zum Knopfloch 63 cm lang (10 cm verlängern) und fertig 6–7 cm breit.

Schwesternschürze

Die B ä n d e r sind ebenfalls 6 cm breit und etwa 50 cm lang.

　　Anfallende Teilarbeiten:
　　　　Wie oben und
　　　　Formbesatz (Latz, Tasche),
　　　　Reihen des Rockteiles,
　　　　Zusammensetzen von Latz und Rockteil (gerade und gereihte Teile).

c) Latzschürze mit **schräg geschnittenen Rockteilen,** an Seiten angesetzten Trägern aus doppeltem Stoff (Schwesternschürze), s. Abbildung.

Sehr gut sitzende, praktische Schürze für Küche und Haus, für Kranken- und Säuglingspflege (weiß) und evtl. Bedienung bei Tisch.

Stoffart: Baumwolle, weiß und farbig (einfarbig und gemustert).

Verzierung: Möglichst wenig, breiter Saum, evtl. Biesen.

Stoffbedarf: Bei 80 cm (für stärkere Figuren etwa 116–120 cm) Stoffbreite 2mal die Rocklänge + Saumeinschlag.

Schnittgewinnung (Papierschnitt): Wir nehmen Maß wie oben und zeichnen die geraden Teile (Latz, Träger, Bänder, Tasche, Bund); die seitlich dem Latz angearbeiteten Träger sind in die Latzbreite einzurechnen.

Für das Rockteil zeichnen wir ein Rechteck aus Länge (Rocklänge) und Breite (½ Stoffbreite), schneiden es aus und bezeichnen den Stoffbruch.

Die gewünschte obere Weite des Mittelstückes wird halbiert und vom Stoffbruch (oben und unten) nach innen gemessen. Am unteren Ende des Rechtecks werden 10 bis höchstens 14 cm für die Schrägung zugegeben und beide Punkte durch eine Linie verbunden (= Schnittlinie). Die Seitenteile des Rockes liegen so mit dem schmalen Rand (Bundrand) nach unten.

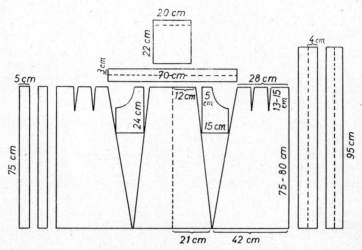

Schnitteile der Schwesternschürze (Stoffbreite 106—110 cm)

Anfallende Teilarbeiten:

Latz: Biesenverzierung oder Formbesatz und Saumumschlag; Zusammenfügen von Latz und Träger.

Rockteil: Tasche – Randversäuberung (Schrägstreifen oder Formbesatz), Aufnähen, Einfügen in die Seitennaht des Rockteils; Seitennähte und Säume; Abnäher.

Zusammenfügen von Latz und Rockteil.

Auflegen des Schnittes

Wir schneiden die Schnitte aus Papier und legen sie so auf den Schürzenstoff, der in doppelter Stofflage vor uns ist, daß möglichst wenig Stoff gebraucht wird und wir nur kleine Abfälle bekommen.

Die Schnitteile Latz und Rock sind je halb. Sie werden auf doppelt liegendem Stoff mit der Bruchlinie des Schnittes genau an die Bruchlinie des Stoffes (Stoffbruch) angelegt. (S. Abb.)

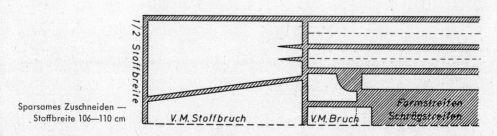

Sparsames Zuschneiden —
Stoffbreite 106—110 cm

An den übrigen Rändern wird für die Naht noch zugegeben. Diese N a h t z u g a b e beträgt 1–1½ oder mehr cm; ihre Breite wird bestimmt von der Art der Nähte an diesen Stellen. So braucht man für die einfache Naht weniger als für eine Doppelnaht zuzugeben, für eine schmale Saumnaht weniger als für eine breite Saumnaht. Über Schnitteile für eine Schürze und das Auflegen des Schnittes geben die Abbildungen S. 77 Aufschluß.

AUFGABE
Suche nach einer anderen Möglichkeit sparsamen Zuschneidens (evtl. Zeichnung)!

Zuschneiden

AUFGABEN
Betrachte die einzelnen Schnitteile gut und gib an, welche Teile nur zur Hälfte vorhanden sind, welche Seite dem Stoffbruch angelegt wird und an welchen Seiten die Nahtzugabe zu berücksichtigen ist!
Lege die einzelnen Schnitteile auf den Stoff! Versuche sie so aufzulegen, daß beim Schneiden möglichst wenig und möglichst kleine Abfälle herauskommen!

Für das Zuschneiden irgendeines Wäsche- oder Kleidungsstückes gelten folgende w i c h - t i g e R e g e l n :
1. Schau die einzelnen Schnitteile gut an; überlege, wie sie zusammengefügt werden; bezeichne Mitte, Fadenlauf usw.!
2. Stecke erst alle Schnitteile auf den Stoff auf, dann schneide! Beim Auflegen des Schnittes achte auf
   a) Stoffbruch (Bug),
   b) Fadenlauf,
   c) Muster,
   d) Nahtzugabe! (S. Abb. S. 77.)
   Mußt du stückeln, dann setze fadengerade und nach dem Muster zusammen! Es wird so am unauffälligsten.
3. Schneide Stoffe, welche sich leicht verziehen, nur in einfacher Stofflage!
4. Lege die Schere so an, daß du immer von dir weg schneidest und der Schnitt immer links von der Schere liegt!

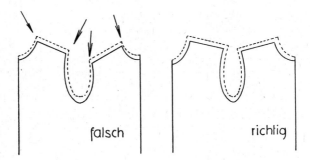

falsch   richtig

5. Achte darauf, daß die Nahtzugabe überall gleich breit wird! Dies gilt vor allem für Ecken und Rundungen. (S. Abb.)
6. Hebe beim Schneiden den Stoff nicht auf; lasse die Schere auf dem Tisch gleiten; schneide mit ruhigen, langen Schnitten!
7. Bei einfachen, geraden Formen schneide möglichst fadengerade!
8. Lasse den Papierschnitt so lange aufgesteckt, bis das betreffende Stück zur Arbeit kommt!
9. Vor Abnahme des Schnittes kennzeichne Abnäher, Biesen (Säumchen), Falten usw.!

Das Nähen der Schürze

a) Für die **Trägerschürze mit angeschnittenem Latz** sind die Näharbeiten an Trägern und Bändern die gleichen wie bei der Schürze b).
Die seitlichen Latzränder sind mit Schrägstreifen (s. Seite 80) zu versäubern und zu festigen.

b) **Einfache Latzschürze mit geradem Rockteil**
Als erstes fertigen wir die Träger und Bänder.
Zu beachten sind hier die T r ä g e r d o p p l u n g (s. Knopfloch Seite 74) und die T r ä - g e r (B a n d -) s p i t z e.
Für die Trägerdopplung schneiden wir ein gerades Stück Stoff (Länge etwa 10 cm, Breite die des fertigen Trägers). An den Trägerlängsseiten wird der Saum umgebrochen; am unteren Trägerende wird das Stoffstück zum Doppeln auf der linken Seite so in die Säume eingelegt, daß der Unterstoff (Träger) etwas vorsteht (etwa ½ Trägerbreite).
Dann wird der Saum knappkantig gesteppt. Siehe Abb.
Für die Träger-(Band-)spitze legen wir den Träger (das Band) der Länge nach in der Mitte zusammen (linke Seite ist Außenseite), steppen am Ende gerade ab, stülpen die Naht um.

Wir achten dabei sorgfältig auf das Ausstreifen der Spitze und das Versäubern der Spitze durch Aufsteppen oder Ansäumen mit versteckten Stichen.

Für die obere Seite des Latzes schneiden wir eine Blende (Besatz) aus gleichem oder andersfarbigem Stoff. Diese legen wir mit der rechten Stoffseite auf die linke Stoffseite des Latzes, schieben die fertigen Träger dazwischen und nähen den Stoff auf. Diese Naht ist gut auszustreichen, an der Nahtlinie scharf umzubrechen und zu heften. Dann erst wird der Besatz fertiggestellt.

Die seitlichen Ränder des Latzes werden durch Säume oder mit einem Schrägstreifen versäubert und gefestigt.

Das R o c k t e i l wird seitlich und unten gesäumt. Am Bundrand wird die Mitte gesteckt. Dann werden kleine Falten gelegt oder es wird eingereiht, bis die gemessene Bundweite erreicht ist.

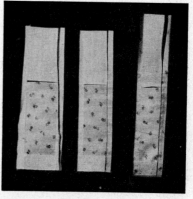

Trägerdopplung

Für das Z u s a m m e n f ü g e n von L a t z und R o c k t e i l stecken wir am unteren Latzrand die Mitte, legen linke Stoffseite des Latzes auf linke Stoffseite der Schürze — Mitte auf Mitte — und heften. (Gereihte Stoffe liegen beim Heften immer obenauf.)
Der B u n d kommt mit der rechten Stoffseite auf den Latz zu liegen, wird sorgfältig aufgeheftet, dann genäht. Diese Naht ist gut auszustreichen und zu heften. Mit ½ cm Einschlag wird, nachdem seitlich die Bänder eingeschoben sind, der Bund aufgesteppt.

c) Für die **Schürze mit schrägem Rockteil,** s. Abb. Seite 76, ist noch folgendes zu beachten:
Der Latz ist oben mit einem breiten Saum zu versehen. Dann werden die Träger seitlich so aufgeheftet, daß die rechte Stoffseite der Träger auf die linke Stoffseite des Latzes zu liegen kommt. Nach dem Steppen ist die Naht gut auszustreichen; die zweite Trägerseite wird ½ cm breit nach innen umgebrochen. Dann wird der Träger auf die Vorderseite des Latzes umgeschlagen und so geheftet, daß der Nahtrand des Trägers g e n a u auf die Latznaht zu liegen kommt (siehe Abb. S. 80).
Ebenso müssen beim Zusammenheften des übrigen Trägerstückes die eingebogenen Stoffränder g e n a u aufeinanderliegen. Dann erst darf gesteppt werden. Am Rockteil wird die Tasche in die Seitennaht eingearbeitet. Sie ist darum vorher fertigzustellen.

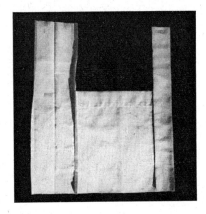

Der Taschenrand wird mit Schrägstreifen (s. unten) oder Formbesatz (Seite 84) versäubert.

Dann wird die Tasche an der kurzen und der unteren Seite ½ cm nach links umgebrochen, dem Seitenteil so aufgeheftet, daß langer Taschenrand und Innenrand des Rockteils g e n a u aufeinanderliegen, dann aufgesteppt.

Die Rockteile werden mit Kappnaht (Niedernaht) zusammengenäht, Seitenränder und unterer Rand des Rockes werden gesäumt. Der Bundrand wird durch Abnäher (siehe Zeichnung Seite 77) auf die gemessene Bundweite verengert.

Über das Z u s a m m e n f ü g e n von Latz und Rockteil lies nach Seite 79!

Der Schrägstreifen

Zur Versäuberung und Festigung von gerundeten Schnitträndern verwendet man Schrägstreifen oder Formstreifen (Seite 84).

Die B e d e u t u n g des S c h r ä g s t r e i f e n s liegt in seiner D e h n b a r k e i t. Darum kann er runden Formen gut angepaßt werden, vorausgesetzt, daß der Streifen nicht allzu breit ist.

Entsprechend angewandt dient er auch als Verzierung (Beispiel: Blende nach rechts an Kleidern, Schürzen, Blusen; Paspel, Vorstoß usw.).

Gewinnung des Schrägstreifens

Probiere, in welcher Richtung der Stoff seine größte Dehnbarkeit hat! Hier brich den Stoff um und du hast die erste Schnittlinie für den Schrägstreifen.

Oder: Brich den Stoff so um, daß sein Längsfaden auf den Querfaden (oder umgekehrt) zu liegen kommt!

Bruchlinie ist Schnittlinie für den Schrägstreifen!

Miß Schrägstreifenbreite ab! Lege das Maß s e n k r e c h t an der Bruchlinie an!

Miß erst erforderliche Länge aus, dann schneide!

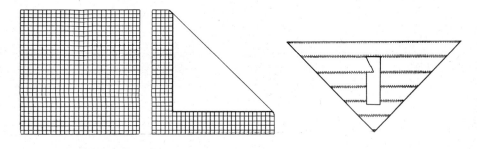

Beim **Zusammensetzen beachte:**

Schneide die Streifenenden fadengerade!

Lege die Enden fadengerade aufeinander!

Verschiebe die Ränder so, daß oben und unten eine kleine Ecke übersteht!

Hefte von Ecke zu Ecke!

Achte beim Zusammensetzen auf das Muster! Siehe Zeichnung!

Schnittkante gegen Farbstreifen

Schnittkante längs des Farbstreifens

Eckbildung

Betrachte obenstehende Zeichnungen und suche nach der Regel für leichte Eckbildung!

Nachthemd

Im Wäscheschrank des jungen Mädchens darf das Nachthemd nicht fehlen. Vielfältig sind die Stoffe, die dazu verwendet werden, vielgestaltig die Formen, welche die heutige Mode uns vorstellt. Immer wieder freuen wir uns an einem schönen Wäschestück.

Das Nachthemd von heute gleicht oft weit mehr einem Kleid als einem Wäschestück. Wollen wir das für uns richtige wählen, dann müssen wir erst Sinn und Zweck dieses Wäschestückes kennen. Das Nachthemd — schon der Name sagt es uns — ist das Kleid für die Nacht, aber auch das Kleid für solche Tage, an denen wir krank sind. Kleidung und Wäsche, die tagsüber den Staub der Arbeit, den Schweiß und die Ausdünstungen des Körpers aufgenommen haben, sollen für einige Stunden der Nacht auslüften, wieder frisch werden, damit Hautatmung und -ausdünstung nicht gehemmt werden. S. „Gesundheitspflege"!

Anforderungen

Das Nachthemd soll
e i n f a c h und b e q u e m sein; denn der Körper muß ausruhen können und darf nicht eingeengt sein (enger Schnitt, Gummizug usw.),

luftdurchlässig, saugfähig sein (Hautatmung und Ausdünstung auch bei Nacht, Schweißabsonderung, besonders in Tagen der Krankheit usw.),

leicht zu reinigen sein; darum wähle gut waschbaren, am besten kochbaren Stoff, einfachen Schnitt;

aus wärmendem Stoff sein; denn es ist einziges Kleid für die Nacht.

AUFGABEN

Betrachte Nachthemden, die dir gefallen (daheim, Schaufenster usw.), und überlege, inwieweit Stoff und Machart obigen Anforderungen entsprechen! Berichte!

Lies im Kapitel Stoffkunde über die Eigenschaften der verschiedenen Stoffe und überlege, welche Stoffe für Nachthemden geignet sind!

Schau ein Nachthemd gut an und überlege, wieviel Stoff du dafür kaufen mußt!

Schnitt

Ein praktischer, einfacher Schnitt für ein Nachthemd ist der Kimonoschnitt, denn man braucht wenig Stoff (zweimal die Länge bei 80 cm Stoffbreite),

es ist leicht und in kurzer Zeit zu nähen,

es ist einfach und bequem im Schnitt und kann doch durch Abwandlungen ganz verschieden gestaltet werden,

es ist — vom Schnitt her gesehen — leicht zu waschen und zu bügeln.

Der Schnitt für das Kimononachthemd ist so einfach, daß wir ihn leicht selbst zeichnen können.

Wir nehmen erst die notwendigen Maße:

Länge. Miß von der Schulter über die Brust nach unten die gewünschte Länge ab!

Oberweite. Lege das Maßband über die Schulterblätter unter die Arme nach vorn lose über die stärkste Stelle der Brust! (S. Abb.)

Halsweite. Lege das Maßband rings um den Halsansatz!

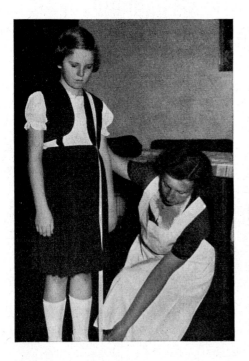
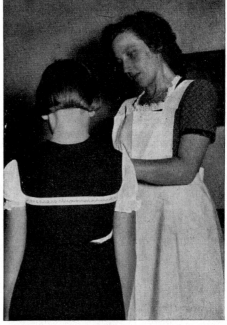

Wir sehen uns die S c h n i t t e i l e genauer an:
Da die Ärmel angeschnitten sind, hat das Nachthemd nur z w e i Teile: Vorderteil und Rückteil. Vom Halsausschnitt abgesehen sind diese beiden Teile gleich.
Wir brauchen darum nur e i n V i e r t e l des Nachthemdschnittes.
Wir zeichnen ein Rechteck aus der gemessenen Länge und der halben Stoffbreite (40 cm). Die linke Längsseite gilt als „vordere Mitte" (Stoffbruch). An dieser V M (= vordere Mitte) zeichnen wir den Halsausschnitt je nach Größe 6–7 cm (für den Rücken) und 10–14 cm (für

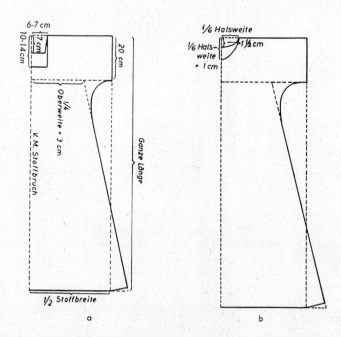

a   b

das Vorderteil) nach unten (Ausschnittiefe), 7 cm seitlich ab (Ausschnittweite) und zeichnen die Linie für den eckigen Halsausschnitt ein. S. Abb.!
An der rechten Längsseite messen wir von oben nach unten 20 cm (Ärmelweite) und ziehen von hier zum Stoffbruch eine waagrechte Hilfslinie. Auf dieser messen wir vom Stoffbruch seitlich ein Viertel Oberweite + 3–5 cm (s. Abb.), ziehen eine schräge Linie nach unten zur Webekante. Für größere Weiten wird unten seitlich ein Zwickel angesetzt (s. Abb.).
Die Ärmellinie wird ausgerundet, wie Abb. zeigt.
Für r u n d e n , e n g e n Halsausschnitt (für Kragen) messen wir
    vom Stoffbruch nach innen ein Sechstel Halsweite,
    vom Stoffbruch nach unten 1½ cm (für den Rücken),
    ein Sechstel Halsweite + 1 cm (für das Vorderteil)
    und ziehen dann die Linie für den runden Halsausschnitt (s. Abb.).
Für das moderne Nachthemd mit runder oder eckiger Passe aus doppeltem Stoff (siehe Abb. S. 84) und kleinem Ärmel ändern wir:
Gewünschte Ausschnittweite und Passenform, ebenso der kleine Ärmel werden nach Vorlage eingezeichnet (siehe Abb. c). Für das Einreihen des Rumpfstückes wird je nach Stoffart in der Weite zugegeben (siehe Abb. d).
Für das Nachthemd mit eingereihtem Halsausschnitt bzw. Spitzenkrause siehe Abb. e!
Beim **Zuschneiden** beachte die Regeln Seite 78!
Der Stoff wird vierfach gelegt – Stoffbruch an der Längsseite, Stoffbruch an der Schulterlinie.

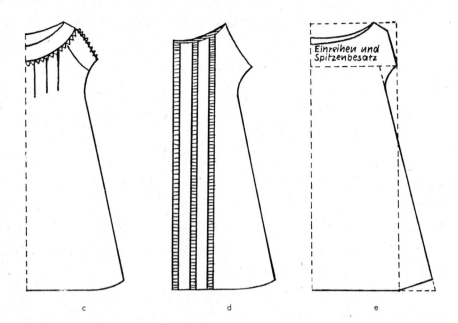

c   d   e

Achte auf die N a h t z u g a b e , besonders bei den Rundungen! Für den seitlichen Z w i k -
k e l nimm möglichst ein Stück Stoff mit Webekante, damit eine wenig sichtbare Naht (überwendliche Naht oder Endelnaht) angebracht werden kann!
Eine günstige Versäuberung und gleichzeitige Verzierung erreichen wir durch die Verwendung von F o r m b e s a t z .

Der Formbesatz

AUFGABEN
Sieh deine Kleider und Wäsche durch und suche dabei nach schmückendem Stoffbesatz!
Betrachte solchen Besatz genau und stelle fest:
 a) An welchen Stellen ist Stoffbesatz verwendet?
 b) Welche Richtung nehmen Fadenlauf und Musterung im Oberstoff im Vergleich zum Unterstoff?
 c) Was ist bei der Näharbeit zu beachten?

Gewinnung des Formbesatzes

Schon der Name „Formbesatz" läßt auf die Gewinnung des Formstreifens schließen: Der
Streifen ist der Form, für die er verwendet werden soll, nachgeschnitten. S. Abb. S. 85!
Vergleiche damit den Schrägstreifen Seite 80!

Beachte:

Verwende für den Formbesatz möglichst mit dem Gegenstand gleichartigen Stoff (Rohstoff, Fadenstärke, Webdichte), damit möglichst gleichmäßiges Verhalten in der Wäsche
und beim Tragen erzielt wird!
Schneide den Formbesatz im gleichen Fadenlauf wie den Gegenstand, für den er bestimmt ist!

Vorteile des Formbesatzes

Er kann in jeder beliebigen Breite gearbeitet werden. (Vergleiche mit dem Schrägstreifen!)
Bei richtiger Anwendung gibt es kein „Verziehen" des Stoffes.
Er ist Versäuberung und Schmuck zugleich.

Der Formbesatz am Halsausschnitt des Kimono-Nachthemdes

Er dient der Versäuberung des Halsausschnittes und der Verzierung des Nachthemdes. Nach dem Zuschneiden des Hemdes lege es so, daß die g a n z e Länge: Vorder- und Rückteil, aufliegt (Abb.).

Lege unter den Halsausschnitt vom Stoffbruch aus ein Stück Papier, zeichne den Halsausschnitt auf ihn ab und gib eine Besatzform an, wie sie dir gefällt!

Schneide aus, lege diesen Schnitt auf entsprechenden Stoff in doppelter Lage! Hast du im Schnitt schon die Nahtzugabe berücksichtigt, so kannst du genau nach dem Schnitt zuschneiden.

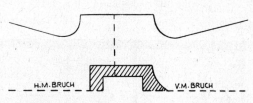

Auflegen des Nachthemdes für die Gewinnung des Formbesatzes

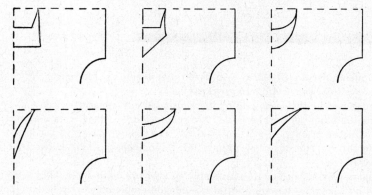

Veränderungen am Halsausschnitt

M E R K E

Was für den Formstreifen am Nachthemd gilt, gilt für jeden anderen Formbesatz.

Nähen des Nachthemdes

Wir beginnen mit dem Versäubern des Halsausschnittes, da nach dem Schließen der Seitennähte diese Arbeit erschwert ist. Beim Nähen des Formbesatzes achte darauf, ob der fertige Besatz auf der rechten oder linken Stoffseite erscheinen soll! Dementsprechend lege ihn vor der ersten Naht auf!

Grundsätzlich merke:

Die Randnaht muß sorgfältig ausgestrichen und nach dem Umbrechen gut geknifft und geheftet werden.

Der Außenrand des Formbesatzes darf (vor allem bei rundem Ausschnitt) nicht gedehnt werden. Darum zeichnet man vorteilhaft die Bruchlinie für die Naht an und heftet an dieser Stelle vor dem Nähen um.

Der Formbesatz wird möglichst knappkantig aufgesteppt.

Nachthemden mit engem Halsausschnitt bekommen eine Schlitzversäuberung (s. S. 86)!

Ist sie gleichzeitig Verzierung, dann kommt der Besatz auf die rechte Seite des Gegenstandes.

Für den Kragen schneide ein rechteckiges Stück Stoff:

L ä n g e = gemessene Halsweite + Nahtzugabe an beiden Seiten,

B r e i t e = doppelte Breite des fertigen Kragens + Nahtzugabe an beiden Seiten.

Für das Annähen des Kragens merke:
Nähe die Schmalseiten des Kragens zusammen,
dann kennzeichne die Kragenmitte!
Lege den Kragen (rechte Seite) an den Halsausschnitt des Hemdes (linke Seite) und
stecke Mitte auf Mitte, Ende auf Ende!

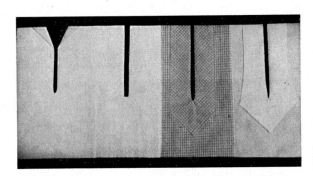

Schlitzversäuberung
für das Nachthemd

Zum Heften nimm die Arbeit so, daß der Kragen unten, der Halsausschnitt obenauf liegt
(für das Aufsteppen des Kragens gilt dasselbe)!
Der Kragen darf nicht weiter sein als der Halsausschnitt (schlechter Sitz).
Streiche die Naht gut aus, hefte den Kragen nach der rechten Seite um und säume mit
kleinen Stichen an!
Die Seitennähte am Nachthemd werden mittels Doppelnaht geschlossen (wenn nötig, vorher
Zwickel ansetzen).
Für den unteren Saum wird an den Seitennähten etwas abgerundet (s. Abb. S. 83). Lege zum
Schneiden das genähte Hemd so, daß die Seitennähte aufeinander zu liegen kommen! Die
Versäuberung der Ärmel erfolgt nach dem Schließen der Seitennähte und entspricht der
Arbeit am Halsausschnitt.

Veränderungen am Nachthemd

a) Formbesatz verschiedener Art,
b) farbige Schrägstreifen- oder Falbelverzierung (Rüschen),

Beachte die verschiedenen Passen!

c) Formbesatz oder Schrägstreifen mit Zierstichen angenäht,
d) Einhäkeln des Halsausschnittes,
e) Häkelpasse,
f) Passe (rund oder eckig) aus doppeltem Stoff (Abb.),
g) Stickerei oder Stickereipasse (Abb.),
h) Taillenzug (Gummizug),
i) verkürzte, glatte Taille, angereihter Rock.

Der Kimonoschnitt kann mit einigen Abänderungen gut für einfache Blusen oder leichte, kurzärmelige Kleider verwendet werden.

In solchen Fällen ist

die A c h s e l l i n i e zum Ärmel hin a b z u s c h r ä g e n (je nach Figur einige cm), in das V o r d e r t e i l ein A b n ä h e r zur Seitennaht einzuarbeiten.

Für d ü n n e B l ü s c h e n, die eine g r ö ß e r e Weite verlangen, wird diese im Halsausschnitt zugegeben und dann am Halsrand entsprechend wieder eingehalten durch Einreihen, Fältchen oder Biesen u. ähnl.

Durch die „A n p r o b e" wird die entsprechende Paßform erreicht.

Auch für die zur Zeit modernen zweiteiligen Schlafanzüge ist dieser Schnitt für den Blusenteil verwendbar.

Säuglings- und Kinderkleidung

MERKE
Verwende leichte, saugfähige, lockere, kochbare Gewebe!
Vermeide dicke, harte Nähte! Nähe darum am besten mit Handnaht (vor allem Hemdchen und Windeln)!

Einfaches Spielhöschen, Schürzchen, Schlafsack

Das Spielhöschen (Strampelhöschen), das Schürzchen und der einfache Schlafsack haben den oberen Teil (Passe und Träger) gleich.

Die P a s s e ist ein gerades Stück. Ihre Weite entspricht der Oberweite des kleinen Kindes (ungefähr 56–66 cm, je nach Alter des Kindes); ihre Höhe reicht bis zum Ärmelausschnitt (ungefähr 6–12 cm, je nach Alter und Größe des Kindes).

Die T r ä g e r sind 4–6 cm breit; ihre Länge wird beim Anlegen der Passe gemessen.

Der K n o p f v e r s c h l u ß an der Passe ist beim Schürzchen im Rücken, beim Schlafsack seitlich (eine oder zwei Seiten), beim Spielhöschen im Rücken oder seitlich (eine oder zwei Seiten).

Das R ö c k c h e n ist ein gerades Stück, mindestens um die Hälfte weiter als das Leibchen. Das gleiche gilt für den Schlafsack. Dieser wird unten geschlossen (Stoffbruch oder Naht oder Knopfverschluß).

Der untere Teil des Spiel-(Strampel-)höschens kann aus einem geraden Stück geschnitten werden und bekommt nach den unteren Ecken die schrägen Beineinschnitte und, solange das Kind noch gewickelt wird, im Schritt Knopfverschluß.

Die Näharbeiten am Leibchen und Röckchen sind bekannt und leicht durchzuführen. Schwierigkeiten ergeben sich beim Zusammenfügen von Leibchen (Passe) und Röckchen.

Wir beachten beim Z u s a m m e n f ü g e n von P a s s e und R ö c k c h e n (von geraden und gereihten Teilen):

Das Röckchen wird seitlich und unten gesäumt.

Am oberen Rand wird die Mitte bezeichnet,

dann werden beide Hälften ½ cm unter dem Rand mit kleinen Stichen von der Mitte

zum Ende eingereiht. Nachdem sie auf die erforderliche Weite eingezogen sind, wird der Faden befestigt.

½ cm unterhalb wird noch mal gereiht.

Röckchen und Leibchen werden rechte Seite auf rechte Seite aufeinandergelegt, so daß vom unteren Leibchenrand ½ cm übersteht, dann werden Mitte auf Mitte und Ende auf Ende gesteckt.

Die Fältchen im Röckchen werden gleichmäßig verteilt, dann wird zwischen den Reihfäden geheftet. Das gereihte Stück muß dabei obenauf liegen.

Nach dem Aufsteppen werden Röckchen und Leibchen auseinandergezogen; die Naht wird gut ausgestrichen und mit dem überstehenden glatten Rand des Leibchens versäubert.

Passenkleidchen (Hängekleidchen)

Die gerade Passe kann nur für solche Kleidung verwendet werden, unter der das Kindchen noch Jäckchen trägt. In den übrigen Fällen ist ein eigener Schnitt anzufertigen.

Mit Hilfe des nachstehend erläuterten Faltschnittes kann man für Mädchen vom zweiten bis zum achten Lebensjahr leicht einfache, nette Kleidchen arbeiten. Geht man mit Geschmack und ein wenig eigener Phantasie ans Werk, dann kann jedes Kleidchen wieder anders aussehen, wenn auch immer derselbe Schnitt zugrunde liegt.

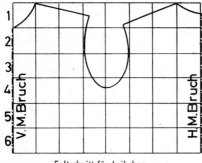

Faltschnitt für Leibchen

Herstellung des Schnittes

a) Miß die Oberweite des Kindes und schneide dann aus Schnittpapier ein Rechteck, dessen eine Seite ½ Oberweite, dessen andere Seite ³/₈ Oberweite ausmacht.

b) Falte dieses Rechteck so, daß die längere Seite 8, die kürzere 6 Quadrate zeigt! Du hast nun die G r u n d m a ß e für das Leibchen: ½ Oberweite (Leibchenoberweite) = 8 Kästchen (¼ Oberweite bzw. ½ Vorder-, ½ Rückteil, je 4 Kästchen), und Länge des Leibchens.

Zeichne nun als erstes eine Bogenlinie für den vorderen Halsausschnitt ein: 1 Kästchen tief, 1 Kästchen breit. (V. M. Bruch.)

Die Achsellinie geht bis zum ersten Drittel des vierten Kästchens (Breite) und bis zur Mitte dieses Kästchens (Länge).

Der hintere Halsausschnitt (H. M. Bruch) muß höher (flacher) werden. Darum zeichne ihn nur ein halbes Kästchen tief!

Die Achsellinie des Rückteils ist schräger; sie führt bis knapp zur Hälfte des fünften Kästchens (Breite) und fast ein Kästchen tief.

Der Ärmelausschnitt muß mit schön geschwungener Linie eingezeichnet werden. Er reicht bis etwa zur Hälfte des vierten Kästchens (in der Länge) und streift fast die Seitenlinien des dritten und fünften Kästchens (Breite).

Verwendung des Leibchenschnittes

Mit Hilfe dieses Leibchen grundschnittes sind die Kleidchen beifolgender Bilder gearbeitet. Soll das Kleidchen verkürzte Passe bekommen, dann wird der Grundschnitt ganz einfach einige Zentimeter verkürzt, das Röckchen dafür entsprechend länger geschnitten. Änderungen können auch durch verschiedene Verzierungen (Kragen, Fältchen, Zierstiche usw.) erzielt werden.

Vor dem Zuschneiden ist zu überlegen, wohin der Leibchenschluß kommt. Dementsprechend ist im Vorderteil oder im Rücken Stoff zuzugeben oder Ober- und Untertritt gesondert zu schneiden und anzunähen.

Das Röckchen ist ein gerades Stück, etwa doppelt so weit als das Leibchen. Es wird am oberen Rand eingereiht (s. Seite 88) und auch entsprechend dem Leibchen angefügt.

In das Röckchen arbeitet man vorteilhaft einen einfachen Schlitz verschluß, damit das Kleidchen leichter überzuziehen ist.

Kleidchen mit abknöpfbarem Kragen

Schlafsack — er kann auch mit langen Ärmeln gefertigt werden. Achte auf den Knopfverschluß unten!

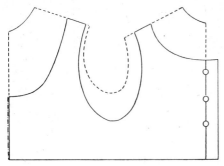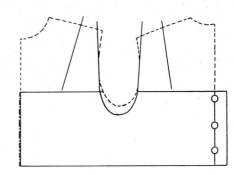

Abänderungsmöglichkeiten

Schlitzverschluß für das Röckchen – gestreckter Schlitz oder Patentschlitz

a) Schneide den Schlitz fadengerade und entsprechend lang!

b) Miß die Länge des Einschnittes und schneide einen g e r a d e n   S t r e i f e n von der d o p p e l t e n   L ä n g e   d e s   E i n s c h n i t t e s , etwa 5 c m   b r e i t !

c) Lege den Streifen auf der linken Stoffseite an den Einschnitt, ziehe dabei den Schlitz auseinander und nähe den Streifen in seiner ganzen Länge an!

d) Streiche die Naht aus, brich den Streifen ½ cm um, hefte und steppe ihn rechts auf die erste Naht auf!

e) Nach dem Zusammenlegen des Schlitzes nähe auf der linken Seite die Ecke ab! Der Schlitzverschluß ist fertig.

Der Ärmelschnitt

Schneide aus Papier ein Rechteck, ¼ Oberweite (4 Kästchen) breit, ½ Oberweite (8 Kästchen) hoch!

Falte 8 : 4 Kästchen, schneide von der Länge eine Kästchenreihe ab!

Zeichne nach Vorlage die entsprechenden Linien ein!

Achte darauf, daß die Armkugel an der einen Seite tiefer ausgeschnitten wird (gestrichelte Linie)! Der tiefere Ausschnitt des Ärmels kommt beim Einnähen an das Vorderteil des Leibchens.

Für das Einnähen des Ärmels merke:

Reihe den Ärmel auf die Weite des Ärmelausschnittes ein!

Stecke Ärmelnaht auf Seitennaht des Leibchens, Mitte der Armkugel auf Achselnaht des Leibchens! (Tieferen Ausschnitt am Ärmel nicht übersehen!)

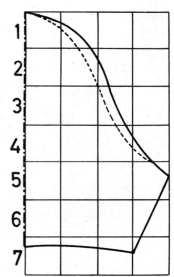

Hefte und nähe auf dem Ärmel (siehe Zusammenfügen gerader und gereihter Stücke Seite 88!

Versäubere die Ärmelnaht durch Einstechen mit Schlingstichen (Windelstichen) oder durch Einfassen mit einem schmalen Schrägband!

Dieser Leibchen- und Ärmelschnitt kann für Kleidchen, Schürzen, Nachthemdchen, Spielhöschen Verwendung finden (s. Abb. S. 88 u. 89).

Der Schnitt aus der Zeitung

Nicht immer ist es leicht, einen Schnitt selbst herzustellen. Wir besorgen uns dann einen fertigen Schnitt, sei es ein Kaufschnitt oder ein Schnitt aus der Zeitung.

Für das Herausnehmen eines Schnittes aus der Zeitung merken wir:

a) Wir wählen einen für uns möglichst passenden Schnitt, damit Änderungen nicht vorgenommen werden müssen.

b) Wir lesen genau die zum gewählten Modell gehörende Beschreibung. Steht sie nicht direkt unter dem Bild, dann ist sie mit Hilfe der zur Abbildung gehörenden Nummer leicht zu finden.

c) Diese Beschreibung weist auf den entsprechenden Schnittmusterbogen oder die Schnittnummer hin und gibt auch die Schnittgröße an.

d) Wir suchen auf dem Schnittmusterbogen den verkleinerten Schnitt und die Beschreibung an der Seite des Bogens und sehen die einzelnen Schnitteile genau an. Sie enthalten alles, was auf dem Schnitt in natürlicher Größe verzeichnet ist und von uns auch angegeben werden muß.

e) Jeder Schnitteil hat eine eigene Nummer, außerdem meist auch eine besondere Linienführung, damit er in dem Gewirr von Schnitten auf dem Bogen rasch gefunden werden kann und beim Nachzeichnen keine Fehler unterlaufen.

f) Erst wenn wir die Schnitteile wirklich übersehen, nehmen wir sie mit Hilfe des Kopierrädchens heraus. Zu diesem Zweck legen wir eine feste Pappe oder eine andere Unterlage auf den Tisch, geben das Schnittpapier und dann den Schnittmusterbogen darauf und fahren mit dem Kopierrädchen alle Linien gut nach. Vorsicht, daß das Papier nicht verrutscht und auch keine wichtige Linie vergessen wird!

g) Vor dem Abnehmen des Bogens prüfen wir an Hand des verkleinerten Schnittes an der Seite nach, ob alles berücksichtigt ist, dann erst nehmen wir den Schnitt ab und schneiden ihn genau aus.

h) Nach dem Ausschneiden legen wir zur Prüfung den Schnitt noch mal auf den Bogen auf, um evtl. Fehler festzustellen. Dann beschriften wir entsprechend: Bezeichnung des Schnittteils (Ärmel, Rücken usw.), Bezeichnung des Gegenstandes (Bluse, Schürze, Gr. 42), Angabe besonderer Hinweise (Abnäher, Stoffbruch usw.)

i) Alle zusammengehörenden Schnitteile legen oder rollen wir sorgfältig zusammen und bewahren sie gut auf, wenn das entsprechende Stück genäht ist.

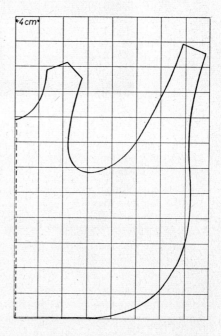

Die Bubenschürze

Nicht nur für das kleine Kind, sondern noch bis zu der Zeit, da der kleine Bub in die Schule kommt, ist diese Schürze ein recht praktisches und beliebtes Kleidungsstück. Sie deckt den Anzug darunter recht gut und ist auch leicht zu waschen und zu bügeln. Eine große aufgesetzte Tasche erweist sich recht praktisch und ist bei den Buben besonders geschätzt. Wieviel Mühe, Zeit und auch Geld gespart wird, wenn das Kind tagsüber — vor allem zum Spielen — diese Schürze trägt, kann der ermessen, der viel mit Kindern umgeht, ihr Spiel kennt, vor allem ihre Sorglosigkeit bei der Benützung alles dessen, was ihnen in die Hände kommt.

Die Bubenschürze ist sehr leicht anzufertigen. Die einzige Schwierigkeit liegt in der Schnittgewinnung. Leicht können wir den Schnitt aus einer Zeitung holen oder auch, da es sich um ein ganz glattes Stück handelt, einer passenden fertigen Schürze nachschneiden.

Die Ränder werden mit einem Schrägstreifen (s. S. 80) versäubert, evtl. gleichzeitig verziert, indem wir die Schrägblende nach rechts geben und paspeln.

Es gibt noch andere Verzierungsmöglichkeiten: Borte, Zierstich usw. Der Knopfschluß wird an der Achsel angebracht, der Knopf in den hinteren, das Knopfloch in den vorderen Träger. Über Annähen von Knöpfen und Nähen von Knopflöchern lies nach S. 74!

Stricken

Obwohl Fertigware in reicher Auswahl im Handel zu haben ist, greift die Hausfrau immer wieder gern zum handgestrickten Kleidungsstück. Ihre Gründe dafür sind:

Handgestricktes ist in der Regel haltbarer, billiger, hat besseren Sitz und entspricht in der Gestaltung dem persönlichen Geschmack des Trägers.

Dies trifft aber nur zu, wenn die Strickerin, ganz gleich, was sie strickt, bestimmte **Regeln** beachtet:

1. Gestrickte Kleidung hat nur dann guten Sitz, wenn sie nach einem passenden Schnitt gearbeitet ist.

   Die Meinung, daß gestrickte Kleidung nach der Körperform sich ziehen läßt und gleichzeitig gute Form behält, ist irrig. Zudem reißt der Gegenstand an den Stellen, die überdehnt sind, bald ein. (Ziehe einen Handschuh mit Zwickel, dann einen Handschuh ohne Zwickel über die Hand, bewege beide Male die Hand, die Finger, strecke den Daumen! Beobachte! Berichte!)

2. Wähle entsprechendes Material!

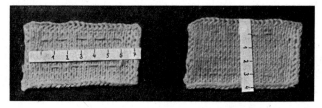

| Maschenberechnung | Reihenberechnung |

Gute, weiche Wolle ist dehnbarer und elastischer als harte, grobe Wolle; sie behält die Form auch bei längerem Tragen. Baumwolle und Zellwolle verlieren beim Tragen die Form rasch (Ärmel).

3. Wähle die Nadeln entsprechend der Fadenstärke und dem Muster!

4. Stricke nicht nach einer genau vorgelegten Maschenberechnung, wenn du nicht vorher überprüft hast, ob dein Stricken der vorgelegten Berechnung entspricht!

   Stricke vor Beginn der Arbeit eine kleine Probe (etwa 20 Maschen breit, 3–5 cm hoch), bügle und rechne dann aus, wieviel Maschen auf 1 cm Breite, wieviel Reihen auf 1 cm Höhe treffen!

5. Arbeite Anschlag und Abschluß locker, damit diese Ränder gut dehnbar bleiben!
   (Arbeite Anschlag mit stärkerer Nadel oder doppelter Nadellänge s. Abb.)

Warme Babykleidung

Nachfolgende Garnitur (siehe Bildseite) in einfachster Strickarbeit kann von jeder Schülerin ganz leicht selbst gefertigt werden. Jedes Stück ist jeweils im ganzen gestrickt. Einzige Schwierigkeit ist der Übergang zur Passe beim Jäckchen, der immer gleich ist beim Ärmelbündchen, beim Häubchen, beim Handschuh und beim Erstlingsschuh (s. Bildseite). Wollbedarf: Etwa 200 g gute Strickwolle.
Arbeitsnadeln: 2 Stricknadeln (mit Knopf) Nr. 2½.
Jäckchen: Dieses ist in einem Stück gestrickt und wird in der vorderen Mitte mit einem An-

Übergang zur Passe, zum Bündchen usw.   Erstlingsschuhe — Zwickel für Ferse

schlag von 75–85 Maschen (je nach Größe) begonnen und auf beiden Seiten mit nur Rechtsmaschen (glatt) gestrickt, so daß Rippen entstehen.
Wir stricken 2 Nadeln rechts ab (1 Rippe).
3. Nadel: Stricken bis auf 18 oder 20 Maschen. Diese ungestrickt stehenlassen (gibt Passe), Arbeit wenden, letzte gestrickte Masche rechts abheben, weiterstricken bis Ende.
Nächste Nadel: Durchstricken bis Ende, also über die 20 Maschen der letzten Rippe hinaus; ebenso die folgende Nadel.
Weiterstricken: Immer am Leibchenteil 2 Rippen, an der Passe 1 Rippe, also 2 Nadeln durchgehend, nächste Nadel bis auf 18 oder 20 Maschen und zurück. S. Abb. oben! Dies geschieht so lange, bis das Leibchenteil etwa 15 cm Weite erreicht hat.
Dann wird der Ärmel gleich angearbeitet.
Wir stricken von der Passe aus die Maschen für die Passe und noch 10–12 Maschen mehr, lassen die übrigen Maschen ungestrickt und geben sie auf eine Sondernadel. Zu den abgestrickten schlagen wir für die Ärmellänge noch etwa 50 Maschen auf, stricken dann mit diesen weiter wie bisher: immer 2 Nadeln ganz durch bis Ende, nächste Nadel vor der Passe wenden und zurück.
Wollen wir dem Ärmel ein Bündchen anarbeiten, so lassen wir für dieses 10 Maschen stehen und arbeiten das Bündchen ebenso wie die Passe.
Ist die entsprechende Ärmelweite erreicht (ungefähr die gleiche Rippenzahl wie Vorderteil), dann wird mit den für den Ärmel neu aufgeschlagenen Maschen zusammengestrickt oder der Ärmel wird zusammengenäht. Die übrigen Maschen werden dann mit denen auf der Sondernadel wieder durchgehend abgestrickt wie Vorderteil. Der Rücken wird etwa doppelt so breit wie das Vorderteil (etwa 4 Rippen insgesamt weniger).

Warme Babykleidung

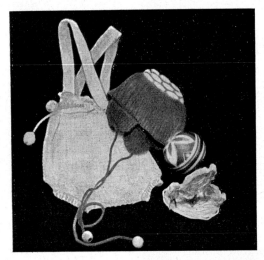

Einfach in der Arbeit, gut in der Form, kleidsam und warm

Selbstgefertigte, abwaschbare Spieltiere für das Kleinkind

Verzierungen

Spannstich, Schlingstich, Hexenstich, Kreuzstich geben vielseitige Anwendungs- und Gestaltungsmöglichkeiten in Form und Farbe

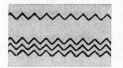

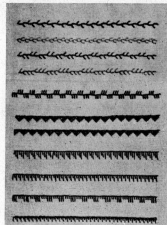

95

 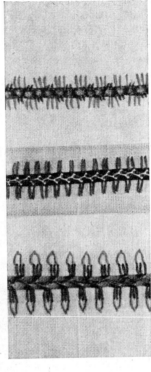 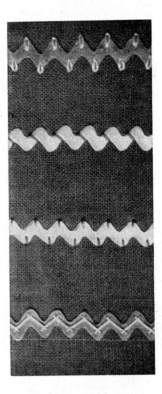

Zierstich zur Überdeckung von Nähten oder als Verbindung.
Anwendung beim Verlängern, Erweitern oder Anstückeln

Zackenlitze, einmal anders

Aufnäher der Zacken-
litze mit Zierstich

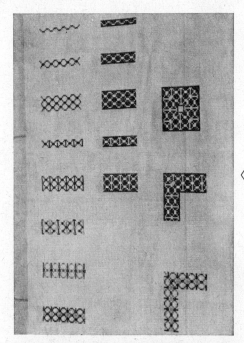

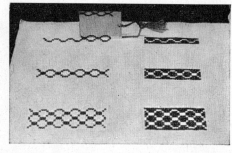

← Mit Hilfe des Spiegels entstanden aus dem einfachsten Muster dieser Reihe die Muster für diese Kissen

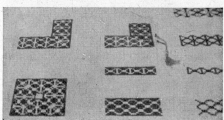

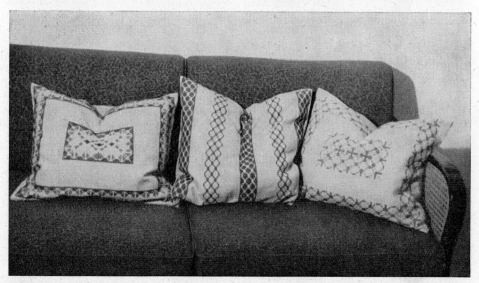

Verschiedene Stiche,
verschiedenes Material
schaffen reiche
Verwendungsmöglichkeit
▽

Bastbuchhülle
mit Filzaufnäharbeit

Taschentuchbehälter
für die Hand- und
Einkaufstasche

△
Kleines Kaffeegedeck
aus Leinen
mit Zackenlitze verziert

Dann folgen 2. Ärmel wie 1. Ärmel, 2. Vorderteil wie 1. Vorderteil. Maschen abketten, Rand einhäkeln, am Halsausschnitt Banddurchzug. Letzterer kann durch eine Lochreihe (jede 3. oder 4. Rippe) auch eingestrickt werden.

Häubchen: Anschlag etwa 55—60 Maschen. Stricken wie Jäckchen Vorderteil. Verengung 10—12 Maschen. Ganze Weite ist Kopfweite des Kindes. Zusammenstricken oder -nähen; Banddurchzug einstricken oder anhäkeln.

Handschuhe (ohne Daumen): Anschlag etwa 50 Maschen. Stricken wie Jäckchen: Verengung für Bündchen etwa 10 Maschen, nur jede 3. Rippe; Verengung für Spitze 4 Maschen, jede 2. Rippe wie Passe. Rippenzahl für doppelte Handbreite; zusammenstricken oder -nähen. Oberes Ende zusammenziehen, gut vernähen. Bündchen mit Banddurchzug.

Erstlingsschuhe: Anschlag etwa 50 Maschen. 4—5 Rippen wie Handschuhe. Dann 2 Maschen über dem Bündchen Zwickel einarbeiten: 2 Maschen neu aufnehmen (aus je 1 Masche 2 herausstricken), weiterstricken wie bisher.

In jeder 2. Reihe wieder 2 neue Maschen aufnehmen, bis im Zwickel 20 Maschen sind (Abb. S. 93). Dann 4 Rippen durchstricken. Nachfolgend jede 2. Nadel am Anfang und Ende des Zwickels je 1 Masche abnehmen, bis die anfängliche Maschenzahl erreicht ist, 4 oder 5 Rippen gerade wie am Anfang, dann zusammenstricken oder -nähen, Spitze zusammenziehen, gut vernähen. Über der Ferse (Zwickel) Banddurchzug.

PFLEGE UND INSTANDHALTUNG DER WÄSCHE UND KLEIDUNG

Aufgaben der Kleidung

Wäsche und Kleidung s c h ü t z e n unseren Körper vor Witterungseinflüssen; sie halten Staub und Schmutz fern und saugen den Körperschweiß auf. Sie dienen damit der G e s u n d e r h a l t u n g und S a u b e r h a l t u n g des Körpers. Um diese Aufgaben erfüllen zu können, müssen Wäsche und Kleidung vor allem sauber, luftdurchlässig, bequem und praktisch sein (s. Gesundheitspflege).

Ein altes Sprichwort sagt: „Kleider machen Leute." Man schließt — nicht mit Unrecht — von der Kleidung eines Menschen gerne auf sein Wesen, seinen Charakter.

Eine Zierde kann sie aber nur dann für ihn sein, wenn sie immer, auch bei der Arbeit, s a u b e r und o r d e n t l i c h ist. Dazu ist sachgemäße Pflege notwendig.

Für die Gartenarbeit die Arbeitshose aus waschbarem Stoff, im Hause die Kleider- oder Trägerschürze

Pflege der Kleidung

AUFGABEN
Was überlegst du bei der Auswahl eines Kleiderstoffes?
Betrachte dein Sonntags- und Festtagskleid, ob es nach Stoff und Machart später für die Arbeit paßt!
Was tust du, um das neue Kleid möglichst lange zu erhalten?

Wäsche und Kleider kosten viel Geld. Sie recht lang gebrauchsfähig zu erhalten, ist das Bestreben jeder sparsamen und tüchtigen Frau.

Richtige Wäsche- und Kleiderpflege beginnt schon bei der A n s c h a f f u n g.

Vor dem Einkauf überlegen wir, zu welchem Z w e ck das Stück verwendet werden soll. (Leib- oder Bettwäsche, Arbeits- oder Feiertagskleid?) Dementsprechend wird das Material gewählt. Leichte Stoffe sind rasch durchgescheuert. Leichte, billige Stoffe für Sonntags- und Festtagskleider werden niemals festlich wirken.

Kleider, deren Farben nicht licht- und waschecht sind, werden bald trotz bester Pflege unansehnlich.

Kleidungsstücke, die beim Tragen starker Verschmutzung ausgesetzt sind, sollen aus gut waschbarem Stoff, entsprechende Wäsche aus kochbarem Stoff sein. (Lies in der Stoffkunde nach, welche Eigenschaften die einzelnen Rohstoffe haben, und gib an, welche besonders geeignet sind!)

Für Arbeiten mit vermehrter Schweißabsonderung trage Kleider aus leicht aufsaugenden und gut luftdurchlässigen Geweben!

Für Kleidungsstücke, die stärkerem Verschleiß unterliegen, wähle festere Gewebe!

Als nächstes überlege, welche M a c h a r t dir die Pflege leicht macht!

Je einfacher ein Stück gearbeitet ist, desto weniger Mühe machen Reinigungs- und Bügelarbeit.

Enge Kleidung hemmt die Bewegung und reißt leicht ein.

Überlege auch, wieviel Zeit dir für die Pflege zur Verfügung steht! Dementsprechend bestimme die Verarbeitung des Kleides!

Bei Konfektionskleidung achte auf gute Paßform und gute Verarbeitung!

Schonende Benützung ist vorbeugende Pflege für Kleid und Wäsche

Darum trage zweckentsprechende Kleidung! Zur Arbeit das Waschkleid, das Arbeitskleid, die Arbeitshose; bei Regenwetter den Regenmantel, den Überschuh; zu schwerer körperlicher Arbeit das bequeme Kleid. Schone Kleidungsstücke durch Überziehen einer Schürze, von Ärmelschonern, durch Einnähen von Schweißblättern usw.!

Verhüte stärkere Beschmutzung durch Reinhalten des Körpers, durch rechtzeitiges Wechseln der Wäsche und Kleider.

Beuge Beschädigungen vor durch Achtsamkeit (Flecken, Risse, Löcher usw.)!

Bessere kleine Schäden sofort aus!

Vermeide zu häufiges Bügeln durch schonendes Aus- und Anziehen, durch pflegliches Aufbewahren!

MERKE
Das schönste und kostbarste Kleid wird unschön, wenn es nicht gepflegt wird.
Tägliche sorgsame Behandlung der Kleidung spart dir Arbeit und erhält deine Kleidung länger schön.
Abgetragene Sonn- und Festtagskleider sind in den meisten Fällen für die Arbeit ungeeignet (Warum?)

Einfache Pflegearbeiten

Nach jedem Tragen hänge das Kleid usw. zum Lüften aus (außen an den Schrank, im Flur oder besser an das offene Fenster oder auf den Balkon — doch Vorsicht bei Sonnenbestrahlung!)

Die trockenen, gelüfteten Kleidungsstücke werden sorgsam gebürstet (Säume, Nähte, Taschen nicht übersehen!) und ausgebessert über praktischem Bügel hängend im Schrank aufbewahrt.

Der Schrank muß hoch genug und entsprechend tief gebaut sein, damit die Kleider nicht unten aufstoßen und sich nicht an Hinterwand und Türe reiben. Gut schließende Türen schützen vor Staub und Schädlingen. Gute Ordnung im Schrank ist schon halbe Kleiderpflege.

Fleckenentfernung

Flecken im Kleid werfen ein schlechtes Licht auf die Trägerin und schaden obendrein dem Gewebe. Sei darum sorgsam im Tragen deiner Kleider; du kannst so manchen Flecken vermeiden!

Für die Fleckenentfernung beachte:

1. Je frischer der Flecken, desto leichter ist er zu entfernen. Darum behandle ihn sobald du ihn bemerkst!
2. Vor der Wahl des Fleckmittels überlege, welcher Art der Flecken ist! Dementsprechend wähle dann das Mittel!
3. Berücksichtige bei der Wahl des Fleckmittels auch den Stoff des Kleidungsstückes! Manche Flecken lassen sich schon durch normales Waschen entfernen.
4. Vor Beginn der Arbeit prüfe den Gegenstand auf seine Farbechtheit durch Auftragen des Fleckmittels an verborgener Stelle (Saum, Gürtel o. dgl.)!
5. Trage das Fleckmittel möglichst mit dem gleichen Stoff auf, aus dem das Kleidungsstück gearbeitet ist!
6. Ist dir die Art des Fleckens unbekannt, probiere erst mit leichteren Mitteln, und erst, wenn diese versagen, greife zu stärkeren!
7. Lege den Flecken auf eine weiche, leicht saugende Unterlage (möglichst ungefärbt), betupfe mit möglichst gleichartigem Lappen, verreibe im Kreise! Verändere Unterlage und Tupfstelle wiederholt, bis der Flecken verschwunden ist (Rand)!
8. Spüle scharfe Mittel gut nach!
9. Arbeitest du mit feuergefährlichen Mitteln, so reinige nicht im geschlossenen Raum!
10. Es gibt heute verschiedene Spezialfleckmittel. Achte bei ihrer Verwendung genau auf die Gebrauchsanweisung! Vor allem beachte, für welche Stoffe sie anwendbar sind!

MERKE
Entferne Flecken so bald als möglich!

AUFGABEN
Welche Flecken hast du schon gereinigt? Womit? Wie? Berichte!
Stelle auf Grund der gemachten Erfahrungen eine Tabelle zusammen!

Vom Einmotten

Die Kleidermotte, ein kleiner, silbergrauer Schmetterling, verursacht jährlich großen Schaden. Im Frühjahr und Sommer legt sie ihre Eier und bevorzugt dabei als Ablageplatz tierische Fasern.

Die in kurzer Zeit ausschlüpfenden Larven zerfressen die Fasern und zerstören die Kleidungsstücke.

Mottenschäden sind zu vermeiden, wenn man im Frühjahr Pelzsachen und wollene Winterkleidung einmottet, d. h. dem Zugang der Motten entzieht.

Da die Motten nur tierische Fasern suchen, andere aber meiden, beschränkt sich das Einmotten auf Kleidungsstücke aus Wolle und auf Pelze. (Kleidungsstücke, die regelmäßig benützt werden, sind nicht gefährdet.)

Die Motte b e v o r z u g t angeschmutzte, fleckige, vor allem Schweißstellen im Gewebe. Vor dem Einmotten sind darum alle Kleidungsstücke sorgfältig zu reinigen. (Siehe Kapitel F e i n - w ä s c h e , F l e c k e n e n t f e r n u n g .)

Die Motte m e i d e t scharfe Gerüche. Darum Zugabe scharfriechender Mittel (Mottenschutz-mittel)! Schwefeln der Schränke! Jedes Stück wird einzeln in Zeitungspapier (Drucker-schwärze) gewickelt. Dazwischen legt man in Säckchen Mottenkugeln oder -pulver oder verwendet ein Sprühmittel.

Die Motte d r i n g t zur Eiablage d u r c h f e i n s t e R i t z e n und S p a l t e n. Darum müssen Schränke, Koffer oder Schachteln, die der Aufbewah-rung der eingemotteten Kleidungsstücke dienen, dicht ab-schließen.

Verklebe Ritzen und Spalten im Schrank, im Koffer!

Verklebe den Verschluß der Schachtel, in der sich Wollsachen befinden!

Gewöhne dich an Ordnung! Ein Inhaltsverzeichnis auf der

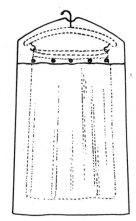

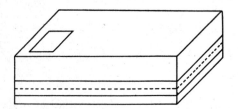

Schachtel, dem Koffer usw., erleichtert dir das Suchen nach eingemotteten Einzelstücken.

Für größere Kleidungsstücke, wie Mäntel usw., verwende selbstgemachte oder gekaufte Mottensäcke (Abb.)

Verschiedene Staubsauger haben besondere. Ansätze, mit deren Hilfe das Einmotten (bes. im Schrank) wesentlich erleichtert wird.

Die Arbeit des Einmottens kann gespart werden, wenn schon beim Einkauf von Wollwaren, Teppichen u. a. darauf geachtet wird, daß diese „mottenecht" sind (Gütezeichen!).

MERKE

Rechtzeitiges und richtiges Einmotten spart Arbeit, Zeit und Geld und hilft, Verdruß zu vermeiden.
Kaufe möglichst nur „mottenechte" Wollwaren!

Wäschebehandlung

Wäsche und Kleidung sind der Stolz jedes Mädchens, jeder Hausfrau. Eine gediegene, schöne Aussteuer stellt ein wertvolles Vermögen dar. Ihr Wert ist so groß, daß es heut-zutage den Eltern im allgemeinen fast unmöglich ist, die Wäscheaussteuer für die Tochter in dem Ausmaß und in der Qualität, wie sie selbst bei nur bescheidenen Wünschen gebraucht wird, auf einmal zu beschaffen.

Darum sammelt und spart die Mutter, die Hausfrau, schon frühzeitig, nützt auch jede sich bietende Gelegenheit – Geburtstag, Namenstag, Weihnachten –, um der Tochter, der Haus-angestellten durch entsprechende Geschenke die Beschaffung der nötigen Aussteuer zu er-leichtern. Frühzeitig soll aber auch das Mädchen selbst darauf bedacht sein, sich eine ge-diegene Aussteuer zu ersparen bzw. zu erarbeiten.

Stellt man auch heute mengenmäßig nicht mehr dieselben Anforderungen an die Aussteuer der Leibwäsche, so ist doch eine Mindestmenge an Bett- und Hauswäsche notwendig, wenn das junge Mädchen den eigenen Hausstand gründet.

AUFGABE

Mache eine Aufstellung für eine Aussteuer, die für einen Haushalt von 2 (4 oder 6) Personen ausreichend ist!

Doch nicht nur der Beschaffung der Wäsche und Kleidung gilt unsere Sorge; ebenso wichtig ist auch ihre Erhaltung durch entsprechende Behandlung und Pflege.

Die Wäschepflege beginnt schon bei der Anschaffung (Qualität, Zweckmäßigkeit) und muß bei der Benützung besonders beachtet werden.

Staub, Schmutz, Schweiß und andere Verunreinigungen haften dem Gewebe an oder dringen in das Gewebe ein. Je stärker die Verschmutzung, je enger ihre Verbindung mit dem Gewebe, um so schwieriger gestaltet sich die Reinigung, um so größer ist auch die Gefahr einer Gewebebeschädigung.

Übermäßige Verschmutzung ist zu vermeiden durch:

Sauberhaltung des Körpers (lies nach: Kapitel Gesundheitspflege, Kapitel Kleiderpflege), rechtzeitiges Wechseln der Wäsche (Leib-, Bett- und Hauswäsche wechsle nach Bedarf, nicht nur nach bestimmtem Zeitablauf!).

Sorge auch dafür, daß die Wäsche in regelmäßigen, nicht zu langen Zeitabständen gewaschen wird! Zu langes Liegenlassen der Schmutzwäsche schadet dem Gewebe und erschwert auch die Wascharbeit.

Was geht beim Waschen vor?

AUFGABEN
Welche Waschmittel kennst du?
Prüfe, ob du den Unterschied zwischen hartem und weichem Wasser erkennst!

Die in das Gewebe eingedrungenen Verunreinigungen (Schweiß, Schmutz, Staub) müssen entfernt werden. Dies geschieht durch

Lockern und Lösen der Schmutzstoffe (Wasser und Waschmittel) und

Auswaschen aus dem Gewebe (Wasser und Seifenschaum).

Etwa zurückbleibende Flecken werden ausgebleicht.

Die in das Gewebe eingedrungene Waschlauge wird gut ausgespült.

Viele Schmutzteile werden schon durch Wasser gelockert und gelöst. (Beim Waschen von Vorhängen kannst du das gut beobachten. Durch mehrfaches Vorspülen in klarem Wasser wird ein erheblicher Teil des Schmutzes aus dem Gewebe herausgezogen. Farbe des Wassers bei dieser Arbeit!)

Für die Reinigung ist weiches Wasser am günstigsten. Das beste Waschwasser, nämlich Regenwasser, steht leider nicht in ausreichender Menge zur Verfügung. Brunnenwasser und Leitungswasser ist mehr oder weniger kalkhaltig, also hart.

Hartes Wasser hat eine geringere Lösungskraft und dringt auch schwerer in die Gewebefaser ein. Es muß darum erst enthärtet werden. Dies geschieht am besten durch Zugabe von Bleichsoda. Auch durch Zugabe von Seife kann man Wasser enthärten. Hierbei verbindet sich der Kalk mit der Seife. Dabei bildet sich Kalkseife, welche sich flockig absetzt. (Du kannst es beim Händewaschen mit hartem Wasser und Seife beobachten.) Diese Kalkseife legt sich beim Waschen auf das Gewebe, verschmiert es, macht es grau und unansehnlich, außerdem brüchig. Darum ist das Enthärten mit Seife für die Wäsche ungünstig. Außerdem ist Seife bedeutend teurer als Soda. Durch das Enthärten mit Seife wird teures Waschmittel vergeudet.

Die lösende Wirkung des Wassers kann durch Erwärmung erhöht werden. Heißes Wasser jedoch verhindert das Lösen verschiedener Schmutzstoffe, besonders eiweißhaltiger Stoffe. Begründe! (Volksmund: „Der Schmutz wird eingebrannt.") Fettige Verschmutzung läßt sich mit klarem Wasser nicht entfernen.

Durch Zugabe von Seife, Seifenpulver und anderen Waschpulvern erhält das Wasser eine fettlösende Wirkung.

Durch die Schaumbildung wird die reinigende Wirkung noch erhöht: Der Schaum hüllt gelockerte Schmutzstoffe ein und trägt sie aus dem Gewebe heraus. Je besser die Schaumbildung, desto besser ist auch das Eindringungsvermögen der Waschlauge, desto leichter die Wascharbeit.

Manche Waschpulver, vor allem „selbsttätige", haben eine bleichende Wirkung, die auf dem Freiwerden von Sauerstoff während des Erhitzens beruht. Darum die Wäsche kalt in den Kessel einlegen und langsam erhitzen!

Darum auch Schmutzstellen vor dem Einlegen in den Kessel mit Waschpulver einreiben, damit an diesen Stellen vermehrte Sauerstoffabgabe und dadurch verstärkte Bleichwirkung auftreten kann.

Die neueren Waschmittel erleichtern die Wascharbeit wesentlich; sie enthalten Bestandteile mit besonders hoher Waschwirkung (WAS = wasch-aktive Substanzen). Es ist zweckmäßig, zu einem Waschvorgang Erzeugnisse nur einer Firma zu verwenden. Die Gebrauchsanweisung ist immer genau zu beachten.

Sprudelndes heißes Wasser (Lauge) reinigt besser als unbewegtes Wasser. Es durchspült das Gewebe und trägt dabei gelösten Schmutz aus dem Gewebe heraus. Auf dieser Tatsache beruht auch die Wirkung der Wäschestampfer, Wäschesprudler, Waschmaschinen usw.

Ist das Gewebe von Schmutz gereinigt, dann muß noch die gebrauchte Lauge aus dem Gewebe entfernt werden. Dies geschieht durch mehrmaliges Spülen in klarem Wasser. Hierbei ist wichtig, daß das Spülwasser ungefähr die gleichen Temperaturen aufweist wie die Waschlauge. (Suche nach dem Grund!)

Bei der gesamten Wascharbeit ist unbedingt darauf zu achten, daß das Gewebe geschont wird. Darum vermeide den Gebrauch gewebeschädigender Waschmittel und schwere mechanische Bearbeitung (harte Bürsten, starkes Wringen u. dgl.).

Eine gute Waschmaschine und eine Schleuder nehmen der Hausfrau viel Arbeit ab (es gibt halb- und vollautomatische Maschinen); sie arbeiten schnell, meist auch schonend und gründlich.

MERKE
Verwende Waschmittel genau nach der Gebrauchsanweisung!
Kalkseife macht die Wäsche grau.

Richtige Wäschebehandlung

AUFGABEN
Wie oft wascht ihr zu Hause durchschnittlich?
Welche Vorbereitungen trefft ihr am Tage vor dem Waschtag?

Aufbewahrung der Schmutzwäsche

Je länger der Schmutz im Gewebe bleibt, desto schwieriger ist die Wascharbeit und desto

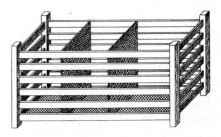

Luftdurchlässige, gefächerte Behälter
für Schmutzwäsche

mehr Waschmittel werden gebraucht. Durch intensivere Behandlung leidet aber auch das Gewebe; es wird schneller verbraucht. Darum soll Schmutzwäsche nicht lange liegen, sondern regelmäßig in kurzen Zeitabständen gewaschen werden.

Schmutzwäsche ist in luftdurchlässigen Behältern so aufzubewahren, daß zusätzliche Verschmutzung vermieden und Schädigung der Wäsche durch Feuchtigkeit, Ungeziefer und sonstige Schädlinge ausgeschlossen ist.

Feucht aufbewahrte Wäsche zeigt bald Stockflecken, riecht muffig und lockt Ungeziefer an. Der Gebrauch schadhafter Wäschebehälter ist gefährlich, weil die Wäschestücke beim Herausnehmen leicht zerreißen können.

MERKE

Bewahre Schmutzwäsche in trockenem, luftigem Raum auf!
Verwende einwandfreie, luftdurchlässige Körbe, Kisten, Säcke oder ähnliches!
Bewahre Schmutzwäsche möglichst sicher vor Ungeziefer und Mäusen auf!

Arbeitserleichternd ist es, wenn die Schmutzwäsche nach Art der Behandlung getrennt aufbewahrt wird. Weißwäsche – Buntwäsche, Grobwäsche – Feinwäsche, große Stücke – kleine Stücke, je nach den Bedürfnissen des Haushalts.

Vorbereitungen für den Waschtag

MERKE

Waschküche und Waschgeräte müssen in Ordnung sein, Waschmittel und Heizmaterial rechtzeitig besorgt werden.

Ein einfacher, dem Waschtag angepaßter K ü c h e n z e t t e l soll mithelfen, die an diesem Tag ohnehin angespannte Arbeitskraft der Hausfrau nicht unnötig zu überlasten.

Die Schmutzwäsche wird sortiert in Grobwäsche und Feinwäsche, die Grobwäsche in Kochwäsche und nicht kochbare Wäsche; die Kochwäsche in Leibwäsche, Bettwäsche, Hauswäsche, Taschentücher, Küchenwäsche usw.

Achte darauf, daß Wäsche in doppelter Stofflage gewendet wird, daß Nähte, Taschen, Ecken gut gesäubert (gebürstet) werden! Dies gilt vor allem für Bettwäsche.

Einweichen. K o c h w ä s c h e wird über Nacht, mindestens aber 12 Stunden e i n g e - w e i c h t. Hierbei quellen die Wäschefasern und die daran klebenden Verunreinigungen auf und die Schmutzteilchen werden gelockert, zum Teil schon zersetzt und gelöst.

Das Wasser wird je nach Waschmittel enthärtet (15 bis 30 Minuten stehenlassen, damit das Enthärtungsmittel wirken kann), dann erst darf die Wäsche eingelegt werden. Das Einweichwasser darf nicht heiß, sondern nur lauwarm verwendet werden (s. S. 103).

Die Wäsche soll im Einweichwasser „schwimmen". Liegen die Stücke dicht aufeinander, dann kann die Lauge nicht eindringen, um den Schmutz zu lösen.

Waschen der Wäsche

V o r w ä s c h e : Die am Vortag eingeweichte Kochwäsche wird in der Einweichlauge durchgestampft; dabei werden die gelockerten, aber noch auf der Wäsche liegenden Schmutzteilchen in die Lauge gestoßen. Gut ist es, die Wäsche zu schleudern und noch mal in enthärtetem Wasser durchzustampfen. Besonders schmutzige Stellen wie Kragen, Bündchen usw. werden dann mit Waschpulverbrei eingerieben. (Begründe!)

K o c h e n d e r W ä s c h e. Mit dem rechtzeitig enthärteten Wasser wird nach der Gebrauchsanweisung der Waschmittel die Kochlauge bereitet. Die Wäschestücke werden locker in den Kessel, in die kalte Lauge gegeben, die dann langsam erhitzt wird (s. S. 104). Das Einlegen in die kalte Lauge ist wichtig, da die Wirkung gebräuchlicher Waschpulver bei etwa 50 bis 60° am größten ist. Bei selbsttätigen Waschmitteln steigen bei langsamem Erhitzen die Sauerstoffbläschen hoch und durchdringen die Wäschestücke.

Bei schnellem Erhitzen erfolgt das Freiwerden des Sauerstoffs sehr rasch, daher ist die Einwirkungsdauer nur kurz, der Erfolg gering.

Die Wirkung des Waschmittels wird verstärkt, wenn die Wäsche während des Kochens mit einem guten Stampfer oder Rührlöffel bewegt wird. Die eingestampfte Luft stößt, ohne die Wäsche zu schädigen, die Schmutzteilchen aus dem aufgequollenen Gewebe in die Lauge (vergleiche auch die Arbeit der Waschmaschine!).

Die Wäsche soll nicht länger als 10 bis 15 Minuten gekocht werden. Längeres Kochen macht die Wäsche nicht heller, schadet vielmehr der Faser.

In den Waschmaschinen wird sie sogar nur bis etwa 95° erhitzt.

N a c h w ä s c h e : Die gekochte Wäsche wird aus dem Kessel genommen, etwas ausgekühlt dann sorgfältig durchgestampft, gerieben oder gebürstet (nur weiche Bürste verwenden!). Starkes Reiben und Wringen schadet der Faser.

Nach dem Durchwaschen wird die Wäsche mit heißem Wasser, dem ein Spülmittel beigegeben werden kann, gebrüht und dann mehrmals gut gespült, bis das Wasser klar bleibt. Die neueren Spülmittel enthärten das Wasser, bleichen die Wäsche und machen sie keimfrei.

B u n t w ä s c h e ist vor dem Einweichen auf Farbechtheit zu prüfen (achte beim Einkauf schon auf Gütezeichen „Indanthren"). Siehe Abb. S. 66.

Farbfeste Buntwäsche wird einige Stunden eingeweicht, dann in guter Lauge durchgestampft, gewaschen und gut gespült. Zur Farbauffrischung wird dem letzten Spülwasser Essig zugesetzt.

Abfärbende Stücke müssen getrennt gewaschen und dürfen nicht aufeinandergelegt werden. Essigzugabe verhindert zu starkes Ausfärben.

M E R K E

Spare Arbeit, Zeit und Geld durch entsprechende Aufbewahrung der Schmutzwäsche!
Bereite den Waschtag gut vor!
Gut eingeweicht ist halb gewaschen.
Wasser rechtzeitig enthärten!
Kochwäsche langsam erhitzen, nur 10—15 Minuten kochen lassen!
Gutes Spülen — saubere, schöne Wäsche!
Vor Anwendung eines Waschmittels lies die Gebrauchsanweisung und befolge sie!
Prüfe Buntwäsche vor dem Waschen auf Farbechtheit!

A U F G A B E N

Welche Feinwaschmittel kennst du?
Lies die dem Feinwaschmittel beigegebene Gebrauchsanweisung genau durch!
Miß an einer Strickjacke Länge, Weite und Ärmellänge! Schreibe die Maße auf!

F e i n w ä s c h e : Wolle, Seide, Kunstseide, Zellwolle, Nylon und Perlon u. a. sind beim Waschen empfindlich und erfordern darum eine besondere Behandlung. Bei der Verwendung der Feinwaschmittel, die den Eigenschaften dieser Stoffe entsprechen, ist die Gebrauchsanweisung genau zu beachten.

Für das Waschen von Feinwäsche merke:

Sortiere die zu waschenden Stücke! Achte dabei auf Farbgleichheit, auf Empfindlichkeit der Stoffe und auf den Grad der Verschmutzung!
Prüfe vor dem Waschen die Stücke auf Farbechtheit!
Miß vor dem Waschen Länge und Weite des Wäsche- oder Kleidungsstückes! Notiere!
Bereite die Waschlauge in kleineren Mengen, zimmer- bis handwarm! (Lies die Gebrauchsanweisung!)
Stelle in 2 oder 3 Gefäßen Spülwasser bereit! (Gleiche Temperatur.) Ins letzte Spülwasser gib etwas Essig!
Vor dem Einlegen des zu waschenden Stückes bereite durch Schlagen der Lauge viel Schaum! (Begründe!)
Reiben und Wringen schaden der Feinwäsche, darum drücke sie nur leicht in der Lauge; Schmutzstellen werden nach kurzem Einwirken des Waschmittels mit glatter Hand verrieben und mit Lauge gut durchgespült. Beim Herausnehmen drücke die Wäschestücke leicht aus!

Nur wenige Stücke in ein und derselben Lauge waschen!

Feinwäsche darf nicht in der Lauge liegenbleiben, sie ist sofort nachzuspülen (Essig in letztes Spülwasser).

Zum Trocknen die einzelnen Stücke auf gut saugendes Tuch legen, in Form ziehen, in Tuch einrollen und drücken, damit möglichst viel Feuchtigkeit entzogen wird. Die so vorgetrockneten Stücke werden dann den notierten Maßen entsprechend gedehnt und auf Tüchern zum Trocknen aufgelegt.

Dunkle Stoffe, vor allem Wollstoffe, können gut in Kartoffelwasser (Reiben von Kartoffeln) oder in einem Absud von Efeublättern gewaschen werden.

Nylon- und Perlonstrümpfe sollen nach jedem Tragen durch lauwarmes Wasser gezogen, zwischen Tüchern leicht ausgedrückt und vorsichtig getrocknet werden.

Waschen mit der Maschine

AUFGABEN

Was für Waschmaschinen kennst du? Welche Beobachtungen und Erfahrungen hast du gemacht? Berichte!
Welche Vorteile bringt die Waschmaschine für die Hausfrau?
Was weißt du über Preis der Maschine, über Betriebskosten?

Die Waschmaschine findet immer mehr Eingang in die verschiedensten Haushaltungen. Welche Vorteile bietet sie der Hausfrau?

Das mühsame und zeitraubende Waschen mit der Hand wird durch die Arbeit der Maschine teilweise oder ganz abgelöst. Die Hausfrau wird entlastet und gewinnt Zeit. Bei Benützung von Vollautomaten kann sie nach der Beschickung anderen Arbeiten nachgehen. Diese Erleichterung führt ohne weiteres zu häufigerem Wechsel der Wäsche, was nicht nur dieser, sondern vor allem der Sauberkeit und Gesundheit des einzelnen zugute kommt. Vor allem die berufstätige Frau spürt die Zeit- und Kraftersparnis durch eine gute Waschmaschine.

Was für Waschmaschinentypen gibt es?

Es sind in der Hauptsache drei Typen (s. Seite 108), die heute auf dem Markt sind: die Trommelwaschmaschine, die Rührflügelmaschine und die Wellenradmaschine.

Bei der T r o m m e l waschmaschine ist der Wäschebehälter eine stehende Trommel, die zu einem Teil in die Waschlösung (Flotte) taucht (s. Abb. c). Beim Waschvorgang wird durch die Trommelbewegung die Wäsche gegeneinander und in die Waschlauge gestoßen und so gerieben und von der Lauge durchspült. Flottenverhältnis 1:5, d. h. auf 1 kg Wäsche 5 Liter Waschlösung.

Bei der R ü h r f l ü g e l maschine (s. Abb. a) wird im unbewegten Behälter durch den Rührflügel die Wäsche bewegt und gegeneinander und gegen die Gefäßwand gerieben. Flottenverhältnis 1:15.

Bei der W e l l e n r a d maschine wird mittels eines Wellenrades die Wäsche rasch bewegt, gegeneinander und am Boden oder an der Seite des Behälters gegen die Gefäßwand gerieben (s. Abb. b). Flottenverhältnis 1:25.

Große Erleichterung bringt das Waschen mit der Maschine. Elektrische Trommelwaschmaschine und Schleuder neben der Duschecke

Heute sind die meisten Waschmaschinen beheizte Maschinen. Heizquelle ist der elektrische Strom, auch Kohle oder Gas.

Das Waschen mit Trommelwaschmaschinen ist sehr einfach: Nach dem Beschicken der Trommel wird die Maschine durch Schaltung in Betrieb gesetzt, dann wird das Waschmittel zugegeben und der Waschvorgang läuft ab. Je nach Maschine sind während des Waschens

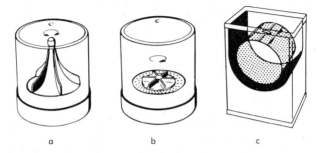

a   b   c

einige Schaltungen vorzunehmen oder ist z. B. bei Vollautomaten mit der Waschmittelzugabe die Arbeit der Hausfrau beendet. Bei Vollautomaten entnehmen wir die Wäsche fertig zum Aufhängen. Von diesen gibt es heute 2 Arten: Vollautomaten mit E i n laugen- und Z w e i - laugensystem. Bei ersteren wird mit einer Lauge der ganze Waschvorgang durchgeführt; bei den anderen wird nach der „Vorwäsche" die Lauge abgelassen und muß für die „Klarwäsche" neues Waschmittel zugegeben werden. Der Waschmittelbedarf ist der gleiche.

Was ist vor Anschaffung einer Waschmaschine zu überlegen?

a) Platz für die Maschine? (Waschküche, Bad, Küche?)

b) Stromanschluß? Stromverbrauch? Kosten?

c) Wasseranschluß, Wasserabfluß?

d) Größe der Maschine (Trommelinhalt – 3, 4, 5 kg Wäsche)?

e) Halb- oder Vollautomat? Anschaffungskosten, Zeit?

f) Installation? (nur durch den Fachmann).

Was ist beim Betrieb der Maschine zu beachten?

Die Waschmaschine darf erst in Betrieb genommen werden, wenn sie vom Kundendienst der Lieferfirma auf richtigen Anschluß und einwandfreie Arbeit geprüft ist (Garantie!) und die Hausfrau eine entsprechende Arbeitsanleitung von ihm bekommen hat. Die schriftliche Gebrauchsanweisung ist wiederholt durchzulesen und genau zu befolgen. Nur sachgemäße Behandlung und Pflege sichern gute Arbeit und lange Lebensdauer der Maschine.

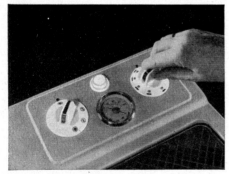

Elektrische Waschmaschine — Schaltecke

Elektrische Waschmaschine — Trommel geöffnet

Die beste Waschmaschine ist jene, welche die Wäsche am schonendsten behandelt. Hole dir in Zweifelsfällen Rat bei den Hausfrauenorganisationen!
Kaufe die Waschmaschine nicht nur nach Preis, sondern nach Zweckmäßigkeit und Qualität!
Vor dem Kauf laß dich vom Fachmann d o r t beraten, wo du die Maschine aufstellen willst!
Laß nur vom Fachmann installieren!
Verwende nur die für Waschmaschinen besonders hergestellten Waschmittel (gebremster Schaum)!

Trocknen der Wäsche

Der Trockenplatz soll sonnig, staubfrei und in der Nähe der Waschküche sein. Für Regen- und Frosttage ist ein luftiger, staubfreier, sauberer Speicher gut geeignet.
Die saubere Leine wird fest, straff und in richtiger Höhe (zu hoch schadet der Wäscherin) gespannt. Gute Wäschepfosten erleichtern die Arbeit des Spannens. Ist ein Drahtseil vorhanden, so muß dies unbedingt aus rostfreiem Material und unbeschädigt sein. Es ist ebenso wie das Perlonseil vor jeder Benutzung zu säubern.
Nasse Wäsche ist sehr schwer, deshalb fahren wir sie mit dem Leiterwägelchen zum Trockenplatz. Das hat noch den Vorteil, daß der Wäschekorb beim Aufhängen erhöht steht, so daß die Wäsche bequemer aus dem Korb zu nehmen ist (Abb.).

Ständiges Bücken ermüdet schnell

Handgerechte Stellung des Korbes erleichtert die Arbeit

Bei Verwendung einer K l a m m e r n s c h ü r z e oder eines - b e u t e l s an der Wäscheleine wird unnötiges Bücken vermieden.

Beim Aufhängen von Wäsche beachte:
Hänge die Wäsche sortenweise auf!
Hänge große Stücke zuerst auf, kleinere Stücke trocknen rascher!
Hänge die Stücke gerade auf! So behalten sie die Form, und die Lege- und Bügelarbeit wird erleichtert.
Hänge die Wäsche nicht zu dicht! Sonne und Luft sollen ungehindert an alle Stücke herankommen.
Nimm die Wäschestücke „bügelfeucht" ab!
Lege beim Abnehmen die einzelnen Stücke glatt, evtl. schon gefaltet in den Korb!
Sortiere beschädigte Stücke aus!

Denke beim Aufhängen der Wäsche nicht nur an die schonende Behandlung der Wäsche, sondern auch an deine Gesundheit! Erleichtere dir die Arbeit, wo dies gut möglich ist!

AUFGABE
Überlege, wie du dir beim Waschen die Arbeit erleichtern kannst! Berichte!

Bügeln der Wäsche

AUFGABEN
Du hilfst daheim der Mutter beim Bügeln. Was bereitest du vor? Berichte!
Du bügelst eine Trägerschürze. In welcher Reihenfolge bügelst du die einzelnen Teile? Worauf achtest du besonders?

Bügeln macht die Wäsche glatt und weich, gibt ihr Glanz, gutes Aussehen und macht sie keimfrei.

Zum Bügeln benötigen wir:

einen B ü g e l t i s c h (Bügelbrett) mit dicker, weicher, nahtloser Auflage und ein B ü g e l e i s e n mit Rost.

Heute wird meist das elektrische Bügeleisen verwendet. Es ist jederzeit schnell bügelbereit. Achte darauf, daß Eisen, Schnur und Stecker immer in Ordnung sind!

Stahlbügeleisen (Bolzeneisen) setzen Herdfeuerung voraus.

Alle Bügelgeräte müssen sauber sein (saubere Schürze!).

Die Wäsche ist in feuchtem Zustand leichter zu bügeln (bügelfeucht abnehmen!). Zu trok-
kene Wäsche muß vor dem Bügeln einge-
sprengt und glatt eingerollt werden, damıt
die Feuchtigkeit gut durchziehen kann. (Wäsche rechtzeitig einsprengen!)

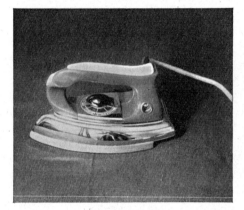

Automatic-Bügeleisen

Bügle von dir weg, damit Faltenbildung
vermieden wird!

Bügle abstehende Teile zuerst (Beispiel:
Schürze)!

Bei doppelter Stofflage bügle erst die
linke, dann die rechte Seite!

Bügle Nähte gut aus!

Verzierungen und Stickereien bügle von
der rechten Seite, drücke dann von links
auf weicher Unterlage gut durch!

Seide und Wolle bügle von links (Glanz)!

Lege gleichartige Stücke gleichmäßig zusammen (Ordnung im Schrank)!

Erleichtere dir die Bügelarbeit, indem du große, glatte Stücke mangelst (Hausmangel *) oder Mietmangel)!

Die gut nachgetrocknete Wäsche lege geordnet in den sauberen Wäscheschrank so, daß sie im entsprechenden Stoß unter die noch aufgestapelte zu liegen kommt! Dadurch wird ein gleichmäßiger Verbrauch der Wäsche ermöglicht.

MERKE

Dein Wäscheschrank — dein Stolz: Halte ihn jederzeit in Ordnung!

Ausbessern von Wäsche und Kleidung

Jedes Mädchen und jede Hausfrau muß lernen, Wäsche und Kleidung instand zu halten durch entsprechende Pflege und Ausbessern auftretender Schäden. Auch diesem muß sie ihr besonderes Augenmerk zuwenden; denn kleine Schäden sind rasch ausgebessert, kosten wenig Zeit, Mühe und Geld. — Kleine Schäden wachsen rasch zu großen Schäden an, die unter Umständen nicht mehr behoben werden können, weil sie übersehen werden, oder weil sie zu gering, angeblich „die Mühe nicht lohnen".

D a r u m   m e r k e :

Bessere den Schaden — und sei er noch so klein — sofort aus, wenn du ihn bemerkst!

Bessere ihn so aus, wie es dem Schaden bzw. dem Gegenstand entspricht!

Also stopfe, was noch zu stopfen ist! Flicke, was nicht mehr zu stopfen lohnt oder geflickt besser aussieht und besser hält!

Erneuere ein ganzes Teilstück (Kragen, Bündchen, Ärmel usw.), wenn Stopfen und Flicken nicht mehr am Platze sind!

*) Mangel oder Mange.

Damit ist die Einteilung wichtiger Ausbesserungsarbeiten gegeben; es soll im nachfolgenden das Grundlegende hierfür aufgezeigt werden.

Stopfen

AUFGABEN

Hilf der Mutter nach dem Waschen bei der Durchsicht der Wäsche und sortiere die zerrissene Wäsche in Stopf- und Flickwäsche! Nach welchen Gesichtspunkten sortierst du?

Suche für die zu stopfende Wäsche und Kleidung das entsprechende Material und Handwerkszeug! Worauf achtest du bei dieser Auswahl?

Betrachte an gestopfter Wäsche die ausgeführten Stopfarbeiten! Prüfe sie auf ihre Haltbarkeit, ihr Aussehen, ihre Durchführung und versuche, zu einem Urteil zu kommen! Berichte!

Beim S t o p f e n geht es immer um ein Ersetzen e i n z e l n e r Gewebefäden im Stoff, welche dünn geworden, gerissen oder auch gewaltsam durchtrennt sind (Schnitt usw.).

Beim F l i c k e n geht es um den Ersatz g a n z e r Stoffteile an beschädigten Stellen des Gegenstandes.

Grundregeln für das Stopfen

1. Stopfe, was zu stopfen lohnt (undichte Stellen, kleine Risse, Schnitte, kleine Löcher)!
2. Wasche normalerweise den Gegenstand vor dem Stopfen!
3. Wähle entsprechendes Stopfmaterial:
   Gleichen Rohstoff (Wolle für Wolle, Baumwolle für Baumwolle, Seide für Seide usw.);
   gleiche Farbe;
   gleiche Fadenstärke für Stopffaden und Gewebsfaden!
4. Wähle passende Nadeln (dünne Nadeln für dünnes Garn, dickere Nadeln für dickeres Garn)!
5. Stopfe nach dem Fadenlauf des Gewebes, also fadengerade!
6. Stopfe möglichst der Webart entsprechend! Also kleine Stiche, Stiche in jeder Reihe versetzt!
7. Stopfe den Rand mit ein! Es hält besser.
8. Lasse beim Übergang von einer Stopfreihe zur andern kleine Schlingen stehen! Garn läuft bei der Wäsche ein.
9. Schneide das Loch nicht größer! Nur wegstehende Fransen dürfen abgeschnitten werden.
10. Stopfe so, daß rechte und linke Stopfseite gleich sind (mit Ausnahme der Schlingen)!
11. Stopfe auf der l i n k e n Seite des Wäschestückes! Stricksachen stopft man auch rechts.

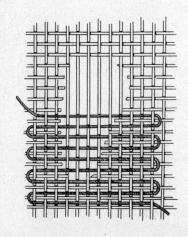
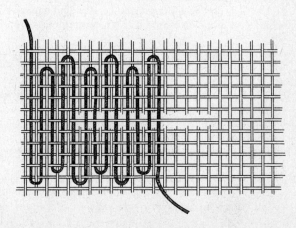

Das Gestopfte soll sich möglichst unauffällig dem Gewebe einfügen.
Stopfei und Stopfpilz beulen den Gegenstand beim Stopfen leicht aus. Darum verwende sie nicht!

Besonderheiten: Es sind nur die Querfäden gerissen (Handtuch). Einstopfen der Querfäden.
K l e i n e R i s s e verlangen nur das Einziehen neuer Fäden in der Gegenrichtung. Genügend
Rand einstopfen (1 bis 2 cm). Anstopfe seit-
lich ungleich weit führen, damit Einreißen
am Stopfrand vermieden wird. Bei l a n -
g e n R i s s e n werden die Rißränder vorteilhaft erst lose zusammengehängt, um
ein Verschieben der Ränder während der
Arbeit zu verhindern. Der Hilfsfaden wird
nach Abschluß der Arbeit herausgezogen.
Vorsichtig arbeiten!

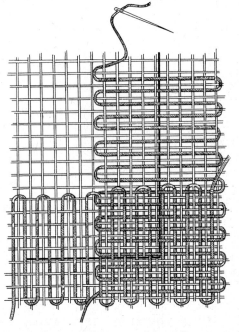

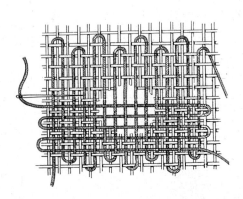

Für den W i n k e l r i ß gilt das gleiche wie für den Riß. Hier wird von den Rißenden zur Ecke
gearbeitet. Diese wird doppelt und dadurch haltbarer. Rißrand, entsprechend dem Gewebe
versetzt, einstopfen!
S c h r ä g e r S c h n i t t (Tischtücher, Wischtücher – beim Abtrocknen der Messer).
Siehe oben: Riß!
Achte besonders sorgfältig auf fadengerades Arbeiten und gutes Einstopfen des Randes!
Der schräge Schnitt erfordert viel Übung und besondere Sorgfalt.
L o c h. Kett- und Schußfäden sind zerstört und müssen ersetzt werden. Halte das Loch mög-
lichst klein! Schneide darum n i c h t viereckig aus! Stopfe den Rand der Form entsprechend
ein!
Das **Stopfen mit der Maschine** bedeutet eine Arbeitserleichterung, ist aber erst angebracht,
wenn man das Stopfen mit der Hand beherrscht. Es gelten hier die gleichen Grundregeln
wie S. 111.
Heute kann jede Nähmaschine auch zum Stopfen verwendet werden. Halte dich dabei an
die Arbeitsbeschreibung deiner Maschine!
Im allgemeinen gelten folgende Regeln:
   Der N ä h f u ß ist abzuschrauben.
   Der T r a n s p o r t e u r wird durch Überdecken mit einer eigenen Stopfplatte ausge-
   schaltet.
   Der S t i c h ist umzustellen (siehe das Arbeitsheft deiner Maschine).
   Die S t o p f a r b e i t ist in einen R a h m e n zu spannen.
   Als S t o p f g a r n verwende eigenes Stopfgarn oder ganz dünnen Nähfaden!

Flicken

AUFGABEN
Wiederhole Aufgaben S. 111 (Stopfen)!
Aufgabe 2 und 3 beziehen sich diesmal auf Flickwäsche.
Lies noch mal auf S. 111, was über Stopfen und Flicken geschrieben ist!

Grundregeln für das Flicken

1. Prüfe v o r Beginn der Flickarbeit, ob die Haltbarkeit des Gegenstandes noch die Arbeit lohnt! (Beispiel: ganz dünne, mürb und brüchig gewordene Bettwäsche und ähnliches).
2. Wähle als Flickstoff einen zum Gegenstand p a s s e n d e n Stoff!
passend nach dem Rohstoff;
passend in der Farbe, Musterung und Webart;
passend in der Fadenstärke und Qualität!
3. Wähle als Flickstoff möglichst n i c h t neuen Stoff! (Überlege, warum?) Hast du nur neuen Stoff zur Verfügung, dann brühe (wasche) ihn vor Beginn der Arbeit! (Warum?)
4. Wähle die Flickstücke groß genug! Zusätzliche Nähte im Flikken beeinträchtigen Arbeit und Aussehen.
5. Arbeite den Flicken fadengerade ein! (Beachte auch den Fadenlauf im Gegenstand!)
6. Achte beim Aufsetzen oder Einsetzen des Flickens auch auf die Musterung! Der Flicken darf nicht aus dem Muster des Gegenstandes herausfallen.
7. Liegen mehrere Schäden nah beieinander (Loch, dünne Stellen), dann arbeite nur einen Flicken ein, aber entsprechend groß!
8. Nähte, die sich in der Nähe der schadhaften Stelle befinden, sind aufzutrennen; der Flicken ist dann in die Naht einzuarbeiten.
9. Schadhafte Stellen zu beiden Seiten einer Naht (Beispiel: Seitennaht an Bluse, Hemd und ähnlichem) dürfen nicht über die Naht weg ausgebessert werden. Die Nähte sind vorher aufzutrennen, die Schäden getrennt auszubessern und die Nähte darnach wieder zu schließen.
10. Passe die Flickennähte dem Gegenstand an! Je schmäler die Nähte (beim Umbrechen), desto schöner die Ausbesserungsarbeit.

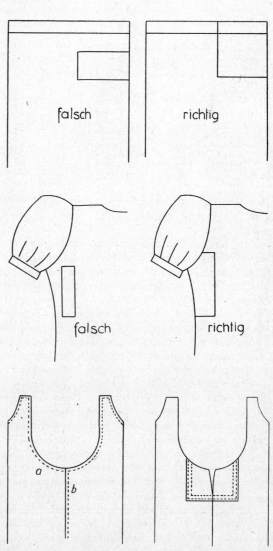

11. Verwende passenden Nähfaden und entsprechende Nähnadeln!
12. Nicht umzunähende Flickenränder sind in jedem Fall zu versäubern!
13. Am besten ist der Flicken gearbeitet, der am wenigsten auffällt.

Der aufgesetzte Flicken

AUFGABEN
Auf welche Weise flickt ihr daheim?
Lasse dir genau den Arbeitsgang sagen und berichte!
Frage die Mutter, worauf sie beim Flicken besonders achtet, welche Erfahrungen sie gemacht hat, zu welchem Flicken sie dir besonders rät und warum! Erzähle!

Der am einfachsten zu arbeitende Flicken ist der aufgesetzte Flicken.

Woher kommt sein Name?

Wenn wir auf die Arbeitsweise sehen, wird uns der Name klar. Wir haben vor uns den Gegenstand — linke Seite —, legen den Flickfleck auf und nähen ihn auf (setzen ihn auf). Manche heißen ihn auch den untergesetzten Flicken. Wie kommen sie auf diesen Namen? Sehen wir

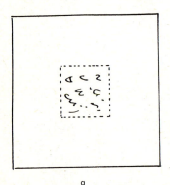 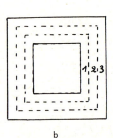 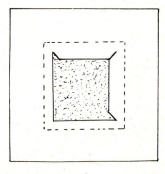

a   b   c

uns den fertigen Flicken an, z. B. bei der Nachbarin, die eben die Schürze trägt, dann sagen wir auf den ersten Blick: der Flicken ist untergesetzt. Und somit haben beide Namen ihre Berechtigung, je nach der Seite, von welcher man die Ausbesserung betrachtet. Wir wissen aber, daß es ein und derselbe Flicken ist, von dem die Rede ist.

Wie arbeiten wir ihn?
Über die Auswahl des Flickstoffes siehe die Grundregeln S. 113!
Um den Flicken richtig ausschneiden zu können, müssen wir erst seine Größe bestimmen: diese richtet sich nach der Größe der beschädigten Stelle. Darum

grenze erst die beschädigte Stelle fadengerade ab! (Dünne Stellen einbeziehen.) Miß dann die Größe der beschädigten Stelle aus und berechne die Größe des Flickens! Dieser erhält an den Schnitträndern eine Zugabe von drei Nahtbreiten (Abb. b).

(Die Nahtbreite richtet sich nach der Dicke des Stoffes. Vergleiche z. B. Batist, Hemdentuch, Bettuchleinen! Geben wir die Zugabe einheitlich in Zentimetern an, dann stimmt diese nur für bestimmte Stoffe, kann also nicht als einheitliche Regel für jede Stoffart gelten. Darum rechnen wir mit Nahtbreiten.)

An Nahträndern (auftrennen) ist nur die Naht zuzugeben.

Schneide den Flicken fadengerade aus! Achte bei gemusterten Stoffen auf die Musterung! Brich den Flicken nach der rechten Stoffseite knapp eine Nahtbreite um; lege ihn auf der linken Seite des Wäschestückes fadengerade auf die Schadenstelle, hefte ihn auf, säume ihn mit kleinen Stichen an (Handflicken) oder steppe ihn mit der Maschine auf!

Wende das Wäschestück auf die rechte Seite, schneide die schadhafte Stelle zwei Nahtbreiten innerhalb der Steppnaht fadengerade aus, brich sie nach links um, schneide dabei die Ecken schräg ein (s. Abb. c)! Vorsicht, nicht zu weit schneiden! Hefte und säume mit der Hand klein an oder steppe mit der Maschine auf!

Anwendung:

Als Handflicken für Anfänger und für kleinere Beschädigungen insbesondere an einfacher Wäsche;
als Maschinenflicken vor allem für größere Wäschestücke und für solche Stücke, die, insgesamt gesehen, mehr Arbeit für Ausbesserung nicht mehr lohnen.

MERKE

Werden die Nähte schmal gehalten und sauber durchgeführt, dann ist auch der aufgesetzte Flicken recht ansehnlich. Als Handflicken (klein) ist er, wenn gut gearbeitet, oft von anderen nur schwer zu unterscheiden.

Der eingesetzte Flicken

Dieser Flicken erfordert schon mehr Geschicklichkeit und vor allem mehr Genauigkeit. Schon der Name weist auf den Arbeitsablauf hin: Die Schadenstelle wird erst ausgeschnitten (vergleiche mit dem aufgesetzten Flicken, S. 114), der neue Flicken wird dann eingesetzt.

Über Auswahl des Flickstoffes siehe Grundregeln S. 113!
Dann arbeite wie folgt:

Grenze die beschädigte Stelle fadengerade ab! (Dünne Stellen mit einbeziehen!)
Schneide fadengerade aus!
Lege die Schadenstelle auf den Flickstoff (fadengerade und nach Muster), gib an den Schnitträndern drei Nahtbreiten zu! (S. Zeichnung S. 113 und lies nach!)
Schneide fadengerade aus!
Kennzeichne an den Seiten die Mitte, ebenso am entsprechenden Schnittrand der auszubessernden Stelle!
Lege den Flicken dem Ausschnitt unter, wie Abb. zeigt! Achte dabei auf die Mitte! Lasse vom Flicken eine Nahtbreite vorstehen, hefte oder steppe bis zur Ecke, schneide schräg ein bis kurz vor die Naht (s. Abb.), drehe die Arbeit, ziehe die zweite Ausschnittseite an den zweiten Flickenrand (s. Abb.), hefte oder steppe usf.
Bei genauem Arbeiten paßt der Flicken ohne Falte in den Gegenstand. Streiche die Naht aus, brich den überstehenden Flickenrand um und steppe oder säume ihn klein an!

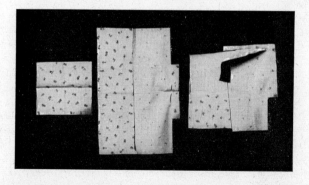 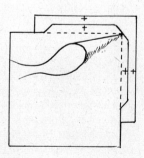

Arbeitest du den Flicken mit der M a s c h i n e , dann hefte und steppe für die erste Naht auf dem Gegenstand!
Arbeitest du den Flicken mit der H a n d , dann hefte für die erste Naht auf dem Gegenstand, nähe mit Steppstich auf dem Flicken!

Anwendung:

Als Handflicken bei kleineren Beschädigungen, vor allem an Wäschestücken aus feinerem Gewebe (Handnaht ist weicher als Maschinennaht). Als Maschinenflicken — wenn der Stoff nicht zu fein ist — überall zu verwenden.

Der durchgezogene Flicken

Dieser Flicken ist vor allem beliebt für Ausbesserungen in gemusterten Stoffen. Er wird darum auch als „Kleiderflicken" oder „Flicken für gemusterte Stoffe" bezeichnet.
Er wird auf der rechten Seite aufgesetzt, die Naht wird nach links durchgezogen und dort versäubert. Daher auch der Name.

Über die Auswahl des Flickstoffes siehe Grundregeln S. 113!
Über das Schneiden des Flickens lies nach im Kapitel: Eingesetzter Flicken, S. 115!
Dann brich den Flicken nach links zwei Nahtbreiten um, lege die Ecken zur Tüte.
Hefte ihn auf die Schadenstelle (rechte Seite des Gegenstandes), säume ihn mit ganz kleinen Stichen an!
Wende die Arbeit auf die linke Seite, schneide an den Ecken im Ausschnittrand des Gegenstandes schräg ein.
Streiche die Naht aus und ziehe den Flickenrand gut durch.
Versäubere je nach Stoffart durch Niedernähen nach außen oder durch Umstechen der Schnittränder!

Anwendung:

Für Ausbesserungsarbeiten an gemusterten Stoffen.

Einstricken eines geraden Stückes

1. Grenze die beschädigte Stelle ab!
2. Schneide in der Mitte unterhalb der Schadenstelle eine Masche auf, trenne nach beiden Seiten! (Faden nicht abschneiden! Siehe Abb. unten.)

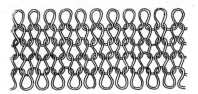

Maschenbild der Rechtsmasche

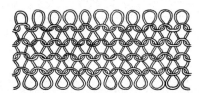

Maschenbild der Linksmasche

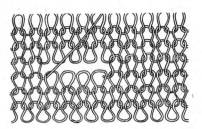

3. Nimm die freigelegten Maschen auf die Stricknadel, dazu an beiden Seiten zwei oder drei nicht getrennte Maschen! (S. Abb. S. 117.)
4. Fasse an den Längsseiten in jeder zweiten Reihe den Klang oder die äußere Maschenhälfte auf eine Hilfsnadel! (Linke Seite die ungeraden: 1, 3, 5 usw., rechte Seite die geraden Reihen: 2, 4, 6 usw.)
5. Stricke die Mittelnadel im Muster ab! Stricke dabei ein Fadenende mit ein!
6. Letzte Masche der Nadel stricke mit der ersten auf der Hilfsnadel nach dem Muster zusammen! (Ist die letzte Masche eine Rechtsmasche, stricke verschränkt zusammen!)
7. Wende die Arbeit, hebe die erste Masche ab (oder stricke sie ab) usw., bis alle Maschen auf den Hilfsnadeln abgestrickt sind und die Schadenstelle erneuert ist! (S. Abb. 117.)

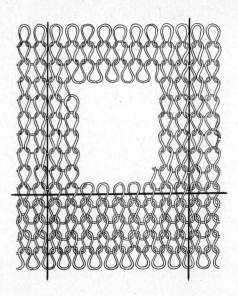 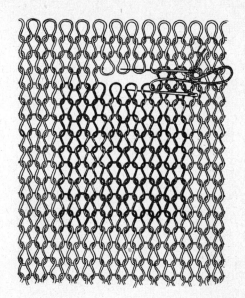

8. Trenne am oberen Rand der Schadenstelle ab wie unten, schneide seitlich bis auf zwei oder drei Maschen vor dem Eingestrickten ab! Nimm die freigelegten Maschen auf eine Stricknadel und verbinde diese mit Maschenstich mit dem eingestrickten Stück!
9. Versäubere die Schnittränder auf der linken Seite mit Hexenstich!

Erneuern eines ganzen Teilstückes

Nicht immer kann durch einfaches Stopfen oder durch Einsetzen von Flickstücken der Schaden günstig behoben werden. Ungern tragen wir ein Kleidungsstück, das schon mehrmals ausgebessert ist und immer wieder neue Ausbesserungsarbeiten fordert. Bestimmte Teile des Stückes sind besonderer Beanspruchung ausgesetzt und werden darum schneller abgenützt als andere, z. B. Ärmelbündchen, Kragen, Ärmel, Taschen usw.

Treten hier g r ö ß e r e Schäden auf, dann ist es vorteilhaft, diesen T e i l des Wäsche- oder Kleidungsstückes g a n z zu e r n e u e r n.

Hierbei b e a c h t e :

   Trenne das beschädigte Stück sorgfältig ab!

   Achte dabei auf Erhaltung der Form; denn sie ist Schnitt für das neue Stück!

   Achte beim Auftrennen auch darauf, wie du das neue Stück wieder an- oder einsetzen mußt!

   Verwende möglichst gleichen Stoff! Achte auf gleichen Fadenlauf!

   Arbeit dieselben Nähte!

   Sei immer darauf bedacht, den Schaden möglichst unauffällig zu beheben!

ERNÄHRUNG

ERNÄHRUNGSLEHRE

1. Abschnitt

Warum müssen wir essen?

Wir alle verrichten mit Freude unsere tägliche Arbeit. In der Stadt gehen schon am frühen Morgen die arbeitenden Menschen in die Fabriken, Werkstätten und zu den Baustellen. Andere eilen in die Büros, Geschäfte und Schulen. Auch die Menschen auf dem Land beginnen früh am Tag ihre Arbeit. Aber alle Menschen, was sie auch tun, unterbrechen nach einigen Stunden gerne die Arbeit, denn der Hunger meldet sich. So folgt eine angenehme

Abwechslung, die beliebte Zwischenmahlzeit (Frühstück, Vesperbrot) oder auch eine richtige Hauptmahlzeit.

Waren wir im Garten tätig, so ist der Hunger meist größer als nach der Arbeit im Haus oder beim Nähen. Wir sehen, daß der Hunger ein Regler für unsere Nahrungsaufnahme ist.

Wie aber ist es nun beim Kind? Der Säugling und das Kleinkind, oft noch im Bettchen liegend, bedürfen besonders regelmäßig genügender Nahrung. Sie müssen wachsen, und ihr Körper muß sich aufbauen. — Aber auch an Tagen der Ruhe, an Feiertagen, verspüren wir Lust zum Essen. Die alten Leute, ihren Lebensabend in Ruhe genießend, freuen sich über eine kräftige Suppe am Mittag und schätzen eine schmackhafte leichte Speise am Abend. Durch die Nahrungsaufnahme erhalten sie ihre Kräfte und ihr Leben.

Bei allen Menschen vollziehen sich die immer notwendigen Lebensvorgänge, wie das Schlagen des Herzens, das Kreisen des Blutes, die Erhaltung der Körperwärme auf Grund der Nahrungsaufnahme. So können wir sagen:

Wir müssen essen, um zu wachsen, um unseren Körper gesund zu erhalten und um arbeiten zu können.

Das Kind, der Jugendliche wächst, baut seinen Körper aus den Nährstoffen auf, die der Nahrung entstammen.

Das Wachstum erfolgt in den Körperzellen, den kleinsten Bausteinen des Körpers. Die zarte Zellhaut bildet die Wände des Kämmerchens, in dem sich die Zellflüssigkeit und der Zellkern befinden. Beim Wachstum teilt sich der Zellkern, und die Teilung der übrigen Zelle folgt, so daß aus einer Zelle zwei entstehen. Sind diese so groß wie die Mutterzelle, so teilen sie sich wiederum. So beruht das Wachstum auf der Neubildung von Zellen. Das ist aber nur möglich, wenn die nötigen **Baustoffe** vorhanden sind. Für wachsende Menschen sind deshalb Baustoffe besonders wichtig.

Auch beim Erwachsenen wird der Körper immer wieder erneuert. Wir sehen z. B., wie sich die Haut abnützt und immer wieder neu gebildet wird; wir müssen die Nägel, oft auch die Haare schneiden, weil sie immer wieder nachwachsen. So erfolgt auch beim erwachsenen Menschen immer wieder ein Ergänzen, ein Ersatz des Abgenützten, wofür Baustoffe benötigt werden.

Wir sagen im Winter oder bei scharfem, kalten Wind: „Ich bin eiskalt!" Aber in Wirklichkeit ist nur die Oberfläche unseres Körpers kalt. Wir sehen in der kalten Luft den warmen Atem und spüren, wie von innen her unser Körper immer wieder Wärme nach außen abgibt. Wollen wir im Haushalt Wärme erzeugen, so nehmen wir Brennstoffe, wie Holz, Kohle, Öle, und verbrennen diese in den Feuerstellen unter Luftzutritt.

Vergleichen wir mit unserem Körper:

Wir essen, wir geben dem Körper durch die Nahrung **Brennstoffe** — wir atmen und führen dadurch unserem Körper Luft zu.

Auch in unserem Körper findet eine Verbrennung statt, wobei die Nahrung als Brennstoff dient und Wärme spendet.

Wir sprechen oft von einer Lebensflamme, die mit dem Tode erlischt; doch sichtbar ist die Flamme nie. So bezeichnen wir auch den Lebensvorgang, durch den in unserem Körper Wärme entsteht, als **flammenlose Verbrennung.** Sie ist die Ursache dafür, daß unser Körper in gesunden Tagen fast durchweg die gleiche Temperatur von 37° hat. Wenn wir uns wohl fühlen, dann arbeiten wir gerne; wir spüren Kräfte in unserem Körper, die uns die Arbeit leisten lassen. So folgern wir:

Durch die Verbrennung werden Wärme und Kräfte für Wohlbefinden, Arbeit und Leistung erzeugt.

Der Mensch will aber auch Freude am Essen haben, und deshalb wird die Nahrung verfeinert durch **Geschmackstoffe,** durch Würzen und gutes Zubereiten. Dadurch wird der Appetit angeregt und die Nahrung gut ausgenutzt; dies allerdings nur, wenn auch **Vitamine** (Ergänzungsstoffe) in a u s r e i c h e n d e r Menge vorhanden sind. Diese fördern außerdem gesundes Wachstum und schützen den Körper vor Krankheit.

Zusammenfassend:

in der Nahrung sind
Nährstoffe
und

Baustoffe
zum Aufbau,
zum Ersatz.

Ergänzende Stoffe
für alle Lebensvorgänge
zur Gesunderhaltung.

Brennstoffe
zur Wärme- und
Krafterzeugung
zur Arbeitsleistung.

Durch die Nahrung baut sich der Körper auf, wächst er und erhält durch ihre Verbrennnung Wärme und Kraft.

Durch die Nahrung werden dem Körper die nötigen Bau- und Brennstoffe sowie ergänzenden Stoffe zugeführt.

Die Nahrung ist zur Gesunderhaltung unentbehrlich; sie steuert viele Lebensvorgänge.

Woher kommt unsere Nahrung?

ZUR VORBEREITUNG

Rohe Kartoffel reiben, durch ein locker gewebtes Tuch abpressen, das Abgießwasser stehenlassen — Wasser vorsichtig abgießen, erhitzen, Bodensatz prüfen!

Mehl auf ein ebensolches Tuch geben, zusammendrehen, in einem Glas mit etwas Wasser hin- und herschwenken, darin hängenlassen, stehenlassen — Bodensatz im Glas und Rückstand im Tuch beurteilen!

Haferflocken mit Wiegemesser ganz fein zerkleinern und ebenso behandeln!

Rohe gelbe Rüben (Möhren) reiben, abpressen — den Saft versuchen!

Überlegen wir einmal, welche Nahrungsmittel zur Bereitung unserer täglichen Kost gebraucht werden!

Dabei stellen wir fest, daß diese entsprechend der Jahreszeit und dem Geld, das wir aufwenden können, verschieden sind. Doch finden wir dabei immer Brot, Mehl und andere Getreideprodukte wie Grieß und Haferflocken; auf Kartoffeln, Gemüse, Salat und Obst können wir heute gar nicht mehr verzichten. Milch, Eier, Butter und Käse schätzen wir im Sommer ganz besonders. In den schweren Jahren des Krieges haben vor allem Fleisch, Wurst, Fisch und Fett gefehlt. Ganz besonders froh war die Hausfrau, als ihr wieder genügend Zucker zur Verfügung stand.

Zur Gewinnung dieser Nahrungsmittel ist der Fleiß vieler Menschen nötig. Das Brot, die Kartoffeln, das Gemüse, fast täglich in einer anderen Zubereitung auf unserem Tisch, sind p f l a n z l i c h e r Herkunft. Milch, Eier und Fleisch sind wohl t i e r i s c h e r Herkunft; aber auch die Tiere sind in ihrer Ernährung auf die Pflanze angewiesen, und so bildet die Pflanze auch die Grundlage für alle tierischen Nahrungsmittel.

Es ist das Pflanzenreich, das die Grundlage für unsere Ernährung bildet.

Die Pflanze allein ist fähig, mit Hilfe des Blattgrüns und des Sonnenlichts aus der Kohlensäure der Luft, dem Wasser im Boden und den darin gelösten Mineralstoffen (vgl. Düngung im Kap. Gartenbau) organische Nährstoffe zu bilden, und zwar vorwiegend Zucker und Stärke. Den Vorgang dieser Nährstoffbildung bezeichnen wir als **Assimilation;** die Pflanze gibt dabei an die Luft Sauerstoff ab.

Da nun diese Nährstoffbildung sich als Arbeit des Tages in der Pflanze vollzieht, finden wir am Abend in den Blättern einen großen Vorrat davon.

Damit die Pflanze am nächsten Tag bei Sonnenlicht wieder wachsen und arbeiten kann, wird die gebildete Stärke aus den Blättern weggebracht zu den Wurzeln (Möhren), Knollen (Kartoffeln), Samen (Getreidekorn) und Früchten (Äpfel) und dort gespeichert. Doch nicht nur Stärke und Zucker, auch F e t t (Pflanzenöle in den Nüssen, im Raps, Mohn usw.), E i w e i ß (Hülsenfrüchte, Sojabohnen), die wichtigen M i n e r a l s t o f f e (z. B. Eisen im Spinat) und besonders reichlich die Lebensstoffe oder V i t a m i n e kann die Pflanze aufbauen. Weiterhin kann sie die Stärke auch in einen harten, zähen, stacheligen, ja holzigen Stoff umwandeln, den wir als Z e l l s t o f f bezeichnen (Fasern der geriebenen Kartoffeln, Rückstand der geriebenen Rüben, Schalen, Spelzen des Getreidekorns, Strohhalm).

Zusammenfassend:

Unsere **Nahrung** kommt
aus dem

Pflanzenreich	Mineralreich	Tierreich
Die grüne Pflanze nimmt die Grundnährstoffe aus dem Boden und aus der Luft, nutzt die Sonnenkraft, baut aus toten (anorganischen) Stoffen lebende (organische) Stoffe = Nährstoffe auf.	Wasser Mineralstoffe	Das Tier ist in seiner Ernährung weitgehend auf die Pflanze angewiesen: es wandelt die mit der Pflanze aufgenommene Nahrung vorwiegend um in die Nährstoffe: Eiweiß, Fett.
Zucker, Stärke, Zellulose, Fett, Eiweiß.		

Wasser und viele Mineralstoffe sind sowohl in pflanzlicher als auch in tierischer Nahrung enthalten.

Wie ist der Mensch mit seiner Ernährung in den Kreislauf der Natur eingeschaltet?

Der Mensch
n i m m t   a u f   Wasser, Nähr- und ergänzende Stoffe mit der Nahrung
aus dem Pflanzen-, Tier- und Mineralreich,
den Sauerstoff aus der Luft durch die Atmung;

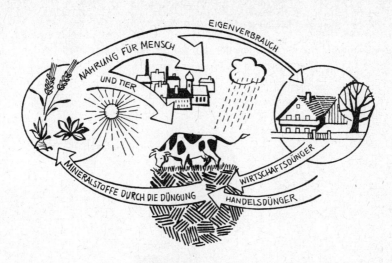

w a n d e l t u m	die Nährstoffe
	zu eigener Körpersubstanz,
	zur Erzeugung von Wärme, Kraft und Leistung;
g i b t d e r N a t u r z u r ü c k	die Abfall- und Ausscheidungsprodukte und die Reste durch
	die Verwesung.

Der Mensch

bestellt den Boden mit Pflanzen	schützt und pflegt die Tiere

Die Pflanzen		**Die Tiere**	
b a u e n a u f	die Nährstoffe;	n e h m e n a u f	aus d e m P f l a n z e n -
sie verwenden dazu:	aus d e m B o d e n :		r e i c h : ihre Nahrung;
	die Dünger und das		aus d e r L u f t :
	Wasser;		den Sauerstoff;
	aus d e r L u f t :	w a n d e l n u m	die Nährstoffe zu eigener
	die Kohlensäure und		Körpermasse,
	das Wasser;		bilden Fleisch und Fett,
g e b e n a b	an d i e L u f t :		liefern Produkte wie Eier,
	den frei werdenden		Milch;
	Sauerstoff;	d i e n e n	dem Menschen als
	an d e n B o d e n :		Nahrung und Arbeitskraft,
	Abfälle und Reste;		dem Boden mit Düngung.
d i e n e n	dem Menschen und		
	Tier als Nahrung.		

Nur die Pflanze kann als Grundlage der Ernährung von Mensch und Tier aus Stoffen des Mineralreiches organische Nährstoffe wie Zucker, Stärke, Fett, Eiweißstoffe bilden. Dazu benötigt sie anorganische Stoffe, wie z. B. Wasser, Kohlensäure, Stickstoff, Kali, Kalk und viele Spurenstoffe.

Doch dies ist alles nur möglich, wenn Gott die Sonne über die Erde und alle seine Geschöpfe in weiser Güte scheinen läßt.

Sonne und Regen müssen ja sein,
Soll'n uns zum Segen Saaten gedeih'n.

2. Abschnitt: Unsere Nährstoffe

Nach der Bedeutung, die die Nahrung für den Körper hat, unterscheiden wir

Nährstoffe   sowie   Ergänzende Stoffe
als Bau- und Brennstoffe: Vitamine, Geschmackstoffe.
Wasser, Mineralstoffe, Eiweiß,
Fett, Zucker, Stärke

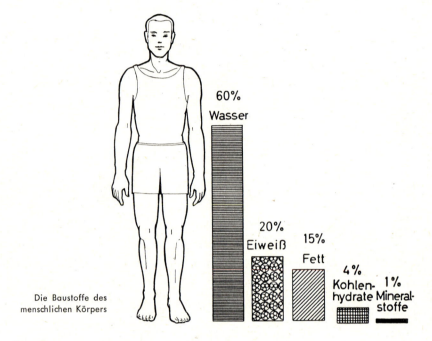

Die Baustoffe des
menschlichen Körpers

Die Baustoffe

Das Wasser

Denken wir an das Leben der Pflanze, an das Stillen unseres Hungers und Durstes, so finden wir den Satz bestätigt:
„Alles Leben ist an Wasser gebunden."
60% des menschlichen Körpergewichtes bestehen aus Wasser. In jeder Körperzelle, in unseren Körpersäften, wie Blut, Speichel, Magensaft, Darmsaft, finden wir das Wasser als Bestandteil.
Da es so im ganzen Körper vorhanden ist, gibt es diesem ein straffes Aussehen, eine Spannung. In jungen Lebewesen ist das Gewebe am wasserreichsten, mit dem Alter nimmt der Wassergehalt ab.
Das Wasser hilft die Nährstoffe in den Verdauungssäften lösen; die Blutflüssigkeit bringt die Nährstoffe zu den Zellen, zu allen Teilen des Körpers und nimmt die Abfallstoffe mit weg. Darm und Niere spülen diese dann ganz aus dem Körper. Die Haut hilft bei dieser Ausscheidung mit. Bei besonderer Anstrengung und Hitze beobachten wir es deutlich: wir schwitzen. (Geschmack und Geruch des Schweißes!) Wir sehen, daß dabei der Körper aus den Poren der Haut Wasser abgibt. Dieses Wasser, der Schweiß, verdunstet an der Oberfläche, entzieht dabei dem Körper Wärme und regelt dadurch die Körpertemperatur. Bei

fiebrigen Erkrankungen oder starkem Schwitzen im Dampfbad kann der Körper so viel Wasser abgeben, daß ein deutlicher Gewichtsverlust eintritt.

Wir folgern:

Das Wasser ist für den Körper

ein Baustoff:
es ist in jeder Zelle und gibt dem Körper Spannung und Form.

und notwendig für die Lebensvorgänge:
löst und transportiert die Nährstoffe, unterstützt die Ausscheidung, regelt die Körperwärme.

Zusammenfassung:
Wasser ist als Baustoff unentbehrlich und für die Lebensvorgänge notwendig.

Der Körper gibt es fortlaufend durch die Atmung, die Haut und die Ausscheidung über Niere und Blase ab. Wir müssen dafür wieder genügend Flüssigkeit aufnehmen. Dies geschieht durch Getränke und wasserhaltige Nahrungsmittel (Beispiele). Hier heißt es maßhalten! Ein Zuviel schadet, belastet Magen, Herz und Nieren und schwemmt den Körper auf. Täglicher Bedarf an Flüssigkeitsmenge ist durchschnittlich 2 bis 2½ Liter.

IM TÄGLICHEN LEBEN BEACHTE

Trinkwasser muß klar, frisch, wohlschmeckend und aus vorschriftsmäßigem Brunnen sein!
Bei Krankheits- und Seuchengefahr darf das Wasser nur abgekocht (dünner Tee, Malzkaffee) als Getränk benutzt werden!
Trinke langsam und nichts Eiskaltes, vor allem, wenn du erhitzt bist!
Trinke während des Essens möglichst wenig, achte besonders darauf, daß Kinder nicht zuviel trinken!
Iß lieber reichlich rohe Salate und Obst als viel Suppe!
Trinke nicht sofort nach reichlichem Genuß von Gurkensalat oder frischem Obst, insbesondere nach dem Genuß von Kirschen!
Würze schmackhaft, aber mild!

Das Wasser, das wir täglich zur Bereitung unserer Speisen und Getränke verwenden, kommt aus Brunnen und Leitungen, die ihr Wasser dem Grundwasser entnehmen.
Aber dieses Wasser ist nicht überall gleich. In einer Gegend mit kalkreichen Böden haben wir kalkhaltiges, hartes Wasser, in Böden mit wenig Kalk dagegen kalkarmes, weiches Wasser.
Das an Mineralstoffen wie Eisen, Jod, Schwefel, natürlicher Kohlensäure reiche Wasser wird an der Quelle gefaßt, als Mineralwasser an Ort und Stelle getrunken oder in Flaschen abgefüllt und verkauft.

Die Mineralstoffe

ZUR VORBEREITUNG

Betrachte 1. Boden und Wandung des Wassertopfes,
         2. Rückstände verbrannter Knochen,
         3. Rückstände verkohlter Gemüseblätter!
Laß Molke in einem Gefäß ganz verdampfen und beobachte dabei! Berichte!
Suche auf der Landkarte Orte mit dir bekannten Mineralquellen oder -brunnen!

Wie der Name Mineralwasser schon sagt, sind in diesem Wasser besonders viel Mineralstoffe wie Kalk, Eisen, Schwefel, Magnesium, Phosphor, Jod usw. gelöst. Die Tatsache, daß diese Mineralwässer dem Menschen oft zur Stärkung und Heilung dienen, ist ein Beweis dafür, daß sein Körper die darin enthaltenen Mineralstoffe braucht. Doch ist der gesunde Mensch nicht auf den Genuß solcher Mineralwässer angewiesen. Es ist wiederum vor allem die Pflanze, die uns mit Mineralstoffen am besten versorgt. Sie nimmt mit ihren

Wurzeln die im Bodenwasser vorhandenen Mineralstoffe wie Eisen, Kalk, Natrium, Phosphor, Schwefel, Jod, Fluor usw. auf und verwertet sie zu ihrem Wachstum.

Mit der Pflanzenkost können wir Menschen dann diese Mineralstoffe aufnehmen, während in der tierischen Kost meist von Natur aus weniger Mineralstoffe enthalten sind. Bei der Verarbeitung von Fleisch zu Wurst und Dauerwaren werden diese mit Kochsalz stark angereichert, und ihr Mineralstoffgehalt ist einseitig.

Das Vorkommen einzelner Mineralstoffe:

Kalk reichlich	in Milch, Käse, Gemüse, Obst;
Eisen reichlich	in grünem Gemüse wie Spinat, auch in Leber- und Blutwurstgerichten;
Phosphor reichlich	in Fleisch, Ei, Getreide;
Jod reichlich	in Fisch.

Aber noch viele andere Mineralstoffe kommen in kleinsten Mengen (Milligramme) in unseren Nahrungsmitteln vor.

Welche Bedeutung haben die Mineralstoffe für den Körper?

In jeder Zelle finden wir Schwefel und Phosphor. Die Knochen und Zähne können sich nur bei Vorhandensein von genügend Kalk und Fluor richtig bilden und festigen.

Fehlen diese Mineralstoffe ganz oder teilweise oder sind zu geringe Mengen der einzelnen Mineralstoffe in der Nahrung, so treten Gesundheitsschäden auf.

Beim Kalkmangel wird vor allem das Wachstum gestört. Säuglinge und Kinder werden rachitisch und erleiden oft Schaden für ihr ganzes Leben.

Aber auch für die Erwachsenen, vor allem die werdenden Mütter, ist der Kalkgehalt der Nahrung wichtig, um die Zähne gesund zu erhalten. Bei Erkrankungen der Schilddrüse wie Kropf und Basedow müssen wir den Arzt zu Rate ziehen, der dann oft durch Jodpräparate Hilfe geben kann. Die Blutarmut hat vielfach ihre Ursache im Mangel an Eisen.

Die Mineralstoffe sind **Hilfsstoffe für alle Lebensvorgänge.**

Im Blut muß Eisen vorhanden sein, um den Sauerstoff festzuhalten, den wir durch die Atmung aufnehmen und zur Verbrennung benötigen. Auch zur Entfernung der Abfallstoffe beim Stoffwechsel ist die Hilfe der Mineralstoffe nötig.

Die Wirkung der Mineralstoffe wird durch die Vitamine unterstützt und ergänzt.

MERKE

Mineralstoffe sind als Baustoffe für unseren Körper sowie als Hilfsstoffe für alle Lebensvorgänge, z. B. Atmung, Stoffwechsel, unentbehrlich.

Wir finden sie in den naturgemäßen Nahrungsmitteln; durch die Bearbeitung werden sie oft zerstört, vor allem in Obst und Gemüse.

Die Mineralstoffe sind wasserlöslich und hitzeempfindlich.

Wasche Gemüse und Obst möglichst unzerkleinert!

Laß sie nach dem Schälen und Zerkleinern nicht im Wasser liegen! Wasche sie kurz, aber gründlich!

Schütte Kochwasser von Gemüse nicht weg! Verwende es zur Speisenbereitung!

Dünsten oder Dämpfen der Gemüse ist dem Abkochen in Salzwasser vorzuziehen.

„Iß möglichst viel rohe Salate und rohes Obst!", und zwar siebenmal soviel Gemüse und Obst wie Fleisch und Eier! Iß mehr Kartoffeln und Gemüse wie Brot und Mehlspeisen! Verwende reichlich Milch und Milchprodukte!

Das Eiweiß

ZUR VORBEREITUNG

1. Verdünne Hühnereiweiß mit 2- bis 3mal soviel Wasser und gib es durch ein feines Seihtuch oder einen Papierfilter!
2. Lege ein Stückchen mageres Fleisch, kleingeschnitten, 15 bis 20 Minuten in ein Gefäß mit kaltem Wasser, gieße das Wasser ab!
3. Weiche einen Eßlöffel Erbsen über Nacht in einer Tasse Wasser ein, gieße das Wasser ab!
   Erhitze das abgegossene Wasser von Nr. 1, 2, 3! Beobachte!
4. Gib in ein Glas mit süßer Magermilch 1 Teelöffel Essig! Beobachte und versuche!
5. Gib in ein zweites Glas mit süßer handwarmer Magermilch etwas Lab! Beobachte und versuche!

Der Körper baut sich aus unzähligen kleinen Zellen auf. Ihr Hauptbestandteil ist das Wasser. Notwendig sind auch die Mineralstoffe; aber als wichtigsten organischen Baustoff brauchen die tierischen und menschlichen Zellen das Eiweiß.

Die wichtigsten **Eiweißspender,** die wir täglich zu unserer Ernährung verwerten, sind Nahrungsmittel aus dem T i e r r e i c h wie Eier, Milch, Fleisch. Aber auch pflanzliche Nahrungsmittel wie Getreideprodukte, Hülsenfrüchte, Kartoffeln enthalten Eiweiß; nur ist das Pflanzeneiweiß meist nicht vollwertig. Daraus sehen wir schon, daß es verschiedene Eiweißarten gibt, die sich wieder aus verschiedenen Eiweißstoffen, sog. Bausteinen, zusammensetzen. Von den **Eiweißarten** und ihren **Eigenschaften** ist uns aus der Küche durch Beobachtung vieles bekannt:

Das Eiweiß setzt sich aus verschiedenen Bausteinen zusammen. Nehmen wir z. B. die Zahl von 30 wichtigen Bausteinen an.

Sind alle Bausteine vorhanden, so ist das Eiweiß vollwertig

Fehlen Bausteine, so sprechen wir von n i c h t vollwertigem Eiweiß

Das Eiweiß im Ei ist wasserlöslich und gerinnt bei Hitze, wird fest und weiß. Daher heißt es auch A l b u m i n oder Kocheiweiß. Die gleiche Eiweißart finden wir im Fleisch, in der Milchhaut, in geringer Menge in Kartoffeln und manchen Gemüsen.

K a s e i n oder Käsestoff als Eiweiß der Milch ist die Grundlage der Käseherstellung. Beim Kochen bleibt die frische Milch außer der geronnenen Milchhaut (Albumin) flüssig; aber bei Zugabe von Säure oder Essig zur Milch verändert sie ihre Beschaffenheit; sie wird dick (gerinnt). Wir können dann das Wasser, die Molke, ablaufen lassen und behalten das geronnene Eiweiß, das Kasein, zurück. (Vergl. Quarkherstellung.)

Beim Schlachten muß das frische Blut schnell und kräftig gerührt werden, sonst würde es an der Luft sofort zu einem Klumpen gerinnen. Bei diesem Gerinnungsvorgang wandelt sich das im Blut gelöste Eiweiß in unlösliches, feinfaseriges Eiweiß, F i b r i n , um. Mit dem „Blutrühren" entfernt man das Fibrin, das sich am Rührgerät absetzt.

Die Backfähigkeit des Weizenmehls ist verschieden; sie hängt vom Klebergehalt ab. K l e b e r , eine pflanzliche Eiweißart, gibt dem Gebäck „Gerüst" und trägt zur Lockerung bei. Beim Auswaschen von Weizenmehl in einem Tuch bleibt dieses Eiweiß als zähe, klebrige Masse zurück und daher die Bezeichnung „Kleber".

Wir beachten in der Küche und beim Verbrauch:

1. A l b u m i n ist wasserlöslich, wird ausgelaugt, gerinnt durch Hitze; daher:
   Fleisch, Gemüse im ganzen kurz kalt waschen, nie im Wasser liegenlassen!
   Hülsenfrüchte im Einweichwasser kochen!
   Gerinnsel und Schaum von Fleisch- und Gemüsesuppen, Hülsenfrüchten sowie Gemüsekochwasser nicht wegschütten, Milchhaut verwenden!

Fleisch und Gemüse in kochender Flüssigkeit oder heißem Fett zusetzen!

Gemüse, wenn möglich, dünsten, nicht kochen!

Eier, insbesondere das Eiklar, sind Bindemittel und fördern die Krustenbildung (Panieren, Überbacken).

2. K a s e i n ist in der Milch gelöst, gerinnt durch Säure und Lab; daher:

Milch langsam in kleinen Schlucken trinken; sie gerinnt feinflockig im Magen durch die Magensäure und das Magenlab.

Auf kleines Loch im Sauger der Kinderflasche achten!

Milch öfter als Milchmischgetränk mit Früchten oder Fruchtsäften mixt reichen! Durch feines Gerinnsel ist sie durststillend und leicht bekömmlich.

Quark als preiswerten und vollwertigen Eiweißspender reichlich und abwechslungsreich verwenden!

3. Um dem Körper a l l e E i w e i ß a r t e n , die er braucht, zuzuführen, verwenden wir neben tierischem Eiweiß reichlich pflanzliche Nahrungsmittel wie Kartoffeln, Hülsenfrüchte, vollwertige Getreideprodukte, insbesondere Haferflocken, Knusperflocken, Vollkornbrote.

4. Um G e f a h r e n vorzubeugen, die mit dem Genuß eiweißhaltiger Nahrungsmittel verbunden sein könnnen, beachten wir: Eiweißhaltige Nahrungsmittel wie Fleisch, Wurst, Fisch, Pilze und Gemüsekonserven nur in e i n w a n d f r e i e m Zustand verwenden; k ü h l und g e s c h ü t z t vor Fliegen, Sonne und Licht a u f b e w a h r e n ! Denn: Eiweiß wird von Kleinlebewesen leicht verändert, wobei aus dem Eiweiß giftige Zersetzungsstoffe (Fleisch- und Wurstvergiftung) entstehen können. Außerdem bilden eiweißhaltige Nahrungsmittel besonders günstigen Nährboden für die Vermehrung krankheitserzeugender Bakterien (z. B. Tuberkelbazillen).

Um den **täglichen Eiweißbedarf** festzustellen, haben Wissenschaftler und Ärzte viele Untersuchungen durchgeführt.

Im Durchschnitt wird heute angegeben:

beim Erwachsenen 1 g täglich für je 1 kg Körpergewicht,

beim Kind und Jugendlichen bis 1½ g täglich für 1 kg Körpergewicht.

Das würde für einen Erwachsenen mit 70 kg Durchschnittsgewicht 70 g Eiweißgehalt in Nahrungsmitteln täglich bedeuten und auf Nahrungsmittel umgerechnet enthalten sein in:

ca. 150 g Fleisch, dazu	bei reichlicher Zugabe
1 l Milch oder 2–3 Eier und	von Kartoffeln und Gemüsen
10 g Käse.	bzw. Salaten!

Mangel an Eiweiß bedeutet für die Kinder Wachstumsstockung und für den Erwachsenen Unterernährung, wie es im Krieg und bei Heimkehrern aus der Gefangenschaft der Fall war. Einseitiger und dauernd h o h e r Eiweißgenuß, vor allem als Fleisch, birgt die Gefahr von G e s u n d h e i t s s c h ä d i g u n g e n in sich, da die Ausscheidung der entstehenden Abfallstoffe den Körper belastet. Dadurch aber werden Erkrankungen wie Gicht, Rheumatismus und Nierenstörungen begünstigt.

In der heutigen Kost sind die eiweißhaltigen Nahrungsmittel, insbesondere Fleisch, Wurst und Eier, meist reichlich vertreten, während der Ausgleich durch Kartoffeln, Gemüse, Salate und Obst oft fehlt. Es besteht also die Gefahr, daß zuviel Eiweiß aufgenommen wird.

Wirtschaftlich gesehen ist hoher Eiweißverbrauch teuer; denn was der Körper nicht als Baustoff benötigt, wird als Brennstoff genützt.

Vergleiche die Preise von:

70 g Eiweiß in Rindfleisch bzw. Schweinefleisch,

70 g   „   in Eiern,

70 g   „   in Vollmilch,

70 g   „   in Quark! (Siehe Nährstofftabelle!)

Überlege, wieviel des täglichen Eiweißverbrauches bei euch zu Hause durch Milch, Quark und Käse gedeckt wird!

Die Brennstoffe

Die Fette

ZUR VORBEREITUNG

Wir stellen von den uns bekannten Fettarten jeweils eine kleine Menge nebeneinander auf.
Wir beobachten sie im Verhalten zu Hitze, Wasser, Alkohol, Sonne!
Stelle fest, welche Fette ihr daheim verbraucht! Wieviel im Durchschnitt pro Person je Woche!

Beim zerlegten Schlachttier oder beim Zubereiten von Geflügel beobachten wir, daß das Fett als Schutzschicht unter der Haut liegt und daß die empfindlichen Organe, wie z. B. die Niere, das Herz und die Gedärme, von Fett umgeben sind. Die Masse des Hirns besteht zum großen Teil aus Fett. In den Knochen, vor allem in der Innenmasse der Markknochen, ist das Fett ein wesentlicher Bestandteil.

Auch im menschlichen Körper sind edle Organe wie Augen, Nieren und Nerven mit Fettpolstern umgeben, und unsere Unterhaut ist mit Fettgeweben durchsetzt.

Die **Bedeutung** des Fettes als Nährstoff ist somit klar. Es ist ein wichtiger B a u s t o f f für den menschlichen Körper. Doch werden nur die Fettstoffe abgelagert, die vom Körper nicht zur Wärme- und Krafterzeugung verbraucht werden. Fett ist vor allem auch ein wichtiger B r e n n s t o f f und liefert bei gleicher Menge doppelt soviel Kraft und Wärme wie Stärke und Zucker. Deshalb bevorzugen wir bei schwerer Arbeit oder strenger Kälte fettreiche Kost.

Der **Bedarf** an Fett hängt somit weitgehend von Arbeitsleistung und Jahreszeit bzw. Außentemperatur ab.

Als D u r c h s c h n i t t s b e d a r f gilt bis 1 g Fett für 1 kg Körpergewicht, somit bei 70 kg Körpergewicht 50–70 g täglich. Der geistig oder vorwiegend sitzend arbeitende Mensch wird an der unteren Grenze bleiben. Übermäßiger Fettverbrauch ist ungesund und führt zu Übergewicht. Herzschäden und Kreislaufschäden können die Folge sein.

Die V e r w e n d u n g d e r F e t t e in der Küche m u ß ü b e r l e g t e r f o l g e n.

Unsere **Fettspender sind:**

1. **Speisefette:**

t i e r i s c h e r Herkunft:
Butter, Butterschmalz, Speck, Schweineschmalz, Gänseschmalz,
Talg von Rind und Hammel,
Tran von Fischen.

p f l a n z l i c h e r Herkunft:
Öle, z. B. Oliven-, Erdnuß-, Sonnenblumen-, Raps- und Mohnöl,
Palm- und Erdnußfette, z. B. Palmin, Biskin, Kokosfette.

Margarine kann sowohl unter Verwendung tierischer Fette, wie Talg und Tran, als auch aus reinen Pflanzenfetten hergestellt werden.

2. **Nahrungsmittel mit beachtlichem Fettgehalt:**

Fettes Fleisch und Wurst	bis	45%
Fettkäse	„	50%
Rahm (Schlagsahne)	„	30%
Milch (1 Liter = 1000 g)	„	4,2%
Nüsse und Mandeln	„	60%

Bei der Zubereitung der Speisen überlegen wir, welches von den verschiedenen Fetten wir jeweils am zweckmäßigsten verwenden.

Sie unterscheiden sich in Aussehen, Beschaffenheit, Schmelzpunkt und Geschmack.

L e i c h t s c h m e l z e n d e Fette (Butter, Sahne, Öl) haben einen n i e d r i g e n Schmelzpunkt. Sie sind leicht verdaulich und daher auch für die Kinder- und Krankenkost besonders geeignet. Butter ist reich an wertvollen Ergänzungsstoffen und ist deshalb möglichst frisch zu verwenden.

S c h w e r s c h m e l z e n d e Fette (Rinderfett, Hammelfett auch in Verbindung mit Fleisch) haben h o h e n Schmelzpunkt, werden schnell fest, erstarren. Speisen, die unter Verwendung

dieser Fette zubereitet sind, müssen heiß gegessen werden. Sie sind meist schwer verdaulich. In der Küche mischt man gerne harte mit weichen Fetten, wie Rinderfett mit Schweinefett oder Butterschmalz, und bekommt so ein wohlbekömmliches Koch- und Backfett.
Fette werden heißer als Wasser.
Wollen wir ein Gericht, z. B. ein Stück Fleisch, schnell gar, saftig und schmackhaft haben, so braten und backen wir es in Fett. Dabei bräunt es schnell. Die Speise wird wohlschmeckend und sättigend, ist aber auch schwerer verdaulich. Deshalb wird heute gerne gegrillt, ein Bräunen ohne oder mit wenig Fett.
Aus der Pfanne aufsteigende blaue Dämpfe zeigen hohe Temperaturen (bis 300 Grad) an. Das bedeutet Verlust und Gefahr; denn F e t t e sind b r e n n b a r!
Brennendes Fett ist nur mittels Deckel oder Asche zu ersticken, doch nie mit Wasser zu löschen. Fett l ö s t sich n i c h t i n W a s s e r; es schwimmt oben, da es leichter ist als Wasser. (Gib Beispiel und Anwendung dafür!) Dagegen löst sich Fett in Alkohol; darum ist ein Schluck stark alkoholischen Getränkes, wie Kognak, bei fettreicher Mahlzeit recht beliebt. (Begründe!) Fette, insbesondere Butter, auch Speiseöl, werden ranzig, wenn sie ungeschützt Luft, Licht und Wärme ausgesetzt sind.

MERKE

Für Kinder- und Krankenkost nur leichtverdauliche Fette verwenden!
Fetthaltige warme Gerichte heiß zu Tisch geben!
Immer in heißem Fett ausbacken, auf rasche Krustenbildung achten!
Fett kühl, dunkel, verschlossen oder verpackt, doch luftig aufbewahren!

Die Kohlenhydrate

Bei der Assimilation vollzieht die Pflanze die Nährstoffbildung unter Zuhilfenahme anorganischer Baustoffe, insbesondere durch Verbindung von Wasser mit Kohlensäure. Da die daraus entstehenden Nährstoffe S t ä r k e und Z u c k e r aus den Grundstoffen W a s s e r s t o f f, S a u e r s t o f f und K o h l e n s t o f f in bestimmten Anteilen bestehen, nennt man sie Kohlenwasserstoffe = K o h l e n h y d r a t e. Aus diesen Grundstoffen besteht auch die pflanzliche Zellbaumasse, die als Hülle die pflanzliche Zelle umgibt und als Zellstoff bezeichnet wird.

MERKE

Die wichtigsten Kohlenhydrate in unserer Nahrung sind:
Stärke, Zucker, Zellstoff.

ZUR VORBEREITUNG

Wir stellen die bekannten, besonders stärkehaltigen Nahrungsmittel in kleinen Mengen nebeneinander bereit, desgleichen die verschiedenen Zuckerarten!
Beobachte sie im Verhalten
  1. zu Wasser, kalt und heiß, beim Einstreuen, beim Anrühren,
  2. zu trockener Hitze, z. B. auf der Herdplatte!
  3. Versuche die Zuckerarten!
  4. Reibe eine Kartoffel und gib die Menge in ein Glas, bedecke sie mit Wasser; laß sie 5 bis 10 Minuten ruhig stehen!
  5. Vergleiche junge und alte, holzige Kohlrabi!

Für den Nährstoff **Zucker** ist die Pflanze der Hauptlieferant.
Zucker kommt vor als:
F r u c h t zucker in Früchten und Gemüsen, z. B. in Beeren, Birnen, Erbsen und Karotten,
T r a u b e n zucker in Weintrauben und im Honig,
R ü b e n zucker in Zuckerrüben und Gemüsen.
Aus diesen pflanzlichen Produkten wird in den Fabriken der Zucker gewonnen und in verschiedener Form in den Handel gebracht. (Vergleiche mit den bereitgestellten Zuckerarten!)
Rübenzucker hat die größte Süßkraft, löst sich leicht und rasch in Wasser und ist leicht verdaulich.

Trauben- und Fruchtzucker ist noch leichter verdaulich als Rübenzucker, aber im Geschmack nicht so süß wie dieser. Diese Zuckerarten werden gerne als Kräftigungs- und Heilmittel verabreicht (Dextropur).

M a l z zucker entsteht beim Keimen von Getreide. Das besonders zuckerhaltige Gerstenmalz bildet das Ausgangsprodukt beim Bierbrauen. Wir schätzen den Malzzucker in Bonbonform als schleimlösendes Mittel. Malzextrakt kommt als Kräftigungsmittel in den Handel.

M i l c h zucker wird aus Milch bzw. süßer Molke durch Verdampfen gewonnen. Auch er ist weniger süß als Rübenzucker, wirkt leicht abführend und wird in der Säuglingsernährung verwendet.

Der Zucker hat für unseren Körper eine große Bedeutung: er ist wasserlöslich und leicht verdaulich, insbesondere der Traubenzucker. Er wird rasch vom Blut aufgenommen und kommt im Körper zur Verbrennung, wobei er Kraft und Wärme erzeugt.

In der K ü c h e und bei der V o r r a t s b e r e i t u n g nutzen wir den Zucker in verschiedener Weise. Sein N ä h r w e r t macht die Speisen sättigend, sein G e s c h m a c k verbessert sie. Beim Karamellisieren (= trockenes Erhitzen und Bräunen) verändert er seinen Geschmack und verliert dabei an Süßkraft.

M i l c h s ä u r e b a k t e r i e n greifen den Milchzucker in der Milch an und bewirken durch die dabei entstehende Milchsäure das Sauerwerden der Milch (Gerinnen des Kaseins). H e f e p i l z e spalten den Zucker in Alkohol und Kohlensäure. Wir nutzen das beim Ansetzen des Hefeteiges und bei der Weinbereitung aus. Diese Eigenschaft wirkt sich jedoch mehr nachteilig beim ungewollten Gären von eingemachtem Obst aus.

Beim H a l t b a r m a c h e n von Obst ist uns der Zucker eine große Hilfe. Bei der Marmelade- und Geleebereitung verwenden wir Zucker und Fruchtmark oder Saft zu gleichen Teilen. Die dadurch entstehende starke Zuckerlösung ist nicht mehr gärungsfähig.

MERKE

Je nach der Herkunft unterscheiden wir Rüben-, Trauben- und Fruchtzucker sowie Malzzucker und Milchzucker. Trauben- und Fruchtzucker sind besonders leicht verdaulich. Die Hefepilze können den Zucker in Alkohol und Kohlensäure spalten.

Der Zucker zieht die Feuchtigkeit aus der Luft, aber auch aus Nahrungsmitteln, wie z. B. aus Beerenfrüchten, an. Wir machen uns diese Möglichkeit beim Haltbarmachen von Obst zunutze.

Die **Stärke:** Die Grundlage unserer Ernährung sind, was die Menge anbelangt, die stärkehaltigen Nahrungsmittel wie B r o t , K a r t o f f e l n , N ä h r m i t t e l und T e i g w a r e n (siehe Tabelle).

Kauen wir das Krustenstück eines kräftig gebackenen Brotes etwas länger, so können wir einen schwach-süßlichen Geschmack feststellen. Mit Hilfe des Mundspeichels ist diese Veränderung eingetreten – die unlösliche Stärke wird durch die Verdauungssäfte in den löslichen Zucker umgewandelt; denn nur in gelöster Form kann sie das Blut, das Transportmittel des Körpers, überall hinbringen, wo die Verbrennung und damit die Kraft- und Wärmebildung erfolgen soll.

Bedeutung für den Körper:

Die Stärke ist der billigste Kraft- und Wärmespender für den Körper und wird durch die Verdauung schnell in lösliche Form gebracht (Zucker).

E i g e n s c h a f t e n der Stärke und deren Beachtung in der Küche:

S t ä r k e ist in kaltem Wasser n i c h t l ö s l i c h , quillt aber beim allmählichen Erhitzen in Flüssigkeit stark auf, verliert die Form, v e r k l e i s t e r t und b i n d e t . In kochende Flüssigkeit gegeben, verkleistert Stärke rasch und quillt noch auf. Trocken erhitzt, bräunt sie, wird kräftig im Geschmack und quillt danach mit Flüssigkeit nicht mehr so stark auf, bindet etwas weniger.

Rühre alle Mehlteige mit kalter Flüssigkeit an!

Was aufquellen soll, setze kalt zu! (Schleimsuppe, Reisbrei.)

Getrocknete Nahrungsmittel, die aufquellen sollen (Hülsenfrüchte, Dörrobst), weiche nach dem Waschen kalt ein und setze sie mit dem Einweichwasser kalt zu!

Was die Form behalten soll, gib in die kochende Flüssigkeit! (Knödel, Klöße, Nudeln, Teigwaren usw.)

Gieße gebräunte stärkehaltige Nahrungsmittel mit kalter Flüssigkeit auf; sie werden glatt und stärker gebunden! (Mehlschwitze, geröstete Grießsuppe.)

Der **Zellstoff** hat die Aufgabe, die Pflanze zu stützen. In der jungen, zarten Pflanze ist er in geringer Menge vorhanden und noch weich und elastisch. Je mehr die Pflanze wächst, um so mehr gibt es zu stützen, um so steifer und härter wird der Zellstoff; der Stengel wird zum Stamm. Der Zellstoff wird zum Holz.

Auch mit dem Älterwerden und Absterben der Pflanze geht dieser Vorgang sehr oft vor sich. Bedeutung des Zellstoffs für unseren Körper:

Der j u n g e z a r t e Z e l l s t o f f , in zartem Gemüse und saftigem Obst noch nicht verholzt, wird bei der Verdauung zum großen Teil gelöst und dient als Brennstoff zur Wärme- und Kraftbildung. Die R o h f a s e r , den harten, oft schon verholzten Zellstoff, können unsere Organe im Gegensatz zum tierischen Organismus nicht aufschließen. Sie ist für den Menschen u n v e r d a u l i c h ; doch darf der Nahrung die Rohfaser trotzdem nicht fehlen. Sie gibt das Gefühl der S ä t t i g u n g , reizt den Darm zu stärkerer Tätigkeit (Darmbesen) und hilft so die V e r d a u u n g und A u s s c h e i d u n g regeln. Zuviel Rohfaser in der Nahrung bewirkt Blähungen. Für Säuglinge sowie für alte und kranke Menschen mit schwachen Verdauungsorganen ist deshalb zellstoffreiche Nahrung nicht zuträglich.

Da der Zellstoff als Zellbaumasse die Nährstoffe der Pflanze umschließt, müssen wir ihn „sprengen". Dies geschieht sowohl durch die Vor- und Zubereitung der Nahrung als auch durch das Kauen und Verdauen.

B E A C H T E I N D E R K Ü C H E

Alte, harte Gemüse weichkochen, zerkleinern!
Rohes Obst und Gemüse sind zerkleinert leicht verdaulich (reiben, grob reiben, hobeln bei rohen Salaten).
Kohl wird durch die Gärung zu Sauerkraut leicht verdaulich!
Neben allem andern aber steht fest: „Gut gekaut ist halb verdaut!"

Zusammenfassend:

Die Kohlenhydrate

Stärke	Zucker	Zellstoff
↓	↓	↓
	1. i n d e r K ü c h e	
quillt in kaltem Wasser, löst sich nicht, verkleistert in heißem Wasser, bindet.	löst sich in Wasser, hat Süßkraft, bräunt bei trockener Hitze und verliert dabei an Süßkraft.	löst sich nicht in Wasser, vor Genuß durch Reiben, grobes Reiben, Hobeln zerkleinern, gut kauen.
	2. f ü r d i e E r n ä h r u n g	
wichtigster Brennstoff, dient der Wärme- und Kraftbildung; wird vom Körper in löslichen Zucker umgewandelt.	ist leicht verdaulich, kann vom Blut schnell aufgenommen und transportiert werden und gibt durch die Verbrennung schnell Wärme und Kraft.	Füll- und Sättigungsstoff, regt die Darmtätigkeit an, fördert Verdauung und Ausscheidung.

Der Überschuß an Kohlehydraten wird vom Körper nach der Verdauung zu körpereigenem Fett aufgebaut und als Fettpolster gespeichert, denn das Fett besteht aus den gleichen Grundstoffen (Wasserstoff, Sauerstoff und Kohlenstoff) wie die Kohlenhydrate. Die Stärke kann das Fett als Nährstoff wenigstens zeitweise im Körper ersetzen. Die gleiche Menge Fett gibt aber bei der Verbrennung doppelt soviel Kraft und Wärme als die Stärke.

Ergänzende Stoffe

Die Vitamine – Lebensstoffe

Der Name ist abgeleitet von dem lateinischen Wort vita = Leben.
Über diese Lebensstoffe bestehen für die Wissenschaft heute noch viele Rätsel. Doch ist ihre große Wichtigkeit nachgewiesen.

Das Vorhandensein von Vitaminen in der Nahrung ist für das Leben und die Gesunderhaltung unbedingt notwendig. Ihr Mangel ruft Krankheiten hervor (Rachitis, Frühjahrsmüdigkeit).

Durch Auftreten von Krankheiten, deren Ursachen man sich nicht erklären konnte, kam man zu ihrer Entdeckung; z. B. erkrankten Soldaten, die auf langer Seereise zwar reichlich, aber vorwiegend mit Konserven von Fleisch und Gemüsen und Schiffszwieback ernährt wurden, an Hautausschlägen, Zahnausfall, Nervenentzündungen, Magen- und Darmstörung. Als die Soldaten wieder an Land gekommen mit frischer Nahrung, wie Milch, Obst, Gemüse, Frischfleisch u. dgl., versorgt wurden, schwanden diese Krankheitserscheinungen. Noch in anderen Fällen machte man ähnliche Erfahrungen.

Die **bekannten Vitamine** bezeichnet man nach dem Alphabet mit Vitamin A, B, C, D, E usw. Sie sind jeweils in Spuren in den Nahrungsmitteln vorhanden.

Ihre Aufgaben:

Sie fördern:

das W a c h s t u m , vor allem die Bildung der Knochen und des Blutes, sorgen für die G e s u n d e r h a l t u n g der Muskeln und Nerven, begünstigen die Lebensvorgänge wie Verdauung, Stoffwechsel und die Tätigkeit der Drüsen,

stärken die W i d e r s t a n d s k r a f t gegen Krankheiten, insbesondere gegen Infektionskrankheiten und Hauterkrankungen,

steigern die A r b e i t s k r a f t und dadurch die Leistung und sind weitgehend für unser Wohlbefinden verantwortlich.

Ihr V o r k o m m e n ist in allen f r i s c h e n p f l a n z l i c h e n Nahrungsmitteln festzustellen. In frischen t i e r i s c h e n N a h r u n g s m i t t e l n finden wir im Vergleich zu pflanzlichen Nahrungsmitteln w e n i g e r, aber auch sehr wertvolle Vitamine.

Vitamine sind b e s o n d e r s r e i c h l i c h in: Spinat, Möhren, Tomaten, frischen Erbsen, grünen Bohnen, Salat, Weißkohl, Küchenkräutern, Zwiebeln, Poree (Lauch), Erdbeeren, Stachelbeeren, schwarzen Johannisbeeren, Kirschen, Zitronen, Apfelsinen, Vollkornbrot; Milch, Butter, Hühnerei, Vollfettkäse, Leber, Herz, Hirn, Lebertran; r e i c h l i c h in: Kartoffeln, Sauerkraut, Rotkohl, Kohlrabi, Äpfeln, Birnen, Nüssen; grobem Roggenbrot, Haferflocken, Nährhefe; Topfen (Quark), Magermilch, Buttermilch, Käse, Hering, geräuchertem Fisch, magerem, frischem Fleisch, Blutwurst, Leberwurst.

Bei der Zubereitung vitaminreicher Kost ist zu beachten:

Die Vitamine werden zum Teil u n w i r k s a m durch:

W a s s e r , da sie darin löslich sind;

H i t z e , da sie vor allem durch langes Erhitzen zerstört werden;

L u f t und Lagerung, da der Vitamingehalt laufend abnimmt.

Darum:

Vielseitige, richtig zubereitete Kost und genügende Frischnahrung das ganze Jahr hindurch sind unsere besten Vitaminspender.

MERKE

Iß täglich Obst oder Gemüse (Salate in roher Form)!
Erhalte die Vitamine durch richtige Zubereitung (siehe Mineralstoffe)!
Koche Kartoffeln möglichst in der Schale oder schäle sie möglichst dünn!
Koche oder wärme Speisen rasch und lasse sie nicht im Bratrohr verbraten!
Werte den Gehalt der Speisen durch Beigabe von rohen Kräutern, roher Milch und Sahne auf!

Es gibt heute eine Reihe von Vitaminpräparaten (z. B. Vigantol, Lebertran, Cebion). Bei richtiger Ernährung werden diese nicht benötigt, wohl aber bei Vitaminmangelerkrankungen vom Arzt verordnet.

Die Geschmackstoffe

Die reichliche Verwendung der K ü c h e n k r ä u t e r hilft uns nicht nur unsere Nahrung aufzuwerten, sie gibt uns zugleich die Möglichkeit, schmackhaft zu kochen.

Einige Beispiele dazu:

Für Suppen:	Kerbel, Schnittlauch, Petersilie, Liebstöckl oder Maggikraut;
Für Salate:	Schnittlauch, Dill, Boretsch, Estragon, Zitronenmelisse;
Für Fleischgerichte:	Liebstöckl, Majoran, Bohnenkraut.
	(S. Gartenbau.)

Als weitere W ü r z m i t t e l verwenden wir täglich Salz, sehr oft Essig, Zitrone, Tomatenmark usw.

Auch die ausländischen Gewürze, wie Pfeffer, Paprika, Muskat, Lorbeerblatt, Nelken, Zimt und Vanille stehen uns zur Verfügung; sie sind meist sehr scharf.

Durch die Zubereitung können wir den Wohlgeschmack der Speisen heben. Beim Rösten, Dünsten, Schmoren, Braten und Backen entstehen Geschmackstoffe.

Viele Nahrungsmittel, z. B. Obst und Gemüse, enthalten sehr viel natürliche, milde Geschmackstoffe, die wir bei der Zubereitung erhalten müssen und durch zu scharfes Würzen nicht überdecken dürfen.

MERKE

Richtiges Würzen durch vielseitige Zubereitungsart und reichliche Verwendung der Küchenkräuter fördert den Appetit, „das Wasser läuft im Munde zusammen", die Verdauung wird angeregt und die Nahrung gut ausgenützt.
Zu scharfes Würzen wie starkes Salzen, reichliche Essigzugabe und Gewöhnung an scharfe Gewürze, z. B. Pfeffer, stumpft den Geschmackssinn ab, verursacht übermäßigen Durst, reizt die Schleimhäute und ist Ursache vieler Erkrankungen von Magen, Darm, Herz und Niere.

3. Abschnitt

Was geschieht mit der Nahrung im Körper?

Wir wissen jetzt, warum unser Körper die Nahrung braucht, und haben die Nährstoffe kennengelernt, die er zur Erfüllung der Aufgaben nötig hat.

Für die Hausfrau ergibt sich für die Zusammenstellung und Zubereitung der Kost manche Überlegung; denn sie muß die Familienangehörigen durch die tägliche Kost gesund, leistungsfähig und arbeitsfreudig erhalten. Damit ruht auf ihr eine große Verantwortung. Die Nahrungsaufnahme, der Genuß der Speisen, ist aber nur ein Anfang. Jetzt erst setzt die **Verarbeitung der Nahrung** im Körper ein.

Verfolgen wir diesen Vorgang:

Zuerst muß die Nahrung z e r k l e i n e r t werden. Dies geschieht im M u n d mit Hilfe der Zähne, der Zunge und des rauhen Gaumens. Durch das Beißen, Kauen, Reiben, Kneten und Schmelzen wird die Nahrung gemischt und e i n g e s p e i c h e l t. Je besser es uns schmeckt, um so reichlicher fließt der Speichel. Jetzt beginnt bereits die Umwandlung der Nahrungsstoffe. Die Stärke wird vom Speichel zum Teil schon in löslichen Zucker verwandelt. Der grobe Speisebrei wird dann mit Hilfe der Schluckbewegungen durch die S p e i s e - r ö h r e in den Magen weiterbefördert.

Im M a g e n wird die Breimasse durch die Bewegung der Magenwände g e k n e t e t und dabei mit S c h l e i m und V e r d a u u n g s f l ü s s i g k e i t durchmischt. Durch die natürliche Wärme schmilzt das Fett, wird flüssig; je nach Art und Menge des Fettes muß die Wärme kürzer oder länger einwirken. Fette Speisen bleiben meist länger im Magen als fettarme und geben uns das Gefühl der Sättigung für längere Zeit. Dieses Gefühl wird auch durch zellstoffreiche Nahrung unterstützt. Das Milcheiweiß (Kasein) wird durch das Lab zum Gerinnen gebracht. Diesen Verwandlungsstoff Lab[1]) kennen wir vom Kälbermagen her. Auch Mineralstoffe in der Nahrung werden gelöst.

Darnach setzt die eigentliche V e r d a u u n g ein. Der Speisebrei wird nun durch den Magenausgang, den sog. Pförtner, schubweise in den „Z w ö l f f i n g e r d a r m" weitergeführt. In diesen ersten Teil des Dünndarms münden G a l l e n b l a s e und B a u c h - s p e i c h e l d r ü s e. Die Galle wird von der Leber abgesondert, in der Gallenblase gesammelt und für die Fettverdauung benötigt. Der Bauchspeichel wirkt weiterverdauend auf die noch unverdauten Eiweißstoffe und Stärke. Der sich anschließende Schlauch des D ü n n d a r - m e s dient nicht nur der Weiterleitung. In seiner Innenhaut sind unzählige kleine Erhöhungen, die D a r m z o t t e n , durch deren dünne Wände die flüssigen, verdauten Nährstoffe dringen.

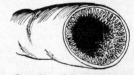

Die Zotten fangen die Nährstoffe auf und machen sie arteigen.

Dünndarm-Querschnitt

Fett geht seinen besonderen Weg durch die L y m p h g e f ä ß e in den Blutkreislauf. Die anderen Nährstoffe werden von den B l u t g e f ä ß e n aufgenommen. In ihnen werden sie zur Prüfung und E n t g i f t u n g (Alkohol, Nikotin, Koffein) der L e b e r zugeführt. Von dort erst gehen sie gereinigt in den Blutkreislauf. Die Blutgefäße aber bringen das nährstoffreiche Blut zu den Zellen.

Hier dienen sie dem Stoffwechsel. Je nach ihrer Beschaffenheit werden sie zum Aufbau oder zur Verbrennung verwendet.

Was von den Darmwänden nicht aufgenommen wurde, geht weiter zum D i c k d a r m. An der Übergangsstelle vom Dünndarm zum Dickdarm finden wir den sogenannten B l i n d - d a r m mit dem Wurmfortsatz.

Im Dickdarm wird von den unverdaulichen Resten das überschüssige Wasser durch die Dick-

---

[1]) Lab wird auch als „Ferment" bezeichnet. Die Verdauung wird durch vielerlei Fermente oder „Schlüsselstoffe" unterstützt.

darmwände aufgesogen. Die letzten unbrauchbaren Reste, durch abgesonderten Schleim schlüpfrig gemacht, gelangen durch den Mastdarm am Ende des Dickdarmes zur Ausscheidung.

Äußerliche Einwirkung	Verdauungsweg	Verdauungswirkung
Zähne: Nahrung zerkleinern, mengen	Mundhöhle	Speichel: lösen, umwandeln
Muskeln: transportieren Schluckakt, Gleiten des Speisebreies	Speiseröhre	
Wärme: Schmelzen des Fettes Magenwandung: Speisebrei kneten, durchmischen mit Verdauungssäften, weiterleiten Bewegung: weiterleiten	Magen	Magensaft, Schlüsselstoffe (Fermente) lösen, quellen, gerinnen, umwandeln
	Darm: Zwölffingerdarm	Gallensaft, Bauchspeichel: zerteilen, lösen, umwandeln
Bewegung: weiterleiten	Dünndarm	Darmwände (Darmzotten): Nährstofflösung aufsaugen, arteigen machen, die fertig zubereiteten Nährstoffe über Lymphgefäße und Leber in den Blutkreislauf leiten.
	Übergang (Blinddarm, Wurmfortsatz)	
Bewegung: weiterleiten, ausscheiden	Dickdarm Mastdarm	Darmwand: Wasser entziehen, Einschleimen des Unbrauchbaren und Ausscheiden

Atmung, Verdauung, Blutkreislauf und **Ausscheidung** in richtiger Zusammenarbeit sind Voraussetzung für ordnungsgemäßen **Stoffwechsel.** Notwendig dazu sind richtige Ernährung und gesunde Lebensweise.

AUFGABEN
Zeichnung vom Verdauungsweg.
Was geschieht mit einem Stück Schinkenbrot im Körper?

Was verstehen wir unter Kalorienwert der Nahrung?

Die durch die Blutbahn zur Zelle gebrachten Nährstoffe dienen dem Aufbau, dem Ersatz sowie der Wärme- und Krafterzeugung.
Wir können die **Wärmemenge,** die durch die Verbrennung der Nährstoffe im Körper entsteht, berechnen. Das Maß hierfür ist die **Kalorie** = Kal.
1 Kalorie ist jene Wärme, die nötig ist, um die Temperatur von 1 kg reinem Wasser von $14,5°$ auf $15,5°$ zu erhöhen.

    1 g Fett   erzeugt beim Verbrennen 9,3 Kal.
    1 g Kohlenhydrat   erzeugt beim Verbrennen 4,1 Kal.
    1 g Eiweiß   erzeugt beim Verbrennen 4,1 Kal.

AUFGABE
Berechne an Hand der Nährstofftabelle den Kalorienwert einiger Nahrungsmittel! Vergleiche!

Wir sehen, daß wir wohl den W ä r m e w e r t von Fett, Kohlenhydraten und Eiweiß b e - r e c h n e n können. Doch läßt sich diese Berechnung für die Mineralstoffe und Vitamine nicht anwenden. Wir wissen aber, daß es nicht nur darauf ankommt, daß wir satt sind, sondern vor allem, daß wir uns r i c h t i g ernähren. Wir können das Eiweiß als Baustoff für die Zelle nicht durch Fett oder Kohlenhydrate ersetzen. Wir können auch für den Aufbau und die Lebensvorgänge nicht auf die Mineralstoffe und Vitamine verzichten. Demnach ist der **Nährwert** eines Nahrungsmittels nicht durch Zahlen festzulegen.

Die Berechnung nach Kalorien ist ein wichtiges Maß für den Brennwert unserer Nahrung; aber niemals läßt sich durch diesen allein der Wert eines Nahrungsmittels beurteilen.

Wie muß unsere tägliche Kost beschaffen sein?

ZUR VORBEREITUNG
Beispiel einer Tagesverpflegung im Frühjahr, Sommer und Winter in eurem Haushalt.

Die Grundlage für unsere tägliche Kost sind die Erzeugnisse der Landwirtschaft einheimischer Herkunft oder vom Ausland eingeführt.
Sie liefern uns die notwendigen Nährstoffe

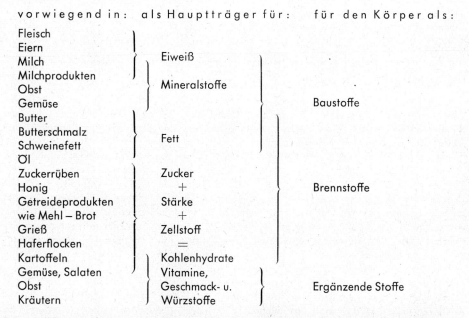

vorwiegend in:	als Hauptträger für:	für den Körper als:
Fleisch		
Eiern		
Milch	Eiweiß	
Milchprodukten		
Obst	Mineralstoffe	
Gemüse		Baustoffe
Butter		
Butterschmalz		
Schweinefett	Fett	
Öl		
Zuckerrüben	Zucker	
Honig	+	Brennstoffe
Getreideprodukten	Stärke	
wie Mehl – Brot	+	
Grieß	Zellstoff	
Haferflocken	=	
Kartoffeln	Kohlenhydrate	
Gemüse, Salaten	Vitamine,	
Obst	Geschmack- u.	Ergänzende Stoffe
Kräutern	Würzstoffe	

Bei möglichst v i e l s e i t i g e r Verwendung dieser Nahrungsmittel enthält unsere tägliche Kost die notwendigen Nährstoffe in erforderlicher Menge und ist s ä t t i g e n d. Bei r i c h t i g e r, s c h m a c k h a f t e r und a b w e c h s l u n g s r e i c h e r Zubereitung werden die Nährstoffe, vor allem die lebensnotwendigen Minerale, Vitamine und Geschmacksstoffe erhalten; das Essen ist g u t v e r d a u l i c h.

AUFGABEN
Was könntest du an eurer Kost ändern und verbessern?
Stelle einen Speiseplan für eine Woche auf (Sommer, Winter)!

Die Mahlzeit

Wir haben erkannt, wie verantwortungsvoll die Tätigkeit der Frau bei der Zubereitung der täglichen Kost ist.
Bringt sie die Mahlzeit sauber angerichtet auf den ordentlich gedeckten Tisch, so wird die ganze Familiengemeinschaft sich gerne regelmäßig zum Essen versammeln. Mit Ruhe und Dank sollen wir die Gaben Gottes, von guter Hand mit Liebe zubereitet, genießen. Dann

kann auch das einfache Mahl eine Freude werden, die Tischgemeinschaft eine innere Verbundenheit schaffen, die die Kinder später mit Dank an die Eltern und den Familientisch denken läßt.

NAHRUNGSMITTELKUNDE

Das Brot ernährt uns nicht; was uns im Brote speist,
Ist Gottes ew'ges Licht, ist Leben und ist Geist.
Angelus Silesius

Die tierischen Nahrungsmittel

Die Milch

AUFGABEN

Wozu wird die Milch bei euch in der Küche verwendet?
Welche aus Topfen hergestellte Gerichte kennst du? Erzähle über ihre Zubereitung!
Wozu wird die Milch in der Molkerei verarbeitet?

Zusammensetzung der Milch: s. Nährstofftabelle S. 152/53.

AUFGABE

Überlege, wie nach Beobachtungen in der Praxis die einzelnen Nährstoffe zu erkennen sind!

Kuhmilch enthält:

Fett (3,8%), es steigt beim Stehen der Milch als Sahne oder Rahm an die Oberfläche. Es ist in der Milch fein verteilt – emulgiert. In der Molkerei wird durch Zentrifugieren die Sahne von der Magermilch getrennt. Beim Schlagen oder Schütteln der Sahne entsteht Butter. Dabei scheidet sich Buttermilch ab.

Eiweiß (3,7%), als Kasein und Albumin. Kasein gerinnt durch Säure oder Labzugabe und scheidet sich dann als Käsestoff von der Molke ab. Milchsäurebakterien verwandeln den Milchzucker in Milchsäure; ist genügend davon vorhanden, so wird die Milch dick, sie stockt. Die Gewinnung des Kaseins durch Säure wird bei der Gewinnung von Sauermilch und Sauermilchquark genützt. Lab, meist aus dem Kälbermagen gewonnen, dient zur Herstellung von Labquark und Labkäse; unter seiner Verwendung werden fast alle Käsearten, wie Camembert, Brie, die Schnittkäse, wie Emmentaler, Tilsiter, Edamer, bereitet. Albumin ist nur in geringen Mengen enthalten; es gerinnt beim Erhitzen. Mit Fett bildet es die Milchhaut und den feingeronnenen Ansatz am Topfboden.

Zucker (4,8%) als Milchzucker gehört zu den Kohlenhydraten.

An Mineralstoffen (0,7%) enthält die Milch vor allem Kalzium und Phosphor.

Die Vitamine (A B D) sind vor allem im Sommer bei Weidegang und Grünfütterung reichlich enthalten.

Wasser (87%) ist mengenmäßig der Hauptbestandteil der Milch.

Bedeutung: Die Milch ist ein vollwertiges Nahrungsmittel. Dies beweist uns schon ihre Zusammensetzung. Ihr Gehalt an Mineralstoffen und Vitaminen macht sie besonders wertvoll. Im Haushalt wird sie als Zusatz zu Kaffee, bei der Zubereitung von Kakao und zur Herstellung süßer und salziger Speisen verwendet. In der Molkerei bildet sie das Rohprodukt für viele hochwertige Nahrungsmittel.

Milch ist leicht verdaulich, wenn sie in kleinen Schlucken und in Verbindung mit stärkehaltigen Nahrungsmitteln wie Brot, Haferflocken, Grieß oder Reis genossen wird. Wegen der günstigen Zusammensetzung aller Nährstoffe ist sie ein unentbehrliches Nahrungsmittel für Säuglinge, Kinder und auch viele Kranke. Säuglingen und Kleinkindern kann als Ersatz auch Trockenmilch, oder auf Verordnung Pelargon, Alete u. a. gegeben werden. Milch ist auch sehr preiswert und heute vor allem beliebt in Form der Milchmixgetränke mit Frischobst, Säften oder auch alkoholhaltigen Genußmitteln (Bananenmilch, Erdbeermilch, Zitronenmilch, Milchcocktail u. a.).

Milcherzeugnisse: Sahne oder Rahm wird heute in verschiedener Form angeboten, und zwar als: süße Sahne zum Schlagen (Schlagsahne), Kaffeesahne (frisch und sterilisiert), saure Sahne für Soßen, Marinaden, zum Verbessern von Quarkspeisen, Füllen u. dgl. Frische Sahne ist wegen ihres hohen Fettgehaltes besonders nahrhaft und reich an Vitaminen.

Die B u t t e r entsteht durch Zusammenballung der Fettkügelchen im Rahm. Sie ist als ein leicht verdauliches Fett für Kinder- und Krankenkost gut geeignet. Sie muß kühl und dunkel, am besten verschlossen aufbewahrt werden, da sie sonst leicht ranzig wird. Für längere Aufbewahrung läßt man die Butter z u S c h m a l z (R i n d s c h m a l z) aus; dabei scheiden sich Eiweißstoffe und Wasser ab.

Die B u t t e r m i l c h ist erfrischend, appetit- und verdauungsanregend. Diese Eigenschaften hat auch die s a u r e Milch (gestöckelte Milch). Die M a g e r m i l c h enthält weniger Fett, sonst aber alle Bestandteile der Vollmilch. Sie kann in der Küche gut verwendet werden und ist das Ausgangsmaterial für Topfen oder Q u a r k. Dieser kann vielseitig verwendet werden: als Brotaufstrich, zu salzigen und zu süßen Speisen (Topfennudeln, Topfenstrudel usw.). Er ist ein sehr wertvoller Eiweißspender, dabei leicht verdaulich und preiswert.

Zur Herstellung von K ä s e wird die Milch in der Molkerei durch Lab, das aus dem Kälbermagen gewonnen wird, zum Gerinnen gebracht. Verwendet man dabei reine Vollmilch, so entsteht V o l l f e t t k ä s e wie Edamer und Emmentaler, während H a l b f e t t k ä s e bei Mitverwendung von Magermilch entsteht. Käse ist wegen seines hohen Gehaltes an vollwertigem Eiweiß und seines zum Teil reichen Fettgehaltes außerordentlich nahrhaft. Der Preis richtet sich nach dem Fettgehalt. Käse ist (gut gekaut) nicht schwer verdaulich. Alle Käsesorten sind kühl, dunkel und fliegensicher aufzubewahren.

K o n d e n s m i l c h wird aus der Vollmilch gewonnen, der durch Eindampfen ein Teil des Wassers und dabei Vitamine entzogen werden.
Sie wird im Handel mit verschiedenen Fettgehalten angeboten (7%, 10%).
J o g h u r t ist eine erfrischende Milchspeise, regt die Verdauung an. Er wird auch zur Bereitung von Marinaden für Salate und Heringsspeisen verwendet.

Einkauf und Aufbewahrung: Anerkannte Verkaufsstellen stehen unter der Kontrolle der Gewerbepolizei; sie gewährleisten hygienisch-einwandfreie Milch. Zum Einkauf der Milch verwenden wir ein sauberes, leicht zu reinigendes Gefäß mit Deckel. Besonders geeignet sind Glas, Porzellan, Steingut, Holzplastik.

Vorzugsmilch und Markenmilch mit Tagesstempel werden vor allem für die Säuglings- und Krankenkost und zum Rohverzehr verwendet. Rohe Milch ist kühl und lichtgeschützt zu stellen; Rohmilch, die abgekocht werden soll, wird sofort in einem besonderen Topf kurz bis zum Kochen erhitzt, umgefüllt, gekühlt und zugedeckt dunkel aufbewahrt. Milch nimmt leicht fremden Geruch an; darum stelle sie nicht in der Nähe starkriechender Nahrungsmittel auf! Im Familienhaushalt soll möglichst viel Frischmilch verwendet werden.

A U F G A B E
Stelle die aus der Milch gewonnenen Erzeugnisse in einer einfachen Zeichnung übersichtlich zusammen!

M E R K E
Die Milch ist ein vollwertiges Nahrungsmittel, ist leicht verdaulich, vielseitig verwendbar, preiswert.
Sie muß kurz aufgekocht und zugedeckt kühl gestellt werden.
Sauermilch und Buttermilch wirken verdauungsanregend und darmreinigend.
Sahne und Butter sind sehr nahrhaft, leicht verdaulich und für Kinder und Kranke geeignet.
Topfen und Käse haben ihren Wert in ihrem hohen Eiweißgehalt. Siehe Nährstofftabelle.

Das Ei

A U F G A B E N
Nenne Speisen, zu denen Eier verwendet werden!
Betrachte daheim das Ei beim Aufschlagen und gib an, was du siehst!
Lasse dir von deiner Mutter erzählen, wie sie Eier einlegt und frage nach ihren Erfahrungen!
Lege ein hartgekochtes Eigelb auf Papier und beobachte! Was stellst du fest?

Im Haushalt werden hauptsächlich H ü h n e r e i e r verwendet. E n t e n e i e r sollen nicht roh gegessen, nicht zur Herstellung von Rühreiern, Pfannkuchen, Biskuitrollen, Mayonnaisen genommen werden, da sie u. U. eine Darminfektion (Paratyphus) verursachen können. Um solcher Gefahr vorzubeugen, sollen sie mindestens 8–10 Minuten gekocht oder entsprechend lang durchgebacken werden.

Durch die poröse Schale verdunstet Wasser aus dem Ei-Innern und der Luftraum, die Luftkammer, vergrößert sich beim Altern der Eier, die dadurch spezifisch leichter werden. Durch

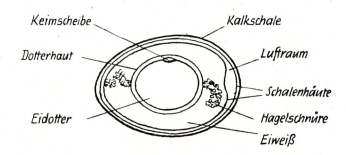

die Schwimmprobe können alte Eier aussortiert werden. In 12%iger Kochsalzlösung sinken frische Eier zu Boden, ältere Eier schwimmen in der Lösung und alte Eier schwimmen obenauf.

Auch beim Durchleuchten der Eier kann die Größe der Luftkammer festgestellt und können alte und schlechte Eier erkannt und aussortiert werden. Durch die poröse Schale können Fäulniserreger oder Schimmelpilze in das Ei eindringen und den Ei-Inhalt zersetzen, wobei Schwefelwasserstoff entsteht, der den unangenehmen Geruch nach „faulen Eiern" bedingt.

Nährstoffe: Siehe Nährstofftabelle S. 152/53.

Bedeutung des Eies: Das Ei ist wegen seines reichen Gehaltes an vollwertigem Eiweiß und Fett, an Mineralstoffen wie Eisen, Kalk, Schwefel, Phosphor, an Vitaminen und den Stoffen Lezithin und Cholesterin sehr wertvoll. Es enthält jedoch fast keine Kohlenhydrate. Eierspeisen müssen durch Zugabe von Brot oder Kartoffeln und Gemüse oder Salaten zu einer vollwertigen Nahrung ergänzt werden. Dadurch wird auch der Sättigungswert erhöht. Leicht verdaulich sind weichgekochte Eier und Rühreier (weiche Eierspeisen); hartgekochte Eier und Spiegeleier sind dagegen schwer verdaulich. Durch die Art der Zubereitung wird also die Verdaulichkeit der Eier beeinflußt.

In der Diätkost spielt das Ei eine wichtige Rolle. Wegen seines geringen Gehalts an Kohlenhydraten ist es für Zuckerkranke besonders wertvoll.

Die Eier sind wegen ihrer vielseitigen Verwendbarkeit zu Schnellgerichten, Mehlspeisen, Klößen und Fleischgerichten sowie zu Gebäck und Aufläufen in der Küche sehr beliebt. Daneben werden sie auch zum Binden (z. B. Klöß-, Hackfleischteig) und zum Lockern (Eischnee) gebraucht. S. Seite 147.

Küchentechnische Eigenschaften: Ei b i n d e t durch Gerinnen, Eigelb stärker als Eiklar (1 Ei ca. 3 Eßl. Flüssigkeit). Ei l o c k e r t, da das Eiweiß beim Schlagen zu Schnee Luft einschließt. Der Schaum zerfällt nach längerem Stehen; er bleibt beständig, wenn durch Erhitzen das Eiweiß (Albumin) zum Gerinnen gebracht wird. Eigelb e m u l g i e r t, das Fett wird fein verteilt, z. B. beim Rühren von fettreichen Schaummassen und bei Mayonnaisen. (1 Eigelb, 50 g Öl.) Eiweiß k l ä r t ; es schließt beim Gerinnen in der Brühe trübende Teile derselben ein. Eigelb dient als natürliches F ä r b e mittel und gibt den Speisen appetitliches Aussehen.

Einkauf: Alle Eier, die nicht unmittelbar vom Erzeuger, also über den Markt zum Verbraucher gelangen, müssen gekennzeichnet sein. Sie tragen den Stempel ihres Herkunftslandes und die Bezeichnung der Gewichtsklasse.

Das deutsche Frischei wird vorwiegend in 5 Gewichtsklassen gehandelt:

S Eier im Gewicht von 65 g und darüber
A Eier   „   „   „   60 bis 65 g
B Eier   „   „   „   55 „ 60 g
C Eier   „   „   „   50 „ 55 g
D Eier   „   „   „   45 „ 50 g.

Aufbewahrung: Für kürzere Zeit sind Eier kühl und luftig aufzubewahren und dabei öfters zu wenden. Für längere Zeit werden sie in Kalkmilch, Garantol oder Wasserglas eingelegt. Bei der Haltbarmachung kommt es auf die Verschließung der Poren gegen den Zutritt der Luft an, die immer Fäulnisbakterien enthält.

MERKE

Die Eier enthalten wertvolles Eiweiß und sind reich an Fett und Vitaminen. Es fehlen aber die Kohlenhydrate. Darum ist Beikost erforderlich.
Sie sind vielseitig verwendbar und dienen auch zum Lockern und Binden.
Sie ermöglichen die schnelle Herstellung von nahrhaften Gerichten und sind wichtig in der Krankenkost.
Die Verdaulichkeit der Eier hängt von ihrer Zubereitung ab.
Zum Einlegen verwende nur frische und vollkommen unversehrte Eier!
Bei preiswertem Angebot (März—Juli) verwende reichlich Eier!
Beachte beim Einkauf Kennzeichnung und Gewichtsklasse der Eier!

Das Fleisch

AUFGABEN

Welche Arten von Fleisch kennst du?
Zähle Innereien auf, die in eurer Küche verwendet werden!
Wie bereitet die Mutter Fleisch zu?

Unter Fleisch versteht man die Muskelmasse der Schlachttiere, des Wildes und des Geflügels sowie deren genießbare Innereien: Herz, Leber, Niere, Milz, Lunge, Hirn und Bries, dazu auch die Zunge.
Das Fleisch als Lebensmittel unterliegt der amtlichen Fleischbeschau. Die Qualität ist von

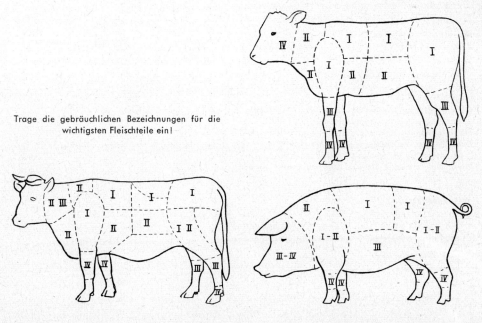

Trage die gebräuchlichen Bezeichnungen für die wichtigsten Fleischteile ein!

Rasse, Geschlecht, Alter, Futter und Mastzustand des Tieres abhängig. Für die Güte eines Fleischstückes ist die Lage des Fleischteiles am Tier von Bedeutung (s. S. 139 I, II, III, IV). **Nährstoffe im Fleisch:** s. Nährstofftabelle S. 152/53.

Bringe dafür Beweise aus der Praxis!

R i n d f l e i s c h ist am gehaltvollsten; es eignet sich besonders zur Herstellung von Suppen, zum Braten und Schmoren. Rindfleisch ist frischrot, das Fett gelblich.

Das K a l b f l e i s c h ist blaßrot, das Fett weißgelblich. Das Schlachten der Tiere erfolgt im Alter bis zu 3 Monaten. Besonders geschätzt sind die Innereien: das Hirn zum Backen, die Lunge zu Haschee, das Herz zum Backen und Grillen, die Zunge zu Ragout und die Leber zum Dünsten, Braten und Backen. Fleisch und Innereien eignen sich vor allem auch für Krankenkost. Das Fleisch ist zart, leicht verdaulich, aber wasserreich und damit nicht sehr ergiebig.

S c h w e i n e f l e i s c h ist rosa, das Fett weiß. Gefragt ist heute fettarmes Fleisch von einjährigen Fleischschweinen. Spanferkel (Alter bis 6 Wochen) sind eine besondere Delikatesse. Schweinefleisch ist sowohl von der Garmachungsart als auch von der Geschmackgebung her vielseitig zuzubereiten.

Durch die Verarbeitung zu Speck, Rauchfleisch, Schinken, die Herstellung von Wurstwaren und anderen Fleischerzeugnissen ist reiche Abwechslung möglich.

S c h a f - u n d H a m m e l f l e i s c h ist dunkelrot mit weißlichem Fett. Am besten ist das Fleisch von 2- bis 3jährigen Hammeln.

Bewertung: Das Fleisch hat einen hohen Gehalt an vollwertigem Eiweiß. Es ist auch ein wichtiger Fettspender. Zugabe von Kartoffeln, Gemüse und Salaten ist notwendig, um die Nahrung vollwertig zu machen. Wegen seines Wohlgeschmacks und der Abwechslung, die es ermöglicht, wird es sehr geschätzt. Der Sättigungswert ist groß. Fettes Fleisch ist schwer verdaulich und für Kranke nicht geeignet.

Bilde dir selbst ein Urteil über die Preiswürdigkeit des Fleisches durch die Berechnung an Hand der Tabelle S. 152/53

Von den I n n e r e i e n sind Hirn und Bries eiweißreich und leicht verdaulich, daher für Kranke geeignet. Leber, Nieren und Herz enthalten Vitamine. Die Leber wird bei Heilkuren für Blutkranke verwendet.

Gesundheitliche Schäden durch Fleischgenuß können hervorgerufen werden
1. durch F ä u l n i s b a k t e r i e n ; sie zersetzen Fleischeiweiß, so daß es tödlich wirken kann (Fleischvergiftung);
2. durch T r i c h i n e n im Schweinefleisch; Schutz bietet die amtliche Fleischbeschau;
3. durch F i n n e n im Rind- und Schweinefleisch, aus denen sich der Bandwurm entwickelt (amtliche Fleischbeschau).

MERKE

Fleisch liefert vollwertiges Eiweiß und Fett. Die Zukost von Kartoffeln und Gemüse ist notwendig.
Übermäßiger Fleischgenuß ist gesundheitsschädlich.
Fleisch hat hohen Sättigungswert. Es kann vielseitig verwendet werden.
Durch Pökeln und Räuchern, durch die Herstellung von Dauerwürsten, durch Sterilisieren und Einfrieren kann das Fleisch für längere Zeit haltbar gemacht werden.
Fleisch verdirbt leicht und muß kühl aufbewahrt werden.

Wurstwaren

a) R o h w u r s t
aus rohem Fleisch
guter Qualität,
geräuchert:
z. B.
Cervelatwurst

b) B r ü h w u r s t
aus rohem Fleisch,
gebrüht,
teilweise geräuchert:
z. B.
Bierwurst

c) K o c h w u r s t
aus gekochtem
Fleisch und Innereien,
gekocht und teilweise
geräuchert,
z. B.

Wurstwaren

Mettwurst
Salami

Fleischwurst
Lyoner
Siedewürstchen:
Frankfurter
Regensburger

Blutwurst-Speckwurst
Gelbwurst-Hirnwurst
Leberwurst
Schwartenmagen
(Preßsack) weiß und rot
Berliner Rotwurst

Fleisch-Dauerwaren

a) Gefrierfleisch
bei −20° C eingelagert.
Nach dem Auftauen
schneller verderblich als
Frischfleisch. Langsam
auftauen, sofort verwenden!

b) Rauchfleisch
gepökelt und geräuchert:
Kasseler,
durchwachsener
Speck,
roher Schinken
Rippchen

c) sterilisierte
Konserven
meist in Büchsen
käuflich.
Fleisch: Corned beef
Wurst: z. B. Jagdwurst
Fertiggerichte:
Gulasch, Rouladen,
Hackbraten usw.
Nur einwandfreie Konserven (nicht aufgeworfene Dosen) verwenden,
schnell verbrauchen!

Regeln für den Einkauf:

1. Fleisch- und Wurstkauf ist Vertrauenssache!
2. Kaufe gut abgehangenes Fleisch, das frisch und geruchlos ist!
3. Im Sommer kaufe möglichst nur soviel, als in 1–2 Tagen benötigt wird!
4. Wähle das Fleischstück der vorgesehenen Zubereitung entsprechend und berücksichtige bei der Wahl der Fleischart die Marktlage!
5. Nimm und verwende nur tadellose, frische Ware, um Wurstvergiftungen zu verhüten!

Aufbewahrung: Für kürzere Zeit wird F l e i s c h an einem kühlen Ort fliegensicher aufbewahrt. Durch Kochen oder Anbraten werden vorhandene Bakterien getötet. Durch Einlegen in Essig oder saure Milch, Einschlagen in Essigtücher wird die Tätigkeit der Bakterien verhindert. Für längere Aufbewahrung werden größere Mengen eingesalzen oder gepökelt, geräuchert, zu Würsten verarbeitet, in Büchsen oder Gläsern sterilisiert. Neuerdings wird es auch, besonders auf dem Lande, in Tiefkühltruhen oder in genossenschaftlichen Tiefkühlanlagen eingefroren.

Wild und Geflügel

Wildfleisch ist reich an Eiweiß, aber arm an Fett. Es ist dunkler als das Fleisch der Schlachttiere und hat einen bestimmten Geschmack (Wildgeschmack – Hautgout), der sich beim Abhängen im Fell oder Federkleid entwickelt. Diese Geschmacksverbesserung beruht auf beginnender Eiweißzersetzung, wobei auch die Muskelfaser gelockert und das Fleisch leichter verdaulich wird. Durch Einlegen in Essigbeize oder Buttermilch werden Geschmack und mürbe Beschaffenheit noch günstig beeinflußt.

Haarwild
Hasen und Wildkaninchen
Rehwild
Rot- und Damwild (Hirsch)
Schwarzwild (Wildschwein)

Federwild
Fasanen
Rebhühner, Schnepfen
Wildenten

Rücken (Ziemer) und Schlegel (Keule) sind vor allem zum Braten geeignet. Kopf-, Bauch- und Beinfleisch werden meist zu Ragout verwendet.

Geflügelfleisch ist im Nährwert dem Fleisch unserer Schlachttiere gleich. Es ist mit Ausnahme von fetten Enten und Gänsen leicht verdaulich, sehr schmackhaft und appetitanregend und daher in der Krankenkost geschätzt. Das Schlachten erfolgt durch Betäubung und Stechen.

Zum **Einkauf** werden angeboten:

Suppenhühner, 2–3 Jahre alt, zum Kochen und Dünsten;
Junghühner und Brathähnchen, bis 8 Monate, zum Braten;
Puten, bis 1 Jahr alt und älter, zum Braten und Kochen;
    und älter nur zum Kochen;
Gänse als Mastgänse, ½–1 Jahr alt, 4–12 kg schwer;
Enten als Mastenten, ½–1 Jahr alt, 1,5–3 kg schwer.

Geflügel und Wild werden heute das ganze Jahr über angeboten, da man durch das Tiefgefrieren von den Schlacht- und Schußzeiten unabhängig ist.

Die Fische

AUFGABEN
Welche Fische sind dir bekannt?
Erkundige dich beim Kaufmann, welche Fischkonserven er führt!

Arten: Unter den S e e f i s c h e n sind besonders Schellfisch, Kabeljau, Goldbarsch und Hering bekannt; von den S ü ß - w a s s e r f i s c h e n sind am beliebtesten Karpfen, Hechte, Forellen und Weißfische.

Der frische Hering kommt als g r ü n e r H e r i n g in den Handel; er wird an der Küste ausgenommen, in Eis verpackt und versandt.

M a t j e s h e r i n g ist der Hering, der noch nicht gelaicht hat; er wird leicht gesalzen und ist sehr fetthaltig.

S a l z h e r i n g e sind durch Salz haltbar gemacht und werden meist in Fässern versandt. B ü c k l i n g e sind geräucherte Heringe. F i s c h f i l e t ist entgrätetes und enthäutetes Fischfleisch.

Nährstoffe: Feststellung an Hand der Tab. 152/53.

Welche Beobachtungen hast du hierzu in der Praxis schon gemacht?

Beurteilung: Fische enthalten viel Eiweiß, das vom Körper gut ausgenutzt werden kann. Der Sättigungswert des Fischfleisches ist (außer dem der fettreichen Fische) nicht groß; deshalb ist es bei der Zubereitung mit Fett anzureichern und mit reichlich Zukost von Kartoffeln und Gemüse zu geben.

Berechne den Nährstoffwert (Preiswert) und vergleiche mit Milch und Fleisch! Siehe Tabelle S. 152/53

Einkauf: Fisch muß einen frischen guten Geruch haben; das Fleisch muß fest sein. Gefrorener Fisch ist nach dem Auftauen sofort zu verwenden. Wähle die Fischsorte, die, durch den Fang bedingt, jeweils preiswert angeboten wird!

Aufbewahrung und Konservierung: Fisch verdirbt leicht und muß frisch verbraucht werden. Fischreste müssen am gleichen Tag verwendet werden. Heringe werden auf verschiedene Art haltbar gemacht; durch Salz (Salzheringe), durch Essig (Bismarckheringe, Rollmops, Bratheringe) und durch Räuchern (Bücklinge). Für Dauerwaren in Packungen oder Behältnissen besteht Kennzeichnungspflicht in bezug auf

richtige Bezeichnung der Ware,

auf Maß, Gewicht oder Stückzahl,

Zeitpunkt der Einfüllung,

auf Hersteller und Vertrieb sowie

auf Verwendung erlaubter Fremdstoffe.

MERKE

Speisefische sind: von den Seefischen besonders Kabeljau, Schellfisch und Hering, von den Flußfischen Karpfen und Forellen.

Fische haben vollwertiges Eiweiß und reichlich Mineralstoffe.

Fische sind leicht verdaulich, aber wenig sättigend; Zukost ist notwendig.

Fische verderben leicht; sie müssen frisch verbraucht werden.

Heringe sind besonders als Konserven beliebt und preiswert.

Nur Vollkonserven sind längere Zeit haltbar.

Die pflanzlichen Nahrungsmittel

Die Getreideerzeugnisse

AUFGABEN

Welche Getreidearten kommen für die Ernährung in Frage?

Nenne Getreideerzeugnisse, die in eurer Küche verwendet werden!

Zähle Gerichte auf, die aus Mehl hergestellt werden!

Arten: Weizen, Roggen, Hafer, Gerste und Reis finden in der Ernährung Verwendung. Das Korn ist von der Frucht- und Samenschale eingehüllt. Darunter liegt die Kleberschicht, die eiweißreich ist und Vitamine und Mineralstoffe enthält. Das Innere des Korns füllt der Mehlkern aus. Dieser besteht aus winzig kleinen Stärkekörnern. In der seitlichen Vertiefung liegt der Keimling, der reich an Mineralstoffen, Vitaminen und Fett ist. Wird das ganze

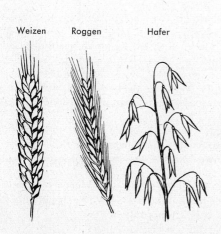

Weizen   Roggen   Hafer

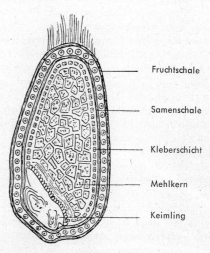

Fruchtschale

Samenschale

Kleberschicht

Mehlkern

Keimling

Korn mit Samenschale, Kleberschicht und Keimling verarbeitet, so spricht man von Vollkorn-mehl bzw. Vollkornschrot.

Nährwert des Mehles: Der Nährstoffgehalt hängt von der Ausmahlung ab. Beim schönen weißen Mehl ist nur der Mehlkern vermahlen. Der nährstoffreiche Keimling und die Kleber-schicht sind als Abfall zur Kleie gekommen. Im dunklen Mehl und Brot sind mehr Nähr- und Gesundheitswerte, weil sie auch die äußeren Bestandteile des Kornes enthalten.

Den Gehalt an Nährstoffen stelle an Hand der Tabelle S. 152/53 fest.

Im Handel unterscheidet man je nach Ausmahlungsgrad verschiedene Mehltypen. Ein Ausmahlungsgrad von z. B. 70% bedeutet: von 100 Teilen Getreide werden 70 Teile Mehl vermahlen. Die Typennummer gibt den Aschegehalt an: z. B. Typ 550 – beim Verbrennen von 100 g Mehl bleiben 0,550 g Asche.

Die Weizenmehltypen und ihr Ausmahlungsgrad

Type 405	40%	Ausmahlung	Weizenauszugsmehl – sehr hell
„ 550	70%	„	feines Weizenmehl – hell
„ 1050	80%	„	Weizenmehl – dunkel, nährstoffreich.

W e i z e n g r i e ß als Hartweizengrieß ist aus besonders hartem Weizenkorn gewonnen; er ist als feiner, mittelfeiner und grober Grieß im Handel.

H a f e r f l o c k e n werden durch Zerquetschen des entspelzten Haferkornes gewonnen; für Hafermehl werden die Körner fein vermahlen. Die Haferprodukte haben hohen Nähr-wert; sie sind leicht verdaulich, da vor der Verarbeitung die Stärke durch Dampf aufge-schlossen wird. Sie werden wegen ihres hohen Fettgehaltes (bis 7%) bei längerer Lagerung bitter.

K n u s p e r f l o c k e n aus Weizen, Hafer, Gerste enthalten alle Nährstoffe des Kornes in leichtverdaulicher Form und sind sehr wertvoll. Da sie bereits geröstet sind, sind sie genuß-fertig und in Verbindung mit Obst und Milch besonders schmackhaft.

R e i s , als Vollreis bezeichnet, besteht aus ganzen Körnern. Die harten Schalenteile wer-den mittels Schälmaschinen entfernt, die geschälten Körner oft noch poliert und dadurch mehr entwertet. T a f e l r e i s hat lange Körner; M i l c h r e i s mit weichen, runden Körn-nern ist von geringer Handelsqualität.

S t ä r k e m e h l e werden aus Maisstärke gewonnen und sind als Maizena, Gustin, Mon-damin im Handel.

R o l l g e r s t e u n d G r a u p e n sind geschälte, polierte Gerstenkörner.

S a g o ist Stärke in gekörnter Form. Deutscher Edelsago wird aus Kartoffelstärke herge-stellt; echter Sago wird aus Tapioka, einer stärkereichen Wurzelknolle, und aus dem Mark der Sagopalme gewonnen.

Beurteilung der Getreideerzeugnisse: Sie sind infolge ihres hohen Stärkegehaltes gute Wärme- und Kraftspender. Das Eiweiß ist nicht vollwertig.

Durch Verwendung von Milch, Eiern, Kartoffeln, Fleisch wird ein Ausgleich geschaffen. Zu-gaben von Obst und Salaten reichern die Gerichte aus Getreideerzeugnissen mit Vitaminen und Mineralstoffen an; dies ist insbesondere bei der Kinder- und Krankenkost notwendig. Die Verwendungsmöglichkeit ist sehr groß, z. B. für Mehl: zu Mehlschwitzen, Mehlspeisen, Brot, Kuchen und Plätzchen. Die übrigen Getreideerzeugnisse lassen sich für Suppen, Breie und Aufläufe verwenden.

Einkauf: Es ist ratsam, Markenware zu bevorzugen, da hierbei die Qualität gewährleistet ist und Fälschungen nicht möglich sind. Da die dunkleren Mehltypen wie 1050, 550 vom Nährwert her besser sind, sollten sie für einfachere Gerichte und Gebäcke bevorzugt wer-den. Gutes Mehl ist geruchlos, trocken, locker und griffig. Reis wird je nach Verwendungs-zweck gekauft; die weichkörnigen Reissorten sind für Milchgerichte gut geeignet. Jede Haus-frau soll einen kleinen Vorrat von Getreideerzeugnissen haben (3–4-Wochenmenge), beim Nachkaufen aber immer die gelagerte Ware zuerst verbrauchen.

Aufbewahrung: Die Getreideerzeugnisse sollen trocken und luftig aufbewahrt werden, da sie sonst von Schädlingen wie Mehlkäfern, Mehlmilben, Mehlwürmern befallen werden. Für kleinere Mengen eignen sich Blechbüchsen, Gläser, Schütten; Tüten sind ungeeignet.

MERKE
Das Getreidekorn besteht aus Samenschale, Kleberschicht, Mehlkern und Keimling.
Die Getreideerzeugnisse sind wichtige Stärkespender. Das Eiweiß ist nicht vollwertig.
Im dunklen Mehl sind mehr Nähr- und Gesundheitswerte als im weißen, denn die äußeren Bestandteile des Kornes sind noch enthalten.
Die Getreideerzeugnisse können vielseitig verwendet werden. Sie sind billig und sättigen gut, müssen aber durch Milch, Eier, Obst, Gemüse, Salate ergänzt werden.
Mehl muß trocken und luftig aufbewahrt werden; dasselbe gilt auch für die übrigen Getreideerzeugnisse.

Brot und Backwaren

AUFGABEN
Welche Brotsorten verwendet ihr zu Hause?
Wie hoch ist der durchschnittliche Wochenverbrauch je Person?
Was kauft ihr an Backwaren?

Brotsorten: S c h w a r z b r o t oder Roggenbrot wird aus Roggenmehl gebacken; als Lokkerungsmittel dient Sauerteig. Es ist dunkler oder heller, je nach dem Ausmahlungsgrad des Roggens. Als M i s c h b r o t bezeichnen wir das Brot, das aus einer Mischung von Roggen- und Weizenmehl gebacken ist, vorwiegend aus Roggenmehl = Roggenmischbrot, vorwiegend aus Weizenmehl = Weizenmischbrot.
V o l l k o r n b r o t wird aus dem vermahlenen ungeschälten Korn hergestellt. S c h r o t - b r o t enthält nur sehr grob gemahlene Getreidekörner einschließlich Schale und Keimling; es regt die Darmtätigkeit an. P u m p e r n i c k e l ist Roggenschrotbrot, das durch besonderes Teigverfahren und langsames Backen im mäßigwarmen Ofen dunkelbraun wird und einen bittersüßen Geschmack bekommt.
K n ä c k e b r o t wird aus Roggen- oder Weizenschrot ohne Treibmittel hergestellt und durch Zugabe von Fett, Zucker, Eiern und Geschmackszutaten verfeinert. E i n f a c h e G e - b ä c k e sind Wasserbrötchen aus Weizen- oder Roggenmehl, Wasser, Hefe, Salz in verschiedener Formgebung, auch als Stollen oder Wecken. Milchbrötchen sind aus Weizenmehl, Milch und Hefe. Der Geschmack wird durch Beigabe von Salz, Zucker, Fett, Mohn, Kümmel und Rosinen verändert. Zu den F e i n g e b ä c k e n zählen Kuchen, Torten, Portionsgebäcke, Plätzchen aus verschiedenen Teigen, die mit Füllen, Glasuren, Überzügen und Verzierungen fertiggestellt werden.

Beurteilung: Das Sprichwort „Schwarzes Brot macht Wangen rot" hat seine Richtigkeit, denn der Gehalt an Eiweiß, Mineralstoffen und Vitaminen ist im Schwarzbrot viel größer als im Weißbrot. Weißbrot ist teuer. Schwarzbrot ist eines unserer wichtigsten Nahrungsmittel. Es ist gut verdaulich, vorausgesetzt, daß es eine lockere, trockene Krume hat und nicht zu frisch ist. Auch vom wirtschaftlichen Standpunkt aus ist der Genuß von älterem Brot zu empfehlen; denn frisches Brot „gibt nicht aus".

Aufbewahrung: Brot muß trocken und kühl aufbewahrt werden, für den Verbrauch am besten in der Brottrommel. Dauerwaren wie Knäckebrot, Zwieback, Keks sind möglichst luftdicht verschlossen zu halten.

AUFGABE
Beurteile die verschiedenen Brotsorten für gesunde Ernährung und Verwendung!

MERKE
Schwarzbrot ist gesund und unser tägliches Brot.
Weißbrot und Feingebäck ist Sonntagsbrot.
Brot soll eine lockere, trockene Krume haben und darf nicht zu frisch gegessen werden.
Es muß trocken und kühl aufbewahrt werden (Brotdose).

Die Lockerungsmittel

Was stellst du bei der Betrachtung von angeschnittenem Brot fest?
Welche Mittel verwendet die Mutter, um die Teige locker zu machen?
Frage die Mutter, worauf sie beim Zubereiten von Hefeteig besonders achtet und warum!
Wie müssen Backpulver und Natron aufgewahrt werden?

Die organischen Lockerungsmittel

Hefe

Sie ist hellgrau, hat angenehmen Geruch und fühlt sich feucht an. Sie kommt als Preßhefe in den Handel und wird auch bei der Bier- und Branntweinherstellung gewonnen.

Versuch: Verrühre Hefe mit etwas Zucker; mit reichlich Zucker
Beobachte! Was stellst du fest?

Hefe muß Leben in sich haben, sonst könnte sich ihr Volumen nicht vergrößern. Sie besteht aus kleinen Pilzen, die sich durch Spalten bei genügend Wärme fortgesetzt vermehren (s. unten).

Versuch: Vermische Hefe mit Mehl! Beobachte!
Gieße etwas Milch dazu, verrühre und warte kurze Zeit! Wenn du angewärmte
Milch verwendest, beschleunigt sich der beobachtete Vorgang.

Aus den Versuchen sind die Lebensbedingungen für die Hefepilze ersichtlich, unter denen sie sich vermehren. Z u c k e r und M e h l sind ihre Nahrung. Die zu ihrer Spaltung geeignete Temperatur beträgt 30° (bei 70° sterben die Pilze ab). F l ü s s i g k e i t wird in Form von Milch oder Wasser zugefügt.

Durch die Tätigkeit der Hefepilze wird der Zucker in Alkohol und Kohlensäure gespalten. Dieser Vorgang heißt „alkoholische Gärung". Die gasförmige Kohlensäure entweicht zum Teil schon, während der Teig „geht", der Alkohol während des Backens; dadurch wird der Teig in die Höhe getrieben und gelockert.

MERKE

Die Hefe braucht Wärme, Feuchtigkeit und Nahrung (Zucker oder Mehl).
Die Hefe muß frisch sein, da sonst das Gebäck nicht oder zuwenig gelockert wird.
Weiter siehe „Kochen"!

Hefe ist auch ein Nahrungsmittel, weil sie sehr eiweißreich und vitaminhaltig ist. Sie kommt als Nähr- und Heilmittel in den Handel (Hefeflocken, Hefepaste, Hefeextrakt) und findet auch als Beigabe zu Suppen, Soßen und Brotaufstrich Verwendung.

Sauerteig

Versuch: Rühre eine kleine Menge Mehl mit Wasser zu einem weichen Teig, lasse ihn
einige Tage stehen! Beobachte und rieche daran! Was stellst du fest?

Beim Gehen des Sauerteiges spielen sich die gleichen Vorgänge ab wie bei der Lockerung des Hefeteiges, d. h. es entstehen Alkohol und Kohlensäure. Nur sind hier wilde Hefepilze aus der Luft hinzugekommen. Der säuerliche Geschmack und Geruch wird durch die Milchsäurebakterien hervorgerufen, die aus der Luft in den Teig gelangt sind.

MERKE

Beim Sauerteig geschieht die Lockerung des Teiges durch die wilden Hefepilze, die aus der Luft in den Teig
gekommen sind.
Die Milchsäurebakterien bewirken die Säuerung des Teiges.

Die anorganischen Lockerungsmittel

Backpulver

Versuch: Nimm 2 Gläser und gib je 1 Teelöffel Backpulver hinein, gieße in ein Glas kaltes, in das zweite Glas warmes Wasser hinzu! Beobachte!

Wir können feststellen, daß aus dem Backpulver bei Einwirkung von Feuchtigkeit und besonders rasch bei feuchter Wärme Kohlensäure entweicht. Diese lockert den Teig.

MERKE
Verwende zum Backpulverteig die Zutaten kalt!
Gib Backpulver erst zuletzt in den Teig und stelle diesen dann sofort in das Rohr! Das Kohlensäuregas entweicht sonst vorzeitig und kann dann später den Teig nicht mehr lockern.

Natron

Versuch: Mache den Versuch wie bei Backpulver mit Natron!

Auch hier entweicht Kohlensäure und lockert den Teig. Aber Natron wirkt erst bei Backhitze; es eignet sich darum auch für Teige, die länger stehen. Für fettreiche Teige ist Natron ungeeignet. (Natron und Fett gibt Seife.)

Hirschhornsalz

Versuch: Wie vorher — mit Hirschhornsalz.

Prüfe den Geruch! Der eigenartige Geruch kommt vom Ammoniak.
Hirschhornsalz zerfällt beim Erhitzen in Ammoniak und Kohlensäure. Diese lockert den Teig. Wegen des Geruches, der sich nur schwer verflüchtigt, ist es nur für flache Kuchen oder Keks und für Honigkuchen geeignet. Hirschhornsalz ist nach Rezept zu verwenden.

Pottasche

Versuch: Gib in ein Glas mit Pottasche Wasser, in ein zweites verdünnten Essig!

Bei der Pottasche bewirkt Essig (Säure) das Austreiben der Kohlensäure; sie kann deshalb nur in solchen Teigen wirken, die eine Säure enthalten und wird für Honigteige verwendet, die längere Zeit stehen müssen.

Die mechanische Teiglockerung

Sie wird durch Rühren, Schlagen und Kneten erreicht; dabei wird L u f t eingearbeitet.

Eiklar

Es nimmt beim Schlagen Luft auf. Beim Backen dehnt sich diese aus, lockert damit den Teig und entweicht schließlich.

Butter

Sie enthält Wasser, das beim Backen Dampfbläschen bildet, die ebenfalls den Teig lockern (Blätterteig und Mürbeteig).

Die Wahl der Lockerungsmittel richtet sich nach den Gebäckarten, ihren Zutaten, der Verarbeitung und Geschmacksrichtung.

Die Kartoffel

AUFGABEN
Welche Kartoffelgerichte kennst du?
Wie bewahrt ihr Kartoffeln auf?
Was weißt du von der Herkunft der Kartoffel?

Die G ü t e der Kartoffel ist von Sorte, Bodenbeschaffenheit und Witterung abhängig, wobei die Kartoffeln aus leichteren Böden meist haltbarer sind als die aus schweren, nassen

Böden. Je nach Erntezeit unterscheiden wir frühe und mittelfrühe Sorten sowie Spätkartoffeln zum Einlagern.

Wert und Beurteilung: Die Kartoffel ist ein wertvolles Volksnahrungsmittel. Sie ist billig, nahrhaft (18–20% Stärke) und sättigend. Der Eiweißgehalt (2%) ist gering; das Eiweiß ist aber vollwertig und erhöht so den Nährwert. Der reiche Mineralstoff- und Vitamingehalt macht sie zu einer wichtigen Grundlage für die Ernährung. Die Kartoffel ist zu vielen wohlschmeckenden Speisen zu verwenden. Kartoffelbrei und Schalenkartoffeln sind leicht verdaulich, Kartoffelgerichte, mit Fett zubereitet, besonders sättigend. Wenn die Kartoffeln in der Schale gekocht werden, bleiben alle Nährstoffe erhalten. Geschälte, rohe Kartoffeln sollte man nicht länger als nötig im Wasser liegenlassen; sie laugen aus.

Zerlegbare Kartoffelkiste

Kartoffelerzeugnisse sind: Kartoffelstärke, Kartoffelsago sowie Kartoffelfertigwaren zur Bereitung von Klößen, Puffern und Kartoffelbrei. Sie sind schnell und einfach zu gebrauchen, jedoch für die häufigere Verwendung im Haushalt noch kostspielig.

Einkauf und Aufbewahrung: Als Wintervorrat kauft man im Oktober Spätkartoffeln. Dabei ist auf unbeschädigte, trockene, möglichst gleichmäßige Ware zu achten. Voraussetzung für jede Einlagerung aber ist ein kühler, trockener, frostfreier Keller. Den Vorrat gibt man in eine Lattenkiste mit schrägem Fallboden.

Die Kartoffeln werden unten entnommen. Durch die Bewegung beim Nachfallen wird die Keimbildung gehemmt. Vorhandene Keime werden erst kurz vor dem Gebrauch entfernt. Als Einlagerungsmenge für den städtischen Haushalt rechnet man ca. 1 Ztr. pro Person.

Die Hülsenfrüchte

AUFGABE
Frage die Mutter, wie sie Erbsensuppe oder Erbsenbrei kocht!

Zu den Hülsenfrüchten zählen Erbsen, Bohnen und Linsen.

Gehalt an Eiweiß ist hoch; dieses ist aber nicht vollwertig und kann vom Körper auch nicht ganz ausgenützt werden. Die Hülsenfrüchte dienen hauptsächlich zur Herstellung von Suppen und Breien. Wegen des hohen Gehaltes an Zellulose sind Hülsenfrüchte schwer verdaulich; deshalb ist geschälte Ware vorzuziehen. Bei der Zubereitung verbessern wir durch kleine Zugabe von Essig die Bekömmlichkeit.

Erbswurst ist fabrikmäßig hergestelltes Erbsmehl, das rasch zuzubereiten ist.

Die Gemüse

AUFGABEN
Stelle eine Übersicht deutscher Gemüse entsprechend der Erntezeit auf!
Berichte über die Zubereitung von Gemüse!

Arten

W u r z e l g e m ü s e : Gelbe Rüben (Möhren), Karotten, rote Rüben, Rettich, Radieschen, Sellerie, Schwarzwurzel.

S t e n g e l g e m ü s e : Porree (Lauch), Kohlrabi, Zwiebel.

B l a t t g e m ü s e : Spinat, Mangold, alle grünen Salate.

K o h l g e m ü s e : Weißkraut, Blaukraut (Rotkohl), Wirsing, Rosenkohl oder Sprossenkohl, Grünkohl, Blumenkohl.

F r u c h t - u n d S a m e n g e m ü s e : Tomaten, Gurken, Erbsen, Bohnen, Linsen, Paprika.

Nährstoffe: *Berichte über deine Beobachtungen zu den in der Tabelle S. 152/53 angegebenen Nährstoffen!*

Bedeutung für die Ernährung: Frischgemüse ist für die gesunde Ernährung unentbehrlich, insbesondere wegen seines Gehalts an wichtigen Mineralstoffen und Vitaminen, Duft- und Geschmacksstoffen. Die Eiweißmenge ist gering, das Eiweiß meist nicht vollwertig. Der Zellstoff ist großenteils unverdaulicher Ballaststoff, erhöht aber den Sättigungswert und ist für den Stoffwechsel notwendig.

Für den Wert und Wohlgeschmack ist die richtige Zubereitung entscheidend. Besonders günstig sind rohe Salate, da alle Vitamine und Mineralstoffe erhalten bleiben und beim Genuß dem Körper zugeführt werden. Nicht nur Blattsalate, auch Tomaten, Rettiche, Möhren, Sauerkraut, junger Kohl und Sellerie können so bereitet werden. Dem empfindlichen Säugling, dem Kleinkind und Kranken gibt man zellulosefreie Frischgemüse, Säfte aus Spinat, Möhren und Rote Beete. Das Dünsten der Gemüse ist dem Kochen unter Beigabe von Mehlschwitzen vorzuziehen. Gemüseeintöpfe unter Verwendung von Kartoffeln, Fleisch oder Fisch sind bei Einhaltung der Garzeit zu empfehlen und mit frischen Kräutern, wie Petersilie, Schnittlauch, gut aufzuwerten.

Einkauf und Aufbewahrung: Frisch geerntetes Gemüse aus dem Garten ist besonders wertvoll und geschmackvoll. Wir kaufen der Jahreszeit entsprechend, was der Markt preiswert bietet. Dabei bevorzugen wir, auch im Winter, Frischsalate, wie Endivie, Feldsalat, Chicorée und Gemüse, die als Rohkost beliebt sind. Gemüse sind kühl und luftig, Blattsalate in Zeitungspapier eingeschlagen, aufzubewahren.

Gemüsedauerwaren werden heute sowohl als Dosenkonserve wie auch als Tiefgefriergut angeboten. Im Nährwert und Geschmack sind die Tiefgefriererzeugnisse den Frischgemüsen durchwegs gleichwertig. Die Gemüsedauerwaren sind gebrauchsfertig vorbereitet. Es gibt bei der Zubereitung keinen gewichtsmäßigen Abfall mehr, die Kochzeit ist verkürzt und somit die Zubereitung sehr erleichtert. Diese Vorteile sind bei dem Kostenaufwand zu berücksichtigen. Gemüse, die nur für kurze Zeit im Jahr als Frischgemüse zu haben sind, wie Erbsen, Bohnen, Tomaten (Tomatenmark) sind deshalb als Dauerware sehr geschätzt. Ein gewisser Vorrat ist für die berufstätige Frau oder für besondere Fälle, wie Besuch, Krankheit, von Vorteil. Doch sind Dosenkonserven nur beschränkt haltbar, durchwegs bis zur nächsten Ernte. Tiefgefriergut kann man im Tiefgefrierfach des Kühlschrankes bis zu 14 Tagen aufbewahren. Ein Verbessern bei der Zubereitung mit frischer Butter, Sahne, Milch, Petersilie, Schnittlauch, evtl. Zitronensaft, erhöht den Wert.

MERKE

Die Gemüse sind wegen ihres hohen Gehaltes an Vitaminen und Mineralstoffen lebensnotwendig. Gemüse sind möglichst zu dünsten, Salate roh zuzubereiten. Gemüse sind appetitanregend und verdauungsfördernd.

Durch Abwechslung in der Zubereitung und in der Geschmacksgebung (mit saurer Sahne, Zitrone, Kräutern, Äpfeln u. a.) werden Salate und Gemüse jeden Tag gerne gegessen.

Die Pilze

AUFGABEN

Welche Pilze werden in eurer Gegend gesammelt?
Wie bereitet ihr Pilze zu?

Die Pilze werden wegen ihres Wohlgeschmackes geschätzt; sie bringen Abwechslung in den Speisezettel. Ihr Nährstoffgehalt ist gering.

Sammle oder kaufe nur die Pilze, die du sicher kennst!
Pilzvergiftungen sind sehr gefährlich.
Das Pilzeiweiß zersetzt sich rasch. Darum verwende frische Pilze sofort!
Wärme Pilzgerichte nie auf!

Das Obst

Was weißt du über das Angebot von ausländischem Obst?
Welche Obstarten gedeihen in eurer Gegend besonders gut?
Welche Möglichkeiten des Haltbarmachens von Obst kennst du?
Stelle den Nährstoffgehalt der Obstarten fest! (Tabelle)

Arten: Wir unterscheiden K e r n o b s t : Äpfel, Birnen, Quitten; S t e i n o b s t : Kirschen, Weichseln, Marillen, Zwetschgen, Pflaumen, Aprikosen, Pfirsiche; B e e r e n o b s t aus Garten und Wald: Johannisbeeren, Stachelbeeren, Erdbeeren, Himbeeren. Nüsse und Mandeln zählen zum S c h a l e n o b s t . Aus südlichen Ländern, teilweise aus Übersee, werden Bananen und Zitrusfrüchte eingeführt. Leichtverderbliche Früchte, wie Kirschen, Erdbeeren, Pfirsich, Aprikosen, werden weitgehend aus Ländern der Europäischen Wirtschaftsgemeinschaft geliefert.

T r o c k e n f r ü c h t e des Auslandes, besonders aus den Mittelmeerländern, sind sehr beliebt. Dazu zählen Sultaninen, Rosinen, Korinthen, Datteln und Feigen. Auch getrocknete Pflaumen, Aprikosen und Pfirsiche, in guter Qualität, werden gerne roh gegessen; sie sind durststillend, verdauungsanregend und energiespendend.

W i l d f r ü c h t e , wie Heidelbeeren und Preiselbeeren, werden frisch angeboten, Hagebutten, Sanddorn, Schlehen durch die Industrie zu Mark und Säften verarbeitet. Der Vitamingehalt der Wildfrüchte ist besonders hoch.

Bedeutung für die Ernährung: Mit Ausnahme des Schalenobstes, das wegen seines hohen Fett- und Eiweißgehaltes für fleischlose und reine Rohkosternährung von Bedeutung ist, hat das Obst nur geringen Nährstoffgehalt. Der besondere Wert für die Ernährung liegt im Gehalt an Mineralstoffen und Vitaminen. Duft- und Aromastoffe sowie Fruchtsäuren wirken appetitanregend, verdauungsfördernd, erfrischend und durch den hohen Wassergehalt durststillend.

Rohes Obst ungeschält, aber sorgfältig sauber gewaschen, läßt die beste Ausnützung der Vitamine zu. Der Zellstoffgehalt wirkt regulierend auf die Darmtätigkeit. Für Erwachsene, vor allem aber für Kinder und Säuglinge (ab dem 3. Monat rohe Fruchtsäfte), ist Obst eine unentbehrliche Ergänzung der täglichen Kost. Obstkuren und Obsttage für Gesunde und für Kranke sind nur nach Verordnung des Arztes durchzuführen.

Die **Haltbarmachung** und **Aufbewahrung** im Haushalt tritt immer mehr zurück, da Frischobst das ganze Jahr hindurch preiswert angeboten wird. Doch ist bei Eigenerzeugung im Garten die Haltbarmachung noch immer sehr lohnend, besonders die Herstellung von Säften, sterilisiertem Kompott und Marmeladen. Zur Aufbewahrung eignet sich nur einwandfreies Lagerobst, wie Birnen und Äpfel. Es wird zweckmäßig auf Obsthorden in frostfreien luftigen, halbdunklen Räumen gelagert. Die I n d u s t r i e hat ihre Verfahren des Haltbarmachens sehr verbessert und bietet heute preiswerte Obstdauerwaren als Kompotte, Konfitüren, Marmeladen und Trockenobst an. Durch die Süßmostbereitung werden Säfte, wohlschmeckend und naturrein, von verschiedensten Früchten, wie von Äpfeln, Kirschen, roten und schwarzen Johannisbeeren sowie Trauben, preiswert angeboten. Auch die Tiefkühlindustrie wird mit ihrem Angebot an frischen Früchten in Zukunft immer mehr Bedeutung gewinnen. Beim Einkauf achte auf Preiswürdigkeit! Zum Rohgenuß, insbesondere für Kinder und Kranke, bevorzuge einwandfreie, frische Ware! Bereits nässende Früchte müssen sofort verbraucht werden.

Fruchtobst hat seinen Wert im Gehalt an Mineralstoffen, Fruchtzucker und Vitaminen. Durch seinen Gehalt an Fruchtsäften wirkt es appetit- und verdauungsanregend, durststillend.
Schalenobst ist fett- und eiweißreich.
Rohes Obst soll möglichst das ganze Jahr über in der täglichen Kost enthalten sein.

Die Genußmittel

Kaffee, Tee und Kakao enthalten Koffein bzw. Theobromin, die in die Blutbahn übergehen und dadurch vorübergehend anregend wirken.
K a f f e e b o h n e n sind die Samen des Kaffeebaumes, der in tropischen Ländern wächst. Die Sortenbezeichnung richtet sich nach dem Herkunftsland; z. B. Brasilkaffee, Kostarica, Santos,

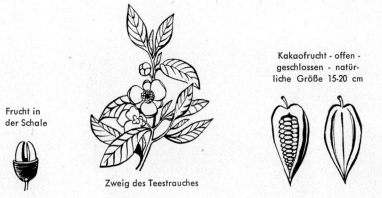

Kakaofrucht - offen - geschlossen - natür- liche Größe 15-20 cm

Kaffee- bohne

Frucht in der Schale

Zweig des Teestrauches

Liberia, Mokka. Koffeinfreiem Kaffee wurde das Koffein vor dem Rösten entzogen. Geruch und Geschmack werden dadurch nicht beeinträchtigt; doch entfällt die anregende Wirkung. Nes-Kaffee als lösliches Pulver wird koffeinhaltig und koffeinfrei angeboten.
S c h w a r z e r T e e stammt von den fermentierten Blättern und Blattknospen des Tee-strauchs, der vor allem in China, Japan und Indien angebaut wird. Die anregende Wirkung beruht wie beim Kaffee auf Koffein. Dazu kommen noch Gerbsäure und ätherische Öle. Der Verarbeitung nach unterscheidet man grünen und schwarzen Tee, der Qualität nach:

    Blattknospen = Peccotee
    zarte Blätter = Souchongtee
    ältere Blätter = Kongotee.

Teemischungen sind sehr beliebt. Tee-Extraktpulver = Nes-Tee ist ganz wasserlöslich.
Wirkung auf den Körper: K a f f e e u n d T e e wirken belebend, heben vorübergehend Müdigkeit und Schwäche auf, regen Magen- und Darmtätigkeit an. Doch führt der gewohn-heitsmäßige und oft gesteigerte Genuß zu Schäden an Magen, Herz und Nerven. Werdende und stillende Mütter sowie Kinder dürfen keinen Bohnenkaffee trinken. Die Wirkung bei Tee ist milder als bei Kaffee.
K a k a o wird aus dem Samenkorn der Kakaobohne, der Frucht des Kakaobaumes, gewon-nen. Dieser wächst in tropischen Ländern. Die Kakaobohnen werden einer Gärung unter-worfen, um das Kakao-Aroma zu entwickeln. Die gewaschenen, getrockneten Samen werden geröstet und von den Schalen befreit. Die schalenfreien Kerne haben über 50% Fett und werden entölt. Im Kakao sind noch Eiweiß, Stärke, Gerbstoffe, Mineralstoffe und Theobro-min, dem Koffein verwandt, enthalten.

Nährstofftabelle

in 100 g	Es sind enthalten						Für 1 DM erhält man				Beurteilung
	Eiweiß g	Fett g	Kohlenhydrate g	Mineralien g	Wasser g	Vitamine	Preis ½ kg Stck.	Eiweiß g	Fett g	Kohlenhydrate g	
Kuhvollmilch	3,7	3,8	4,8	0,7	87	++++	-.22	85	87	110	vollwertig, preiswert, sehr viel Wasser*)
Entrahmte Frischmilch	3,7	0,1	4,8	0,7	91	++					
Sahne für Butter	2,8	20,0	3,5	0,5	73	+++					
Quark (mager)	17,0	1,2	4,0	1,3	77	+					
Magerkäse	36,5	4,2	3,2	4,5	52	+					
Fettkäse	26,0	24,0	2,5	4,0	43	+++					
Butter	1,0	80,0	1,0	2,0	16	++++					
1 Hühnerei = 55 g	7,0	6,1	0,3	0,6	38	++++					
Rindfleisch fett	18,0	19,0	0,3	1,0	57	++	2.70	33	35	0,5	Eiweiß für Körper sehr gut auszuwerten, einseitig Eiweiß, Beikost notw., teuer*)
Kalbfleisch	18,0	4,0	0,3	1,1	74	++					
Schweinefleisch mittelfett	13,0	24,0	0,2	0,8	62	+					
Ger. Schinken	22,0	32,0	—	10,0	32	—					
Feine Leberwurst	15,0	33,0	2,5	3,2	46	++					
Hartwurst	22,0	46,0	—	6,0	28	—	4.00	27.5	57.5		Hoher Mineralstoffgehalt durch Gewürze*)
Seefisch (Schellf.)	9,5	0,2	—	1,3	82	+					
Hering gesalzen	1,4	7,4	0,9	1,6	76,4	++					
Bückling	20,0	9,0	—	2,8	68	++					
Walnüsse ohne Schale	12	57,0	15,0	1,7	10	+++					
Zitronen	0,6	—	16,0	0,6	82	+++					

Vitamine: + = gering, ++ = mittel, +++ = reichlich, ++++ = alle wichtigen Vitamine.
*) Beispiele für Beurteilung.

Nährstofftabelle (Fortsetzung)

in 100 g	Es sind enthalten						Preis ½ kg	Für 1 DM erhält man			Beurteilung
	Eiweiß g	Fett g	Kohlenhydrate g	Mineralien g	Wasser g	Vitamine	Stck.	Eiweiß g	Fett g	Kohlenhydrate g	
Weizenmehl	11,3	1,7	70,5	0,5	15	—					
Roggenmehl	8	1,3	74	1,2	13	+					
Haferflocken	14,5	7	66	1,7	11,5	+ +					
Weizenbrot	8,5	1,2	48	0,8	41	Spur					
Roggenbrot	5,8	0,8	53	1,2	39	+					
Eiernudeln	12	1,7	66	0,8	19	+					
Kartoffelstärke	0,6	—	80	18,8	0,6	—					
Zucker	—	—	99	—	—	—					
Nährhefe	48	2	22	7	18	+ + +					
Erbsen getr.	22	1,9	53	2,8	20	+					
Kartoffeln	1,8	0,2	18,5	1,1	75	+ +	0.08	117.5	12.5	1156	sehr preiswerte*) Volksnahrung. — Reichlich Stärke, sehr viel Wasser, besonders sättigend mit Fleisch, Eiergerichten usw.
Sauerkraut	1,4	0,3	4,3	1,8	92	+ +					
Spinat	1,8	0,2	1,6	2,0	94	+ + + +					
Salat	1,0	0,2	2,0	1,0	95	+ + +					
Möhren	0,9	0,2	6,7	1,0	90	+ + +					
Zwiebeln	1,2	0,1	8,9	0,6	89	+ + +					
Weißkraut	1,2	0,2	3,2	0,9	93	+ + +					
Blaukraut	1,2	0,1	5,0	0,7	92	+ +					
Gurken	0,4	0,1	1,0	0,4	97	+					
Tomaten	1,0	0,2	5,0	0,5	93	+ + + +					
Küchenkräuter	1,9	0,4	7,0	1,7	85	+ + +					
Kernobst	0,4	—	15,0	0,5	84	+ +					
Steinobst	0,7	—	16	0,5	83	+ +					
Beeren	1,0	—	14,0	0,7	84	+ +					

Vitamine: + = gering, + + = mittel, + + + = reichlich, + + + + = alle wichtigen Vitamine.
*) Beispiele für Beurteilung.

Im Handel werden angeboten:

    Kakaopulver schwach entölt mit 20% Kakaobutter,
    Kakaopulver stark entölt mit 10% Kakaobutter.

Haferkakao = 50% Kakao mit Hafermehl, ist sehr nährstoffreich, er wirkt stopfend. S c h o -
k o l a d e ist eine Kakaomasse, die mit Zucker und Zutaten, wie Milch, Vanille u. a. verarbeitet wird. Man unterscheidet:

    Blockschokolade   = geringere Qualität,
    Speiseschokolade   = mittlere Qualität,
    Schmelzschokolade   = feine Qualität sowie
    Überzugsmassen   = Couvertüren.

Kakao und gute Schokolade sind nicht nur Genuß-, sondern auch wertvolle Nahrungsmittel.
Sie dürfen von Kindern und Kranken genossen werden; sie sind für Bergsteiger, Sportler
und Wanderer gute Energiespender.

A l k o h o l entsteht durch alkoholische Gärung aus zuckerhaltigen Flüssigkeiten. Er ist der
wirksame Bestandteil von Wein, Bier, Branntwein und Likör.
Wirkung: Der Alkohol wirkt vorübergehend erwärmend, ist aber für den Körper schädlich.
Auch mäßiger dauernder Alkoholgenuß führt zu Erkrankungen des Herzens, der Blutgefäße und der Nieren. Bei starkem Alkoholgenuß erleiden diese Organe sowie der Magen,
die Leber und die Nerven schwerste Schäden. Die Leistungsfähigkeit des Menschen wird
herabgesetzt und die sittlichen Hemmungen werden ausgeschaltet.
Kinder, Jugendliche und werdende Mütter müssen den Alkohol ganz meiden.

MERKE

Genußmittel, mit Ausnahme von Kakao, sind nur für Erwachsene da!
Genußmittel sollen nur zur Anregung dienen und dürfen nie Gewohnheit werden.
Alkohol ist ein schweres Keimgift.
Erhöhter Alkoholgenuß bringt wirtschaftliches Elend, sittlichen Tiefstand und körperliche und geistige Schäden
oft auch noch für die Kinder und weiteren Nachkommen.

GRUNDSÄTZLICHES ÜBER DAS HALTBARMACHEN VON OBST UND GEMÜSE

Bedeutung der Haltbarmachung

Zu den Erntezeiten fallen größere Mengen von Obst und Gemüse an, die leicht verderben,
wenn sie nicht bald verwendet oder entsprechend haltbar gemacht werden. In der Zeit des
Hauptanfalls sind Obst und Gemüse preiswert. Von besonderem Vorteil ist die Ernte aus eige-
nem Garten. Entsprechend konserviert bringen sie nicht nur A b w e c h s l u n g in unseren
Küchenzettel bei knapper Gemüseversorgung, sie sind auch wichtige Mineralstoff- und
Vitaminspender.
Das Haltbarmachen im Haushalt kann gegebenenfalls eine Preisersparnis bedeuten, wenn
die Voraussetzungen, wie das Vorhandensein von entsprechenden Gefäßen und Geräten für
die Haltbarmachung gegeben sind und trotz Belastung keine gesundheitliche Überbeanspru-
chung der Hausfrau damit verbunden ist.

Ursachen für das Verderben der Lebensmittel

Die Haltbarkeit der leichtverderblichen Lebensmittel ist durch K l e i n l e b e w e s e n
stark gefährdet. Diese vermehren sich bei günstigen Lebensbedingungen sehr rasch und verursachen Schimmelbildung, Gärung und Fäulnis. Dadurch werden die Lebensmittel ungenieß-
bar, oft sogar giftig. Die Lebensbedingungen der Kleinlebewesen (Bakterien) sind: Wärme,
Luft, Feuchtigkeit und ein geeigneter Nährboden.

a) Eine W ä r m e von 20–30 Grad ist für ihre Vermehrung besonders günstig. Bei 70 Grad werden die meisten getötet. Manche allerdings sind so widerstandsfähig, daß eine höhere Temperatur oder gar z w e i m a l i g e s Erhitzen notwendig ist, um sie unschädlich zu machen. Dabei muß ein weiterer Zutritt von Bakterien zum Einmachgut verhindert werden. Das geschieht durch L u f t a b s c h l u ß , z. B. beim Sterilisieren: durch Hitzeeinwirkung und luftdichten Abschluß wird Haltbarkeit erzielt.

Auch bei der Herstellung von S ü ß m o s t oder O b s t s a f t durch Dampfentsaften werden die Kleinlebewesen durch die Hitze getötet. Durch sofort erfolgenden Luftabschluß wird ein späteres Eindringen weiterer Bakterien verhindert.

Beim E i n g e f r i e r e n wird die Tätigkeit der Kleinlebewesen durch H e r a b s e t z u n g der Temperatur auf – 18 bis – 20 Grad lahmgelegt.

b) Die Kleinlebewesen brauchen für ihre Tätigkeit F e u c h t i g k e i t. Durch Wasserentzug beim T r o c k n e n (Äpfel, Birnen, Zwetschgen, Pilze, Küchenkräuter), bei starkem E i n - k o c h e n (Eindicken von Mus) oder durch Zuführung e n t s p r e c h e n d e r Z u c k e r - m e n g e n (Marmelade und Gelee) wird den Kleinlebewesen die notwendige Feuchtigkeit entzogen; sie stellen ihre Tätigkeit ein.

c) Die L u f t ist für das Leben vieler Bakterien notwendig. Allerdings arbeiten manche auch ohne Luftzufuhr; Luftabschluß allein genügt also nicht; es muß Abtötung durch Hitzeeinwirkung vorausgehen, wie dies beim Sterilisieren der Fall ist.

d) Als geeigneten N ä h r b o d e n finden die Kleinlebewesen in Gemüse und Obst neben Wasser auch Zucker und Stärke, durch deren Spaltung die Hefepilze eine Gärung hervorrufen. Durch h o h e Z u c k e r z u g a b e wird aber den Zellen das Wasser entzogen und den Kleinlebewesen diese Tätigkeit unmöglich gemacht. Für die Haltbarkeit von Marmelade und Gelee ist es darum wichtig, die e n t s p r e c h e n d e Zuckermenge zu verwenden, damit alle verfügbare Feuchtigkeit gebunden wird.

Beim Einmachen von S a u e r k r a u t wird durch das Hinzukommen von Milchsäurebakterien ein saurer Nährboden geschaffen, der eine alkoholische Gärung unmöglich macht. Dies erfolgt auch bei Zugabe von Essig, z. B. bei Essig- und Senfgurken.

Möglichkeiten der Haltbarmachung

sind: das Sterilisieren in Gläsern oder Dosen, die Marmelade- und Geleebereitung, das Herstellen von Obstsäften (Dampfentsaften), das Bereiten von Essig- oder Zuckeressigfrüchten, von Gärgemüse, das Trocknen und das Eingefrieren.

Regeln für die Haltbarmachung und Vorratspflege

1. Nur beste Früchte sollen verwendet werden; Obst und Gemüse müssen frisch sein.
2. Größte Reinlichkeit und Sorgfalt sind für die Haltbarkeit ausschlaggebend. Obst und Gemüse sind gut zu waschen; das Einkochgeschirr und die Geräte, die Gläser, Dosen und Gummiringe sind vor dem Einkochen in heißem Wasser unter Zusatz eines Spülmittels zu spülen. Stets frische Geschirrtücher verwenden!
3. Der Vorratskeller muß frostfrei, darf nicht feucht, aber auch nicht warm sein (+ 3–12° C). Dann lassen sich im **Haushaltkeller** Regale für Dosen, insbesondere für Fleischkonserven, Gläser, Flaschen, Steintöpfe und Eiervorräte aufstellen. Im gleichen Raum können auch die Obstvorräte eingelagert werden.
4. Alle Vorräte müssen r e g e l m ä ß i g ü b e r p r ü f t werden! Gläser und Dosen sind zunächst wöchentlich, dann vierzehntäglich nachzusehen!
   Lagerobst wird ausgelesen und nicht lagerfähiges Obst sofort verbraucht.

Nur wenn die Hausfrau die Arbeit gut überblicken und bewältigen kann, verschafft die Vorratshaltung und -pflege ihr und der Familie wirklichen Nutzen und Freude.

Obst machen wir im Haushalt vorwiegend haltbar durch:

Zum Kauf günstig als:

	Sterilisieren	Saftbereitung und Gelee	Herstellung von Marmelade, Mus	Einmachen in Flaschen	Einmachen in Zucker-Essig-Lösung o. m. Zucker in Zubindegefäßen	Trocknen oder Dörren	Gefriergut	Konserve	Frischware
Äpfel	als Mus	aus unreifen Früchten für Gelee	Mus			in Ringen oder Scheiben	—	Apfelmus	vorteilhaft
Aprikosen	als Kompott und Kuchenbelag halbiert	—	Marmelade zweckmäßig mit Geliermittel				—	Kompott	nur kurze Zeit verfügbar
Birnen	als Kompott	—	Mus		in Zucker-Essig-Lösung	halbierte und ganze Früchte	—	Dosen, Trockenobst	Herbst u. Winter
Brombeeren	als Kompott	Gelee, Dampfentsaften und Gärung	Marmelade				—	—	—
Erdbeeren	als Kompott	Dampfentsaften	Marmelade mit Geliermittel				hoh. Kostenaufw. für bes. Fälle	Konfitüre	reichlich verwenden
Hagebutten	—	—	aus entkernten Früchten			Kerne zu Tee	—	Mark	—
Heidelbeeren	als Kompott	—	Marmelade	roh oder kurz gedämpft		für Hausapotheke	—	lohnt Selbstherstellung	reichlich roh verwenden
Holunder	als Kompott	Dampfentsaften	Marmelade		als Mischkompott		—	nur bei Selbstherstellung	—
Himbeeren Johannisbeeren	rein und gemischt als Kompott	Dampfentsaften, Safttuch, Gärung, Gelee	Marmelade rein und gemischt durch Fruchtpresse		als Schüttelbeeren in geschwefelten Gefäßen		—	Marmeladen, Konfitüren, Säfte	reichlich roh verwenden
Kirschen süß Kirschen sauer	als Kompott und Kuchenbelag mit und ohne Stein	Dampfentsaften	Marmelade aus Rückständen vom Entsaften oder auch mit Geliermittel		mit Zucker gekocht in geschwefelten Gefäßen		—	süß — Most sauer — Kuchenbelag	reichlich roh verwenden
Mirabellen	als Kompott und Kuchenbelag mit und ohne Stein	—	Marmelade mit Geliermittel				—	Dosenkonserve	soweit preiswert angeboten
Pfirsiche	als Kompott und Kuchenbelag, ganz und halbiert, geschält	—	Marmelade mit Geliermittel				in Ausnahmefällen	Dosenkonserve	soweit preiswert angeboten
Preiselbeeren	als Kompott	—	—	roh oder kurz gedämpft	als Schüttelbeeren		—	lohnt Selbstherstellung	—
Quitten	in Scheiben als Kompott	durch Kochen für Gelee	Marmelade auch mit Äpfeln gemischt, steif als Paste				—	Konfitüre	—
Rhabarber	als Kompott und Kuchenbelag	Dampfentsaften	—	Rhabarberwürfel roh			—	lohnt Selbstherstellung Rhabarbersaft f. Diät	reichlich zu verschiedensten Gerichten
Stachelbeeren	grün, als Kompott und Kuchenbelag	Dampfentsaften	Marmelade, reife Früchte durch Presse	unreife kleine Beeren			—	lohnt Selbstherstellung	empfehlenswert
Zwetschgen	als Kompott und Kuchenbelag	—	Marmelade und Mus mit und ohne Zucker		als Zucker-Essig-Früchte	vollreife Früchte später Sorten	—	lohnt Selbstherstellung	reichlich roh und zu verschiedenen Gerichten

Gemüse machen wir im Haushalt vorwiegend haltbar durch:

Zum Kauf günstig als:

	Sterilisieren in Gläsern u. Dosen	Gärung und Einsalzen	Einmachen in Essig und Zucker-Essig-Lösung	Trocknen	Tiefgefriergut	Konserve	Frischware
Bohnen	für Gemüse u. Salat	eingesäuerte Bohnen			zweckmäßig	in Dosen	reichlich verwenden
Erbsen	für feines Gemüse			ausgereifte Samen	zweckmäßig	in Dosen, auf Qualität achten!	viel Zeitaufwand bei der Bereitung
Gurken (Goldlackdosen)	Gurkensalat Jägergurken	Saure Gurken (Salzgurken)	Senfgurken Essiggurken (Pfeffergurken)		—	in verschiedenster Form - Selbstherstellung nur bei günstigem Preisangebot	sehr zu empfehlen
Karotten	für feines Gemüse	in der Mischung für Suppengemüse eingesalzen		in der Mischung für Suppengemüse	—	als Mischgemüse	das ganze Jahr hindurch reichlich verwenden
Pilze	für feines Gemüse und Füllen			in Scheiben für Suppen, Soßen, Würze	—	sehr teuer	bei Kenntnis selbst sammeln; Kauf meist hoher Preis
Tomaten	rot, ganz u. halbiert als Mark (auch in Flaschen)		grüne Tomaten			Selbstherstellung bei Eigenerzeugung. Mark, Saft, sehr vorteilhaft	reichlich, in verschiedener Form verwenden
Weißkraut		Sauerkraut			—	Sauerkraut offen und Packung	abwechslungsreich verwenden
Kräuter		Petersilie und als Mischung eingesalzen		als Gewürz und Tee	—	Trocken als Gewürze	reichlich das ganze Jahr hindurch verwenden
Blumenkohl					—	—	bei preiswertem Angebot verwenden

GRUNDSÄTZLICHES ÜBER DIE ZUBEREITUNG DER SPEISEN

Sie hat ein gut Gemüt, drum kocht sie gut,
Drum ist an ihrem Tisch mir froh zu Mut!
Ich hab's erfahren oft auf meinen Reisen:
Der Frauen Herz, voll rätselhaften Zügen:
Erprobt sich stets am Wohlgeschmacke ihrer Speisen.
Wenn so ein gutes Herz kocht, brät und schürt
Und in den Topf den Wunsch des Herzens rührt,
Daß es den Gästen schmecke und gedeihe,
Das gibt den Speisen erst die rechte Weihe.

Nikolaus Lenau

Zubereitungsarten

Kochen: Darunter verstehen wir ein Garmachen in Wasser oder anderer Flüssigkeit, auch Milch, Brühe usw. Da beim Kochen Nährstoffe in die Flüssigkeit übergehen, ist diese immer zu verwenden (zu Suppen, Soßen, zum Aufgießen von Gemüse).

Dämpfen: Garmachen in Wasserdampf, entweder in einem Topf mit Dämpfaufsatz oder durch Einstellen eines Siebrostes oder Siebes in einem Topf, z. B. bei Schalenkartoffeln, Salzkartoffeln usw.

Dünsten: Hierbei werden die Nahrungsmittel, wie Fleisch, Fisch, Gemüse, meist in wenig heißes Fett gegeben, leicht angebräunt, mit etwas Flüssigkeit aufgefüllt und zugedeckt. Man spricht vom Garmachen im eigenen Saft. Die Speisen sind schmackhafter als beim Kochen und Dämpfen. Die Garzeit wird verkürzt und wertvolle Nährstoffe bleiben erhalten.

Braten: Hierzu geben wir die Nahrungsmittel in heißes Fett (in der Pfanne oder im Brattopf, in der Bratpfanne in die Röhre) oder begießen sie mit heißem Fett. Fleisch muß rasch bräunen, damit nicht zuviel Saft austreten kann. Zur Soßengewinnung geben wir nach und nach wenig kochende Flüssigkeit zu.

Durch das S c h m o r e n wollen wir besonders reichlich Geschmack- und Duftstoffe erzielen. Wir bräunen die Nahrungsmittel in heißem Fett bei offenem Topf stark an und dünsten dann im geschlossenen Topf unter Nachgießen von heißer Flüssigkeit während der Garung fertig. Das Schmoren ist besonders geeignet für Gerichte, die kräftig schmecken sollen, wie Gulasch, Rinder- und Schweinsrollen, Schmorbraten und Weißkohl zu Schmorkohl.

Backen

1. in der Röhre:
   (z. B. Kuchen) hier wird durch die heiße Luft ein Bräunen und Garwerden bewirkt,
2. schwimmend in heißem Fett:
   (z. B. Faschingskrapfen) hierbei bildet sich schnell eine starke Kruste,
3. beim Ausbacken in reichlich Fett in der Pfanne:
   (z. B. panierte Schnitzel, Kartoffelküchlein) hier wird mit dem Garmachen Krustenbildung erreicht.

Grillen ist ein Braten auf dem Rost bei hoher Hitze durch Strahlung (250–300°) ohne Wasserzugabe, meist ohne oder mit nur wenig Fett.

Durch die große Hitze gerinnt das Eiweiß sofort und schließen sich die Poren rasch; es kann kein Saft austreten. Kurze Garzeit und Bräunung erhöhen den Wohlgeschmack. Die Krustenbildung ist gering, Saft und Nährstoffe bleiben erhalten; die Speisen sind wertvoll und wegen der fettarmen Zubereitung auch leicht verdaulich. Diese Zubereitungsart ist geeignet für Fleisch- und Fischstücke, kleine Würste, zartes kleines Geflügel und für einige Gemüse.

G r i l l e n in der Backröhre:

In neuzeitlichen Elektro- und Gasherden sind in der Röhre eigene Grillheizkörper eingebaut. Diese sowie elektrische Einzelgrilleinsätze oder Einzelgrillapparate sind nach Gebrauchsanweisung zu handhaben.

In Grillbratpfannen kann man auf der Flamme oder Platte kleine Fleischstücke ohne Fett braten; das wird ebenfalls als Grillen bezeichnet.

Überkrusten: so bezeichnet man das kurze Bräunen einer bereits garen Speise (z. B. Schichtspeisen in der Auflaufform) in der Backröhre; dadurch wird eine Kruste erzielt.

Aufziehen: Garmachen stärkehaltiger Nahrungsmittel in Flüssigkeit in der Röhre oder bei schwacher Hitze im geschlossenen Topf auf der Platte (z. B. Reis, Nudeln).

Aus der Küchenfachsprache und küchentechnische Winke

Ablöschen – Aufgießen: die notwendige Flüssigkeit zugeben, z. B. bei Mehlschwitze (meist nach und nach), je nach Rezept kalt oder heiß.

Bähen: Trocknen von garem Gebäck in heißer Luft (150°) bis zu lichtgelber Farbe – erzielt leichte Verdaulichkeit und Haltbarkeit, z. B. Zwieback.

Beizen: Essigbeize für Fleisch, Wild, Geflügeljung je nach Jahreszeit 3–10 Tage. Milchbeize (Sauer- oder Buttermilch) für Kaninchen, Kalbfleisch, Leber 1–2 Tage. Durch Beizen wird das Fleisch mürbe, geschmacklich verändert und, kalt gestellt, einige Tage haltbar.

Brühen – Blanchieren: Übergießen mit kochender Flüssigkeit, evtl. kurz ziehen lassen oder kurz aufkochen, dann (meist) kalt abbrausen. Durch Brühen wird Überzug entfernt (z. B. Reis glasiert), Schälen, Enthäuten erleichtert (Mandeln, Hirn), starker Geschmack gemildert (älteres Kohlgemüse), werden Nahrungsmittel weich.

Karamellisieren: Bräunen von Zucker in fettfreier Pfanne; Zucker verliert dabei an Süßkraft.

Legieren: Binden und Verbessern von Suppen und Soßen mit Eigelb; verbessert Aussehen und Geschmack, erhöht den Nährwert.

Marinieren: Säuern von Salaten, von Fischen mit Essig oder Zitronensaft; Würzen mit Kräutern, Senf, Salz, Zwiebeln, Pfeffer.

Panieren: zur Krustenbildung das Nahrungsmittel zuerst in verschlagenem Ei oder Eiresten und dann in Semmelmehl, nach Belieben mit etwas Mehl gemischt, wenden. Das Panieren ist besonders beliebt bei Fleisch in Scheiben und bei Fischfilet. Merke: Erst kurz vor dem Ausbacken panieren; macht Speisen fettreich und schwerer verdaulich.

Rösten: rasches Bräunen in wenig heißem Fett unter ständigem Rühren oder Wenden.

Schaummasse: um eine lockere Beschaffenheit der Speisen, z. B. bei Kuchen, Plätzchen, zu erreichen, möglichst viel Luft einrühren.
Fettreiche Schaummasse. Zuerst Butter oder Fett schaumig rühren, bis sich Spitzen zeigen, dann abwechselnd trockene Zutat, wie Zucker, Grieß oder Semmelmehl, mit Eigelb bzw. Ei zugeben und rühren, bis die Masse gleichmäßig schaumig ist – Zucker darf nicht mehr knirschen.
Fettfreie Schaummasse. Eier und Zucker mischen und rühren, bis die Masse heil und glänzend ist.
Bei Verwendung von Küchenmaschinen nach Gebrauchsanweisung arbeiten.

Spicken: Einziehen von Speckstreifen mit Spicknadel oder Einschieben von Speckkeilen mit Küchenmesser in mageres Fleisch, wie Rinderbraten, Wild, Fisch; macht saftig, verbessert den Geschmack.

Stauben: Binden von Suppen und Gemüse mit Mehl. Dieses trocken über das fast gare Gemüse – bei Suppen vor dem Aufgießen – streuen, gut durchrühren, Flüssigkeit zugeben, auf- oder garkochen.

Tranchieren: sachgemäßes Zerlegen und Teilen von Fleisch und Geflügel, meist zu Portionsstücken.

Wasserbad: Gefäß mit kochendem oder heißem Wasser zum Garmachen (Kochpudding) oder Warmhalten von empfindlichen Speisen (Kartoffelbrei, legierte Soßen).

Richtiges Würzen und Abschmecken — Kunst der Hausfrau

	Würzen mit:	Verbessern durch:
Suppe	Petersilie, Schnittlauch, Liebstöckl, Muskat, Majoran, Paprika	} Zitrone, Tomatenmark, Sahne, Wein
Fleisch Wild	Basilikum, Liebstöckl, Lorbeer, Wacholder, Knoblauch, Kümmel, Gewürzkörner, Majoran, Paprika, Pfeffer, Kapern, Senf	
Fisch	Paprika, Pfeffer, Senf, Salbei, Zitronenmelisse	} Käse
Gemüse und Salate	Petersilie, Schnittlauch, Bohnenkraut, Muskat sowie Borretsch, Dill, Estragon, Zitronenmelisse	} Zitrone, Sahne
Soßen salzig	Petersilie, Schnittlauch, Dill, Estragon, Zitronenmelisse	} Wein, Sahne, Zitrone
Süßspeisen und Backwerk	Vanille, Zitrone, Zimt, Anis, Nelken, Piment, Arrak, Rum	} Schlagsahne

Was ist ein Grundrezept?

Am Beispiel „mittelfester Hefeteig" soll es aufgezeigt werden. Zum Hefeteig braucht man bestimmte Zutaten:

Mehl, Hefe, Flüssigkeit, Salz, Zucker, Fett;

das sind die **Grundzutaten.**

Diese müssen in einem richtigen Verhältnis zueinander genommen werden, also in den Mengen aufeinander abgestimmt sein, sonst würde der Teig z. B. zu weich oder nicht locker werden. Man geht dabei von einer bestimmten Personenzahl aus. Der Einfachheit halber sind die folgenden Grundrezepte auf 4 P e r s o n e n abgestellt. Nach Bedarf vervielfacht man das Rezept, z. B.

für 6 Personen 1½ mal,

für 8 Personen 2 mal, usw.

Für das Grundrezept zum Hefeteig nimmt man als erprobte, aufeinander abgestimmte Mengen:

> 500 g Mehl, Salz,
> 15—20 g Hefe,
> etwa ¼ l Flüssigkeit,
> 30—50 g Zucker,
> 30—50 g Fett.

Diese Mengen sind **Grundmengen.**

Man kann den Hefeteig nach Belieben verbessern und im Geschmack ändern

z. B. mit: 1—2 Eiern, Zitronenschale, Weinbeeren, Nüssen, Orangeat, Zitronat. } = **Verbesserungs-** und **Geschmackszutaten.**

Der in der Form gekochte Pudding
(heiß gestürzt), nahrhaft und
schmackhaft, ist ein beliebtes Gericht
auch für die fleischlose Küche

Ein Schokoladengrießflammeri
(kalt gestürzt) mit Vanillesoße —
ein Genuß für alle
an heißen Sommerabenden

Links unten:
Süß und salzig für jeden Geschmack,
knusprig im Rohr gebacken, bringt der
Auflauf viel Abwechslung in jede Küche

Rechts unten:
Eine feine Creme, mit frischen
Eiern bereitet, mit Schlagrahm und
Früchten verziert, als Nachtisch
für Fest- und Feiertage

Aus diesem mittelfesten Hefeteig kann man (je nachdem man ihn mit Eiern, Fett und beliebigen Geschmackszutaten verbessert) die verschiedensten Gebäcke herstellen:

z. B. Napfkuchen: den Teig etwas weicher gehalten i n d i e F o r m geben,
oder Rohrnudeln: den Teig in einzelne Nudeln g e f o r m t i n d i e P f a n n e setzen,
oder Hefezopf: den Teig geformt a u f d a s B l e c h geben,
oder Streuselkuchen, Apfelkuchen usw.: als Teigplatte a u f d a s B l e c h geben und m i t Belag verbessern.

Bei dem gleichen Grundrezept kann man also ganz verschiedene **Formgebung** wählen.
Man kann aber nicht nur die Form, sondern auch das Garmachen verschieden wählen, z. B.:

Rohrnudeln werden durch B a c k e n im Rohr,
Dampfnudeln durch Entwicklung des F e t t - W a s s e r - D a m p f e s im Tiegel (Brattopf),
Hefeklöße durch das K o c h e n im Wasser,
Faschingskrapfen s c h w i m m e n d i m F e t t durch B a c k e n gargemacht.

Durch die Möglichkeit der verschiedenen **Garmachungsarten** lassen sich aus dem gleichen Teig verschiedene Gerichte herstellen.

Zusammenfassend:

Das Grundrezept hat bestimmte Grundzutaten und Grundmengen und wird nach Grundregeln zubereitet (siehe vor jedem Grundrezept im Anhang). Durch Änderung der Geschmacks- und Verbesserungszutaten, der Formgebung und Garmachungsart läßt sich daraus eine Vielfalt von Gerichten herstellen (z. B. aus mittelfestem Hefeteig ca. 30 verschiedene Gerichte).

Wir nennen eine Kost g e s u n d , wenn sie nicht nur schmackhaft, sondern auch richtig zusammengesetzt, also v i e l s e i t i g und a b w e c h s l u n g s r e i c h ist. Der Hausfrau ist aber auch daran gelegen, daß die Arbeiten hierfür erleichtert und vereinfacht werden. Darum stellen wir einen Stamm von Rezepten auf: die **Grundrezepte.** Da jedes dieser Rezepte mehrfach abgewandelt werden kann, läßt sich damit eine Vielzahl von Gerichten herstellen. Z. B.

Mehlschwitze:

zu Suppen, wie Tomaten-, Kräuter-, Blumenkohl-, Spargelsuppe u. a.,
zu Soßen, wie Senf-, Tomaten-, Zwiebelsoße u. a.,
zu Gemüse, wie Spinat, Wirsing, Blumenkohl u. a.

Pfannkuchen:

als Suppeneinlage, gefüllt, aufgezogen u. a.
Grundrezepte mit Auswertung siehe Anhang!

Ü B E R T I S C H S I T T E N

Das Decken des Tisches — Tischschmuck

Klargespültes Geschirr, sorgfältig auf einen sauberen Tisch (saubere Tischdecke) gestellt, ist der „beste" tägliche Tischschmuck.
T i s c h t u c h und S e r v i e t t e n wählt man zur Mahlzeit passend aus. Zum Mittagessen wird meist weiß gedeckt, besonders zu festlichen Gelegenheiten; zum Frühstück, am Nachmittag und oft auch am Abend nimmt man gerne die bunte Decke.
Auf einer festlichen Tafel liegen die dazu passenden Servietten, sorgfältig, schlicht und gefällig gefaltet, bereit. Heute werden sowohl für den Familientisch als auch für Gäste gerne „S e t s" verwendet, das sind kleine, farbige, oft geschmackvoll gearbeitete Deckchen, auch Platzdeckchen genannt. Die Tischplatte (oder das entsprechende Tischtuch) darunter muß aber tadellos sauber sein.

Abendbrottisch -
Verwendung von „Sets"

Frühstückstisch - Beachte
Form und Verzierung
des Geschirrs

Die **Anordnung** des **Speisegeschirrs** für den festlichen Tisch. Für jeden Gast rechnet man mindestens 60 cm Tischplatz. Wenn möglich, wird an jedem Platz ein Platzteller gedeckt; hat man besonders schönes Geschirr, z. B. bemaltes Porzellan oder Zinn, so bleibt er als „Stand-teller" stehen. Die Teller für das Hauptgericht werden warm gestellt und vor dem Anreichen des Gerichtes gegebenenfalls mit dem Standteller ausgewechselt. Brot-, Salat- und Kompott-teller stehen jeweils links oben, während die G l ä s e r rechts angeordnet werden. Ihre Reihenfolge richtet sich nach der Folge der Getränke. Dem Teller am nächsten steht das Glas für das Getränk, das als erstes gereicht wird, die weiteren Gläser stehen schräg zur Tisch-mitte hin (etwa: Bier-, Rotwein-, Weißwein-, Sektglas — jedes hat seine eigene Form). Die T a s s e n werden rechts oben vom Kuchenteller eingestellt. Siehe auch Abb. unten. Das B e s t e c k wird der Speisenfolge entsprechend aufgelegt. So kommen Löffel oder Gabel für die Suppe bzw. Vorspeise rechts nach außen; dem Teller am nächsten liegt das zuletzt zu gebrauchende Besteck. Rechts vom Teller liegen die Messer, mit der Schneide nach innen, links die Gabeln. Für Fischgerichte werden, wenn kein Fischbesteck vorhanden ist, links 2 Gabeln gedeckt. Das Nachtischbesteck (kleine Gabeln, Löffelchen, Obstmesser) wird oberhalb des Tellers aufgelegt. Auch der Suppenlöffel kann oberhalb des Tellers liegen, statt rechts außen. Zu Suppentassen deckt man, wenn vorhanden, mittelgroße Löffel.

Zum Frühstück (links) Dessertteller und Dessertbesteck, zum Nachmittagskaffee mit Kuchengabel, die schräg auf dem Teller, auch oberhalb des Tellers oder rechts neben dem Teller liegen kann - Für Mittagessen (mitte) mit Suppe, Fleischgang und Nachtisch wird diese Anordnung getroffen - Für ein festliches Essen (rechts) mit Fischgang und z. B. Obst als Nachtisch sind die Bestecke in der Reihenfolge der Gerichte von außen nach innen angeordnet

Für ein Festessen (links) mit Vorspeise und evtl. warmer Nachspeise wird außen rechts und links das Dessertbesteck und dann das Tafelbesteck angeordnet; für die Nachspeise liegen Dessertlöffel und -gabel bereit - Gläser (rechts) werden in der Reihenfolge aufgestellt, in der sie gebraucht werden. Rechts, dem Gedeck am nächsten steht das Glas für das erste Getränk.

Das Vorlegebesteck (Abb. S. 164), Reservebestecke und Ersatzteller werden auf einem sauber gedeckten Serviertisch oder auf einem anderen Seitentisch zurechtgelegt. Dort können auch kalte Speisen (Brote, Salate, Kompotte), Salzstreuer oder andere Gewürzbehälter bereit- oder abgestellt werden.

Der **Tischschmuck** gibt dem festlichen Tag sein besonderes Gepräge; sei es eine kleine Blumenschale am sonntäglichen Familientisch oder reicherer Blumenschmuck an einem Familienfest, wie Geburtstag, Namenstag u. a. Einen besonderen Vorrang haben die kirchlichen Festtage in der Familie, wie A d v e n t und W e i h n a c h t e n. Mit Tannengrün, leuchtenden Kerzen, roten Äpfeln, frischen Fichten- und Tannenzapfen, Strohsternen oder mit besonders schönem Gebäck, z. B. Zimtsternen, gespritzten Lebkuchen und Nürnberger Marzipan, zieren wir den Tisch.

Auf dem O s t e r t i s c h leuchten im ersten Grün die bunten Ostereier neben kleinen Schalen oder Eieräschen mit zarten Frühlingsblumen. Für Feste, die als Marksteine auf dem Lebensweg des Menschen stehen, wie Taufe, Verlobung, Hochzeit, soll auch der Tischschmuck passend gewählt werden. So ist es Brauch, zu Taufe, Kommunion und Konfirmation mit Blumen, Bändern (weiß-gelb oder weiß) und frischem Grün zu schmücken. Bei der Verlobung erfreut leuchtendes Rot oder gut abgestimmtes Bunt, z. B. Anemonen, Rosen und Nelken. Die Hochzeitstafel zieren meist weiße oder zart-pastellfarbene Blumen mit Myrten-

Eß- und Vorlegebesteck - Bestimme die einzelnen Teile!

oder Asparaguszweigen. Schöner Tischschmuck wirkt harmonisch, wenn er nicht überladen ist. Er darf die Tischgäste in ihren Bewegungen und im gegenseitigen Gespräch nicht behindern und soll verbindend, nicht trennend innerhalb der Tischgemeinschaft wirken. Schnell welkende Streublumen und Laub sind nicht geeignet. Durch stäubende Blüten (Palmkätzchen) und aus Stengeln triefenden Pflanzensaft kann die Tischdecke verunziert werden. Um dies zu vermeiden, nehmen wir Pflanzen, die in dieser Hinsicht ungefährlich und doch auch schön sind. Meist zur Verfügung stehen Immergrün, Asparagus, Tannengrün und je nach Jahreszeit kräftiges Rosenlaub oder buntgefärbte Herbstblätter, dazu bunte Bänder.

Lustige oder sinnige, evtl. selbstgezeichnete T i s c h k a r t e n sind für jedes Fest ein schöner Auftakt; jeder Gast findet mit ihrer Hilfe zwanglos seinen Platz. Bei ihrer Herstellung kann vor allem die Jugend durch eigene Ideen ihren Beitrag leisten, ohne damit aber anzüglich oder gar verletzend zu werden.

Nach der T i s c h o r d n u n g sitzt der Hausherr oder die Hausfrau meist am oberen Tischende, oder sie sitzen sich gegenüber. An ihrer Seite nehmen die Ehrengäste ihre Plätze ein. Die übrigen Gäste folgen in bunter Reihe; doch überlegt man vorher, ob die Nachbarn sich wohl verstehen werden. Die Gäste setzen sich erst, wenn die Hausfrau oder, sollte sie verhindert sein, ihre Vertretung Platz genommen hat.

Das Benehmen bei Tisch

Die H a u s f r a u gibt das Zeichen für den Beginn des Essens, und zwar meist dann, wenn alle Gäste sich bedient haben. Bei einer großen Tafelrunde darf man auf das Zeichen der Hausfrau hin schon vorher beginnen; denn die Speisen würden ja sonst auf dem Teller kalt werden. Der Gast nimmt zum zweiten Male erst dann, wenn ihm wieder angeboten wird. Wünscht er nichts mehr, dann legt er Messer und Gabel nebeneinander auf die rechte Tellerseite. Benützte Bestecke dürfen niemals auf das Tischtuch abgelegt werden.

Brötchen und Schwarzbrot werden gebrochen, nicht geschnitten, Kartoffeln und Klöße mit der Gabel zerteilt. Das Messer wird nur zum Fleischschneiden oder zum Bestreichen benützt. Fischgräten und Geflügelknochen werden auf Teller oder Schälchen abgelegt, die eigens dafür bereitgestellt sind.

Das Zeichen zum Trinken gibt der H a u s h e r r ; er kann bei dieser Gelegenheit seine Gäste nochmals kurz begrüßen. Bei größeren Festen werden auch Tischreden gehalten, und zwar meist vor dem ersten Servieren oder dem Nachservieren des Hauptgerichtes bzw. zwischen zwei Gängen. Vor und nach dem Trinken benützt man die Serviette.

Hausfrau und Hausherr (die Gastgeber) sind während der ganzen Mahlzeit um das Wohl

jedes einzelnen Gastes bemüht. Die Hausfrau achtet darauf, daß sie als letzte der Tisch-
runde ihren Teller leert und gibt das Zeichen zum Aufstehen. Erst wenn der Hausherr Zigar-
ren oder Zigaretten anbietet, darf geraucht werden.

Das Bedienen bei Tisch

Hierdurch dürfen die Gäste nicht gestört werden. Diese Tätigkeit muß ruhig und reibungslos
verlaufen. Dem Ehrengast, sei es der Ranghöchste, das Geburtstagskind, die Braut, wird
zuerst angeboten. Diesem folgen Gäste des geistlichen Standes, und dann wird von der
Hausfrau der Sitzfolge nach rechtsherum weitergereicht.
Die Suppe wird von rechts gereicht. Platten, Fleischspeisen und Soßen werden von links, auf
der linken Hand in Tellerhöhe gehalten, angeboten. Die Beilagen, wie Gemüse, Salate und
Kartoffeln, werden meist in kleineren Schüsseln für 4 bis 6 Gäste eingestellt. Nach jedem
Gang werden Teller und Besteck von rechts abgenommen und das Eßgeschirr für den nächsten Gang hingestellt. Muß etwas nachgereicht werden, z. B. Besteck oder ein Glas, so reicht
man es stets auf einem Teller. Der Hausherr oder ein darum gebetener Gast übernimmt das
Einschenken der Getränke. Werden die Gäste mit Kognak oder ähnlichem empfangen, so
reicht man den Trunk stehend. Beim Einschenken hält man die Flasche mit der rechten Hand
am unteren Drittel, evtl. mit einer frischen Serviette als Schutz. Der Hausherr gießt sich zuerst
ein wenig Wein in sein Glas und prüft Qualität und Temperatur des Weines. Nach vorsich-
tigem Füllen jedes Glases wird die Flasche leicht gedreht, damit keine Tropfen herabfallen.

Schönes, zeitloses Porzellan ist bester Tischschmuck   Servierwagen

Die Gläser dürfen nicht bis zum Rand gefüllt werden. Kaffee und Tee werden am Serviertisch
eingegossen und von rechts angeboten; zum Nachgießen werden die Tassen stets heraus-
genommen. Milchkännchen und Zucker reicht man gerne auf einem kleinen Tablett herum.
Die Kaffeekannen werden am Serviertisch abgestellt. Torten und Obstkuchen bietet man an,
trockenen Kuchen und Kleingebäck stellt man ein. Beim kalten Büfett sind die Speisen, wie

Kaltes Büfett

belegte Brötchen, kalte Platten, gefüllte Eier, gemischte Salate, Schälchen mit Gewürzgurken, Teller mit bunten Butterkugeln, Körbchen mit verschiedenen Brotsorten und Brötchen, Obst- speisen, Kleingebäck, Cremes in Schüsseln oder kleinen Schälchen hübsch garniert, alle zur Selbstbedienung auf einem Tisch praktisch zusammengestellt, oft stufenförmig angeordnet. Daneben sind genügend Teller, Gläser und Bestecke geordnet aufgelegt, so daß jeder Gast sich selbst und nach Belieben bedienen kann. Die Gäste verteilen sich dann zwanglos in Gruppen ohne Tischordnung im Raum.

GESUNDHEITSLEHRE

GESUNDHEITSPFLEGE

Gesundheit, unser höchstes Gut

Gesundheit ist das wertvollste Gut eines Menschen. Was nützen Reichtum, Ehre und andere Güter der Erde, wenn Krankheit und Schmerz alle Freude vergällen?

Leider erkennen viele den Wert der Gesundheit erst, wenn sie verlorengegangen ist. In kranken Tagen erfahren sie, wieviel sie selbst verschuldeten, weil sie zuwenig auf ihre Gesundheit geachtet und sie oft gedankenlos geschädigt haben.

Besonders der junge Mensch in voller Lebenskraft mißachtet gern die Mahnungen zu gesundem Leben. Noch denkt er nicht an die Zukunft; bedenkt nicht, wie freudlos und sorgenvoll sie sein kann, wenn Krankheit und Schmerz vielleicht für immer sich einstellen. Und du, liebes Mädel, hast dein Leben noch vor dir. In deiner Hand liegt zum großen Teil die Gestaltung deiner Zukunft. Achte darum auf dich! Halte fern, was deiner Gesundheit in irgendeiner Weise schaden könnte! Tue alles, was sie fördert und schützt!

Im nachfolgenden soll dir gezeigt werden, wie du dir den Besitz dieses so kostbaren Gutes sichern kannst.

Erstes Mittel zur Gesunderhaltung ist eine **richtige Körperpflege.**

AUFGABEN

Denke darüber nach, was du täglich für die Pflege deines Körpers tust!
Überlege, warum du diese Pflegemaßnahmen durchführst! Berichte!

Wenn wir von Körperpflege sprechen, denken wir in erster Linie an eine entsprechende Pflege der Haut, Nägel, Haare und Zähne. Hier geht es um das Äußere des Menschen. Wir beurteilen vielfach den Menschen auch nach diesem Äußeren. Wir schließen vom Äußeren auf das Innere, auf den Charakter.

Es ist darum Aufgabe eines jeden Menschen, ob alt, ob jung, seinen Körper in entsprechender Weise zu pflegen.

Doch ist dies n i c h t der e i n z i g e G r u n d ; ein anderer, ebenso wichtiger ist der:

Ohne eine entsprechende Körperpflege können wir uns nicht gesund erhalten.

Warum nicht?

Überdenken wir erst nachfolgende Beobachtungen:

a) Bei unserer täglichen Beschäftigung — sei es Arbeit, Spiel, Unterhaltung — kommen wir immer wieder mit Staub und Schmutz in Berührung. (Überlege nur, wie oft du tagsüber die Hände wäschst!) Staub und Schmutz aber enthalten viele Krankheitskeime, bilden eine ständige Gefahr für die Gesundheit.

b) Auch wenn wir nichts tun, insbesondere aber nach dem Schlafen, haben wir das Bedürfnis, uns zu waschen, den Körper zu reinigen. (Überlege, woher es kommt, daß Waschen so erfrischt!)

c) Nach angestrengter körperlicher Arbeit, nach sportlichen Übungen, die viel Schweiß fordern, ist das Bedürfnis nach Reinigung besonders groß.
Wie kommt das?

Aufgaben der Haut

Betrachtest du die Haut an der Oberseite deiner Hand, so siehst du viele kleine Poren. Durch diese kleinen Hautöffnungen, die am ganzen Körper zu finden sind, atmet der Körper; d. h. er scheidet kohlensäurereiche Luft aus und nimmt sauerstoffreiche Luft auf.

MERKE
Die Haut ist Atmungsorgan.

Wird durch einen Unfall (z. B. Verbrennung) mehr als ein Drittel der Haut zerstört, so ist durch diesen Ausfall der Mensch im allgemeinen verloren. Daraus ersehen wir die Bedeutung der Hauttätigkeit für den Körper.

Aber auch schon g e h e m m t e Hauttätigkeit s c h ä d i g t unsere Gesundheit. Ausdünstungen des Körpers, Schweiß, Staub und Schmutz verstopfen die Poren, mindern den Luftaustausch und schränken die übrigen Funktionen der Haut ein. Wir sorgen für ungeminderten Luftaustausch durch tägliches Waschen von Gesicht, Hals, Oberkörper, Armen und Beinen und mindestens wöchentliche Ganzwaschungen, am besten durch das wöchentliche warme Bad. Nach schmutziger Arbeit waschen wir uns mit warmem Wasser und milder Seife. Die Hauttätigkeit kann auch durch Wäsche und Kleidung beeinträchtigt werden, darum achten wir beim Einkauf auf luftdurchlässige Gewebe (s. Kap. Stoffkunde).

Ein regelmäßig und rechtzeitiger Wechsel unserer Leibwäsche und deren gründliche Reinigung ist gleichfalls für eine ungehinderte Hautatmung unentbehrlich.

MERKE ALSO
Die Haut dient der Atmung. Halte sie darum rein!
Sorge für offene Poren! Verstopfe sie nicht mit Puder oder Schminke!

Vergleichst du die Hände eines Arbeiters mit denen eines Büroangestellten, so siehst du, daß die des ersteren rauh und schwielig sind, die des letzteren aber fein und weich.

Durch die schwere Arbeit hat sich an besonders beanspruchten Stellen eine dicke, harte Hornhaut gebildet, an der auch festes Zupacken keinen Schaden anrichten kann. Bei ungewohnten Arbeiten oder ungewohnt langem Fußmarsch kommt es zu Blasenbildungen an Händen oder Füßen. Dies ist eine Mahnung des Körpers, so ungewohnte starke Beanspruchung abzustellen, ehe es zu schweren Schäden kommt.

Haben wir uns einmal verletzt und ist die Wunde noch so klein, so ist die Hauthülle durchbrochen und der Weg ins Innere des Körpers freigelegt. Winzig kleine Schmutzteilchen und Krankheitskeime vermögen durch die kleinste Wunde in die Blutbahn zu kommen; damit ist die Gefahr der Blutvergiftung oder anderer Erkrankungen gegeben. Darum heißt es auch bei kleinsten Wunden vorsichtig sein. (Wundbehandlung S. 210.)

Gesunde Haut fühlt sich etwas fettig an und ist geschmeidig, denn Talgdrüsen sorgen für ein regelmäßiges Einfetten. Durch häufiges Waschen mit scharfen Mitteln nehmen wir der Haut zuviel dieser natürlichen Fettgabe; sie wird trocken, rissig, bekommt Schrunden und muß mit guter Fettcreme eingerieben werden. Risse und Sprünge in der Haut ermöglichen ja ebenso wie andere kleinste Verletzungen den Krankheitskeimen den Zutritt in die Blutbahn und bilden somit eine Gefahr für die Gesundheit.

MERKE
Die Haut ist Schutzorgan.
Sie schützt den Körper vor schädlichen äußeren Einflüssen, vor allem dem Eindringen fremder und damit
schädigender Stoffe. Sorge durch entsprechende Pflege dafür, daß Hautschädigungen vermieden werden!

Ist die Talgausscheidung zu groß, dann ist Waschen mit warmem Wasser und guter Seife von Vorteil. Bei mangelhafter Hautpflege verstopfen sich die Poren. Verhärtet der Talg, so bilden sich die „Mitesser", die u. U. auch vereitern. Fettige Haut ist wasserabstoßend, ist auch gleichzeitig Wärmeschutz. In das Unterhautgewebe sind ebenfalls zahlreiche Fettzellen eingelagert. Diese „Fetthaut" verhindert auch zu große Wärmeabgabe.

Jedem ein eigenes Handtuch,
eigene Waschlappen und
eigene Zahnbürste

Wenn es im Sommer recht heiß ist, rötet sich unsere Haut, und wir kommen zum Schwitzen. Diese Beobachtung machen wir auch bei anstrengender körperlicher Betätigung oder bei Aufenthalt in überhitzten Räumen. In die zweite Schicht unserer Haut, die Lederhaut, sind Schweißdrüsen eingebettet, die für eine ständige Wasserabgabe sorgen (Ausdünstung), um den Wärmehaushalt des Körpers immer im Gleichgewicht zu halten.

Täglich wird durch die Schweißdrüsen mindestens ein Liter Schweiß abgesondert, ohne daß wir dies merken. Je größer die Wärmebildung im Körper ist, um so größer ist auch die Wasserabgabe durch die Haut. Bei großer Hitze oder schwerer körperlicher Anstrengung kann diese bis auf 10 und mehr Liter ansteigen. Das Wasser verdunstet an der Oberfläche des Körpers; es braucht dazu Wärme und entzieht diese dem Körper. Auf diese Weise wird überschüssige Wärme dem Körper genommen und die Gefahr der Überhitzung beseitigt.

Wird es kalt, dann wird unser Aussehen blaß, der ganze Körper sieht oft aus wie mit „Gänsehaut" überzogen. Dies hat seinen Grund darin, daß sich die kleinen Blutgefäße verengen, wodurch die Wärmeausstrahlung und die Verdunstung eingeschränkt werden. Die Folge ist, daß die Körpertemperatur erhalten bleibt.

MERKE

Die Haut mit ihren Einrichtungen sorgt mit für eine gleichmäßige Körpertemperatur.
Wichtig ist, der Haut die Fähigkeit zu erhalten, rasch auf Kälte und Hitze zu reagieren. Darum härte den Körper rechtzeitig vernünftig ab!

Schwitzen ist gesund, weil auch Körperschlacken und Krankheitsstoffe mit ausgeschieden werden. (Schweiß riecht unangenehm, schmeckt salzig.) Ist eine Erkältungskrankheit im Anzug, so bringt man durch äußere Wärme und heißen Tee den Körper zum Schwitzen, damit die Krankheitsstoffe ausgeschieden werden.

Die Schweißdrüsen sind nicht gleichmäßig über die ganze Haut verteilt. An verschiedenen Körperstellen sind sie gehäuft und können u. U. durch übermäßige Schweißabsonderung schon unangenehm werden. Merke aber: Gewaltsames Vertreiben z. B. von Achselschweiß oder Fußschweiß ist zu vermeiden; wichtiger ist hier besondere Reinhaltung, häufiges Waschen und Pflege der Schweißstellen.

MERKE

Die Haut ist Ausscheidungsorgan.

Kaufen wir Stoffe oder Garne, dann befühlen wir sie erst und stellen so Qualität und Rohstoff fest. Bei einiger Übung können wir selbst mit geschlossenen Augen Woll- und Seidenstoffe unterscheiden. Wie ist das möglich?

169

Bis in die Lederhaut, an verschiedenen Stellen stark verdichtet, führen die Nervenendungen. Hier ist der Sitz des Gefühls. Die Haut ist auch Sinnesorgan. — Insbesondere die Fingerspitzen sind reich mit solchen Nervenendungen versehen. Aber nicht nur die Tastempfindungen, auch Hitze-, Kälte- und Schmerzempfindungen werden durch die Haut vermittelt.

Körperstellen, die weniger einem Temperaturwechsel oder einer Schmerzeinwirkung ausgesetzt sind, vermitteln diese Empfindungen viel sicherer und zuverlässiger. Darum prüfen wir z. B. auch das Badewasser für den Säugling nicht mit der abgehärteten Hand, sondern mit dem viel empfindlicheren Ellbogen; die Säuglingsflasche halten wir an die Schläfe oder ans Augenlid.

MERKE

Die Haut ist Sinnesorgan.
Sie vermittelt Tast-, Wärme- und Kälte- sowie Schmerzempfindungen. Sie wird dadurch auch zum Hüter und Warner, auf die Gesundheit zu achten.

Zusammenfassend erkennen wir den

Aufbau der Haut

Der ganze Körper ist mit Haut umkleidet. Was wir von ihr sehen, ist nur die oberste Schicht — die O b e r h a u t, deren äußere Schicht einer ständigen Abnützung unterliegt (Hornschicht).

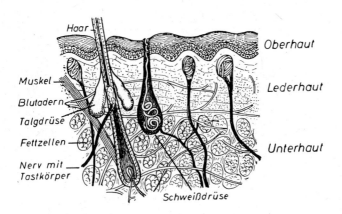

Da sich in dieser Schicht weder Blutgefäße noch Nerven befinden, ist ihre Entfernung schmerzlos, und es kommt dabei nicht zum Bluten. Die zweite Schicht ist die L e d e r h a u t. Sie ist reich an Blutgefäßen (ernährt auch die Oberhaut) und Nerven. In ihr finden sich auch Talg- und Schweißdrüsen und die Haarwurzeln. Unter der Lederhaut ist die U n t e r h a u t oder das U n t e r h a u t f e t t g e w e b e.

Haare und Nägel

Die Oberfläche der Haut zeigt am ganzen Körper mehr oder weniger ausgeprägten Haarwuchs. An manchen Körperstellen ist dieser besonders dicht. Als Wärmeschutz kommen die Haare in unserem Klima für den Menschen weniger in Frage, da diese Aufgabe weithin von der Kleidung übernommen worden ist. Das Kopfhaar bietet diesen Schutz. Das Haar dient vor allem auch der Fernhaltung schädigender Stoffe (Augenbrauen, Augenwimpern halten Staub, Schweiß, kleine Insekten dem Auge fern); es dient auch dem Abtransport schädlicher Stoffe aus dem Körperinnern (Flimmerhärchen im Luftweg). Die Haarzwiebeln sind tief in die Lederhaut eingelagert, das Haar durchzieht die Leder- und Oberhaut und ragt mit dem oberen Teil aus der Haut heraus. Das Kopfhaar ist auch Schmuck für unseren Körper, vor allem gut gepflegtes Haar. Tägliches Kämmen und Bürsten befreit es von Staub, regt die Blutzirkulation der Kopfhaut an und fördert dadurch auch den Haarwuchs. Regelmäßiges Waschen der Haare und der Kopfhaut mit warmem Wasser und einem milden Haarwaschmittel gehört zu einer richtigen Haarpflege. Sorgfältiges Trocknen mit warmen Tüchern oder mit Warmluft verhindert Erkältungen.

Haarschädigende Mittel sind bei der Behandlung und Pflege des Haares abzulehnen.

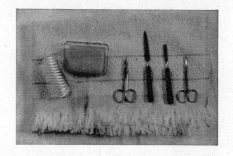

Die Nägel geben den Finger- und Zehenspitzen einen besonderen Schutz. Auch sie sind regelmäßig zu pflegen. Ungepflegte Nägel sind unschön, bedeuten auch eine Gefahr für die Gesundheit. Unter einem zu langen Nagel sammelt sich leicht Schmutz mit Krankheitskeimen an. Zu spitze Nägel führen zu Verletzungen der Haut. Zu kurz geschnittene oder gar „zugebissene" Nägel bieten keinen Schutz mehr.

Zur Nagelpflege verwende entsprechende Geräte, damit Verletzungen der Haut und des Nagels vermieden werden! Über der Pflege der Fingernägel vergiß nicht die Pflege der Zehennägel!

MERKE FÜR DIE PFLEGE

Wasche täglich die Körperstellen, an denen die Schweißabsonderung am größten ist! Am besten wasche den ganzen Körper!
Ein tägliches Fußbad vervollständigt die Hautpflege.
Bade wenigstens einmal in der Woche!
Wasche kalt nach! Rauhe Haut reibe mit Fettcreme ein!
Hühneraugen (Hornhaut nach innen) behandle durch heißes Fußbad und Auflegen eines Pflasters!
Trage luftdurchlässige, saubere Kleider und Wäsche!
Wechsle deine Leibwäsche regelmäßig, mindestens jede Woche, bei Bedarf öfters!
Härte deine Haut mit Wasser und Luft ab!
Trage entsprechende Kopfbedeckung bei Sonne, Regen oder Wind!
Verstopfe die Poren nicht mit Puder oder Schminke!
Reinige deine Nägel täglich, schneide sie rechtzeitig!
Kämme und bürste dein Haar täglich, wasche es regelmäßig!
Vermeide scharf gewürzte Speisen! (Hautausschlag)

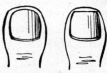

Zehennägel zweckmäßig nicht abgerundet, sondern gerade schneiden

Sei vorsichtig mit zu warmen und zu kalten Bädern, wenn du dich nicht ganz gesund fühlst! Ein Bad oder eine ausreichende Waschgelegenheit ist Voraussetzung für eine richtige Körperpflege. Siehe S. 29.

Gesunde Zähne

AUFGABEN

Betrachte im Spiegel deine Zähne
  nach ihrer Form,
  nach ihrem Sitz!
Stelle fest, wieviel Zähne du hast!
Beobachte die Arbeit der Zähne während des Essens!
Erkundige dich, wann bei einem Kind die ersten Zähne durchbrechen, wann es die Milchzähne wieder verliert!
Nenne einige Zahnpflegemittel!
Berichte über Erfahrungen beim Zahnarzt!

Aufgaben der Zähne

Für alte Leute ist das Essen oft eine recht mühsame Arbeit, weil sie nur wenig oder keine Zähne mehr haben. Feste Nahrung kann daher von ihnen oft nicht mehr aufgenommen werden. Fleisch, Obst und Brot müssen sie kleingeschnitten oder gerieben essen, damit sie es vertragen können; denn nur mit kräftigen, gesunden Zähnen kann die Nahrung richtig zerkleinert werden.

Leute, die ihre Zähne verloren haben, sprechen auch recht undeutlich, oft versteht man sie kaum.

Die Zähne sind also zum Z e r k l e i n e r n der N a h r u n g und zum S p r e c h e n notwendig. Sie sind aber auch gleichzeitig ein Schmuck für den Menschen.

Hast du die Arbeit des Kauens schon einmal beobachtet, dann weißt du, daß die vorderen Zähne immer einen Bissen abschneiden, der dann von den Backenzähnen zermahlen wird. Die S c h n e i d e z ä h n e sind flach und scharfkantig, die M a h l z ä h n e (Backen- oder Molarzähne) dagegen haben breite Kauflächen. Die Form der Zähne entspricht also ihren Aufgaben.

Oberflächliches, rasches Kauen zerkleinert den Bissen nicht genügend. Magen und Darm müssen dann diese Arbeit abnehmen. Sie werden überlastet und davon leicht krank. Die Nahrung wird in solchen Fällen auch nur ungenügend ausgenutzt, oft nur teilweise verdaut und unverbraucht ausgeschieden.

Das Gebiß

Das Neugeborene ist zahnlos. Etwa vom 6. Lebensmonat ab brechen die ersten Zähne durch. Bis Ende des 2. Lebensjahres ist das Milchgebiß mit 20 Zähnen vollständig.

Die zweiten „bleibenden" Zähne schieben vom sechsten Lebensjahr ab die Milchzähne, die meist noch gut sind, heraus. Das vollständige Gebiß eines Erwachsenen besteht aus 32 Zähnen: 8 Schneidezähnen, 4 Eck- und 20 Backen- oder Molarzähnen. Der letzte Zahn des zwei-

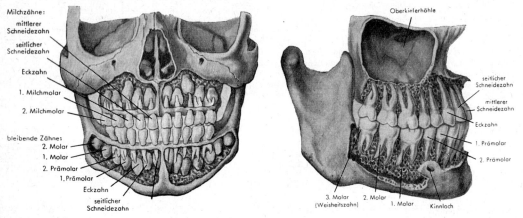

Einzelzähne des Milchgebisses - Bleibendes Gebiß eines Erwachsenen
(Aus „Der Gesundheits-Brockhaus" mit Genehmigung des Verlags F. A. Brockhaus, Wiesbaden)

ten Gebisses, der „Weisheitszahn", kommt oft erst mit 20 Jahren oder später und hat meist nur kurze Lebensdauer.

Da unsere Zähne viel Kalk brauchen, muß der Körper in der Zeit der Zahnbildung ($\frac{1}{2}$–2 und 5–8 Jahre) kalkreiche Nahrung bekommen. Kalk ist in Milch und Milcherzeugnissen, in Gemüse und Obst enthalten.

Bau des Zahnes

AUFGABE

Betrachte Abbildung S. 173. Vergleiche mit den Erfahrungen, welche du mit deinen Zähnen schon gemacht hast!

Am Zahn unterscheiden wir Krone, Hals und Wurzel. Die K r o n e ist der aus dem Kiefer herausragende Teil des Zahnes. Mit der W u r z e l ist der Zahn im Kiefer verankert. Die Verbindung von Krone und Wurzel ist der Z a h n h a l s.

Von außen nach innen unterscheiden wir:

Zahnschmelz,
Zahnbein,
Zahnhöhle mit Blutgefäßen und Nerven (Zahnmark).

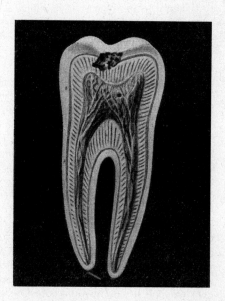

Wir kennen die große Bedeutung der Zähne und ersehen daraus die Notwendigkeit, sie recht lange gesund zu erhalten. Dies können wir aber nur durch eine gute regelmäßige Z a h n - p f l e g e. Kranke Zähne sind nicht voll leistungsfähig, können darüber hinaus auch heftige Schmerzen und andere Beschwerden verursachen. Die häufigste Erkrankung ist die Z a h n f ä u l e. Rascher Wechsel zwischen heißen und kalten Speisen, Zerbeißen harter Gegenstände (Bonbons) und Aufknacken von Nüssen sowie Herumstochern in den Zähnen mit harten Gegenständen verursachen kleine Risse und Sprünge im Zahnschmelz. Zurückgebliebene Speisereste kommen in den enstandenen Hohlräumen zum Gären. Die Fäulnisprodukte und dazu Bakterien dringen in den Zahn ein, greifen das Zahnbein an und zersetzen es. Der bald bloßgelegte Nerv verursacht heftige Schmerzen. Sofortige Behebung des Schadens ist notwendig, wenn der Zahn erhalten bleiben soll.

FÜR DIE ZAHNPFLEGE MERKE
Gut gekaut ist halb verdaut!
Sorge für Pflege und Erhaltung des Milchgebisses!
Ein schlechtes Gebiß ist oft die Ursache verschiedenster Krankheiten.
Schlechte Zähne bilden häufig Eiterherde und vergiften das Blut. Langwierige Leiden verschiedenster Art sind oft darauf zurückzuführen.
Vermeide raschen Wechsel von kalten und heißen Speisen!
Verwende Zahnstocher aus Holz!
Reinige deine Zähne täglich mit guter Bürste und mildem Putzmittel, vor allem abends!
Sorge für kalkreiche Nahrung! Iß viel rohes Gemüse und Obst!
Verwöhne deine Zähne nicht durch zu weiche Speisen!
Laß deine Zähne regelmäßig untersuchen und lasse schon kleine Schäden ausbessern!
Sorge dafür, daß jeder seine eigene Zahnbürste hat! Siehe Abb. S. 169.

Kleidung, gesund und praktisch

AUFGABEN
Untersuche Winter- und Sommerkleidung
  a) nach Farbe,
  b) nach Gewebe,
  c) nach Machart!
Lege hellen und dunklen Stoff an die Sonne und prüfe ihre Erwärmung!

Über ein neues Kleidungsstück freuen wir uns alle. Besonders groß ist die Freude, wenn wir Stoff- und Machart selbst bestimmen können; denn wir haben eine bestimmte Farbe, Stoff- und Machart, die wir bevorzugen. Nicht immer aber ist diese Freude von Dauer. Mitunter müssen wir recht bald einsehen, daß wir schlecht gewählt haben. Vielleicht ist es die Farbe, die uns nicht gut zu Gesicht steht; vielleicht läßt sich das Stück schlecht waschen und bügeln oder aber wir finden den Rock, das Hals- oder Ärmelbündchen zu eng und unbequem. Es ist gut, wenn wir solche Dinge lästig empfinden, denn dann wird der Fehler abgestellt oder aber zumindest der Einkauf besser überlegt.

Daß Kleidung unpraktisch sein kann, fühlten wir wohl alle schon einmal, daß aber Kleidung auch ungesund sein kann, daran wollen viele nicht glauben. Sie wollen es auch nicht wahrhaben, daß manches Leiden auf unzweckmäßige Kleidung zurückzuführen ist. Gerade in dieser Hinsicht ist ein bedingungsloses „Mitgehen mit der Mode" oft nur auf Kosten der Gesundheit möglich.

Welche Anforderungen stellen wir an gesunde Kleidung?

Überlegen wir uns einmal die Frage: Warum kleiden wir uns überhaupt?

Im Winter ziehen wir dicke, warme Kleidungsstücke an, damit wir nicht frieren. Die Kleidung muß also helfen, unsere K ö r p e r w ä r m e zu erhalten. Damit sie das kann, wählen wir Kleider, Wäsche und Strümpfe aus Wolle oder Zellwolle, z. B. Flanell und Velour. Diese Gewebe haben durch die kurzen, oft stark gekräuselten Fasern und durch eine besondere Nachbearbeitung (Aufrauhen) sehr viele kleine Z w i s c h e n r ä u m e , welche mit L u f t gefüllt sind. Luft ist ein schlechter Wärmeleiter: die kalte Außenluft dringt darum nicht so leicht durch das Gewebe bis zum Körper vor. Umgekehrt kann die Körperwärme nicht so leicht entweichen. Der Körper ist so vor starker Abkühlung geschützt. Gestrickte Kleidung und Pelze haben besonders viele Zwischenräume und wärmen deshalb am besten. Zwei übereinander getragene Kleidungsstücke wärmen besser als ein dichtes, festes.

Und nun denke einmal an die beiden Stoffe, die du an die Sonne legtest! Warum tragen wir im Sommer helle Kleider? Du hast sicher festgestellt, daß sich die Kleidungsstücke aus dunklem Stoff stärker erwärmt haben als die aus hellem Stoff. Wie kommt das? – Alle dunklen Flächen ziehen die Sonnenstrahlen an und saugen die Wärme in sich hinein, während helle Gegenstände die Wärmestrahlen zurückwerfen. (Erkläre hier auch, warum man im Frühjahr die Obstbäume mit Kalk bestreicht!)

Als Winterkleidung bevorzugen wir deshalb dunkle Stoffe, dazu lange Ärmel, längere Röcke und Mäntel.

Jungen Mädchen muß man hier wohl noch ein Wort über die S t r ü m p f e sagen: Mit „Gänsehaut" und blaugefroren sehen die Beine durch den dünnen Strumpf nicht schön aus! Wollten sie sich nicht gerade mit dem dünnen Strumpf besonders schmücken? – Dünne Strümpfe gehören für die warme Jahreszeit; im Winter aber ziehe dickere Strümpfe, ein zweites Paar oder hübsche Socken darüber an! Du fällst nicht auf und bewahrst dich vor Erfrierungen, vor Nieren- und Blasenerkrankungen.

MERKE
Kleidung soll warmhalten und muß darum entsprechend gewählt und gearbeitet werden.

Der Volksmund sagt: „Was gegen Kälte gut ist, ist auch gut gegen Hitze." – Bist du schon einmal im Sommer im Badeanzug oder in ganz leichten Kleidern längere Zeit in der Sonne gelegen? Sicherlich hattest du dann schon einmal einen Sonnenbrand. Lange Sonnenbestrahlung auf die bloße Haut führt zu Verbrennungen der Haut, u. U. zum Hitzschlag, der auch lebensgefährlich sein kann.

Wir schützen uns gegen übermäßige Sonnenbestrahlung durch Abschirmen, d. h. Bedecken der gefährdeten Körperstellen. Diese Aufgabe obliegt auch der Kleidung. Sie ist also auch Schutz gegen Hitze. Leichte, helle Stoffe aus Leinen, Seide und Zellwolle zu luftigen Kleidern verarbeitet, helle Kopftücher, Strohhüte sind das Richtige für hochsommerliche Tage. Säuglingen und Kleinkindern setzen wir ein Mützchen auf, um das empfindliche Köpfchen gegen Sonne zu schützen.

Arbeit ist somit ein S e g e n für uns und unsere Mitmenschen, ja für die ganze Menschheit. Die Arbeit ist aber n u r d a n n wirklich unser F r e u n d , wenn wir Herr der Arbeit bleiben und nicht die Arbeit Herr über uns wird. Nur ein gesunder Mensch kann die Arbeit so leisten, daß sie ihm und seinen Mitmenschen zum Segen wird. Darum dürfen wir die Verpflichtung zur Gesunderhaltung unseres Körpers nicht außer acht lassen.

Jede A r b e i t m a c h t m ü d e. Deshalb braucht der Körper dazwischen auch wieder Ruhe und Entspannung, damit er neue Kräfte sammeln kann. Wird diese Forderung nicht erfüllt, so rächt sich die Natur: der Körper verliert seine Spannkraft, seine Leistungen sinken, und das Ende ist der Zusammenbruch. Auf Arbeitspausen, den Feierabend und das freie Wochenende hat jeder Arbeitende, sei er körperlich oder geistig tätig, zu seiner E r h o l u n g Anspruch.

Schlechte Arbeitsplätze, ungesunde Räume, Arbeiten mit großer Staubbildung und Luftverschlechterung gefährden die Gesundheit des Arbeitenden. Helle, trockene Arbeitsräume,

Zu niedrig stehendes Waschgefäß
erzwingt gebückte Haltung
Anstrengende Arbeit!

Richtige Höhe des Waschgefäßes
erleichtert die Arbeit
Leichtes Anlehnen an das Waschgefäß
ist bequem und ermüdet weniger

gute Beleuchtung, richtige Arbeitstischhöhe, gute Lüftung, Schutzvorrichtungen gegen Staub und andere luftschädigende Einflüsse mindern die Gefahren. Die Vorschriften zum Schutz der Gesundheit des Arbeitenden sind nicht nur vom Arbeitgeber, sondern auch vom Arbeitnehmer zu beachten.

Schlechte K ö r p e r h a l t u n g bei der Arbeit sowie einseitige Tätigkeit führen häufig auch zu Knochenverkrümmungen (Wirbelsäule). Damit kann auch eine Schädigung innerer Organe verbunden sein. Sorge darum für eine gute Körperhaltung auch bei der Arbeit, wechsle öfter auch deine Arbeitshaltung! Siehe auch Abb. S. 47!

MERKE

Die Arbeit ist lebensnotwendig.
Beherrsche du die Arbeit; laß dich nicht von der Arbeit beherrschen!
Nur gut geleistete Arbeit gibt auf die Dauer Erfolg, Freude und Zufriedenheit.
Beachte die Forderungen der Gesundheit! Arbeitsplatz, Körperhaltung, Lebensweise!
Nütze die Arbeitspausen zu entsprechender Erholung!

Körperhaltung und zum Teil auch die Arbeitsleistung werden bestimmt von der Beschaffenheit des Knochengerüstes.

AUFGABEN

Betrachte Knochen von Schlachttieren
    an der Außenseite,
    an der Bruch- oder Trennstelle,
    am Knochenende!
Prüfe an deinem Körper die Beweglichkeit einzelner Gelenke!
Welche Knochenschäden sind dir bekannt?

Von der Gestalt eines Menschen schließt man auf seine Arbeitskraft. Ist jemand groß und kräftig gebaut, so nimmt man an, daß er auch fest zupacken kann; die Körperkraft eines kleinen, zierlichen Menschen wird angezweifelt.

Aufgabe der Knochen

Das Knochengerüst (Skelett) bestimmt G r ö ß e und G e s t a l t des Menschen. Es gibt dem Körper H a l t und S t ü t z e und umhüllt schützend die empfindlichen inneren Organe, wie Herz und Lunge, die Sinnesorgane und das Gehirn, in Höhlen.
Die Knochen verleihen dem Körper also auch S c h u t z. Im Innern des Knochens befindet sich das Knochenmark, das notwendig ist zur B i l d u n g der r o t e n B l u t k ö r p e r c h e n.

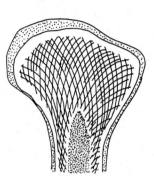

Längsschnitt durch einen Beinknochen

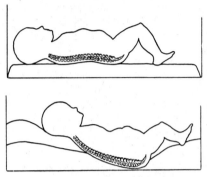

Lager für den Säugling - Verkrümmungen infolge weichen Lagers

Die Knochen bestehen aus Knochenleim und Knochenerde (Kalk). Je mehr Kalk der Knochen enthält, um so härter, aber auch spröder und darum brüchiger ist er.
Die Knochen des Kindes enthalten noch nicht soviel Kalk, deshalb brechen sie nicht leicht, aber sie sind noch weich und elastisch, d. h. biegsam, und können verbogen werden. Darum gebe man dem Säugling eine ebene, nicht weiche Liegestatt und achte besonders auf gute Körperhaltung beim Jugendlichen, damit eine Verkrümmung der Wirbelsäule verhindert wird.

Mit zunehmendem Alter wird der Anteil an Kalk in den Knochen größer. Ein leichter Sturz kann hier schon zu Brüchen führen, die oft nur langsam heilen und darum ernst zu nehmen sind.

AUFGABEN

Betrachte nebenstehende Abbildung und bezeichne einzelne Knochenformen! (lange, kurze, platte usw.).
Versuche einzelne an dir selbst festzustellen!
Überlege, warum an bestimmten Stellen gewisse Formen vorherrschen! Beispiel: Hand usw.
Betrachte die Abb. der Knochenverbindungen, vergleiche an dir selbst die jeweils möglichen Bewegungen!

Vielgestaltig sind Größe und Form der Knochen, vielgestaltig auch die Knochenverbindungen. An den verschiedenen Gelenken, an der Wirbelsäule und an der Schädeldecke können wir leicht die einzelnen Arten feststellen. Jeder Knochen, jede Knochenverbindung ist der Aufgabe der betreffenden Knochen angepaßt.

MERKE
Eine gute und gesunde Entwicklung des Knochengerüstes ist notwendig; darum ist gerade schon beim Kleinkind darauf zu achten. Siehe oben!

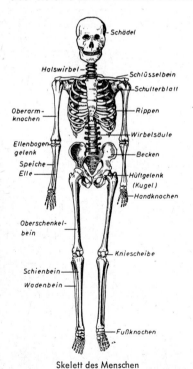

Schädel
Halswirbel
Schlüsselbein
Schulterblatt
Oberarm-knochen
Rippen
Ellenbogen-gelenk
Wirbelsäule
Speiche
Elle
Becken
Hüftgelenk (Kugel)
Handknochen
Oberschenkel-bein
Kniescheibe
Schienbein
Wadenbein
Fußknochen

Skelett des Menschen

Sorge für eine ebene Liegestatt für Säuglinge und Kinder!

Zwinge das Kind nicht zum Stehen und Gehen! Sobald seine Knochen kräftig genug sind, steht und läuft es von selbst.

Unterstütze die Knochenbildung durch kalkreiche Nahrung, durch viel Bewegung in frischer Luft und Sonnenschein!

Vermeide einseitige und schlechte Körperhaltung!

Trage gesundes Schuhwerk!

Treten Knochenschäden auf, so befrage den Arzt!

Leistungsfähige Muskeln

AUFGABEN
Beuge und strecke deinen Arm und beobachte dabei!
Betrachte ein Stück Fleisch in rohem und gekochtem Zustand!

Bedeutung der Muskeln für den Körper:
Alle Bewegungen, das Gehen, das Heben des Armes, das Schließen der Augen, der Herzschlag, die Magen- und Darmbewegungen usw. werden durch Muskeln ausgelöst. Sie bestimmen in Verbindung mit dem Knochengerüst die Körperformen und sind Schutzpolster für Knochen und Organe.

Die Muskelzellen schließen sich zu Muskelfasern und diese zu Muskelbündeln zusammen (Beobachtung am Fleisch). Wir haben Muskeln, deren Bewegungen von unserem Willen bestimmt werden, und andere, die unabhängig von unserem Willen arbeiten, wie Herz, Magen und alle die Muskeln, die so wichtige Aufgaben zu erfüllen haben, daß eine auch nur geringe Unterbrechung das Leben gefährden würde.

Die Muskeln brauchen für ihren Aufbau und die Erhaltung ihrer Leistungsfähigkeit Nahrung und Pflege. Im Blut werden die Nährstoffe zu den verschiedenen Muskelzellen gebracht. Ei, Fleisch, Milch und Hülsenfrüchte liefern besonders die Stoffe, welche die Muskeln zum Aufbau brauchen. Kartoffeln, Brot, Teigwaren, Fett sind zur Krafterzeugung nötig.

Von Jugend auf sind die Muskeln an Arbeit zu gewöhnen, damit sie kräftig und leistungsfähig werden. Ein Muskel, der nicht betätigt wird, bleibt schwach und dünn. Man läßt darum den Säugling ausgiebig strampeln (Muskelarbeit) und Kinder spielen und tummeln, bis sie müde sind.

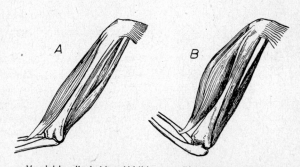

Jede körperliche Arbeit wird immer nur mit Hilfe bestimmter Muskeln durchgeführt. Es ergibt sich darum für die Mehrzahl der Menschen in der Berufsarbeit nur eine einseitige Beanspruchung bestimmter Muskelpartien.

Vergleiche die beiden Abbildungen! Überlege! Berichte!

Die nicht oder nur weniger gebrauchten Muskeln erschlaffen und werden für entsprechende Arbeiten mit der Zeit untauglich, wenn nicht durch richtigen Ausgleich für ihre gute Durchblutung, Ernährung und Kräftigung Sorge getragen wird.

Dieser Ausgleich ist vor allem in der Freizeit oder arbeitsarmen Zeit zu schaffen. Das kann durch sportliche Betätigung, Wandern, Radfahren oder auch durch Verrichtung andersgearteter Arbeit geschehen. Immer aber ist darauf Bedacht zu nehmen, daß bei all diesen Betätigungen in der Hauptsache die Muskeln in Anspruch genommen werden, welche bei der Berufsarbeit ruhen.

Überlege, welche Art des Ausgleichs für dich in Frage kommt!

Jede Arbeit macht m ü d e. Es ermüden vor allem die Muskeln, welche besonders angestrengt werden. Denke an die Ermüdungserscheinungen besonders nach ungewohnten schweren Arbeiten, nach Turnen, Schwimmen, nach längerer Pause! Vermehrte Blutzufuhr zum Muskel bringt vermehrte Verbrennung, folglich v e r m e h r t e n S c h l a c k e n a n f a l l ! Während der Arbeit können diese Schlacken nicht alle vom Blut wieder fortgetragen werden, sie setzen sich als „Ermüdungsstoffe" an, bis eine Zeit der Muskelruhe den Abtransport ermöglicht. In den R u h e p a u s e n während und nach der Arbeit erfolgt dieser A b t r a n s p o r t , und die Muskeln können sich wieder erholen. Hierin liegt auch die Bedeutung der Erholungs- und Freizeit.

MERKE

Übung macht den Meister. Dies gilt auch für unsere Muskeln (Sportler, Schwerarbeiter).
Das Strampeln des Säuglings, das Spiel des Kindes ist Muskelarbeit.
Allmähliche Arbeitssteigerung verhindert Muskelschmerzen. Schalte rechtzeitig Ruhepausen ein!
Sorge für genügend Sauerstoff am Arbeitsplatz und im Schlafzimmer!
Erhalte die Muskeln leistungsfähig durch entsprechende Ernährung!
Vernünftigen Ausgleichssport braucht jeder, dessen Berufsarbeit nicht gleichmäßige Beanspruchung aller Muskeln bringt.

Gesundes Essen, gute Verdauung

AUFGABEN

Stelle Festtagsspeisezettel deiner Gegend zusammen!
Stelle Wochenspeisezettel (Mittag- und Abendessen) zusammen, wie sie in deiner Gegend gebräuchlich sind!
Welche Speisen bevorzugt ihr im Sommer, an kalten Tagen, an schweren Arbeitstagen?

Wenn wir landauf, landab die verschiedenen Speisezettel vergleichen, dann stellen wir fest, daß die verschiedenen Nahrungsmittel und Speisen oft recht unterschiedlich bewertet werden. Wir finden überall sogenannte Nationalgerichte, die bei jeder festlichen Gelegenheit auf den Tisch kommen, je nach Gegend auch bestimmte Speisen an bestimmten Wochen- und Arbeitstagen. Nicht immer sind Auswahl und Bevorzugung auf Überlegungen vom Gesundheitlichen her zurückzuführen. Weit mehr sind es heimische Bodenfrüchte, die Marktlage, ja, jahrzehntelange Überlieferung, die die Zusammenstellung der täglichen Mahlzeiten maßgeblich beeinflussen.

Alle diese Gesichtspunkte sind bei der Speisenwahl wohl zu berücksichtigen; aber es darf nicht so sein, daß gesundheitliche Erwägungen an letzter Stelle stehen. Die Ernährung, und zwar die richtige Ernährung, ist von so ausschlaggebender Bedeutung für die Gesunderhaltung, daß im Unterricht der Schulen das bedeutungsvolle, selbständige Lehrfach „Ernährungslehre" eingeführt wurde. So finden wir die uns hier interessierenden Fragen ausführlich behandelt im Kapitel Ernährungslehre. Lies dort nach!

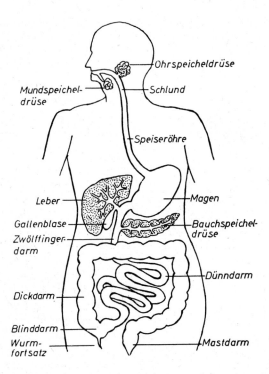

Ohrspeicheldrüse
Mundspeicheldrüse
Schlund
Speiseröhre
Leber
Magen
Gallenblase
Zwölffingerdarm
Bauchspeicheldrüse
Dünndarm
Dickdarm
Blinddarm
Wurmfortsatz
Mastdarm

Überdenke nochmals, welchen Weg die Speise im Körper nimmt; zähle die einzelnen Organe auf! Erzähle, was du von ihnen weißt!

Verfolgen wir den Weg der Nahrung im Körper, so erkennen wir, daß Verdauung, Blutumlauf und Atmung eng ineinandergreifen: Eine Umsetzung der Nahrung ist ohne Blutumlauf und Atmung nicht denkbar.

Du kennst von der Schule her den Blutkreislauf, die Atmung. Du weißt vielleicht auch manches durch die Beobachtung am eigenen Körper. Überlege, welche Bedeutung der Blutkreislauf für die Nahrungsumsetzung hat! Überlege auch, welchen Anteil die Atmung daran hat!

Sollen alle daran beteiligten Organe unseres Körpers richtig arbeiten, dann sind folgende

Gesundheitsregeln zu beachten:

Unsere Nahrung muß Nährstoffe und Vitamine in genügender Menge und richtiger Zusammensetzung enthalten.

Die Speisen müssen richtig zubereitet sein und in ihrer Art zusammenpassen.

Die Speisen sollen appetitanregend sein (nicht nur von der Zubereitung her, sondern auch vom Anrichten her).

Die Nahrung muß bekömmlich sein. Dies gilt vor allem für die Nahrung der Kinder, Kranken, Genesenden und die der alten Leute.

Einseitige Kost (jeden Tag das Lieblingsgericht) kann zu schweren gesundheitlichen Schäden führen.

AUSSERDEM MERKE

Iß nicht zu heiß! Iß nicht zu kalt! Iß langsam! Kaue gut! Vermeide raschen Wechsel von kalten und heißen Speisen!

Verwende Gewürze mit Maß und Bedacht!

Halte die Mahlzeiten ein!

Vermeide vor dem Schlafengehen schwerverdauliche und stark anregende Speisen!

Sei besonders im Sommer vorsichtig mit Speiseresten, Fleisch und Wurst!

Sorge für regelmäßige und gute Verdauung!

Bei verdorbenem Magen hilft ein Fasttag!

Bei Verstopfung hilft rohes Sauerkraut, Sauermilch oder Rizinusöl!

Bei Durchfall helfen getrocknete Heidelbeeren, Kohletabletten.

Blut, unser Lebensspender

AUFGABE

Versuche festzustellen, wieviel Pulsschläge auf eine Minute treffen!

Auf dem Weg durch den Körper wird die Nahrung so umgewandelt, daß die Nährstoffe im Darm vom Blut aufgenommen werden können. Das gelöste Fett kommt über die Lymphgefäße in das Blut, während die anderen Nährstoffe direkt in das Blut übernommen werden. Die Lymphe ist die Flüssigkeit, welche sich zwischen den Körperzellen befindet, während das Blut in den Adern durch den Körper fließt.

Das Blut bringt die g e l ö s t e n N ä h r s t o f f e zu allen K ö r p e r t e i l e n und die K ö r - p e r s c h l a c k e n zu den A u s s c h e i d u n g s o r g a n e n (Lunge, Nieren, Darm, Haut). Auch der lebenswichtige S a u e r s t o f f wird durch das Blut an die Verbrauchsstellen und die Kohlensäure zu den Ausscheidungsorganen transportiert.

B l u t f l ü s s i g k e i t, auch Serum genannt, ist der Hauptbestandteil.

B l u t p l ä t t c h e n helfen bei der Blutgerinnung (Verkrustung bei Wunden).

B l u t k ö r p e r c h e n (rote) sind Sauerstoffträger, die weißen (Freßzellen) können Bakterien vernichten und bilden bei Entfernung körperfremder Stoffe Eiter.

Treibende Kraft für den Blutumlauf ist das **Herz** – ein fester, faustgroßer Hohlmuskel. Von

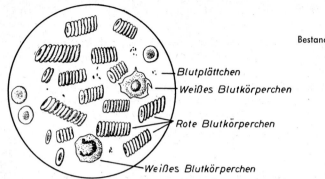

Bestandteile des Blutes, stark vergrößert

Blutplättchen

Weißes Blutkörperchen

Rote Blutkörperchen

Weißes Blutkörperchen

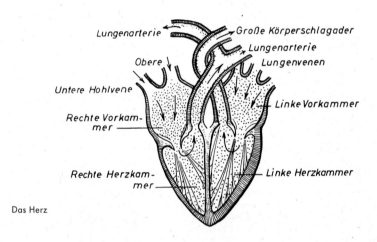

Lungenarterie

Obere

Untere Hohlvene

Rechte Vorkam-
mer

Rechte Herzkam-
mer

Große Körperschlagader

Lungenarterie

Lungenvenen

Linke Vorkammer

Linke Herzkammer

Das Herz

ihm aus führen starke Adern, welche sich auf dem Weg mehr und mehr verzweigen, durch den ganzen Körper (Arterien).

Überall dort, wo dein Puls zu fühlen ist, sind solche Arterien oder **Schlagadern;** sie führen das Blut in den Körper. Ist eine S c h l a g a d e r verletzt, so spritzt helles Blut stoßweise heraus. Nur sofortiges Abbinden (Erste Hilfe) kann vor größeren Blutverlusten bewahren.

Winzig kleine Äderchen, die sich vereinigen und schließlich größere Aderstränge bilden, führen aus allen Teilen des Körpers zum Herzen zurück. Diese Adern heißen Blutadern oder **Venen.** Sie bringen verbrauchtes Blut zum Herzen zurück. Es fließt in ihnen ohne Antrieb, träge und langsam. Widerstände, verursacht z. B. durch Gürtel oder Strumpfbänder, können leicht Stauungen hervorrufen und zu Krampfadern führen.

Werden V e n e n verletzt, so fließt dunkles Blut gleichmäßig und langsam aus der Wunde. (Gasaustausch in den Lungen s. S. 183.)

In ständigem Kreislauf fließt das Blut durch den Körper. Wenn dieser Kreislauf versagt, erlischt das Leben. Wir bezeichnen darum mit Recht das Blut als unseren Lebensspender.

FÜR DIE GESUNDERHALTUNG DER KREISLAUFORGANE MERKE

Das Herz arbeitet ununterbrochen. — Körperliche Überanstrengung, Arbeiten ohne Pause, Überladungen des Magens belasten das Herz. Darum sorge für eine vernünftige Lebensweise!

Alkohol und Nikotin schädigen die Kreislauforgane.

Bei Verletzungen verwende man keimfreies Verbandmaterial!

Bei Schlagaderverletzungen rufe sofort den Arzt!

Trage keine einengenden Kleidungsstücke! Sie hemmen den Blutumlauf.

Sauerstoff — lebenswichtig

Wir wissen, daß die gelösten Nährstoffe vom Blut in die verschiedenen Körperzellen getragen werden. Dort müssen sie verbrannt werden. Der Versuch mit der brennenden Kerze zeigt, daß zur Verbrennung Sauerstoff nötig ist. Auch bei der Verbrennung in den Körperzellen wird Sauerstoff gebraucht; er ist lebensnotwendig.

Die bei Verbrennung der Nährstoffe frei werdende Wärme braucht der Körper zur Erhaltung seiner Temperatur und zur Kraftbildung für die zu leistende Arbeit.

Verbrennst du Holz oder Kohlen im Ofen, so entweichen verschiedene Gase, und als Rückstand bleibt Asche. Bei der Verbrennung im Körper bildet sich Kohlensäure, zurück bleiben Schlacken, die ausgeschieden werden müssen. Siehe oben S. 180.

Die Ausscheidung der Kohlensäure erfolgt durch die Atmung. Wir atmen sauerstoffreiche Luft ein und atmen die kohlensäurereiche Luft aus.

Die zu diesem Gasaustausch notwendigen Organe heißen Atmungsorgane (Nase, Rachen, Luftröhre mit den Bronchien, Lunge).

Der eigentliche Gasaustausch findet in den Lungen (Lungenbläschen) statt. Das kohlensäurereiche Blut (venöses Blut) sammelt sich in den Venen; es

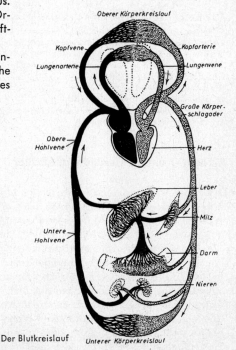

Der Blutkreislauf

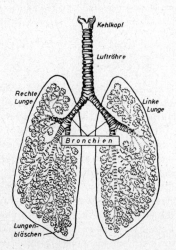

fließt zum Herzen und wird von dort in die Lungen geschickt. Nach der Abgabe von Kohlensäure und der Aufnahme von Sauerstoff fließt es zurück zum Herzen und von da aus zu neuer Arbeit als arterielles Blut (von Arterie) in den Körper. Siehe Blut S. 181.

DARUM MERKE

Atme durch die Nase! Die Luft wird angewärmt, gereinigt, geprüft.
Halte die Luftwege sauber durch Reinhaltung der Nasenhöhlen, durch reine Atemluft!
Mußt du in ungesunder Luft arbeiten, so sorge immer wieder für einen Ausgleich!
Atme viel in frischer Luft! Hole tief Atem!
Schlafe, wenn die Witterung es erlaubt, bei offenem Fenster! Vermeide Zugluft!
Lüfte Schlaf- und Arbeitsräume täglich ausgiebig, auch im Winter!
Bist du erhitzt, trinke erst nach der Abkühlung! Iß vorher etwas! (Gefahr von Erkältung und Lungenentzündung.)

Körperschlacken beeinträchtigen Wohlbefinden und Gesundheit

Durch die Arbeit der einzelnen Organe entstehen überall in unserem Körper Abfallstoffe. Die regelmäßige und möglichst rasche Entfernung ist notwendig, damit sie Wohlbefinden und Gesundheit nicht beeinträchtigen können.

Ein wichtiges A u s s c h e i d u n g s o r g a n ist die H a u t. Lies darüber S. 169! Die bei der Verbrennung im Körper entstehende Kohlensäure wird durch die L u n ge ausgeatmet, siehe oben!

Die festen Abfallstoffe werden durch den D a r m ausgeschieden. Sorge dafür, daß die Stuhlentleerung täglich geschieht und gewöhne schon die Kinder daran!

Gegen träge Darmtätigkeit hilft am besten v i e l B e w e g u n g und vernünftige Ernährung (mit viel Obst und Gemüse).

Überflüssiges Wasser, Harnstoff und nicht verbrauchte Salze werden in der N i e r e dem Blut ausgefiltert, dann in die B l a s e geleitet, die sie ausscheidet. Diese Auscheidungsorgane sind sehr empfindlich gegen Stoß, Druck und Kälte und bedürfen deshalb besonderer Schonung.

FÜR IHRE GESUNDERHALTUNG MERKE

Schwitzen ist gesund. Hüte dich aber vor rascher Abkühlung und Zugluft!
Ziehe an kalten Tagen warme Unterwäsche und Strümpfe an!
Wechsle nasse Strümpfe und Schuhe möglichst sofort!
Setze dich nicht auf kalten Boden oder Steinboden!
Trinke nicht über den Durst!
Würze nicht zu scharf!
Iß mehr Obst und Gemüse als Fleisch!
Gewöhne Kinder schon an rechtzeitige und regelmäßige Darm- und Blasenentleerung!
Sei vorsichtig mit Verdauungspillen!

Nerven — unsere Gesundheitswächter

Wenn der Mensch gesund ist, so fühlt er sich wohl und zufrieden. Ist aber irgend etwas im Körper nicht ganz in Ordnung, so fühlt er sich unwohl, was ihm sofort zum Bewußtsein kommt. Unpäßlichkeit und Schmerzen sind Mahner, auf beginnende Gefahren zu achten, sie abzustellen. Beispiel: Du hast einen schlechten Zahn. Auftretende Schmerzen erinnern dich daran, das bisher Versäumte nachzuholen und zum Zahnarzt zu gehen, um dem Verlust des Zahnes oder noch größeren Schädigungen vorzubeugen. — Eine kleine Wunde am Finger, bisher unbeachtet, verursacht plötzlich Schmerzen. Schmutz oder Krankheitskeime sind in die Wunde eingedrungen und haben das Blut verunreinigt. Dadurch ist u. U. die Gefahr einer Blutvergiftung gegeben, die dir durch den Schmerz noch rechtzeitig zur Kenntnis gebracht wird. Wer sind diese Wächter in unserem Körper? Es sind die Nerven, die im ganzen Körper verbreitet sind, die jedes Organ, jedes Glied, ja jede Zelle überwachen. Sie prüfen dort die Empfindungen (Kälte, Hitze usw.), melden zum Gehirn (Empfindungsnerven), leiten den Befehl von dort weiter an die entsprechenden Muskeln und führen so zur Handlung (Bewegungsnerven). Beispiel: Hand am heißen Topf — Empfindung: zu heiß! Verbrennung! — Befehl: Ziehe Hand zurück! Handlung — Bewegung. Es besteht also eine enge Zusammenarbeit zwischen Muskeln und Nerven, teilweise unserem Willen unterworfen, teilweise ohne Beeinflussung durch den Willen. Siehe S. 179 (Reflexbewegungen).

Unsere Nerven arbeiten nur so lange zuverlässig, als sie gesund sind. Wir können sie sehr leicht schädigen

    durch ungesunde Lebenweise,
    dauernde Überbeanspruchung,
    durch Genußgifte.

Nervöse Menschen kennen wir alle. Nervöse Menschen fallen sich und anderen zur Last. Darum sei bedacht, deine Nerven gesund zu erhalten und beherzige nachfolgende Hinweise:

1. Gewöhne dich an eine vernünftige Lebensweise! Darunter ist zu verstehen: Gesunde, abwechslungsreiche Kost mit reichlich Gemüse und Obst, günstige Arbeitsverhältnisse, entsprechende Arbeitspausen, Entspannung nach der Arbeit im gesunden Heim, in frischer Luft, im Kreis froher Menschen, entsprechende, genügend lange Nachtruhe und Schlaf.
2. Lärm reizt die Nerven – Lärm am Arbeitsplatz, Lärm auf der Straße, Lärm im Heim (Radio zu jeder Tageszeit, bei jeglicher Arbeit!). Vermeide nach Möglichkeit Störungen durch Lärm! Gewöhne dich nicht an ihn!
3. Ununterbrochene Arbeit und Hast lassen die Nerven nie zur Ruhe kommen. Suche bewußt immer wieder Minuten der Ruhe und Sammlung!
4. Melden die Nerven durch Schmerz Gefahren, betäube die Schmerzen nicht gleich mit Tabletten oder anderen Medikamenten! Stelle die Ursache ab!
5. Starker Kaffee und Tee peitschen die Nerven auf, helfen wohl bei Ermüdung, doch schadet häufiger Genuß!
6. Vermeide Aufregungen; halte vor allem Kindern aufregende Bücher und Schaustellungen (Kino) fern!
7. Kummer, Gram und Sorgen belasten die Nerven besonders stark. Hilf auch deinem Mitmenschen über solche Schwierigkeiten hinweg durch ehrliche Anteilnahme und Hilfsbereitschaft!

Mehr Leistung durch Freude

Unendlich viele Menschen stöhnen heute unter der Last der Arbeit. Der Mensch muß arbeiten, um für sich und die Seinen das tägliche Brot zu verdienen, tagaus, tagein. Wenn aber die Arbeit als hartes Muß, als Last empfunden wird, dann fehlen Arbeitswille und Arbeitsfreude und dann fällt die Arbeitsleistung entsprechend aus. Wir sollen darum bestrebt sein, uns und auch anderen dieses Müssen so angenehm zu gestalten, daß es zum Wollen wird.

Müssen ist schwer – Wollen macht vieles leichter.
Müssen drückt auf das Gemüt – Wollen macht es heiter.
Müssen lähmt die Kraft – Wollen beschwingt.

Ein freundlicher Gruß, ein liebes Wort, ein Lob oder eine kleine Anerkennung können so viel Freude in einen Alltag bringen, daß er zum Festtag wird. Wie leicht wird dann oft die Arbeit, die bisher bedrückend war. Wie leicht wird sie auch, wenn wir wissen, es wartet nachher ein warmes, gemütliches Heim, es warten liebe Menschen auf uns, es wartet Freude auf uns – ein schöner Abend, ein Spaziergang oder Ausflug, schöne Ferientage und ähnliches.

MERKE
Freuden, die man andern gibt, kehren ins eigene Herz zurück. Darum: Willst du froh sein, mach andere froh!

Gesundes Wohnen

Die Bedeutung der Wohnung, des Heims für die Gesunderhaltung und Leistungsfähigkeit eines Menschen erkennen am besten jene, welche durch Kriegseinwirkung und Kriegsfolgen das bergende Heim verloren haben und lange Zeit nur notdürftig untergebracht waren oder die auch heute noch unter der Wohnungsnot leiden.
Es ist schwer, immer und überall die gesundheitlichen Forderungen, die an eine Wohnung zu stellen sind, zu erfüllen. Trotzdem muß versucht werden, auch bei beschränkten Verhältnissen den Mindestanforderungen soweit als möglich gerecht zu werden. Gerade dort, wo die Wohnverhältnisse recht ungünstig sind, muß die Hausfrau ganz besonders darauf bedacht sein, den gesundheitlichen Gefahren entgegenzuarbeiten.

Welche Anforderung stellen wir an eine gesunde Wohnung?

Sie muß **trocken** sein. Feuchte Wohnungen bringen Schäden an Möbeln und Hausrat, fordern viel Ausgaben für Heizung und sind trotzdem kalt. Viel größer aber ist die Gefahr für die Gesundheit der Bewohner: Erkältungskrankheiten, Rheumatismus und andere schwere Leiden sind die Folgen.

Die Wohnungsnot von heute zwingt viele, in Wohnungen zu bleiben, die dieser Anforderung nicht entsprechen — oder Wohnungen zu beziehen, die noch nicht recht trocken sind (Neubauwohnungen). In solchen Fällen müssen die Bewohner alles tun, den Mangel zu beheben. Feuchte Räume müssen besonders fleißig gelüftet (Durchzug!), gut geheizt und peinlich saubergehalten werden.

Die Wohnung muß **hell** sein. Der Volksmund sagt: „Wohin die Sonne nicht kommt, dahin kommt der Arzt!"

Licht und Sonne machen den Raum freundlich, behaglich, erfreuen Herz und Sinn der Bewohner und wirken so schon auf Stimmung und Gesundheit.

Licht und Sonne leuchten in jedes Winkelchen und mahnen zur Sauberkeit im Raum. Unsaubere, schmutzige Wohnungen sind Brutstätten für Ungeziefer und Krankheitskeime. Durch Sonnenbestrahlung werden die Krankheitskeime getötet.

Licht und Sonne im Raum gibt helle, freundliche Arbeitsplätze; sie erleichtern die Arbeit, schonen das Auge.

Die Wohnung soll **luftig,** doch nicht zugig sein.

Der Mensch braucht für die Gesunderhaltung viel Sauerstoff. Die durch die Atmung verbrauchte Luft in der Wohnung muß immer wieder erneuert werden:

> durch ständigen Luftaustausch (luftdurchlässige Wände),
> durch fleißiges Lüften (auch im Winter),
> durch entsprechend große und günstig angebrachte Fenster und Türen.

Fenster und Türen müssen gut schließen, um Zugluft zu verhindern.

Die Wohnung soll **groß genug** sein. Dies ist eine Forderung, die heute oft noch nicht erfüllt werden kann.

Kriegseinwirkung und Ausweisung haben die Bevölkerung so zusammengedrängt, daß selbst primitivste Forderungen mitunter nicht erfüllt werden können. Je kleiner der Wohnraum, je enger die Menschen beieinanderwohnen, um so mehr reiben sie sich, um so größer ist die Beanspruchung und damit auch die Gefahr der Erkrankung der Nerven. Zu geringer Luftraum, zuwenig Bewegungsfreiheit, mangelhafte Arbeitsplätze und die aus all dem sich ergebende Unzufriedenheit belasten den einzelnen sehr und beeinträchtigen Stimmung, Arbeitsfreude und Gesundheit der Wohngemeinschaft.

MERKE

Große Fenster bringen Licht, Sonne und Luft in das Zimmer. Sperre die Außenluft nicht ab!
Hast du mehrere Räume, wähle für Wohn- und Schlafzimmer die hellsten und freundlichsten!
Hast du mehrere Räume, ordne sie so an und richte sie so ein, daß deine Arbeit nicht unnötig erschwert wird!
Sorge für entsprechende Sauberhaltung der Wohnung! Gute Wasserversorgung und Waschgelegenheit sind
   Voraussetzung für Sauberkeit.

Sinnvolle Freizeit

AUFGABE

Berichte über deine Beschäftigung nach Feierabend! Erzähle von deiner Lieblingsbeschäftigung!

Wir freuen uns nach getaner Arbeit auf den Feierabend und auf den freien Sonntag. In dieser Freizeit muß unser Körper ausruhen, sich erholen und neue Kräfte sammeln für die Arbeit.

Der Mensch b r a u c h t die Ruhepause. Außerdem würde der Sinn der Arbeit verkehrt: Der Mensch soll und muß arbeiten, soll sich die „Erde untertan" machen, aber er darf sich von der Arbeit nicht beherrschen lassen und ganz in ihr untergehen.

Die Freizeit soll f r o h e Zeit sein, soll Körper, Geist und Seele n e u b e l e b e n und uns so immer wieder empfinden lassen, daß wir M e n s c h sind.

Macht diese Freizeit uns aber wirklich froh, so erneuern sich auch Arbeitsfreude und Arbeitswille und steigern die Arbeitsleistung.

Es gibt Menschen, die haben Angst, wenn ein Feiertag, wenn ein Urlaub vor der Tür steht. Sie wissen nicht, was sie mit der freien Zeit anfangen sollen: Langeweile drückt mehr als Arbeit. Sie haben es verlernt, einmal zu sich selbst zu kommen; sie brauchen die Arbeit, die Hast, den Lärm, weil sie mit sich selbst nichts anfangen können.

Wie sollen wir die Freizeit gestalten?

Wohltuend und erholend ist der Feierabend im g e m ü t l i c h e n Heim und im K r e i s d e r F a m i l i e . Ein sauberes Heim, Friede und Eintracht innerhalb der Familie sind die Voraussetzung dafür. Eine verantwortungsvolle Aufgabe für die Hausfrau! Feierabende sollen zum Erlebnis werden. Die Erinnerung daran soll immer wieder erfreuen.

Viel Ablenkung, Freude und dadurch Erholung kann auch ein Abend im Kreise einer g r ö ß e r e n Gemeinschaft bringen. Auch S i n g e n erfreut und erfrischt Herz und Gemüt. Gerade für den Feierabend, für die Freizeit gilt das Wort des Dichters:

„Daß Menschen klagen, trauern, statt zu singen!
Und sich mit Grillen plagen, statt zu singen!
Daß sie die Stirne reiben, hinterm Ohr sich krauen
Und an den Fingern nagen, statt zu singen!
Im engen Zimmer, statt im Freien sitzen,
Ein Zeitungsblatt aufschlagen, statt zu singen;
Einander in Gesellschaft langweilen
Und kahle Lügen sagen, statt zu singen!
Man sollte gar in diesen schönen Tagen
Kein Wort zu sprechen wagen, aber singen!"

Friedrich Rückert

E r w a n d e r e deine H e i m a t ! Recht anspruchsvoll sind wir geworden. Wenn uns nicht Omnibus oder Eisenbahn viele Kilometer wegbringen, sind wir nicht mehr zufrieden. – Kennen wir denn unsere engere Heimat schon ganz? Eine Fußwanderung ins nächste Dorf oder in unsere schönen Wälder, ein Radausflug in die weite Umgebung entspannen und fördern gleichzeitig Heimatsinn und Heimattreue.

Auch die Jugend soll S p o r t treiben. Kameradschaft und edler Wettstreit beeinflussen die Charakterbildung günstig. Freilich darf der Sport den Körper nicht allzusehr ermüden. Es soll eine Sportart gewählt werden, welche einen Ausgleich schafft für die oft einseitige und recht schwere körperliche Arbeit. Ballspiel, Radfahren, Rudern und Schwimmen sind besonders dafür geeignete Sportarten.

MERKE

Freizeit muß frohe Zeit werden.
Benütze die Freizeit so, daß du jederzeit mit Freude an sie zurückdenkst!
Nimm auch einmal ein gutes Buch zur Hand!
Übertreibe nicht deine Lieblingsbeschäftigung!
Gehe nicht zuviel ins Kino! Vergewissere dich vorher, ob es sich lohnt, die Freizeit dafür einzutauschen!

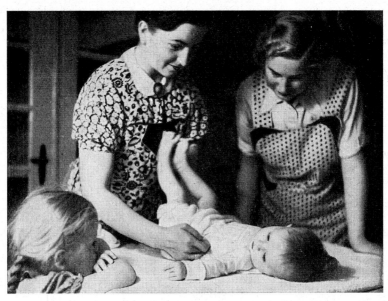

Alle freuen sich über das Jüngste

SÄUGLINGSPFLEGE

Die Zeit vor der Geburt

Die werdende Mutter muß alles v e r m e i d e n, w a s   d e m   k e i m e n d e n   L e b e n
s c h a d e n   k ö n n t e : Überanstrengung, Heben schwerer Lasten, andauerndes Bücken
oder Strecken des Körpers, Fahren auf schlecht gefederten Fahrzeugen und auf schlechten
Straßen (Auto). Aufregungen sind schädlich. Die werdende Mutter soll täglich etwa einen
Liter Milch trinken oder viel Quark (Topfen, Weißkäse) und Käse, viel Obst, Gemüse und
gutes Vollkornbrot essen. Zuviel Fleisch, stark gewürzte und gesalzene Speisen, Alkohol und
Nikotin (Rauchen) schaden ihr und dem Kind. — Sie soll der Entbindung froh und zuversicht-
lich entgegensehen. Eine gesunde Frau braucht keine Angst davor zu haben, denn Schwangerschaft und Entbindung sind ganz natürliche Vorgänge.
Während der Schwangerschaft soll die K ö r p e r p f l e g e besonders sorgfältig sein. Un-
sauberkeit ist der schlimmste Feind von Mutter und Kind. Ausreichender Schlaf bei geöffnetem Fenster ist unerläßlich. Die Zähne sollen vom Zahnarzt nachgesehen werden. —
Frühzeitige Besprechung mit Arzt oder Hebamme ist für die werdende Mutter sehr nützlich,
oft notwendig. Dabei erfährt sie auch, was sie für die Entbindung daheim oder im Krankenhaus vorbereiten muß.
Die K l e i d u n g   u n d   W ä s c h e dürfen den Körper nicht einengen. Die Schuhe müssen
fest sein, eine breite Form und breite, niedrige Absätze haben. — Beschwerden während
der Schwangerschaft werden mit dem Arzt oder der Hebamme besprochen. Viele Frauen
haben aber während der ganzen Zeit keine nennenswerten Klagen.

Was fällt uns am Säugling auf?

Das Kind ist nach seiner Geburt und in seinen ersten Lebensmonaten ein ganz hilfloses
kleines Wesen. Es kann s a u g e n, daher die Bezeichnung S ä u g l i n g. Da es noch keine
Zähne hat, kann es nur flüssige Nahrung zu sich nehmen.

Wodurch unterscheidet sich das neugeborene oder wenige Wochen alte Kind vom älteren Kind und vom Erwachsenen?

Der K o p f des Säuglings macht etwa den vierten Teil seiner Körperlänge aus (beim Erwachsenen den siebten Teil). Er kann ihn noch nicht selbst heben. Vorn über der Stirn fühlt man eine größere K n o c h e n l ü c k e (Fontanelle), an der man den Pulsschlag beobachten kann.

Die A u g e n bewegen sich anfangs in verschiedener Richtung, das Kind s c h i e l t. Dies verliert sich jedoch allmählich.

A r m e und B e i n e erscheinen klein im Verhältnis zum Rumpf. Der Säugling kann zunächst seine Lage noch nicht selbst ändern. Er kann ja noch nicht sitzen, stehen oder gehen.

Die H a u t ist rosig, zart und glatt. Die H a a r e sind anfangs meist dünn und spärlich. Die N ä g e l sind bei Geburt schon gut entwickelt und müssen rechtzeit geschnitten werden, damit sich der Säugling keine Kratzwunden beibringt.

S c h r e i e n ist zunächst das einzige Mittel, mit dem der Säugling sich bemerkbar machen kann. Er schreit, wenn er Hunger oder Durst hat, wenn ihm unbehaglich ist (Harnentleerung und Stuhlgang); wenn grelles Licht ihn blendet. Es gibt aber auch Kinder, die ohne jeden Anlaß schreien. Das neugeborene Kind s c h l ä f t innerhalb 24 Stunden höchstens 16 Stunden. Diese Schlafenszeit vermindert sich bis zum Ende des 1. Lebensjahres auf 11 Stunden. Der Schlaf des Säuglings ist in der ersten Lebenszeit nicht von der Tageszeit abhängig, sondern von den Mahlzeiten. Das Kind schläft gut, wenn es getrunken hat. Den Wechsel von Tag und Nacht und den Schlaf zur Nachtzeit macht ein Kind erst von der 7. Lebenswoche an mit. Diese Zeitangabe gilt nur ungefähr. Später sollte das Kind bis zum Schuleintritt auch nachmittags schlafen, denn ausreichender Schlaf ist ebenso wichtig wie richtige Nahrung.

Körpergröße, Gewicht und Entwicklung im 1. Lebensjahr

Unmittelbar nach der Geburt nimmt das Kind an Gewicht ab (bis zu 250 Gramm) durch Verlust an Wasser (Atmungsluft, Harn) und durch Stuhlentleerung. Dann aber muß es stetig zunehmen. Das Gewicht darf nicht gleichbleiben oder gar abnehmen. Wer selbst keine Waage hat, läßt das Kind in der Mütterberatungsstelle oder beim Arzt wiegen.

Das gesunde Neugeborene ist etwa 50 cm lang und wiegt etwa 3500 g. Alle Zahlen gelten nur ungefähr. Am Ende des 1. Jahres ist es etwa 75 cm lang und wiegt 9–10 kg.

Die Gewichtszunahme beträgt
  im 1. Vierteljahr etwa 170 g wöchentlich,
  im 2. Vierteljahr etwa 150 g wöchentlich,
  im 3. Vierteljahr etwa 110 g wöchentlich,
  im 4. Vierteljahr etwa 90 g wöchentlich.
Ein gesundes Kind hat eine rosige, gesunde Haut; es ist heiter und später spielt es gern. Es hat guten Appetit, regelmäßige Verdauung und einen tiefen, festen Schlaf.

Körperhaltung und Bewegungen

Das Neugeborene bewegt zunächst nur die Arme und Beine, es strampelt.
Im 2. M o n a t umklammert es einen ihm vorgehaltenen Finger.
Im 3. M o n a t hebt es aus der Bauchlage das Köpfchen.
Im 4. M o n a t greift es schon nach allen Gegenständen, die man ihm vorhält.
Im 5.–6. M o n a t fangen kräftige Kinder an zu sitzen und versuchen, sich auf die Beinchen zu stellen.
Im 7.–9. M o n a t sitzt das Kind frei und fängt an, selbst aufzustehen.
Gegen Ende des 1. Lebensjahres versucht das Kind zu gehen.
Ganz frei stehen und gehen gelingt meist erst nach dem 1. Geburtstag.

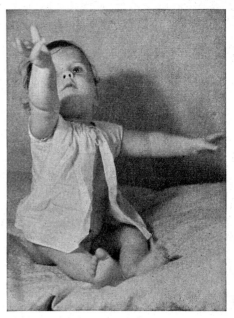

Er hebt das KöpfchenSie sitzt und greift

Die Zähne

entwickeln sich im 2. H a l b j a h r und später. Zuerst erscheinen die unteren, dann die oberen Schneidezähne. Gegen Ende des 2. J a h r e s ist das Milchgebiß mit 20 Zähnen vollständig. Von da an müssen die Zähne mit einer eigenen Zahnbürste früh und abends geputzt werden. Ebenso wichtig ist für die Bildung eines gesunden Gebisses richtige Ernährung: derbes altbackenes Vollkornbrot, Obst, Salate und Gemüse — kurz Nahrung, die man tüchtig kauen muß. Zuviel Speisen aus feinem, weißem Mehl und Zuckerwaren schaden den Zähnen. Nur wenn das Milchgebiß gesund und genügend lange erhalten bleibt, entwickeln sich die zweiten, bleibenden Zähne richtig. Siehe Abb. S. 172. Der Durchbruch der Zähne ist ein natürlicher Vorgang und macht das Kind nicht krank. Es ist wohl etwas unruhiger, vielleicht weinerlich. und aus seinem Mund fließt mehr Speichel. Treten während des Zahnens Gewichtsstillstand, gestörte Verdauung oder andere Krankheitserscheinungen auf, so hat dies andere Ursachen. Den Arzt aufsuchen oder bei der Beratungsstelle um Rat fragen!

Die Ernährung des Säuglings

AUFGABEN

Wie werden die Säuglinge, die du kennst, ernährt? Was bekommen sie zu trinken?
Wie verhalten sie sich vor, wie nach dem Trinken?

Die natürliche Ernährung – das Stillen

Vorzüge

Muttermilch ist Rohkost und hat immer den richtigen Wärmegrad (Kuhmilch muß man kochen und wärmen; sie verliert dadurch an Wert).
Sie ist frei von Krankheitskeimen (Kuhmilch nicht), enthält alle Nährstoffe in der richtigen Zusammensetzung, außerdem Schutzstoffe, die das Kind braucht, und die entsprechenden Vitamine. (Kuhmilch ist für das Kalb bestimmt und nicht dem Kind angepaßt.)

Stillen ist praktisch und geht schnell. Ernährung mit Hilfe der Flasche ist zeitraubend und mühsam.
Stillen ist billiger als künstliche Ernährung. Die Mutter braucht zur gewohnten Kost nur täglich 1 Liter Milch zu trinken; damit ersetzt sie alle Nährstoffe, die sie an das Kind abgibt.
Stillen festigt die Liebe zwischen Mutter und Kind.
Stillen erhält das Kind gesund:
> unter 10 verstorbenen Säuglingen ist nur ein Brustkind,
> unter 6 kranken Säuglingen ist nur ein Brustkind zu finden.

Stillregeln

1. Der kräftige, gesunde Säugling bekommt in den ersten Lebensmonaten etwa 5mal am Tag zu trinken.
2. Er wird alle Tage zu den gleichen Zeiten gestillt.
3. Die erste Mahlzeit wird etwa früh um 6 Uhr, die letzte Mahlzeit um 22 Uhr gegeben; so bekommt das Kind regelmäßig alle 3–4 Stunden zu trinken.
4. Während der Nacht wird möglichst eine 8stündige Nahrungspause eingehalten.
5. Das Kind bekommt in der Regel bei einer Mahlzeit nur aus einer Brust 15–20 Minuten zu trinken.
6. Nach dem Trinken wird es kurz aufrecht gehalten, damit es aufstoßen kann. Dabei gibt es verschluckte Luft wieder von sich.

Merke, daß diese Stillregeln nur gelten, wenn das Kind kräftig und gesund ist und die Mutter ausreichend Milch hat. Bei vielen Müttern kommt jedoch die Milchbildung nur langsam in Gang. Das Stillen macht anfangs Schwierigkeiten, besonders bei überlasteten und nervösen Müttern. Dann bekommt das Kind nicht genug Milch, es wird u n t e r e r n ä h r t. Dies bedeutet für den Säugling eine schwere Gefahr.

Kennzeichen der Unterernährung

Gewichtsstillstand oder -abnahme, anfangs hartnäckiges Schreien, dann auffallende Ruhe mit viel Schlaf, graue, faltige Haut;
das sonst vorgewölbte Bäuchlein fällt ein.
Verhalten bei Unterernährung: Sofort den Arzt, die Hebamme fragen, oder bei der Beratungsstelle vorsprechen! Nicht gleich zur Flasche greifen!

Die künstliche Ernährung

Sie ist immer nur ein unvollkommener Ersatz für die Muttermilch. Man greift zur künstlichen Ernährung, wenn die mütterliche Milch nicht ausreicht oder wenn die Mutter wegen einer schweren Krankheit nicht stillen darf (z. B. wegen ansteckender Lungentuberkulose, wegen schwerer Stoffwechsel-, Blut-, Nerven-, Nieren- oder Herzkrankheiten).
Der Arzt entscheidet, ob das Stillen möglich ist oder nicht. Heute werden viele Säuglinge nicht gestillt, weil die Mütter berufstätig oder daheim mit Arbeit überlastet sind. Jede Mutter sollte aber bedenken, daß das Kind ein Recht auf seine natürliche Nahrung hat und diese ihm wenigstens teilweise gegeben werden sollte.

Die Bestandteile der künstlichen Ernährung

1. D i e K u h m i l c h

	Eiweiß	Fett	Zucker	Salze
100 g Kuhmilch enthalten	3,5–3,7 g	3–4 g	4–5 g	0,7 g
100 g Muttermilch enthalten	1,2–1,5 g	3,5–4 g	6–7 g	0,25 g

Die Kuhmilch enthält also viel mehr Eiweiß und Salze als die Muttermilch, dagegen weniger Zucker und etwas weniger Fett.

Das Eiweiß der Kuhmilch ist anders zusammengesetzt als das der Muttermilch, es gerinnt im Magen des Kindes in viel gröbere Flocken und wird dadurch schwerer verdaulich.

Außerdem gibt es noch f e i n e r e Unterschiede zwischen den beiden Milcharten (Mineralstoffe, Schutzstoffe, Vitamine).

2. D i e Z u c k e r - u n d M e h l s t o f f e (Kohlenhydrate)

In der Säuglingsernährung werden verwendet:

Zucker,	1 gestrichener Teelöffel oder 1 Stück	= 5 g
Trockenschleim	(Kölln-Schmelzflocken, Milupa, Semolin u. a.), Gewichtsangabe auf der Packung	
Haferflocken,	1 gestrichener Eßlöffel	= 10 g
Mehl,	1 gestrichener Eßlöffel	= 10 g
Grieß,	1 gestrichener Eßlöffel	= 12 g
Reis,	1 gestrichener Eßlöffel	= 15 g
Maisstärke (Gustin, Mondamin, Maizena)	1 gestrichener Eßlöffel	= 15 g

MERKE
Reis und Maisstärke eignen sich für Kinder, die zu Durchfall neigen. Haferflocken (Trockenschleim) eignen sich besonders für ganz kleine Kinder.

Grundregeln für die künstliche Ernährung

Die Kuhmilch muß v e r d ü n n t werden. Dadurch wird ihr zu hoher Eiweißgehalt herabgesetzt; das Kind kann sie dann vertragen. Gleichzeitig aber sinkt ihr Gehalt an Fett und Zucker zu stark. Diese beiden Nährstoffe müssen darum ergänzt werden, und zwar der Milchzucker durch Kochzucker und das Fett durch Kohlenhydrate. Hierin liegt ein empfindlicher Nachteil der künstlichen Ernährung, denn diese Stoffe sind nicht so hochwertig wie das Fett und der Milchzucker der Muttermilch.

Die Verdünnung der Kuhmilch richtet sich nach dem Alter des Kindes.

Es erhält

im 1. und 2. Lebensmonat	Halbmilch (1 Teil Vollmilch und 1 Teil Verdünnungsflüssigkeit),
vom 3.–8. Lebensmonat	Zweidrittelmilch (2 Teile Vollmilch und 1 Teil Verdünnungsflüssigkeit).
Nach dem 8. Lebensmonat	verträgt das gesunde Kind Vollmilch.

Die Menge der künstlichen Nahrung richtet sich nach dem Gewicht des Kindes.

Innerhalb 24 Stunden erhält das Kind
    ein Zehntel seines Körpergewichtes an Milch,
    ein Hundertstel seines Körpergewichtes an Zucker- und Mehlstoffen.

Es braucht im 1. Vierteljahr ein Fünftel seines Körpergewichtes an Flüssigkeit, im 2. Vierteljahr ein Sechstel und später etwa ein Siebentel.

Die tägliche Vollmilchmenge darf im ersten Halbjahr 600 g, im zweiten Halbjahr 750 g nicht überschreiten.

AUFGABE
Berechne die künstliche Nahrung, d. h. die Milchmenge, die Menge der Zucker- und Mehlstoffe, die Flüssigkeitsmenge für einen Tag (24 Stunden) für ein
    1 Monat altes Kind von 3500 Gramm Gewicht,
    5 Monate altes Kind von 6500 Gramm Gewicht!

Die Nährmittelindustrie stellt ein reiches Angebot an f e r t i g e r Säuglingsnahrung (in Büchsen und Paketen), mit der man ebenfalls ein Kind aufziehen kann. Diese Nahrung ist weitgehend frei von Krankheitskeimen; ihre Zusammensetzung ist immer gleich. Sie ist aber ausnahmslos t e u r e r als die Nahrung, die man selbst bereitet. – Die Gebrauchs-

anweisung steht auf der Packung; frage jedoch den A r z t oder hole dir bei der B e r a -
t u n g s s t e l l e Auskunft!

Die Zubereitung der künstlichen Nahrung

MERKE

**Oberster Grundsatz ist peinliche Sauberkeit! Hände waschen vor Bereitung der Nahrung!
Eine saubere Schürze vorbinden!**

Beispiel: Wir bereiten Flaschennahrung für ein Kind von 4000 g Gewicht im 2. Lebensmonat.

Wir besorgen Milch von gesundem, gut gehaltenem Vieh. (Nicht immer von der gleichen
Kuh!)

Wir messen die Milchmenge (400 g) und kochen sie sofort ab (dreimal aufwallen lassen!).
Dann nehmen wir sie sofort vom Herd weg (nicht weiterbrotzeln lassen! Warum?). Die ab-
gekochte Milch wird kühl gestellt (Kühlschrank, Keller, Wasserleitung) und möglichst dunkel
aufbewahrt. Wir verhüten dadurch die neuerliche Vermehrung von noch vorhandenen
Keimen.

Zur Verdünnung bereiten wir 400 g Schleim aus Trockenschleim und Wasser (Angabe auf
der Packung) und fügen den Zucker hinzu. Der Schleim wird gesondert ebenfalls kühl aufbewahrt.

Unser Kind von 4000 g Gewicht erhält Halbmilch, es erhält also innerhalb 24 Stunden 800 g
Nahrung. Geben wir diese in 5 Mahlzeiten, so bekommt es zu jeder Mahlzeit 160 g Halbmilch, d. h. jedesmal 80 g Milch und 80 g Schleim.

Die Zwiemilchernährung

M e r k e : Jeder Tropfen Muttermilch ist für das Kind kostbar. Wenn die Menge nicht ausreicht, so füttert man mit der Flasche zu, stillt aber nicht ab. Man kann entweder zu jeder
Mahlzeit das Kind erst aus der Brust trinken lassen und ihm dann die Flasche geben, oder
man gibt abwechselnd nur Muttermilch oder nur Flaschennahrung. Zu diesem Ausweg werden berufstätige Mütter greifen, die nicht immer beim Kind sein können.

Das Füttern des Kindes mit der Flasche

Wir brauchen eine Kinderflasche aus feuerfestem Glas mit weitem Hals. Vor dem Trinken
muß sie blinken! Die Nahrungsmenge wird eingefüllt, die Flasche ins Wasserbad gestellt
und so lange erwärmt, bis die Nahrung etwa
körperwarm ist. Dies prüfen wir, indem wir
die Flasche an unser Auge halten oder einen
Tropfen über den Handrücken laufen lassen.
N i e m a l s den S a u g e r in den M u n d
nehmen.

Wir waschen unsere Hände, binden eine
saubere Schürze vor und nehmen das Kind auf
den Schoß. Sein Köpfchen ruht auf unserem
linken Oberarm. Wir geben ihm die Flasche
so, daß es nur Flüssigkeit, aber keine Luft
schluckt. Ab und zu muß man die Flasche leicht
zurückziehen, damit Luft nachströmen kann.
Die Mahlzeit soll 10–15 Minuten dauern. Nach
dem Füttern wird das Kind kurz aufrecht gehalten, damit es aufstoßen kann.
N a c h der Mahlzeit wird die Flasche s o -
f o r t g r ü n d l i c h g e s p ü l t (heißes Sodawasser oder Spülmittel, Flaschenbürste, kalt
nachspülen!) und mit der Öffnung nach unten
aufbewahrt. Der Sauger wird innen und außen

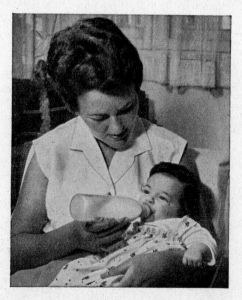

mit grobem Kochsalz abgerieben und sorgfältig gespült. Er wird in einem eigenen G l a s -
g e f ä ß (Weckglas) a u f b e w a h r t , das mit einem reinen Gazeläppchen zugedeckt wird
Wir bohren das Loch mit einer glühend gemachten Stopfnadel selbst in den Sauger. Es darf
n i c h t zu eng sein, sonst ermüdet das Kind beim Trinken zu sehr.

Was muß beim Flaschenkind besonders beachtet werden?

Es muß regelmäßig gewogen werden und darf nicht zu rasch zunehmen (vgl. Gewichtszahlen
S. 189). Überfütterung macht das Kind krank, obwohl es dick und rund ist und für ein „Pracht-
kind" gehalten wird. Es soll innerhalb 24 Stunden etwa 4mal Stuhlgang haben; dieser soll
geformt sein. Hat es häufige und dünne Stühle (Durchfall), so ist es krank.
Wenn es gleichzeitig erbricht, so wird die bisherige Nahrung sofort weggelassen. Unver-
züglich den Arzt fragen! Bis zu seinem Eintreffen während 6–8 Stunden nichts anderes als
dünnen, schwarzen Tee geben, der mit Süßstoff, niemals mit Zucker gesüßt wird.
Danach darf man einem Kind, das älter als 3 Monate ist, eine Suppe aus Karotten oder gelben Rüben geben. R e z e p t : 500 g Karotten oder gelbe Rüben werden geputzt, kleingeschnitten, weichgekocht und durch ein Sieb passiert. Dieser Brei wird mit abgekochtem
Wasser auf 1 Liter aufgefüllt und mit einem schwachen Teelöffel Salz gewürzt. Hört der
Durchfall auf, so fügt man dieser Suppe bald kleine Mengen Reisschleim zu. — Sind Karotten
oder gelbe Rüben nicht zu haben, so gibt man geschälten, feingeschabten Apfel ohne Zuk-
ker. Ein Säugling darf niemals Durst leiden oder lange hungern; dies gefährdet sein Leben.
Hole auch nach jeder Erkrankung Rat ein über die Ernährung!
Man darf niemals längere Zeit die Milchmenge verkürzen oder gar die Milch weglassen.
Beide Fehler führen zu schweren Ernährungsstörungen.

Die Beikost in den ersten Monaten

Flaschen- und zwiemilchernährte Kinder erhalten etwa vom 3. Monat an rohe Obst- und
Gemüsesäfte oder rohen Obstbrei und damit das Vitamin C, das für das Wachstum unent-
behrlich ist. Beim Brustkind kann man damit etwas länger warten, es erhält die nötigen Stoffe
mit der Muttermilch. Der Nährwert der Beikost ist gering; sie ist keine richtige Mahlzeit, sondern wird zwischen zwei Milchmahlzeiten gegeben. Zur rohen Beikost eignen sich:
Äpfel, Birnen, Kirschen, Himbeeren, Brombeeren, Trauben, Tomaten, frische gelbe Rüben,
Orangen, Bananen.
Z u b e r e i t u n g : Äpfel oder Birnen schälen, auf einer Glasreibe reiben, entweder als
Brei geben oder den Saft über einem Sieb ausdrücken. Andere Obstarten gründlich waschen
(im Sieb unter fließendem Wasser), in einem Sieb zerdrücken, Orangen in der Zitronenpresse
ausdrücken, Bananen mit einer Gabel fein zerdrücken, gelbe Rüben fein schaben, Saft durch
ein Sieb tropfen lassen.

Die Ernährung des älteren Säuglings

Die Gemüsemahlzeit

Etwa vom 3. Monat an braucht das Kind zur Blutbildung und zum richtigen Knochenwachs-
tum Eisen, Kalk und andere Stoffe, die vor allem im Gemüse enthalten sind. Daher wird
jetzt die mittägliche Flaschenmahlzeit durch Gemüsekost ersetzt.

Dazu nimmt man Spinat, gelbe Rüben (Karotten), grüne Erbsen, Mangold, Blumenkohl. Dem gekochten Gemüse fügen wir bald etwas zerdrückte, gekochte Kartoffeln zu oder wir dämpfen kleine Kartoffelstücke mit.

Zubereitung der Gemüsemahlzeit

Etwa ½ Pfund Gemüse wird gut verlesen, mehrmals gewaschen und in wenig Wasser weichgedämpft. Aus einem nußgroßen Stück Butter und etwas Mehl bereitet man in einem zweiten Gefäß eine helle Mehlschwitze, nimmt diese vom Feuer, gibt ein Sieb darüber, schüttet das gedämpfte Gemüse hinein, passiert es durch und läßt das Ganze unter Rühren nochmals kurz aufkochen.

MERKE

Niemals Gemüsewasser wegschütten, denn es enthält die wertvollen Stoffe!
Gemüse mit dem Löffel füttern! Das Kind muß daran gewöhnt werden.

AUFGABE

Zubereitung einer Gemüsemahlzeit.

Der Brei

Im Lauf der späteren Lebensmonate verträgt das Kind kräftigere (konzentrierte) Nahrung. Es bekommt jetzt abends einen Brei.

Zubereitung des Breis

Wir verdünnen 150 g Vollmilch (in der Flasche abmessen!) mit 50 g Wasser und bringen dies zum Kochen. Dann geben wir etwa 25–30 g Haferflocken, Grieß, Mehl oder Reis hinein (umrühren!) und kochen so lange, bis der Brei gar ist. Wir süßen mit 10 g Zucker (2 Stück oder 2 Teelöffel). Der abgekühlte Brei wird mit dem Löffel gegeben. Er kann vom 8.–9. Monat an mit Vollmilch zubereitet werden.

MERKE

Niemals monatelang den gleichen Brei füttern, sondern mit den Einlagen wechseln.
Nicht mehr Brei geben, als dem Kinde zusteht! (rechnen, messen, wiegen).
Zuviel Brei macht die Kinder dick, führt zu Hautausschlägen und begünstigt Krankheiten.

Gebäck und Brot

Im 2. Halbjahr will das Kind kauen. Es erhält zunächst Keks und Zwieback, die man aus einem leichten Teig (nicht zuviel Fett und Eier) selbst bäckt. Gegen Ende des 1. Jahres bekommt das Kind ein gutes, altbackenes Vollkornbrot mit Rinde. Für das ältere Kind sollen Keks, Zwieback und Kuchen seltene Leckerbissen für Festtage bleiben, nicht aber tägliche Nahrung.
Als B r o t a u f s t r i c h nehmen wir frische Butter, hausgemachte Marmeladen, Gelees und Bienenhonig.

Kartoffeln

enthalten fast alle Stoffe, die zum Aufbau des Körpers nötig sind. Das Kind bekommt sie mit dem Gemüse (vgl. dort) oder als Kartoffelbrei.

Knochenbrühe (Suppe), Fleisch und Eier

sind für den Säugling nicht unbedingt notwendig, werden aber doch allmählich in die Kost eingeführt. Kalbsknochen werden mit Suppengrün 1–2 Stunden gekocht. Die Brühe kann zur Bereitung von Brei oder zur Herstellung einer Suppe verwendet werden.
Zur Gemüsemahlzeit kann das Kind gegen Ende des 1. Jahres 1–2mal feingewiegtes Fleisch oder 1 Eigelb bekommen. Letzteres enthält das Vitamin D, das u. a. die Rachitis verhütet. Das Eiweiß dagegen läßt man noch weg, da manche Kinder es nicht vertragen. Am Ende des 1. Jahres kann das Kind vieles von der Kost der Erwachsenen essen. Man vermeidet nur besonders schwere Speisen, wie z. B. Sauerkraut oder Geräuchertes.

Sobald das Kind beißen kann, geben wir das Passieren und feine Wiegen der Nahrung allmählich auf.
Wöchentlich zweimal ersetzen wir den Brei durch Vollkornbrot mit Butter, Käse, Tomaten oder Radieschen.
Gib keine aufgewärmten Reste! Das Kind soll ein frisch zubereitetes Essen bekommen.
Erlaube dem Kind niemals, seine Nahrung selbst zu bestimmen und nur das zu essen, was es am liebsten mag!
Will es das nicht essen, was es soll, so denke daran, daß Hunger der beste Koch ist!

Die Pflege des Säuglings

Grundsätze

Peinliche Sauberkeit!
Licht und Luft!
Ruhe und Regelmäßigkeit!

AUFGABEN
Erzähle, was alles gebraucht wird zur Pflege des Säuglings, den du kennst!
Wie ist er gekleidet?
Was für ein Bettchen hat er?

Die Aussteuer

Windeln
Die innerste, erste Windel aus Nessel oder Mull, Größe 80/80 cm; 1–2 Dutzend.
Die zweite Windel (Unterlage) aus Molton oder Frottee, Größe: 40/50 cm; 1–2 Dutzend.
Die dritte, äußere Windel aus Molton oder Flanell; Größe: 80/80 cm; 3–4 Stück. Diese
Windel kann man im Sommer durch ein Windelhöschen aus Garn oder aus Trikot ersetzen.
Die Gummiunterlage ist ein Notbehelf; sie spart Wäsche. Material: Waffel- oder Rippen-
gummi, wasserdichter Stoff; Größe: 30/40 cm; 2 Stück.
Man bemüht sich heute, durch neue Wickelmethoden Windeln zu sparen. Es gibt die „Tapsi"-
Windelhöschen, „Schweden-Windelhöschen" und andere. Dabei wird einerseits wasserdich-
ter Stoff, andererseits als Einlage Zellstoff verwendet. (In Fachgeschäften kann man sie sich
zeigen lassen.)

Leibwäsche
Hemdchen aus Trikot oder weichem Wäschestoff, 4–6 Stück. Jäckchen aus Trikot oder weißem Garn, kochbar; 4–6 Stück. Lätzchen aus Frottee (4–6 Stück) oder Plastik (2 Stück). Wolljäckchen, 2 Stück, Wollmützchen, 2 Stück, Wollhandschuhe, 2 Paar.

Die Lagerstätte
Korb oder Bettchen?
Vorteil des Bettchens: Falls es nicht zu klein ist, 2–3 Jahre benützbar.
Vorteil des Korbes: Zunächst keine großen Anschaffungskosten, luftdurchlässig und leicht
zu reinigen. Nachteil: Ein Korb ist nur bis zum 5.–6. Monat brauchbar. Dann besteht die
Gefahr, daß das Kind den Korb umwirft.
Einrichtung des Bettchens
Matratze aus festem Drell, gefüllt mit Stroh, Seegras oder Roßhaar; Kopfkissen mit Roßhaar
oder Kapok gefüllt; Federkissen nur im Winter.
Wolldecke und Deckbett (Plumeau). Dieses soll klein und mit besten Daunenfedern nur
schwach gefüllt sein.
Bettwäsche: Material aus leichtem, kochbarem Wäschestoff, kein Leinen! Grund: Leinen
bewirkt Abkühlung, wenn es feucht wird. Wir brauchen je 4–6 Bettücher, Kissenbezüge,
Decken- und Deckbettbezüge.

Der Kinderwagen

Wo ein Garten neben dem Haus ist, ist der Kinderwagen in den ersten Monaten entbehrlich, weil man das Kind im Korb oder Bettchen ins Freie stellen kann. Er soll luftdurchlässig (Korbwagen) und nicht zu tief sein. Das Kind darf im Wagen nicht förmlich vergraben werden.

MERKE

Der Säugling braucht im Bettchen und im Wagen eine feste, ebene Unterlage, damit sich seine Wirbelsäule gerade entwickelt. Er darf nicht auf Federn liegen. Also kein Unterbett, denn dies verweichlicht und begünstigt Krankheiten.
Die Kleidung des Kindes, die Wäsche, das Bettchen und der Kinderwagen sollen vor allem zweckmäßig sein! Von Spitzen, seidenen Decken und Betthimmeln hat das Kind gar nichts. Sie machen die Pflege nur mühsam und zeitraubend, sind teuer und verhindern den Zutritt von Luft und Licht!

Badegerät, Wickelmöbel und kleine Pflegesachen

Der Säugling braucht ein e i g e n e s B a d e g e f ä ß, das zu nichts anderem verwendet werden darf, ganz besonders nicht zum Windelwaschen. In Wannen aus Metall (Zink) kühlt das Wasser rasch ab. Besser eignen sich Gefäße aus Plastik.

Als W i c k e l k o m m o d e kann eine vorhandene Kommode verwendet werden (Platte durch wasserdichten Stoff schützen!), oder man kann Wickelmöbel basteln. Wir brauchen ein W i c k e l k i s s e n (Maß 80/80 cm) und 3 Kissenbezüge dafür.

An k l e i n e n P f l e g e s a c h e n brauchen wir: 1 Dose Kinderpuder, ein Fläschchen Bor-wasser, ein Fläschchen Kinderöl, 1 Stück Kinderseife, 1 Dose Kinderhautcreme, 4 Waschlap-pen, eine kleine Waschschüssel, 2 Badetücher, eine Haarbürste und etwas Watte in einem Behälter (Weckglas).

Pflegemaßnahmen

Das Wickeln

Binde eine frische Schürze um! Wasche deine Hände!

Das Kind wird aus dem Bettchen gehoben. Kopf und Hals ruhen auf dem linken Unterarm der Pflegerin, das Gesäß wird auf die rechte Hand gestützt. Das Kind wird zum Wickelplatz getragen, ausgewickelt und gereinigt. Ist es naß, so wird es mit einem trockenen Zipfel der Windel abgetupft. Danach streut man etwas Puder in die Schenkelbeugen und die Gesäßspalte und verreibt ihn leicht mit den Fingern. Er bindet den letzten Rest von Feuch-tigkeit und Gerüchen.

Hat das Kind Stuhl entleert, so wird der gröbste Schmutz mit der Windel entfernt. Danach wird das Kind gewaschen, soweit es nötig ist, trockengetupft und gepudert. — Sehr kleine Kinder und Kinder mit empfindlicher Haut reinigt man mit einem in Öl getränkten Watte-bausch.

Die frischen Windeln werden zurechtgelegt, vgl. Bild S. 198. Das Kind wird gewickelt, wie auf den Bildern S. 198 zu sehen ist.

Wie oft wird trockengelegt?

Vor jeder Mahlzeit, also mindestens 5mal täglich. Man wickelt vor dem Trinken, weil viele Kinder nachher keine Erschütterung vertragen und die Nahrung erbrechen würden. Man wickelt das Kind außerdem, wenn es unruhig ist und schreit. Oft zeigt es dadurch an, daß es naß oder schmutzig ist und sich unbehaglich fühlt.

MERKE

Sei fleißig im Wickeln! Spare nicht mit frischen Windeln!

AUFGABE

Wickeln.

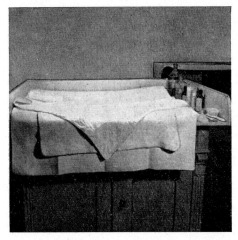

Der vorgerichtete Wickeltisch

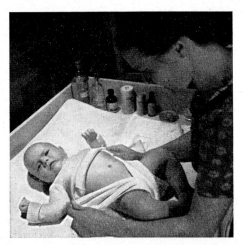

Erster und zweiter Handgriff

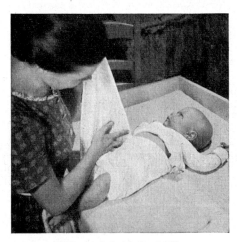

Dritter und vierter Handgriff

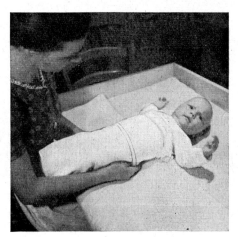

Fertigwickeln

Behandlung der gebrauchten Windeln

Sie werden in Sodawasser oder anderes Einweichmittel eingeweicht. Hierzu braucht man 2 Eimer. Die nur durchnäßten Windeln werden in den einen, die mit Stuhl beschmutzten Windeln in den anderen Eimer gegeben. Die Eimer werden zu nichts anderem verwendet. Aus den Stuhlwindeln wird der gröbste Schmutz schon vor dem Einweichen herausgewaschen. Danach werden die Windeln zusammen mit der Leibwäsche des Kindes wie andere Wäsche behandelt. Sie müssen g e k o c h t werden, damit sie möglichst k e i m f r e i sind. Im Freien trocknen! Frottee- und Moltonwindeln n i c h t bügeln oder mangen*), sondern nur glattlegen!

Das Baden

Nur durch das tägliche Bad kann der Säugling wirklich saubergehalten werden.
Dieses regt außerdem die Tätigkeit der Haut und den Blutumlauf an. Man badet gewöhnlich

*) In manchen Gegenden „mangeln".

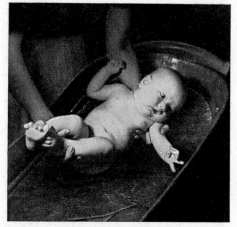
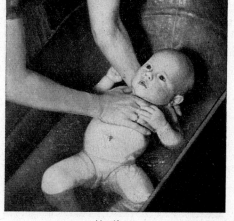

In die Wanne heben   Abseifen

vormittags vor der 2. Mahlzeit. Unruhige Kinder, die nachts viel schreien, badet man gerne am Abend, weil sie dann besser schlafen.

Das Badewasser soll 35° C warm sein, also nicht ganz körperwarm. Man mißt dies mit einem Badethermometer oder taucht den Ellbogen ins Wasser. Die Hand ist nicht zuverlässig, da sie an viel wärmeres Wasser gewöhnt ist und nicht so fein unterscheiden kann. Wir brauchen so viel Badewasser, daß die Schultern des Kindes bedeckt sind.

Wie wird gebadet? Die Haltung vgl. Bilder oben.

Das Wasser darf nicht in die Ohren, in Nase oder Mund eindringen! Das Gesicht wird mit einem gut ausgedrückten Waschlappen vorsichtig abgewischt, der übrige Körper mit der bloßen Hand rasch abgeseift, wobei Gesäß und Schenkelbeugen sehr sorgfältig gewaschen werden müssen.

Nach dem Bad wird das Kind vorsichtig abgetrocknet (mehr tupfen als reiben!). Hemdchen und Jäckchen werden angezogen, in die Gesäßspalte und die Schenkelbeugen wird gute Kindercreme dünn aufgetragen und sparsam darübergepudert, dann wird gewickelt.

Die Augen reinigen wir mit kleinen Wattebäuschen, die in Borwasser, die Nase mit kleinen Wattepfropfen, die in Kinderöl getaucht wurden. Grund: Das Kind kann nur dann gut saugen, wenn es frei durch die Nase atmen kann. Ohren und Mund werden in Ruhe gelassen! Die Haare werden gebürstet.

AUFGABE
Baden.

Aufenthalt im Freien, in Licht und Luft

Kein Lebewesen gedeiht ohne frische Luft und ohne Sonnenlicht; das siehst du täglich an den Pflanzen und Tieren. Fehlen dem Kind Luft und Licht, so wird es rachitisch, es bekommt die englische Krankheit. Dabei entwickeln sich die Knochen des Kindes nicht richtig. Es kann dadurch zum Krüppel werden. Die Rachitis wird verhütet durch richtige Pflege und Ernährung (Stillen!). Außerdem gibt es eine Arznei (Vigantol), die Rachitis verhütet und heilt. Sie muß dem Kind bald nach der Geburt gegeben werden. Frage den Arzt oder die Beraterin!

Prüfe, ob das Kind genug Luft und Licht hat!

Wo steht sein Bettchen? Wie liegt es darin? Wie ist es gekleidet? Schwitzt es nicht? Friert es nicht?

Der Säugling soll täglich ins Freie kommen, jedoch nicht kurz nach dem Bad. Ausnahmen: Tage mit heftigem Wind, besonders bei Staubentwicklung, und Tage mit Frost unter −5°. An sehr heißen Tagen läßt man das Kind über Mittag besser im Haus. Sonst aber stellt man

Sonniger, luftiger Platz am Fenster   Beschäftigung, Spiel mit den Fingern

es im Bettchen oder Wagen ins Freie (entfernt von Düngerhaufen, Jauchegrube oder Abort!). Wenn nötig, schützt man es durch einen Schleier vor Fliegen und Mücken. Das größere Kind kann seinen Nachmittagsschlaf im Freien machen. Wenn es aber nicht mehr still liegenbleibt, muß es ausgefahren werden.

MERKE

Wenn bei der Pflege und Ernährung des Säuglings auf Regelmäßigkeit und Pünktlichkeit geachtet wird, dann hat das Kind eine geregelte Verdauung und einen tiefen, ruhigen Schlaf. Es gedeiht und ist fröhlich. Das ganz kleine Kind schläft viel und bringt viele Stunden des Tages in völliger Ruhe zu. Es braucht deshalb auch keine Unterhaltung. Erst wenn es größer wird, muß man ihm mehr Beachtung schenken. Für freundlichen Zuspruch und etwas Abwechslung ist es dankbar. Halte aber Hast, Unruhe und Lärm (Radio, Fernsehen) vom Kind möglichst lange fern!

Impfungen

Durch Impfungen kann das Kind gegen bestimmte schwere Krankheiten geschützt werden. Die Pockenschutzimpfung ist eine durch Gesetz geregelte Pflicht. Das Kind muß bis zum Ablauf desjenigen Kalenderjahres geimpft werden, in dem es sein 1. Lebensjahr vollendet. Es gibt außerdem weitere freiwillige Schutzimpfungen: gegen Diphtherie, Keuchhusten, Wundstarrkrampf und gegen Kinderlähmung. Diese beiden Impfungen müssen mehrmals durchgeführt werden, um zu wirken. Außerdem gibt es eine Impfung gegen Tuberkulose (BCG-Schutzimpfung), die man besonders bei Kindern anwendet, in deren Umgebung ein Tuberkulosekranker ist. – Auskunft erteilt der Arzt oder das Gesundheitsamt.

Die Pflege, Entwicklung und Erziehung des Kleinkindes (2.—6. Lebensjahr)

Die Ernährung

Jetzt ist das Kind dem Säuglingsalter entwachsen und kann schon alle Speisen vertragen. Darum:
Weg von der Säuglingsernährung (Flasche, Brei), hin zur Kost der Erwachsenen! Wichtig ist: gutes, a l t b a c k e n e s V o l l k o r n b r o t , viel O b s t , rohe S a l a t e und G e m ü s e (roh und gekocht). Fleisch, Wurst und Eier nicht im Übermaß! Zwischen den regelmäßigen Mahlzeiten bekommt das Kind nichts zu essen, ganz besonders k e i n e Süßigkeiten.

Die Pflege

Abends g r ü n d l i c h w a s c h e n und so oft als möglich b a d e n , weil sich das Kind beim Spielen und Herumkriechen schmutzig macht. Das Kriechen ist übrigens sehr gesund für die

Kräftigung der Beine und der Wirbelsäule. Dagegen darf man das Kind nicht vorzeitig zum Stehen und Gehen anhalten, sonst bekommt es krumme Beine.

Häufig die W ä s c h e w e c h s e l n, besonders die Höschen und Strümpfe! Oft gibt man den kleinen Kindern keine ausreichende warme Unterwäsche, weil sie sich noch naß machen. Infolgedessen erkälten sie sich dann beim Herumrutschen und Spielen auf dem Boden (Steinboden), machen desto öfter naß und können Blasen- und Nierenkrankheiten bekommen. – Dagegen soll man das Kind im heißen Sommer nur leicht kleiden (leichte Hemdchen und Höschen, leichte Kleidchen, Spielhöschen). – Barfußlaufen ist besonders gesund.

Das kleine Kind muß ständig b e a u f s i c h t i g t werden, denn es ist in einem gefährlichen Alter. Es ist sehr beweglich und unternehmend, aber noch unvernünftig. Es kennt noch nicht die Gefahren, die überall seine Gesundheit, ja oft sein Leben bedrohen. Bald steckt es die unmöglichsten Gegenstände in Mund und Nase, bald öffnet es ein Fenster, bald macht es sich am Feuer in Herd und Ofen zu schaffen, bald läuft es der Mutter, die gerade einen Topf kochendheißer Wäsche trägt, zwischen die Füße. Gibt man nicht ständig acht, so kann schnell das größte Unglück geschehen – gar nicht zu reden von den Gefahren, denen das unbeaufsichtigte Kind auf der Straße ausgesetzt ist. Die Eltern haben dann nicht nur den Jammer, sie müssen sich obendrein wegen Verletzung der Aufsichtspflicht vor Gericht verantworten.

Das Kleinkind muß dazu erzogen werden, sich nicht mehr mit Harn und Stuhl zu beschmutzen. Damit beginnt man schon im 2. Lebenshalbjahr, indem man das Kind zu regelmäßigen Zeiten abhält. – Setzt man es regelmäßig aufs Töpfchen (durchsichtig, aus Plastik), bis es begriffen hat, was es tun soll, dann wird es sich zur rechten Zeit selbst melden.

Körperliche Fortschritte in der Kleinkindzeit:

Das Kind lernt stehen und gehen und versucht, seine Hände zu gebrauchen wie die Großen. Es lernt allmählich selbst essen und sich reinzuhalten und soll sich bei Schuleintritt selbst waschen und anziehen können. Dabei muß es noch beaufsichtigt werden.

Geistig-seelische Entwicklung

Das Kind scheint sich in seiner ersten Lebenszeit nicht um seine Umgebung zu kümmern. Seine geistig-seelischen Eigenschaften entwickeln sich erst allmählich. Nach dem 2. Lebensmonat fängt das Kind zu lächeln an. Im Lauf des 1. Halbjahres fängt es zu lallen und zu „plappern" an.

Nach dem 6. Monat e r k e n n t es die Menschen und Gegenstände, die es täglich sieht. E s m a c h t s i c h v e r s t ä n d l i c h durch Laute, die es selbst erfindet, z. B. „njam-mjam" = essen, „wau-wau" = Hund. Dies ist der Anfang des Sprechenlernens.

Mit etwa 2½–3 J a h r e n hat das Kind s p r e c h e n g e l e r n t. Dies bedeutet eine große geistige Leistung. Es spricht anfangs noch fehlerhaft. Deshalb muß ihm r i c h t i g vorgesprochen werden. Begehen die Erwachsenen aber den Fehler, die drollige Kindersprache mitzumachen, dann bleibt das Kind im Sprechenlernen zurück und muß es später in der Schule büßen. – Dagegen ist es kein Nachteil, wenn das Kind in der Mundart spricht, denn diese ist ein Stück Heimat.

D e m k l e i n e n K i n d i s t a l l e s n e u. E s f r a g t nach allem, was es noch nicht weiß. Man nennt deshalb das Alter von 3–5 Jahren das F r a g e a l t e r. Kinderfragen müssen geduldig angehört und in liebevoller Weise so beantwortet werden, daß das Kind die Antwort verstehen kann.

Etwa um das dritte Jahr entwickelt sich die Phantasie (Einbildungskraft) des Kindes. Wirklichkeit und Traumwelt gehen ineinander über; das Kind kann sie noch nicht trennen. Es phantasiert sich im Spiel in verschiedene Rollen hinein (Vater, Mutter, Briefträger usw.) und ist dabei glücklich. Diese Traumwelt mutwillig zu zerstören – etwa durch Auslachen – ist eine Roheit. Jetzt ist die Zeit gekommen für M ä r c h e n, für alte K i n d e r r e i m e und

V e r s e , für kleine Geschichten, K i n d e r l i e d e r und einfache Volkslieder (keine Schlager!).

A U F G A B E N

Erzähle Beispiele vom phantasievollen Spiel kleiner Kinder! Erinnere dich an dein eigenes Spiel!
Nenne und erzähle ein bekanntes Märchen!
Sage einen bekannten Kindervers, wenn das Kind sich wehgetan hat, wenn es auf den Knien reitet oder zuviel fragt!
Nenne und singe ein Kinderlied, ein einfaches, echtes Volkslied!

Kleinkinderzeit ist Spielzeit! Das Kind braucht zum Spielen Zeit und Platz. Es braucht nicht vielerlei, aber g u t e s , dauerhaftes S p i e l z e u g . Dieses darf keine scharfen Ecken und Kanten haben und nicht zu klein sein, damit es das Kind nicht verschlucken kann. Etwa verwendete Farben müssen ungiftig sein. (Warum?) Teure Luxusspielsachen sind überflüssig. Vieles kann man selbst basteln.

D a s   K i n d   b r a u c h t

im 1. Jahr: eine Klapper, die ersten einfachen Gegenstände zum Bauen (Zwirnrollen, Klötzchen, s. Abb.), ein einfaches Steckspiel (hohle Würfel, die ineinanderpassen), das erste Tier aus Stoff zum Liebhaben, ein Schwimmtier für die Badewanne.

Im 2.–3. Jahr: einen Ball, ein Tier auf Rädern oder einen Wagen zum Ziehen, einen einfachen Baukasten (Holz), einfache Puppen, die das Herumwerfen vertragen, eine einfache Eisenbahn (Holz).

Steckspiele

Fürs Puppenmütterchen

Der kleine
Städtebauer

Im 4.–5. Jahr: einen einfachen Puppenwagen mit Bettzeug, eine Puppe zum An- und Ausziehen, mehrere Tiere, Aufstellspielzeug (Dorf, Zirkus), einen Kaufladen oder eine Puppen-
küche, Reifen, Springseil, Kreisel, Schubkarren, vielleicht einen Roller.

Das Kleinkind spielt besonders gern mit Sand und Erde (kleine Schaufel, Eimer, Sandformen),
mit Wasser (Eimer, Gießkännchen), mit Papier (Blei- und Buntstifte, Schere ohne Spitzen),
im Winter mit Schnee (Schneemann bauen).

Größere Kinder bauen immer kunstvoller, malen (einfache Malkästen) und kneten gern mit
Ton oder Knetwachs. Man darf nicht schelten, wenn das Kind sich dabei schmutzig macht.
Vielmehr muß man es zweckmäßig anziehen und spielen lassen.

Die Erziehung

R e g e l m ä ß i g k e i t und O r d n u n g in der Pflege des Kindes sind schon ein gutes Stück
Erziehung. – Ein Kind, das richtig spielen kann, ist leichter zu leiten. – Ein Kind, das schon
durch kleine Freuden zufrieden und fröhlich wird, macht wenig Schwierigkeiten. Deshalb
sind Freuden und Feste im häuslichen Kreis (Geburts- und Namenstag, Weihnachten, Ostern)
so wichtig für Kinder. – Erziehung muß e i n h e i t l i c h sein. Es darf z. B. nie vorkommen,
daß der Vater etwas verbietet, was die Mutter erlaubt, oder umgekehrt – erst recht nicht
hinter dem Rücken des anderen Elternteils! Meinungsverschiedenheiten dürfen nicht in Ge-
genwart des Kindes ausgetragen werden. Die Erziehung muß s t e t i g sein. Was einmal
erlaubt wurde, muß immer erlaubt sein; was einmal verboten wurde, bleibt verboten. – Das
Kind muß g e h o r c h e n l e r n e n, sonst kann man es nicht erziehen. Etwa um das 3. Jahr
entwickelt sich das I c h b e w u ß t s e i n des Kindes. Es sagt zum erstenmal „ich will", nicht
mehr „Hansi will". Der eigene Wille äußert sich oft im T r o t z. Das Kind will anders, als es
soll: „Ich esse meine Suppe nicht, nein, meine Suppe eß ich nicht." Das trotzige Kind muß
mit besonders viel Geduld und Liebe behandelt werden. Leichten Trotz übersieht man,
Widerspruch beachtet man nicht. Oder man läßt den Trotz ins Leere verpuffen: „Du brauchst
deine Suppe nicht zu essen." (Das Kind bekommt aber bis zur nächsten Mahlzeit nichts
anderes zu essen.) Schweren Trotz straft man, indem man das Kind allein läßt, es „kaltstellt"
und nicht mehr beachtet. Wichtig ist das g u t e B e i s p i e l: Güte, Liebe und Nachsicht der
Erwachsenen untereinander. Ein Kind, das in einer solch guten Umgebung aufwächst und
außerdem zur Selbständigkeit erzogen wird, trotzt nicht schwer. Darum lasse man es bald
selbständig essen, sich selbst waschen und anziehen und, wenn möglich, im Hause helfen.
Ab und zu ist ein leichter Klaps nötig, wenn das Kind nicht gehorchen will. Schweres Schla-

gen und Prügeln aber bessern kein Kind, es wird nur verstockt und verängstigt. Schon das kleine Kind muß die Anfänge g u t e r Lebensart lernen: anständig essen, grüßen, bitten und danken, Rücksicht nehmen auf andere usw. – Es muß aber auch zur W a h r h a f t i g k e i t erzogen werden. Kleine Kinder sagen manchmal die Unwahrheit, weil sie in einer Traumwelt leben oder weil sie eine Strafe fürchten. Wir stellen diese ersten Lügen liebevoll richtig, nennen das Kind aber niemals „Lügner" und strafen erst dann, wenn die Lüge zur Gewohnheit zu werden droht. Bedenke beim Umgang mit Kindern und bei ihrer Erziehung immer das Wort eines großen deutschen Erziehers:

Erziehung ist Beispiel und Liebe – sonst nichts.

F r ö b e l

KRANKENPFLEGE

Allgemeines über Krankheiten

AUFGABEN

Welche Krankheiten hast du selbst durchgemacht?
Wodurch unterscheidet sich der kranke Mensch vom gesunden?
Welche Krankheiten kennst du? Versuche sie in Gruppen zu ordnen!

Man spricht von Krankheit, wenn einzelne Organe oder auch Glieder unseres Leibes nicht mehr normal arbeiten, so daß unsere Leistungsfähigkeit herabgesetzt wird. Dabei ist gewöhnlich der ganze Körper in Mitleidenschaft gezogen. Das Aussehen, die Bewegungsfähigkeit, die Körperhaltung, die Körperwärme, ja selbst das seelische Verhalten können verändert sein.

Viele Krankheiten bereiten S c h m e r z e n. Es gibt aber auch gefährliche, heimtückische Krankheiten, die man anfangs kaum bemerkt und die zu Beginn keine Schmerzen verursachen (z. B. Tuberkulose, Krebs). A k u t e Krankheiten treten p l ö t z l i c h auf und erreichen schnell ihren Höhepunkt. C h r o n i s c h e Krankheiten verlaufen l a n g s a m. L e i c h t e Krankheitszustände heilen vielfach von selbst wieder aus, besonders wenn man gute Pflege und einfache Hausmittel richtig anwendet.

Bei jeder ernsthaften Krankheit muß man den A r z t holen. Die meisten Krankheiten sind heilbar, wenn sie r e c h t z e i t i g erkannt und richtig behandelt werden. Dies gilt auch für die chronischen Krankheiten. Chronisch heißt also nicht unheilbar!

Allgemeine Grundsätze der Krankenpflege

Jeder Kranke muß sorgfältig gepflegt und liebevoll betreut werden, auch der unheilbar Kranke und alte Menschen, die dem Tod entgegengehen. Sie dürfen sich niemals verlassen oder gar verachtet fühlen.

Wer Kranke pflegt, muß sauber und ordentlich, ruhig, freundlich und geduldig sein. – Der Kranke braucht R u h e ! Er soll deshalb in einem Zimmer allein untergebracht werden. Handelt es sich um eine ansteckende Krankheit, so ist diese Maßnahme unerläßlich, denn es werden dadurch auch zugleich die Gesunden vor Ansteckung behütet. – Die s e e l i s c h e Ruhe ist ebenso wichtig wie die körperliche. Sorgen, Aufregungen und Ärger schaden dem Kranken und verzögern die Genesung.

Das Krankenzimmer

soll genügend groß, sonnig, gut zu lüften und heizbar sein.

Es soll einen glatten Fußboden haben, der täglich feucht gewischt wird, außerdem Wasser und Abort in erreichbarer Nähe haben und nicht zu weit entfernt von den übrigen Wohnräumen liegen.

Überlege, welches Zimmer eures Hauses, eurer Wohnung sich am besten als Krankenzimmer eignen würde und warum?

Das Krankenbett

soll von beiden Seiten zugänglich sein, eine Matratze und ein Unterbett, Kissen je nach Alter und Bedürfnis des Kranken, eine leichte, warme Decke und ein leichtes Federbett haben.

Das Bett ist täglich frisch zu richten; für Schwerkranke ist eine wasserdichte Unterlage bereitzuhalten.

Während des Bettrichtens sitzt der Leichtkranke gut zugedeckt auf einem bequemen Stuhl; der Schwerkranke muß auf eine zweite Liegestatt gehoben werden.

PRAKTISCHE ÜBUNG
Herrichten eines Krankenbettes mit Durchzug.
(wasserdichte Unterlage übers Leintuch, darüber ein etwas größeres, kochbares Stoffstück).

Die Pflege des Kranken

Körperpflege und Reinhaltung

Der Kranke soll t ä g l i c h die Zähne putzen, den Mund ausspülen, Hände, Gesicht, Hals und Ohren waschen, die Gegend zwischen den Beinen mit besonderem Waschlappen waschen, Haare bürsten und kämmen. Kann er dies nicht selbst tun, so muß es die Pflegerin übernehmen. Erlaubt es das Befinden des Kranken, so wird der ganze Körper kurz mit warmem Wasser gewaschen. Bei längerer Krankheit sind Finger- und Fußnägel öfters zu schneiden. Verunreinigt sich der Kranke (Erbrechen, Speichel, Auswurf, Blut, Wundabsonderungen, Harn und Stuhl), so muß er s o f o r t gereinigt und darnach die schmutzige Wäsche durch saubere ersetzt werden. Bei all diesen Pflegearbeiten darf man n i e m a l s unfreundlich werden. Stets sollte man Zellstoff bereithalten, der Wäsche spart und nach Gebrauch verbrannt werden kann.

Ärztliche Verordnungen

müssen s o r g f ä l t i g durchgeführt werden. Muß man auf den Arzt warten, so wird der Kranke in gut gelüftetem Zimmer ruhig hingelegt. Alle engen Kleidungsstücke werden geöffnet. Ausscheidungen des Kranken (Erbrochenes, Auswurf, Harn, Stuhl, durchblutete Wäsche- und Kleidungsstücke) hebt man für den Arzt auf. Sie könnten ihm das Erkennen der Krankheit erleichtern.

Die Körperwärme (Temperatur) wird mit dem Fieberthermometer gemessen, bei leichten Krankheiten unter der Achsel, bei schweren Krankheiten und bei kleinen Kindern im After (rektal). Bei Kindern Thermometer festhalten! Die Temperatur des Gesunden beträgt in der Achsel morgens etwa 36,2 Grad, abends etwa 37 Grad.

Steigt die Körperwärme auf 38 Grad und höher, so hat der Kranke F i e b e r.

PRAKTISCHE ÜBUNG
Messen der Körperwärme in der Achsel: Betrachten des Thermometers, Herunterschlagen der Quecksilbersäule. Achselhöhle mit sauberem Tuch austrocknen, Thermometer gut einlegen, Arm andrücken, Hand auf die gegenüberliegende Schulter legen.
Nach 5 Minuten Temperatur ablesen, Quecksilbersäule herunterschlagen, Thermometer reinigen.

Arzneien

zur innerlichen Anwendung gibt es als Pulver, Tabletten, Pillen oder in flüssiger Form (mit Eßlöffel, Teelöffel oder tropfenweise einnehmen). Zur äußerlichen Annwendung werden

Salben, Einreibungen oder Puder gebraucht. Die Arznei wird vom Arzt verordnet, man kauft sie in der Apotheke.

Die Anweisungen des Arztes müssen genau befolgt werden. Auch harmlose Mittel können giftig wirken, wenn man zuviel davon einnimmt. Jede Arznei ist nur für d e n Kranken bestimmt, d e m sie v e r o r d n e t wurde. Niemals auf eigene Faust in der Familie „herumdoktern"! Arzneien müssen für Kinder unerreichbar sein, sonst kann es zu Vergiftungen, ja zu Todesfällen kommen. Arzneien, die älter als 3 Jahre sind, zerfallende Tabletten sowie sich verfärbende Flüssigkeiten müssen vernichtet werden. — Niemals kaufe man Arzneien von Hausierern! Verordnung der Arzneien ist Sache des Arztes, ihr Verkauf Sache des Apothekers. Ohne ärztliche Verordnung wendet man nur unschädliche Hausmittel an, die oft ausgezeichnet helfen. Dazu gehören vor allem

einheimische Teesorten:

Lindenblüten- und Fliedertee (schweißtreibend), Kamillentee als Umschlag (gegen Entzündungen der Haut oder solche unter der Haut), innerlich (bei Magen- und Darmstörungen), Fencheltee (gegen Blähungen und Leibschmerzen, besonders bei Kindern), Pfefferminztee (gegen Magen- und Darmstörungen, bei Erkrankungen der Galle), Fingerkrauttee (lindert Krämpfe am Magen und an den Gallenwegen), Spitzwegerichtee und Thymiantee (lösen Husten und Verschleimung).

Die Hausapotheke

gehört in einen sauberen, gut verschließbaren Kasten, am besten in ein weißlackiertes Metallkästchen. Der Schlüssel darf für Kinder nicht erreichbar sein.

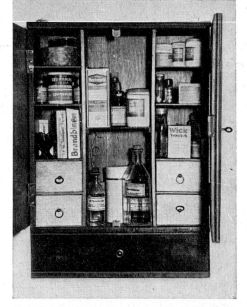

Sie enthält:

Hoffmannstropfen	helfen bei leichten Übelkeiten,
Baldriantropfen	beruhigen,
Natron	behebt manche Magenverstimmung
Kamillentee	
Pfefferminztee	vgl. oben,
Lindenblüten- oder Fliedertee	
Alkohol	zur äußeren Anwendung in der Krankenpflege.

guten Körperpuder,
Vaseline oder Borsalbe,
ein Fieberthermometer,
Watte.

Gute Einteilung, gute Ordnung - Apotheke für Kinder nicht erreichbar!

Der Verbandkasten

soll durch Fächer unterteilt sein; dann kann man darin leichter Ordnung halten.
Er enthält kleinere und größere Mullbinden, elastische Binden, eine Packung keimfreien Verbandmull, Zellstoff, Watte, Hansaplast in verschiedener Breite (für kleine Verbände), ein Dreiecktuch (Seiten etwa 127, 90, 90 cm lang), Fingerlinge, Sicherheitsnadeln, Pinzette, Schere, 1 Fläschchen Sepsotinktur, 1 Flasche Sagrotan oder ein anderes Desinfektionsmittel (Vorsicht, giftig!).

Anwendung von Wärme und Kälte

Wärme erweitert die Blutgefäße und bewirkt eine stärkere Durchblutung. Dadurch werden Schmerzen gelindert (Beschwerden an Magen, Darm und Gallenwegen, im Unterleib). Entzündungen werden zur Ausheilung gebracht (gerötete, geschwollene, schmerzhafte Stellen an der Haut, eitrige Finger, Furunkel und ähnliches). T r o c k e n e   W ä r m e kann man anwenden mit Hilfe warmer Tücher, warmer Ziegelsteine, einer Wärmflasche oder eines elektrischen Heizkissens. Dieses darf nicht naß werden (Kurzschluß!); Kinder und Schwerkranke dürfen damit nicht allein gelassen werden. T r o c k e n e   K ä l t e wendet man mit Hilfe eines Eisbeutels an. Feuchte Wärme und Kälte werden angewendet mit den

Umschlägen, Packungen und Wickeln.

H e i ß e r   B r e i u m s c h l a g : Leinsamen in Wasser kochen oder durchgedrückte heiße Kartoffeln bereiten. Heißen Brei auf ein Tuch streichen oder ins Tuch einschlagen. Warten, bis der Kranke die Temperatur des Umschlags ertragen kann, dann auf die kranke Stelle legen. Ausgezeichnetes Hilfsmittel bei „bösen" Fingern, Furunkeln und auf ärztliche Verordnung auch bei Erkrankungen im Bauch- und Brustraum.

K a l t e   U m s c h l ä g e : Ein dünnes Tuch wird in recht kaltes Wasser getaucht und aufgelegt. Nicht zudecken, weil die Verdunstung weitere Abkühlung bewirkt! Nach Erwärmung erneut ins kalte Wasser tauchen. Hausmittel gegen Kopfschmerzen und nervöses Herzklopfen. Nicht anwenden bei ernsthaften Herzleiden!

PRAKTISCHE ÜBUNG
Fertigstellen eines Leinsamenumschlages.

B r u s t w i c k e l , die Schwitzpackung: Unmittelbar vorher eine Tasse recht heißen, süßen Tee trinken (Fliedertee, Lindenblütentee).

Der Kranke verläßt das Bett. Eine Wolldecke wird quer ins Bett gelegt, darauf ein großes Badetuch gebreitet. Ein großes Handtuch wird in lauwarmes Wasser getaucht, fest ausgewunden und in Brusthöhe des Kranken aufs Badetuch gelegt. Der Kranke setzt sich ins Bett. Das Hemd wird über seinem Rücken hochgeschlagen. Den Kranken hinlegen, feuchtes Tuch rasch um den Brustkorb schlagen, ihn ganz ins Badetuch einwickeln, Arme seitlich am Körper ausstrecken, Wolldecke ganz herumschlagen. Den Kranken fest zudecken. Hals und Kopf können noch eigens mit einem Tuch umwickelt werden. An den Füßen darf der Wickel nicht „ziehen".

In dieser Packung bleibt der Kranke bis zum kräftigen Schweißausbruch (¾–1 Stunde). Kinder muß man dabei beaufsichtigen, denn unmittelbar vor dem Schweißausbruch entsteht das Gefühl, daß man es nicht mehr aushalten könne. Darüber muß man dem Kind oder dem Kranken durch guten Zuspruch hinweghelfen.

Ebenso wie die Brustwickel werden die L e i b w i c k e l , H a l s w i c k e l (bei Halsschmerzen, Schluckbeschwerden, Mandelentzündungen) und f e u c h t e   W i c k e l um kranke Gelenke angelegt. — Bei nervöser Schlaflosigkeit helfen kühle Wadenwickel. Darüber wird ein Wollstrumpf gezogen.

Nach dem Wickel: Den Kranken mit trockenen, warmen Tüchern abreiben, ihm frische vorgewärmte Wäsche anziehen, nach starkem Schwitzen Bettwäsche wechseln, auf Wunsch ein Getränk geben, das nicht zu kalt sein darf.

Wirkungen der Packungen, Umschläge und Wickel: Das Blut wird schneller durch die erkrankten Teile getrieben, dadurch werden Krankheitsstoffe weg- und Abwehrstoffe hingeführt.

V e r b o t e n sind Umschläge, Packungen und Wickel bei s e h r   s c h w e r Kranken. Besteht Fieber über 39°, so frage man vorher den Arzt.

Ansteckende Krankheiten *(Infektionskrankheiten)*

Sie werden verursacht durch winzig kleine Lebewesen aus dem Tier- und Pflanzenreich (Bakterien, Bazillen, Viren), die man nur bei vieltausendfacher Vergrößerung (Mikroskop) sehen kann. Sie dringen in den Körper ein (durch die Haut, die Schleimhäute, die Atemwege, durch Magen und Darm, durch die Harn- und Geschlechtsorgane), vermehren sich und erzeugen Gifte, die krank machen.

Jede ansteckende Krankheit wird durch einen bestimmten Erreger hervorgerufen, der bei vielen Krankheiten genau bekannt ist (Diphtherie durch den Diphtherieerreger, Tuberkulose durch den Tuberkelbazillus usw.). Es gibt aber ansteckende Krankheiten, deren Erreger nicht einheitlich sind (Grippe, Lungenentzündung) oder die man noch nicht kennt. Die ansteckenden Krankheiten werden übertragen durch Berührung mit dem Kranken, durch winzige Tröpfchen beim Sprechen, Husten und Niesen, durch seine Wäsche, durch Spielzeug, Eßgeschirr, durch den Abort; die Tuberkulose kann übertragen werden durch Milch. Typhus wird übertragen durch Trinkwasser und Nahrungsmittel. Verdorbenes Fleisch, verdorbene Wurst und verdorbener Fisch sind gefährlich, ebenso die Stiche von Fliegen, Läusen, Wanzen, die Bisse von Hunden und Katzen.

Manche ansteckenden Krankheiten werden schon durch tote Gegenstände weiterverbreitet (Scharlach). — Es gibt Menschen, die Krankheitskeime in sich tragen und eine ansteckende Krankheit weiterverbreiten, selbst aber gesund bleiben (Bazillenträger bei Diphtherie, Typhus).

Die Krankheitserscheinungen

Fast alle ansteckenden Krankheiten verursachen Fieber, manche erzeugen Hautausschläge (Masern, Röteln, Scharlach, Windpocken), andere Störungen an Magen und Darm (Typhus, Ruhr), wieder andere Husten, Auswurf, Bluthusten (Tuberkulose). Es gibt ansteckende Krankheiten mit raschem Verlauf (akute Infektionskrankheiten, wie Masern, Röteln, Diphtherie usw.), andere mit langsamem Verlauf, über Jahre, ja sogar Jahrzehnte sich hinziehend (chronische Infektionskrankheiten, wie z. B. die Tuberkulose).

AUFGABEN
Welche ansteckenden Krankheiten kennst du?
Was weist du über ihre Entstehung, ihren Verlauf und den Schutz gegen sie?

Die Behandlung

bestimmt der Arzt, den man möglichst frühzeitig holen muß. Gegen manche ansteckenden Krankheiten gibt es ganz bestimmte Heilmittel, die den Erreger weitgehend unschädlich machen (Diphtherieserum gegen Diphtherie, Penicillin gegen Scharlach). Andere Krankheiten verlaufen meist harmlos und heilen von selbst (Masern und Windpocken bei Schulkindern).

Hat man einen ansteckend Kranken zu pflegen, so fürchte man sich nicht vor der Krankheit. Auch der ansteckend Kranke hat Anspruch auf ärztliche Hilfe, liebevolle Pflege und Fürsorge. Er muß in einem Raum für sich allein untergebracht werden (Isolierung). Ist dies daheim nicht möglich und handelt es sich um eine ernsthafte Erkrankung (Scharlach, Diphtherie, Typhus), so muß er in ein Krankenhaus gebracht werden. Auch dort wird er isoliert und darf nur mit ärztlicher Erlaubnis besucht werden.

Bei der häuslichen Pflege ansteckend Kranker trägt die Pflegerin eine kochbare Kittelschürze, die im Krankenzimmer verbleibt. Sie wäscht sich die Hände beim Betreten und beim Verlassen des Krankenzimmers sorgfältig mit Wasser, Seife und einem keimtötenden Mittel (Desinfektionsmittel, wie z. B. Sagrotan, Baktol). Es wird vom Arzt verordnet und in der Apotheke oder Drogerie gekauft. Die Wäsche und das Eßgeschirr werden nach Vorschrift des Arztes behandelt. Ist die Krankheit überstanden, muß unter Umständen der ganze Raum entkeimt (desinfiziert) werden. Dies geschieht nach Vorschrift des Arztes oder des Gesundheitsamtes.

Die Schülerin betritt das Zimmer eines ansteckend Kranken. Sie macht sich für die Pflege zurecht, wechselt evtl. die Schuhe, legt eine Kittelschürze an, die um die Handgelenke schließt und wäscht sorgfältig die Hände. Beim Verlassen des Zimmers Ausziehen der Schürze, Desinfektion der Hände.

Verhütung und Vorbeugung

MERKE

Wasser, Seife und Bürsten vertreiben die Krankheitserreger!
Halte das Haus und den Hausrat, die Wäsche und Kleidung sauber, pflege, wasche und bade die kleinen wie die größeren Kinder fleißig! Nach dem Stuhlgang, vor dem Essen — Händewaschen nicht vergessen!
Sonne, frische Luft und eine ausreichende Ernährung mit natürlichen und frischen Nahrungsmitteln sind die Feinde der Bakterien.
Not, Sorgen und Kummer, Wohnungsenge öffnen den ansteckenden Krankheiten die Tür.
Meide Häuser, in denen eine ansteckende Krankheit herrscht und meide ansteckende Kranke, wenn du sie nicht pflegen mußt!

Man nehme nie Kinder zu Krankenbesuchen mit, und man lasse kranke Kinder nicht von gesunden Kindern besuchen. Viele ansteckende Krankheiten haben vor ihrem eigentlichen Ausbruch eine Vorbereitungszeit, während der die Krankheit noch nicht erkennbar, aber schon sehr ansteckend ist. Dies gilt für Keuchhusten, Diphtherie, Typhus und andere Krankheiten. Besonders groß ist die Ansteckungsgefahr für Säuglinge und kleine Kinder, weil sie noch nicht viel Widerstandskraft haben.
Hüte dich vor unsauberen Aborten, vor Spielzeug oder Wäsche aus einem Haus, in dem Scharlach herrscht, vor Milch aus tuberkuloseverseuchten Ställen, vor Trinkwasser, das nicht einwandfrei sauber ist!
Im Verlauf einer ansteckenden Krankheit bildet der Körper Schutzstoffe, die bei manchen Krankheiten einen lebenslänglichen Schutz bewirken. So erkrankt man im allgemeinen nur einmal an Masern, Keuchhusten oder Mumps. Dagegen kann man Scharlach, Diphtherie und andere Krankheiten wiederholt bekommen. Man kann auch durch geeignete Maßnahmen den Körper dazu bringen, die Schutzstoffe zu bilden, ehe er in Krankheitsgefahr gerät. Auf diesem Grundgedanken beruhen die Impfungen (vgl. S. 200).

Erste Hilfe bei häuslichen Unfällen

AUFGABEN

Hast du selbst schon Unfälle erlitten?
Sind deinen Angehörigen Unfälle zugestoßen?
Berichte kurz, worum es sich gehandelt hat!

Übelkeit, Ohnmacht: Kranken bequem hinlegen, bei blassem Gesicht (Blutleere im Gehirn) Kopf flach lagern, bei gerötetem Gesicht (Blutfülle im Gehirn) Kopf hoch lagern. Für frische Luft sorgen. Alle beengenden Kleidungsstücke öffnen. Ein stark riechendes Mittel unter die Nase halten (Hoffmannstropfen, Salmiakgeist, Kölnisch- oder Lavendelwasser). Gesicht und Arme mit einem kalten, feuchten Tuch abreiben. Erbricht der Kranke, dann Kopf zur Seite drehen, damit Erbrochenes nicht verschluckt wird. Erbrochenes für den Arzt aufheben!
Hitzschlag: Kranken an einen kühlen Ort bringen, für Abkühlung sorgen: Kleider öffnen, kalte Abwaschungen, kalte Getränke (diese jedoch nur, wenn der Kranke bei Bewußtsein ist!).
Blitzschlag: Kranken an einen kühlen, luftigen Ort bringen, flach lagern, Kleidungsstücke öffnen, viel trinken lassen, falls er nicht bewußtlos ist. Sind Brandwunden vorhanden, vgl. Verbrennungen.
Schmerzanfälle (Koliken): sie können ausgelöst werden durch Krankheiten der Gallenblase oder der Nieren, des Magens und des Darms. Wärme am Sitz des Schmerzes anwenden (Wärmeflaschen, Heizkissen, feuchtwarme Umschläge). Kranken bequem hinlegen. Pfeffer-

minztee, Fingerrauttee. K e i n e schmerzlindernden Arzneien, ehe der Arzt kommt, weil dies das Krankheitsbild verschleiern und Besserung vortäuschen kann.

Erstickungsanfälle: Kranker kann nicht mehr atmen, bekommt keine Luft mehr; Ursache sind Fremdkörper in den Luftwegen (in die falsche Kehle geraten). Schleim, Erbrochenes, künstliches Gebiß können die Atemwege verstopfen. Kopf tief lagern, auf die Seite drehen. Zunge mit dem Taschentuch vorziehen. Kleine Kinder an den Beinen fassen, Kopf nach unten halten, kräftig schütteln. Falls das Hindernis nicht sofort beseitigt wird, muß der Kranke schleunigst ins Krankenhaus.

Verschluckte Fremdkörper, die sich in der Speiseröhre, im Magen oder Darm befinden (meist bei Kindern), sind längst nicht so gefährlich. Wenn es sich nicht um einen spitzen Gegenstand handelt (Nadeln), ist gewöhnlich kein Grund zu allzuviel Sorge. Kartoffelbrei, Sauerkraut zu essen geben. Arzt um Rat fragen, abwarten. Stuhl beobachten, ob Fremdkörper erscheint.

Verbrennungen, Verbrühungen: V o r b e u g e n , besonders wenn kleine Kinder im Haus sind! N i e m a l s E i m e r , T ö p f e o d e r W a n n e n m i t k o c h e n d h e i ß e r F l ü s - s i g k e i t i n d e n R a u m s t e l l e n , wenn ein spielendes Kind in der Nähe ist. Töpfe am Herd müssen fürs Kind unerreichbar sein. Ausgedehnte Verbrennungen können zum Tod führen. B e h a n d l u n g : Angeklebte Kleidungsstücke nicht abreißen, übrige Kleidung vorsichtig entfernen, aufschneiden. Verbrannte Stellen mit keimfreiem Mull bedecken, in Ruhe lassen. Keine Brandbinden, kein Öl oder Mehl anwenden. Den Arzt holen, evtl. ins Krankenhaus.

Erfrierungen: Kranken in einen warmen Raum bringen. Allgemeine Erwärmung unterstützen durch heiße Getränke. Nasse Kleidungsstücke entfernen. Erfrorene Glieder mit Schnee abreiben, in k a l t e m Wasser kurz baden, dann ganz langsam und allmählich warmes Wasser zusetzen. Glied vorsichtig reiben, bewegen lassen, trocken verbinden.

Verletzungen, Wunden: Wunden niemals mit Fingern berühren und zunächst n i c h t a u s - w a s c h e n ! Jede Wunde mit keimfreiem Verbandstoff, der nicht mit Fingern berührt werden darf, bedecken. Im Notfall Innenfläche eines sauberen, gebügelten Handtuches. Blutende Wunden mit mehreren Stofflagen bedecken, festen Verband anlegen. Kleine Wunden heilen von selbst, jede größere Wunde muß der Arzt sehen.

Hundebiß, Schlangenbiß: Wunde bluten lassen! Befallenes Glied kräftig abbinden (Übung!). Bei Schlangenbiß und wenn bei Hunden Tollwutverdacht besteht, sofort ins Krankenhaus oder zum Arzt!

Vergiftungen, Verätzungen: V o r b e u g e n ! Arzneien im verschlossenen Schrank aufbewahren, Säuren und Laugen in Schränke oder auf hohe Regale stellen, damit sie für Kinder unerreichbar sind. Niemals giftige Flüssigkeiten in Bierflaschen aufheben! Kranken zum Erbrechen bringen (Rachen mit dem Finger kitzeln; Wasser, Milch oder Öl trinken lassen). Sofort den Arzt rufen.

Unfälle durch elektrischen Strom: Strom abschalten! Vorsicht bei Berührung des Verunglückten! (Warum?) Auf Holz- oder Gummiunterlage treten, Hände dick mit trockenem Papier umwickeln. Falls Brandwunden vorhanden, vgl. Verbrennungen.

Verrenkungen, Verstauchungen: Glied oder Gelenk ruhigstellen, Kranken hinlegen, feucht verbinden. Zum Arzt.

Knochenbruch: Oft nicht ohne weiteres erkennbar! Kann der Arzt zum Kranken kommen, dann diesen ruhig lagern. Ist eine Wunde vorhanden, diese wie oben beschrieben behandeln. Muß der Kranke zum Arzt gebracht werden, dann Notschiene anlegen.

Ü B U N G E N
Anlegen eines Verbandes.
Anlegen einer Notschiene am Unterarm oder Unterschenkel mit einem einfachen Brett, das gepolstert und
  umwickelt wird.

Verbände: Regelrechter Verband am Finger, am Knie und am Fuß. Notverband am Kopf. Dreiecktuch bei Armverletzung.

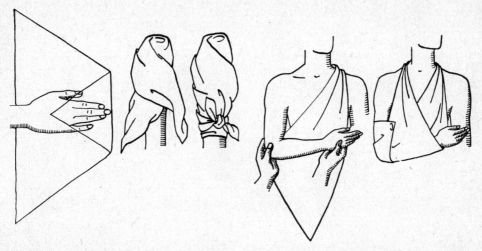

Einfacher Hand- bzw. Fußverband

Stillegen des verletzten Armes oder der Hand
mittels Dreiecktuch

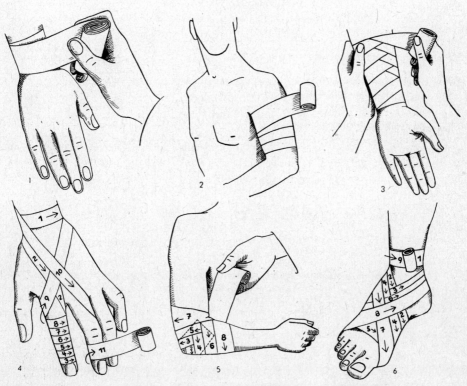

1 Einfacher Kreisgang   2 Spiralgang   3 Umschlaggang   4 Achtergang am Handgelenk
5 Verband am Ellbogen   6 Einwickeln des Fußes

(Aus „Der Gesundheits-Brockhaus" mit Genehmigung des Verlags F. A. Brockhaus, Wiesbaden)

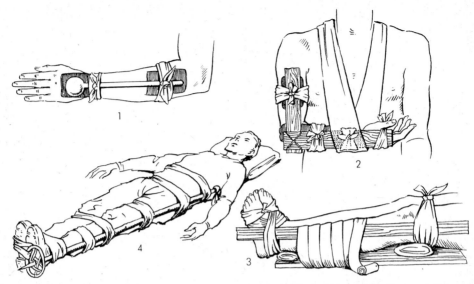

1 Stützverband am Unterarm   2 Stützverband mit Schienung für Ober- und Unterarm
3 Stützverband bei Unterschenkelbruch durch behelfsmäßige Schienung und Anschluß an das gesunde Bein
4 Stützverband bei Oberschenkelbruch durch behelfsmäßige Schienung und Anschluß an das gesunde Bein
(Aus „Der Gesundheits-Brockhaus" mit Genehmigung des Verlags F. A. Brockhaus, Wiesbaden)

Wo finden wir Rat und Hilfe

bei Unfällen, Notfällen, plötzlichen Erkrankungen, länger dauernden Krankheiten oder sonstigen Notlagen in der Familie?

Dein erster Helfer sei stets der Hausarzt!

Bei plötzlich auftretenden oder bei ernsthaften Unfällen ist es nötig, den Erkrankten oder Verunglückten möglichst rasch ins nächstgelegene Krankenhaus zu bringen. Dabei ist es oft lebenswichtig, daß der Transport von sachkundigen Helfern in einem Krankentransportwagen durchgeführt wird. Einen Krankentransportwagen ruft man herbei mit Hilfe
    der Polizei,
    der Feuerwehr,
    der Gemeindeschwester,
    der Krankenhäuser, die auf dem Lande manchmal eigene Fahrzeuge haben,
    des Roten Kreuzes.
Für die Gesunderhaltung der Familie, oder im Falle von länger dauernden, ernsthaften Krankheiten, welche die Familie in Schwierigkeiten bringen, können wir uns bei folgenden Einrichtungen beraten und helfen lassen:

Der Staatliche Gesundheitsdienst

In eigenen Beratungsstunden kümmert sich dieser um die G e s u n d e r h a l t u n g v o n M u t t e r u n d K i n d, vornehmlich von Säuglingen und Kleinkindern. Die Beratungsstunden finden entweder im Gesundheitsamt selbst oder draußen in den Gemeinden statt. Beachte die Anschläge und die Veröffentlichungen in der Zeitung!
Dem Gesundheitsamt obliegt ferner die B e k ä m p f u n g d e r T u b e r k u l o s e. Ist in der Familie jemand an Tbc erkrankt oder besteht der Verdacht auf Tbc, so kann man sich

entweder über den Hausarzt oder unmittelbar an das Gesundheitsamt wenden. Die Fürsorgerinnen und die Ärzte des Gesundheitsamtes geben Rat in allen Fragen, die für die Ausheilung der Tuberkulose wichtig sind. Vom Gesundheitsamt aus werden Heilverfahren beantragt, d. h. es wird die Einweisung des Kranken in eine Heilstätte in die Wege geleitet, die Kostenfrage wird dort geklärt.

Das Gesundheitsamt führt Impfungen gegen ansteckende Krankheiten durch. Hier kommen neben der pflichtmäßigen Impfung gegen Pocken freiwillige Impfungen gegen Diphtherie, Keuchhusten, Wundstarrkrampf, Scharlach, Kinderlähmung und Tuberkulose in Betracht.

Das Gesundheitsamt kümmert sich in eigenen Schuluntersuchungen um die Gesundheit der Schulkinder. Es kümmert sich ferner um die Geschlechtskranken, die Nerven- und Geisteskranken, die Körperbehinderten (Krüppel), um Trinker und Rauschgiftsüchtige.

Dagegen ist es nicht Aufgabe des Gesundheitsamtes, Kranke zu behandeln. Dies ist ausschließlich den praktizierenden Ärzten (praktische Ärzte und Fachärzte) vorbehalten.

Weitere Einrichtungen

Zur Linderung von Notlagen, Hilfe in Krankheitsfällen und Schwierigkeiten innerhalb der Familie stehen folgende Einrichtungen zur Verfügung:

Die Caritas, die Wohlfahrtsorganisation der katholischen Kirche, treibt Jugendfürsorge, Armen- und Familienhilfe, Kranken- und Gebrechlichenfürsorge, unterhält Heime und Krankenanstalten.

Die Innere Mission hat das gleiche Arbeitsgebiet im Rahmen der evangelischen Kirche. Der Paritätische Wohlfahrtsverband und die Arbeiterwohlfahrt arbeiten in der gleichen Richtung.

Das Deutsche Rote Kreuz (dem Internationalen Roten Kreuz angeschlossen) steht an erster Stelle im Rettungsdienst (vgl. oben) bei Unfällen und plötzlichen Erkrankungen sowie bei Katastrophen. Es bildet Helfer dafür aus. Ebenso bildet es laufend in eigenen Kursen in Erster Hilfe, häuslicher Krankenpflege und Säuglingspflege aus. Es unterhält Krankenhäuser und Heime sowie Ausbildungsstätten für die Rote-Kreuz-Schwestern.

GARTENBAU

DER HAUSGARTEN

Alles Unbelebte (Anorganische), die Steine, Felsen, große Schätze an Edelsteinen, Metallen, Erzen und Kohle, sucht sich der Mensch nutzbar zu machen.

Zur Erhaltung seines Lebens, in seiner täglichen Nahrung ist der Mensch jedoch auf das Belebte (Organische) angewiesen. Der von Millionen K l e i n l e b e w e s e n bevölkerte Boden, von der Sonne erwärmt und vom Wasser durchdrungen, ist die Lebensquelle der Kreaturen, der Pflanzen, Tiere und Menschen.

Die Pflanzen, auf die wir in unserer Ernährung angewiesen sind, die wir zu unserem Nutzen auf Acker und Wiese, aber auch im Garten anbauen und pflegen = kultivieren, bezeichnen wir deshalb als „K u l t u r p f l a n z e n".

In der Natur gibt es Pflanzen in verschiedenartigster Gestalt und Form. Sie tragen mannigfaltige Namen. Eines aber haben sie alle gemeinsam: ihr Leben verläuft nach derselben Ord-

Jeden Morgen geht die Sonne auf
In der Wälder wundersamer Runde
Und die holde, heilge Schöpferstunde
Jeden Morgen hält sie ihren Lauf.
Jeden Morgen mir in meinem Garten
Öffnen neue Blüten sich dem Tag.
Überall ein heimliches Erwarten,
Das nun länger nicht mehr zögern mag.

Hermann Claudius

nung der Naturgesetze, denen Mensch und Tier unterstehen. Der Mensch nimmt an ihren Lebensäußerungen teil; er freut sich am Treiben der Knospen im Frühjahr, am Blühen und Fruchten bis zur bunten Färbung vieler Pflanzen im Herbst.

Das Leben einer Pflanze beginnt schon im S a m e n . Das Innere des Samens ist nicht tot, doch wird uns sein Leben erst offenbar, wenn er keimt und die junge Pflanze aus der S a - m e n s c h a l e hervorbricht. Aus dem K e i m l i n g wächst je nach Art und Lebensbedingungen die Pflanze heran, blüht und bringt Frucht. In der F r u c h t entwickeln sich die Samen, die den Anfang einer neuen Generation bilden und somit den Lebenskreislauf schließen.

Der Garten als Nutz- und Freudebringer

Nutzen und Freude gibt uns der Garten auf vielfache Weise. Vom Frühjahr bis Herbst und darüber hinaus noch für den Winter wird uns der Tisch mit frischen Salaten, wohlschmeckendem Gemüse und mancherlei Obst, insbesondere reifen, süßen Beeren, gedeckt. Unser Mühen wird aber nicht nur mit diesen mate-

riellen Werten belohnt; gar manche Erkenntnisse über die großen Zusammenhänge in der sinnvollen Ordnung der Natur gibt uns der Umgang mit den Pflanzen und dem Boden. Bei überlegter Arbeit, getragen von Wissen und Können, Fleiß und Geduld, lohnt der Garten unser Mühen mit guter Ernte. Aber auch manche bittere Lehre kann uns erteilt werden, wenn Frost, Hagelschlag, Trockenheit und Schädlinge unseren Kulturen schaden. Dann wird uns Menschen wieder bewußt, daß über allem Gottes Macht steht und waltet. So werden wir, uns zunutze, an Bescheidenheit und Dankbarkeit erinnert.

Wie gesund ist es aber auch, vor allem für Menschen, die in Fabriken, Geschäften und Büros arbeiten, in der freien Natur körperlich zu arbeiten. Der S p i e l - und S a n d p l a t z im Garten ist für die Kinder der ideale Aufenthalt. Die Freude, das Wachsen und Blühen im eigenen Garten alljährlich mitzuerleben, birgt echtes Glücksgefühl. Der Geruch frischer Erde, die leuchtend und oft zarte Schönheit der Blüten, der Duft reifender Früchte, dazu das Summen der Insekten und der Gesang der Vögel las-

Ruheplatz im Garten

sen uns die Harmonie und Größe der Schöpfung spüren. Zu diesen wahren Freuden können wir nur durch uns selbst gelangen. Der Ruheplatz im Garten läßt uns manche stillen oder fröhlichen Stunden im Kreise lieber Menschen von Herzen genießen. So wird der Garten mit seinem Leben und Wachsen auch Hilfe für unser Leben in heiteren und schweren Stunden.

Wir planen unseren Garten und legen ihn an

Manche Vorüberlegung ist notwendig, wenn wir die L a g e , den Platz für unseren Garten wählen, z. B. bevor das Haus gebaut wird. Der Garten soll möglichst lichtdurchflutet sein; doch sorge man stets für ein schattiges Plätzchen. In einem Garten unter 100 qm wird eine

Pflanzung hochwachsender Bäume kaum möglich sein. Bei H a n g lage ziehen wir den Süd-, Südost- oder Südwesthang dem Nord- und Osthang vor. Begründe!

Bei Festlegung der G r ö ß e und der A u f t e i l u n g des Gartengrundstückes sind nicht nur die Wünsche, sondern es ist auch die erforderliche Arbeitszeit zu berücksichtigen. Für 1 qm Gemüseland kann man im Laufe des Jahres ¾ bis 1 Stunde Arbeitszeit rechnen, wobei diese hauptsächlich im April und Mai anfällt, bei großer Trockenheit auch im Juli. Um den durchschnittlichen Bedarf an Gemüse für eine Person zu decken, benötigt man bei gutem Gartenland und günstigem Klima 45–50 qm. Das sind für 4–5 Personen etwa 220–250 qm Gemüseland. Gartenflächen mit Beerenobst und Ziergehölzen, wie Rosen, Flieder, Goldregen, Forsythien und ähnl., bepflanzt, fordern viel weniger Zeitaufwand. Um den Bedarf an Beerenobst für eine Person zu decken, braucht man etwa 12 qm Nutzfläche; für jeden Johannisbeerstrauch 2,0 qm, für jeden Stachelbeerstrauch 1,5 qm. Für die Versorgung eines 4- bis 5-Personenhaushaltes mit Gemüse und Beerenobst kann Nutzland von insgesamt 280–300 qm als ausreichend angesehen werden. Nutzen und Freude aber bringt der Garten nur, wenn die erforderliche Arbeit unserer Zeit und Arbeitskraft angemessen ist, vor allem dann, wenn die Gartenarbeit in den „freien Stunden" verrichtet wird. Sie darf nicht zur Hetze werden oder, nur halb getan, Ärger und Mißerfolg bringen.

Je besser der W i n d s c h u t z durch die Lage des Gartens ist, um so günstiger wird das „Kleinklima", d. h. im engen Bereich unseres Gartens, sein. Wenigstens sollte die West- und Nordgrenze des Gartens mit einem Windschutz versehen oder durch Pflanzung einer Hecke abgeschlossen werden. Die Sonnenwärme wird dadurch gespeichert, der Wind abgehalten und seine austrocknende Wirkung auf das Gartenland verhindert. Auch Beerensträucher können an der Windseite des Gartens stehen.

Für eine Hecke muß eine Breite von 2 m gerechnet werden. Besonders geeignet sind Mischhecken aus Haselnüssen, Holunder, Rotdorn, Feldahorn, Hainbuche, Liguster und Wildrose. Diese Sträucher sind zugleich Niststätten für die Vögel. Mit mäßigem Schnitt läßt sich eine Hecke aus roten und weißen Parkrosen bei 2 m Höhe gut in Form halten. Sie ist winterhart, blüht schön, und die leuchtendroten, großen, brauchbaren Hagebutten sind zugleich eine Zierde. 2–3 m hoch wird die Mischhecke aus Blütensträuchern, wie z. B. Jasmin, Flieder, Goldregen, Blutjohannisbeeren, Spireeen u. dgl. Die Fichtenhecken sind nur für größere Gelände geeignet; der immergrüne Liguster ist beschränkt winterhart.

Liegt der Garten nicht beim Haus (Siedlergärten), dann ist ein G a r t e n h ä u s c h e n zur Unterbringung der Geräte, evtl. auch als Aufenthaltsraum, oft mit kleinem überdachtem Sitzplatz, von Vorteil. 10–15 qm müssen hierfür vorgesehen werden. Für den Kinderspielplatz und Sandkasten kommen noch mal je 10–20 qm dazu.

Der vorsorgliche Gartenfreund denkt auch schon an den K o m p o s t p l a t z. Nahe am Hauptweg, und doch etwas verborgen gelegen, werden dafür 6–8 qm Fläche vorgesehen. Unebenheiten im Gelände erfordern manchmal ein „Planieren". Dabei ist auf die oberste Bodenschicht von 20–30 cm, Muttererde genannt, Rücksicht zu nehmen. Sie darf nicht zugedeckt werden, sondern wird mit dem Spaten abgetragen und nach dem Ebnen wieder verteilt. Bei stärkerer Hanglage ist manchmal eine kleine Mauer nötig, die ein Fachmann bauen soll. Eine kleine Trockenmauer kann der Gartenfreund nach Anleitung evtl. selbst anlegen.

Um möglichst allen Wünschen gerecht zu werden, wird zuerst ein Plan für die Gestaltung des Gartens entworfen (s. Seite 217).

Die beiden Pläne zeigen, wie verschiedenartig die Wünsche sind: Bei Plan I ist auf einen großen Nutzgarten besonderer Wert gelegt, auf den Anbau von Gemüse und Beerenobst, während bei Plan II bei ungefähr gleicher Größe dem Ziergarten der Vorzug gegeben wird, und grobe Gemüse, wie Kohl und Wintergemüse, zugekauft werden.

In jedem Fall ist für den Nutzgarten ein 1 m breiter Hauptweg nötig, der auch am Kompostplatz vorbeiführt. So kann bei allen Transport- und Erntearbeiten der Karren zu Hilfe genommen werden. Ein guter Gartenweg ist auch bei nassem Wetter begehbar und läßt mög-

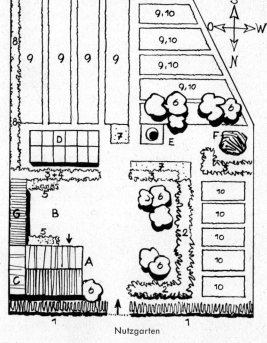

A = Gartenhaus
B = Sitzplatz
C = Geräte, über-
    deckt
D = Frühbeet
E = Gießwasser-
    becken
F = Kompost
G = Pergola
1 = Windschutz-
    pflanzung
2 = Ziergehölze,
    Stauden

3 = Stauden,
    Sommerblumen
4 = Polsterblumen,
    Steinmäuerchen
5 = Rosen
6 = Obstbäume
7 = Kräuter
8 = Himbeeren
9 = Gemüse
9/10 = Gemüse
    oder Beeren
10 = Beeren/
    Rhabarber

Nutzgarten

Ziergarten

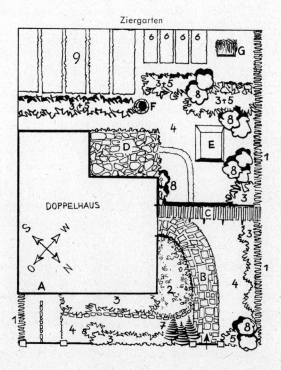

A = Garageneinfahrt
B = Plattenweg
C = Pergola mit
    Rankgewächsen
D = Terrasse
E = Wasserbecken
    oder Sandkasten
F = Gießwasser-
    becken
G = Kompost
1 = Lebende Hecke
2 = Rosenbeet
    mit Kante z. B.
    Nelken

3 + 5 = Ziergehölze
    und Stauden
4 = Rasen m. Zwiebel-
    gewächsen
5 = Stauden mit
    Polsterblumen,
    Steinmäuerchen
6 = Beeren
7 = Tonnenplatz
8 = Obstbäume
    und Spalier
9 = Gemüsebeete

lichst wenig Unkraut aufkommen. Durch ein leichtes „Seitengefälle" (von der Mitte aus 3 bis 4 cm) kann das Wasser ablaufen; ein leichtes „Längsgefälle" (bei 10 m 5–10 cm) unterstützt dieses Ablaufen. Zur Anlage wird das „Bett" für den Weg 10–15 cm tief ausgehoben. Auf leichte Schrägung bei den abgestochenen Wegrändern ist zu achten. Als Grundschicht für die Wege eignen sich: nicht zu grobe Schlacke, Straßenschotter oder Rollkies. Dieser Untergrund, 6–8 cm hoch, wird geglättet, kräftig gewässert und, wenn möglich, mit einer Walze gefestigt oder gestampft. Die Oberfläche des Untergrundes soll schon die leichte Wölbung des späteren Weges zeigen. Als zweite Schicht ist sandiger Lehm gut geeignet. Er wird so lange angegossen, bis der Sand alle Zwischenräume des groben Untergrundes ausgefüllt hat. Die nasse lehmige Schicht, die nun oben aufliegt, wird mit reichlich Sand bestreut und festgewalzt. Als oberste Wegdecke kommt eine Deckschicht von feinem Kies, der ebenfalls angegossen und von den Seiten zur Mitte hin festgewalzt wird. Der fertige Weg fällt nun von der Mitte zur Seite hin 3–4 cm ab.

Im Z i e r g a r t e n sind „Plattenwege" über den Rasen, an Blumen- und Staudenbeeten entlang, besonders beliebt. Platten aus Natur- und Kunststein, 4–6 cm dick, müssen gut in den Sand eingebettet werden und dürfen an keiner Stelle hohl liegen. Auch im Rasen ist das Sandbett notwendig, sonst werden die Platten im Winter auf „gewachsenem Boden" durch den Frost gehoben. Um unnötigen Bruch zu verhüten, arbeitet man mit dem Holzhammer oder legt ein dickes, glattes Holzstück zwischen Steinplatte und Metallhammer.

Ein guter Gartenboden

Er ist der Standort unserer Kulturpflanzen. Diese verlangen vom Boden mehr als die Wildpflanzen. So stellen wir uns unter dem Gartenboden einen lockeren, krümeligen, nährstoffreichen Boden vor. Er ist humusreich, fruchtbar und in ihm ist viel Bodenleben.

Neben vielerlei Würmern und Kerbtieren ist vor allem der R e g e n w u r m „als Ackermann des Bodens" Tag und Nacht am Bohren und Graben, am Fressen und Misten. Die zahlreichen Bohrgänge der Würmer l o c k e r n und l ü f t e n den Boden und setzen die Erde in feine Humuserde um. Doch neben diesen sichtbaren Helfern befindet sich im Boden noch eine große Reihe mannigfaltiger, mit dem Auge nicht unmittelbar sichtbarer K l e i n l e b e - w e s e n , die Bodenbakterien, Pilze und Algen.

Sie fördern die Zerkleinerung und Verwesung der Humusstoffe, lockern den Boden, erschließen den Pflanzen die Nährstoffe, die sie ohne diese Hilfe nicht nutzen können. Nicht jeder Boden, der für eine Gartenanlage zur Verfügung steht, hat die gewünschte Beschaffenheit.

Aber jede Bodenart, sei sie leicht oder schwer, kann durch die B o d e n b e a r b e i t u n g und D ü n g u n g zu fruchtbarem Gartenland werden. Zu den schweren, dichten Böden gehören Ton- und schwerer Lehmboden. Der mittelschwere Lehmboden mit Beimengung von Sand hat mehr Porenzwischenräume, hält Feuchtigkeit und Wärme. Er ist durchlüftet und von Bodenbakterien belebt. Als Gartenboden geschätzter und leichter zu bearbeiten ist der sandige Lehm. Er zählt, wie der Sandboden, zu den leichten Böden. Sandböden haben sehr viele grobe Poren, können die Feuchtigkeit nicht halten; das Wasser sickert schnell in tiefere Schichten und nimmt dabei alle löslichen Nährstoffe mit. Daher ist der Sandboden ein „armer Boden".

Durch B o d e n v e r b e s s e r u n g schon bei der Anlage können wir von Natur aus ungeeignete Böden doch zu brauchbarem Gartenland machen. Mit Hilfe der Bodenbearbeitung und Düngung kann daraus im Verlauf von Jahren „idealer Gartenboden" werden.

Zur erstmaligen Bodenverbesserung wäre die Anfuhr von reichlich Komposterde das günstigste, doch steht diese meist nicht zur Verfügung. Durch Beimengung von Gartentorf wird schwerer Boden lockerer, luftiger, wärmer, und leichter Boden wird feinporiger, gebunden und vermag Feuchtigkeit, Wärme und Nährstoffe besser zu halten. Bei Neuanlage und -pflanzung rechnet man 1 Ballen Torfmull für 8–12 qm.

Die Düngung

Hierdurch soll der Boden und damit die Pflanze immer wieder mit Nährstoffen versorgt werden. Die Ansprüche der Pflanzen jedoch sind sehr verschieden, je nachdem, was wir als Hauptertrag von ihnen erwarten:
z. B. viel Blattmasse bei Spinat, Salat, Kohlgemüse;
Wurzeln und Knollen bei Möhren, Karotten, Sellerie, Kartoffeln;
Früchte bei Tomaten, Gurken.
Stickstoff, Phosphorsäure, Kali und **Kalk** verbrauchen Kulturpflanzen in besonders reichem Maß. Sie werden daher als K e r n n ä h r s t o f f e bezeichnet und durch die Düngung dem Boden zugeführt.

Die 4 Kernnährstoffe und ihre Bedeutung für die Pflanze

Jeder Nährstoff hat bestimmte Aufgaben für die Entwicklung der Pflanze.
Stickstoff wirkt besonders auf die Blattentwicklung. Das Laub wird üppig, färbt sich dunkelgrün und der Eiweißgehalt steigt an. So ist Stickstoff unentbehrlich für alle Blattgemüse.
Phosphorsäure fördert vor allem die Ausbildung der Blüten und Früchte und begünstigt die Reife. Die Fruchtgemüse, wie Gurken, Tomaten, Erdbeeren sind auf das Vorhandensein von Phosphorsäure im Boden besonders angewiesen.
Kali benötigt die Pflanze zur Neubildung von Zellwänden; es hilft der Pflanze ein festes Gerüst bilden. So erhöht Kali die Widerstandsfähigkeit gegen Krankheiten und Frost und fördert die Holzbildung. Im Garten sind vor allem die Obstbäume und Beerensträucher (zur Holzbildung) dankbar für Kaligaben.

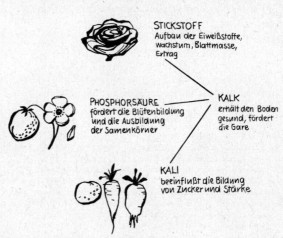

STICKSTOFF
Aufbau der Eiweißstoffe, Wachstum, Blattmasse, Ertrag

PHOSPHORSÄURE
fördert die Blütenbildung und die Ausbildung der Samenkörner

KALK
erhält den Boden gesund, fördert die Gare

KALI
beeinflußt die Bildung von Zucker und Stärke

Kalk wirkt bodenverbessernd. Er macht den Boden locker, nasse Böden trockener und dadurch wärmer. Die Umsetzungen im Boden gehen unter seiner Mitwirkung schneller vor sich, und die Nährstoffe werden für die Pflanze schneller aufnehmbar. Somit fördert der Kalk, in richtigem Maß angewandt, die g e s u n d e E n t w i c k l u n g d e r P f l a n z e und mehrt die B o d e n f r u c h t b a r k e i t. Beim Fehlen von Kalk können Mangelkrankheiten auftreten.
Neben den Kernnährstoffen müssen die Pflanzen auch die sog. S p u r e n e l e m e n t e zur Verfügung haben. Wie der Name sagt, genügt ihr Vorhandensein in kleinen Mengen, in „Spuren". Ein normaler Gartenboden ist meist ausreichend mit ihnen versorgt. Gelegentlich aber fehlt doch z. B. das M a g n e s i u m, das als Nährstoff schon fast zu den Kernnährstoffen zu rechnen ist. Es ist ein Baustein des Blattgrüns.
Das Wachstum der Pflanze allerdings richtet sich nicht nur nach den vorhandenen Nährstoffen. Die Pflanze hat zu ihren Lebensvorgängen Wasser, Wärme, Licht und Luft nötig. So gilt als Grundlage das von Liebig[1]) aufgestellte **Gesetz des Minimums:** „Das Pflanzenwachstum

---

[1]) Justus von Liebig, 1803 geboren, wurde 1824 schon mit 21 Jahren Professor für Chemie in Gießen und war ab 1852 in München tätig.

richtet sich nach der Wachstumsbedingung, die in geringster Menge (= Minimum) zur Verfügung steht" (siehe Abb.).

Deshalb muß mit der Zufuhr von Nährstoffen durch die Düngung gleichzeitig eine Verbesserung des Bodens erfolgen. Wärme, Luft und Feuchtigkeit müssen in den Boden eindringen und von diesem auch gehalten werden können. Bei lockerem, humosem Boden ist dies der Fall; in ihm finden auch die **Bodenbakterien** ihre Lebensbedingungen und schaffen ein reiches Bodenleben.

Durch die Düngung mit Kompost und Stallmist bei guter Bodenpflege werden diese Voraussetzungen geschaffen.

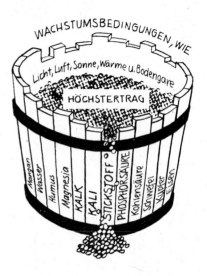

Somit fördern wir das Bodenleben durch

a) Zufuhr von humusbildenden Düngern wie Stallmist, Gründünger und Kompost, verbunden mit entsprechenden Kalkgaben; ohne Humus gibt es auf die Dauer keine Bodenfruchtbarkeit.

b) Lüften und Lockern des Bodens bei seiner Bearbeitung im Laufe des Jahres mit Spaten, Grabegabel und Hacke, wodurch zugleich die Feuchtigkeit erhalten wird.

c) Beschatten des Bodens, falls dies nicht durch den Pflanzenbestand erreicht wird, durch Abdecken mit Mist, Torf oder dergleichen.

Wir erreichen so den krümeligen, lockeren, Wärme und Feuchtigkeit haltenden Zustand des Bodens, die B o d e n g a r e .

MERKE

Im fruchtbaren Boden ist reges Leben, hervorgerufen durch vielerlei Lebewesen, wie Kerbtiere, Würmer und vor allem durch die Bodenbakterien.

Der Regenwurm hilft Humus bilden und den Boden lockern.

Die Kleinlebewesen im Boden fördern die Verwesung der Humusstoffe und wirken bodenverbessernd.

Die Kleinlebewesen brauchen Humusstoffe, Luft, Feuchtigkeit und Wärme.

Diese günstigen Lebensbedingungen schaffen wir durch die Düngung mit Stallmist, Kompost und Gründünger, durch Lüften und Lockern durch die Bodenbearbeitung, durch Beschatten des Bodens.

Nur mit Hilfe der Kleinlebewesen erreichen wir die Bodengare, somit gesunden Boden und Fruchtbarkeit.

Es gilt als Grundlage auch für die Düngung das von Liebig aufgestellte Gesetz des Minimums: „Das Pflanzenwachstum richtet sich nach dem Wachstumsfaktor, der im Minimum (= geringste Menge) zur Verfügung steht."

Düngemittel im Hausgarten

Wir unterscheiden zwei Arten der Düngemittel: die organischen oder Wirtschaftsdünger und die Mineraldünger oder Handelsdüngemittel. Organische Dünger sind ihrer Herkunft nach von den Ausscheidungen der Tiere, wie Stallmist und Jauche, oder durch Verwesung von Pflanzen, wie Kompost und Gründünger, gewonnen.

Stallmist wird, weil Wirtschaftsdünger, meist im bäuerlichen Hausgarten verwendet; er ist sonst aber nur schwer zu bekommen und obendrein teuer. Meist ist er eine Mischung von Kuh- und Schweinemist; zur Verwendung im Garten sollte er gut verrottet sein. Er wird im Herbst auf das Land gebracht, und zwar jährlich 'm Wechsel auf je eine Hälfte des zu bebauenden Gartenlandes, und dann sofort untergegraben.

G e f l ü g e l m i s t ist scharf und rasch wirkend. Er wird entweder über den Komposthaufen verwertet oder in Wasser gelöst, 10–14 Tage vergoren, als flüssiger Dungguß gegeben. Kompostierter Stallmist ist für den Hausgarten ganz besonders geeignet. Der Stallmist wird abwechselnd mit Erde aufgeschichtet, wiederholt umgesetzt und ist nach ½ bis ¾ Jahr gebrauchsfertig. Bei Verwendung von kompostiertem Stallmist beugen wir Krankheiten und starken Verunkrautungen vor.

Die **Jauche** enthält vor allem Stickstoff und Kali, während Phosphorsäure und Kalk fast fehlen. Sie ist aus hygienischen Gesichtspunkten für Gemüse n i c h t zu verwenden. Sie gehört auf die Wiese, das Feld oder auf den Komposthaufen.

Kompost, die Sparbüchse des Gärtners

VORÜBERLEGUNGEN

Welche Abfälle verwendet ihr für die Kompostbereitung?
Wie legt ihr den Komposthaufen an?
Welche Pflegearbeiten führt ihr am Komposthaufen durch?
Wofür verwendet ihr die Komposterde?

Für den Hausgarten ist der Kompost unentbehrlich. Sein Wert liegt nicht so sehr im Gehalt an Kernnährstoffen als im Humusgehalt. Bei der Kompostbereitung wird durch die Z e r s e t z u n g der zusammengetragenen Abfälle aus Küche, Garten und Hof ein vollwertiger Dünger vielseitig „zusammengesetzt".

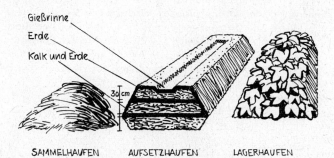

Gießrinne
Erde
Kalk und Erde
30 cm

SAMMELHAUFEN   AUFSETZHAUFEN   LAGERHAUFEN

Die Humusbildung erfolgt durch Verwesung, nicht durch Verfaulen.

A u f d e n K o m p o s t h a u f e n kommen: Küchen- und Gemüseabfälle, Pflanzen- und Ernteabfälle, Mist, Laub, Gras, Erde, Grabenaushub, Kehricht, Ruß, Holzasche, Abortdünger.

n i c h t dahin gehören: Steine, Holz, Scherben, Draht, Blechbüchsen, Knochen, kranke Pflanzenteile, Kohlstrünke, samentragende und ausdauernde Unkräuter.

Der P l a t z für die Anlage soll zwar schattig, verdeckt gelegen, aber gut zugänglich und genügend groß sein.

Bei der A n l a g e werden die Abfälle schichtweise, locker in ca. 100–120 cm Breite bis zu 1,2 m Höhe aufgebracht und dazwischen mit Kalk bestreut. Der Haufen wird mit Erde oder Aushub abgedeckt und oben muldenförmig vertieft. Unter Mithilfe der Bodenbakterien beginnt die Zersetzung, die wir durch P f l e g e beschleunigen können.

Im Winter bleibt er unberührt; ab Frühjahr in der warmen Jahreszeit wird er 2- bis 3mal umgesetzt und feucht gehalten (günstig mit Jauche). Beim Umsetzen sollen die oberen Teile nach unten, die inneren nach außen kommen. Der umgesetzte Haufen wird wieder mit Erde abgedeckt. Im Herbst bzw. Frühjahr ist er verwendungsreif.

In der Kompostecke sind demnach

   die S a m m e l haufen,

   1–2 L a g e r haufen mit halbfertiger Erde,

   der V e r b r a u c h s haufen, durch grobes Sieb geworfene gebrauchsfertige Erde.

Die fertige Komposterde ist reich an Nährstoffen und Bodenlebewesen. Durch ihren Humusgehalt verbessert sie den Boden in bezug auf Beschaffenheit, Wärme und Wasserhaushalt.

Die V e r w e n d u n g ist vielseitig; so ist Komposterde
das geeignete D ü n g e m i t t e l im Garten, vor allem für die Wurzelgemüse und die
a n s p r u c h s v o l l e n Kulturen, wie Tomaten, Gurken, sowie für Blumenbeete,
unentbehrlich zur P f l a n z e n a n z u c h t auf dem Saatbeet und für das Frühbeet,
von Vorteil bei N e u p f l a n z u n g e n von Dauerkulturen, wie Erdbeeren, Rhabarber,
Beerenobst, Stauden,
besonders geschätzt für T o p f b l u m e n pflege.

Torfschnellkompost gibt uns die Möglichkeit, in 8–10 Wochen gebrauchsfertige Komposterde zu haben.

Dazu ist nötig:

I. A r t	oder	II. A r t
1 Ballen Torf (75 kg)		1 Ballen Torf
3–5 kg Kalkstickstoff		20 kg Volldünger
7 kg Patentkali		wie Nitrophoska
7 kg Thomasmehl		300–500 l Wasser
250–300 l Wasser		

Den Torf zerkleinern, mit den Düngerzusätzen mischen, mit Wasser befeuchten und um-
schaufeln, bis die Masse kein Wasser mehr aufnimmt. Den 60–80 cm hoch aufgesetzten
Haufen mit 10 cm Erdschicht bedecken. Nach 3–4 Wochen wird der Kompost umgeschaufelt,
neu aufgesetzt und abgedeckt. Er ist nach weiteren 4 Wochen gebrauchsfertig.
Die oben angegebene Menge Torfschnellkompost reicht zur Düngung und Bodenverbesse-
rung von ca. 100 qm Gartenland.
Neben dem organischen Dünger werden dem Boden Stickstoff, Phosphor und Kali zugeführt.
Doch darf Kalk nicht gleichzeitig mit Mist gegeben werden, weil dabei der Stickstoff zum
Teil verlorenginge.

Handelsdünger (Mineraldünger)

Handelsdüngemittel werden heute im Hausgarten immer mehr verwendet. Der Erfolg hängt
jedoch weitgehend von der richtigen Wahl und Anwendung ab; werden dabei Fehler ge-
macht, kann Schaden für Pflanze und Mensch angerichtet werden. Deshalb ist es notwendig,
sich Kenntnis zu verschaffen.
Die Handelsdüngemittel enthalten meist 1–2 Kernnährstoffe in hohen Prozentgehalten.
Danach richtet sich ihre Bezeichnung im Handel, z. B. Kalkstickstoff, 40%iges Kalisalz.
Die Handelsdünger werden eingeteilt in
Stickstoffdünger,
Phosphorsäuredünger,
Kalidünger,
Kalkdünger,
Mischdünger.
Die Düngemittel, die mehrere Kernnährstoffe enthalten, werden im Handel als Misch- bzw.
Volldünger bezeichnet. Sie sind im Gebrauch einfach, und ihre Anwendung im Hausgarten
ist beliebt. Die **Volldünger** enthalten die 3 Kernnährstoffe Stickstoff, Phosphorsäure und Kali,
gelegentlich auch Kalk.
Im Handel sind unter anderem:
Am-Sup-Ka,
Nitrophoska,
Hakaphos (vor allem für Topfpflanzen),
Ruhrvolldünger.
Huminal A ist ein Torfmulldünger, mit Stickstoff angereichert;

Huminal B ist ein Torfmulldünger, sowohl mit Stickstoff als auch mit Phosphor und Kali angereichert, und kann als Volldünger verwendet werden.

Alle Volldünger enthalten die Nährstoffe in günstiger Form. In der Zusammensetzung sind sie den Bedürfnissen der Gartengewächse besonders angepaßt. Sie sind alle leicht löslich; sie werden daher im Frühjahr kurz vor der Bestellung ausgestreut oder in öfteren Gaben als Kopfdünger flüssig gegeben. Huminal bringt außer der Nährstoffgabe auch eine Bodenverbesserung durch die Torfzufuhr.

Stickstoffdünger. Der Stickstoff kann darin in verschiedener Form enthalten sein; entweder als Salpeter, den die Pflanze unmittelbar aufnehmen kann — der Dünger wirkt deshalb rasch —, oder als Ammoniak, wobei der Stickstoff im Boden erst in Salpeter umgesetzt werden muß, um von der Pflanze aufgenommen zu werden, weshalb der Dünger langsam, aber nachhaltig wirkt.

So ergeben sich drei Gruppen:

s c h n e l l wirkende Stickstoffdünger, wie Kalksalpeter, Natronsalpeter;

l a n g s a m und n a c h h a l t i g wirkende Stickstoffdünger, wie schwefelsaures Ammoniak, Kalkstickstoff, Harnstoff;

s c h n e l l und n a c h h a l t i g wirkende Stickstoffdünger, wie Kalkammonsalpeter.

Für die Verwendung im Hausgarten zweckmäßig:

K a l k s a l p e t e r (15% Stickstoff), da leicht auswaschbar in 2–3 Teilgaben, auch als Kopfdüngung.

K a l k a m m o n s a l p e t e r (20% Stickstoff, 35% Kalk) wirkt schnell und nachhaltig, daher sowohl vor der Bestellung wie auch als Kopfdüngung anwendbar.

K a l k s t i c k s t o f f (21% Stickstoff, 60% Kalk) ist nachhaltig wirksam, 14 Tage vor der Bestellung. Er ist zugleich ein wirksames Unkraut- und Schädlingsbekämpfungsmittel.

Phosphorsäuredünger. Die in den Wirtschaftsdüngern enthaltene Phosphorsäure reicht meist nicht aus, und die Böden haben oft Mangel an Phosphorsäure. Der Nährstoff „Phosphorsäure" wird nur in geringem Maß ausgewaschen und kann daher auf Vorrat gegeben werden.

Im Gartenbau eignen sich besonders:

Superphosphat und Rhenaniaphosphat, rasch wirkend, als Kopfdüngung und Vorratsdüngung geeignet. Mit Kalk und ammoniakhaltigen Düngern darf es nicht gemischt werden.

Thomasmehl ist als Vorratsdünger schon im Herbst zu geben, z. B. bei der Pflanzung von Dauerkulturen. Es enthält außer Phosphorsäure 50% Kalk; deshalb nicht mit ammoniakhaltigen Düngern mischen.

Kalidünger. Die Kalidüngesalze sind wasserlöslich und können von der Pflanze schnell aufgenommen werden. Sie enthalten zum Teil viel Chlor, das ist bei der Anwendung zu beachten. Die Beerensträucher sind für chlorfreie Kaligaben besonders dankbar. Für den Hausgarten ist das chlorfreie Patentkali geeignet (26–30% Kali), da es auch gleichzeitig Magnesium enthält. Es ist für alle Böden und Kulturen auch als Kopfdünger anwendbar.

Kalkdüngung. Kalk als Düngemittel führt den Pflanzen einen wichtigen Baustoff zu, zugleich aber verbessert er den Boden.

Kalk macht schädliche Bodensäuren unwirksam. Dies ist für saure Böden besonders wichtig. Kalk zieht Wasser an und kann daher schweren, nassen Boden trockener, lockerer und damit wärmer machen. Daneben regt er die Tätigkeit der Kleinlebewesen an, so daß die Nährstoffe der Düngemittel erst zur vollen Wirkung kommen.

So verstehen wir auch das Sprichwort: „Kalk macht reiche Väter, aber arme Söhne." Die Kalkdüngung wirkt sich jedoch erst dann vorteilhaft aus, wenn der Boden auch eine ausreichende Düngung mit Wirtschafts- und Handelsdüngern bekommt, so daß er an Humusstoffen reicher und nicht ärmer wird. Doch darf Kalk nicht gleichzeitig mit Mist gegeben werden. Auf Boden mit natürlichem Kalkgehalt darf k e i n Kalk gegeben werden.

Kalkdüngemittel

Kohlensaurer Kalk ist das geeignete Düngemittel für den Garten; er wird alle 2–3 Jahre im Herbst in leichten Gaben gestreut.

Düngermengen für den Hausgarten

Für 10 qm Gartenland durchschnittlich:

Volldünger

für Schwachzehrer	400–500 g
für Starkzehrer	600–800 g
Kalidünger	400–450 g
Kalkdünger	Anwendung alle 2–3 Jahre im Herbst
Kohlensaurer Kalk	5–6 kg

MERKE

Stallmist reichert den Boden mit Nährstoffen an und ist humusbildend.
Er ist möglichst verrottet und im Herbst in den Gartenboden zu bringen.
Jauche niemals für Gemüse und Beerenobst verwenden.
Die beste Ausnützung und Wirkung des Stallmistes und der Jauche für den Gartenboden erfolgt über den Kompost.
Kompost reichert den Boden außer mit Nährstoffen vor allem mit Humus an.
Kompost ist zu jeder Jahreszeit und für jede Kultur brauchbar.
Von den Handelsdüngern sind die Volldünger für die Verwendung im Garten besonders geeignet.
Frisch versetzte Pflanzen erst nach dem Anwachsen düngen!
Bei der Anwendung von Düngemitteln auf Wunden achten! Schützen! Nach der Anwendung Hände waschen!
Düngemittel trocken, geschützt vor Kindern und Tieren aufbewahren!

Grundregeln für die Bodenbearbeitung:

Überlegte Bodenbearbeitung muß im Herbst für gute Aufnahme der Winterfeuchtigkeit sorgen. Grobscholliges Umgraben des Gartenlandes ermöglicht durch die geschaffene große Oberfläche ein gutes Eindringen von Regen und Schnee, ebenso günstige Einwirkung des Frostes.

Im Frühjahr muß die Winterfeuchtigkeit erhalten bleiben; das Gartenland ist mit Kreil und Kultivator zu bearbeiten. Umgraben ist nach Möglichkeit zu vermeiden.

Während des Sommers ist die Hackarbeit zur Erhaltung der Bodenfeuchtigkeit notwendig. Das Wasser im Boden, das durch die feinen Haarröhrchen bis zur Oberfläche hochgehoben wird, verdunstet hier durch die Wärme und Luftbewegung; es tritt also ein dauernder Wasserverlust ein. Durch flaches Hacken werden die Haarröhrchen zerstört; das Wasser bleibt im Wurzelbereich erhalten und kann an der Oberfläche nicht so stark verdunsten.

Bodenbedeckung ist auf verschiedene Weise möglich. Vor-, Zwischen- und Nachfruchtbau bringen neben Steigerung der Erträge Beschattung und Schutz des Bodens vor Sonne und Wind. Durch das Wurzelwerk der Pflanzen wird die Feuchtigkeit festgehalten. Das Abdecken mit Mist wenden wir im Herbst z. B. bei Erdbeeranlagen, Staudenbeeten und Sträucherneupflanzungen an.

Vom Gemüsebau

Von den Gemüsearten und ihren besonderen Ansprüchen

AUFGABEN
Welche Gemüsearten baut ihr an?
Was weißt du über den Anbau?

Die Vielzahl der Gemüse wird nach dem Teil der Pflanze, den wir jeweils vorwiegend für die Ernährung verwenden, eingeteilt in:

B l a t t gemüse, wie alle Kohlarten, Kopf-, Endivien-, Feldsalat, Spinat;

F r u c h t gemüse, wie Tomaten, Gurken, Kürbis;

S a m e n gemüse, wie Erbsen, Bohnen;

W u r z e l gemüse, wie Radieschen, Rettiche, Knollensellerie, Wurzelpetersilie, Karotten, Möhren oder gelbe Rüben, rote Rüben, Schwarzwurzeln;

Z w i e b e l gemüse, wie Porree (Lauch), Speisezwiebeln.

Die Gemüse sind verschieden in ihrer Entwicklung, im Nährstoffbedarf und in der Pflege. Am anspruchsvollsten sind die Blatt- und Fruchtgemüse sowie Sellerie und Porree. Sie lieben einen guten, nährstoffreichen, frischgedüngten Boden und werden als S t a r k z e h r e r bezeichnet. Die Zwiebeln und die Wurzelgemüse, mit Ausnahme von Sellerie, lehnen einen frischgedüngten Boden ab, sind aber dankbar für eine Kompost- und Handelsdüngergabe, besonders Kali. Sie sind in ihren Ansprüchen mäßig und werden S c h w a c h z e h r e r genannt. Die Hülsenfrüchte vermögen mit Hilfe von Bodenbakterien den Luftstickstoff für ihre Entwicklung nutzbar zu machen und wirken darüber hinaus noch bodenverbessernd. Sie werden als S t i c k s t o f f **sammler** bezeichnet und sind Schwachzehrer.

Die D a u e r g e w ä c h s e , wozu auch das B e e r e n o b s t zu rechnen ist, bleiben mehrere Jahre auf dem gleichen Platz stehen. Ihrer Anpflanzung geht eine gründliche Bodenbearbeitung und Vorratsdüngung voraus.

MERKE

Die Gemüse werden für die Bestellung des Gartens nach den Ansprüchen, die sie an den Nährstoffgehalt des Bodens stellen, eingeteilt in

1. Starkzehrer,
2. Schwachzehrer, hierzu zählen die Stickstoffsammler,
3. Dauergewächse.

Vom Wechsel der Gemüsekulturen

Frage die Mutter, welche Erfahrung sie gemacht hat, wenn eine Gemüseart mehrere Jahre an dem gleichen Platz gebaut wurde!

Wird eine Gemüseart mehrere Jahre hindurch auf dem gleichen Beet angepflanzt, so zeigt sich, daß die Pflanze nicht mehr so gut gedeiht und von Schädlingen und Krankheiten befallen wird. Die Ursache liegt im einseitigen Nährstoffentzug, der zu einer Erschöpfung des Bodens führt, sowie in der Gefahr der Ansteckung durch pilzliche Schädlinge. Soll der Boden gesund bleiben, so darf nicht Jahr für Jahr die gleiche Gemüseart auf dem gleichen Beet angebaut werden. Wir müssen einen Wechsel vornehmen; wir lassen im Anbau nach starkzehrenden Pflanzen schwachzehrende und Stickstoffsammler folgen. Der jährliche Wechsel im Anbau der Kulturen wird als F r u c h t w e c h s e l bezeichnet, die Reihenfolge im Laufe eines Jahres als F r u c h t f o l g e .

MERKE

Die Beachtung des Fruchtwechsels ist für die Gesunderhaltung des Bodens und für den Gemüseertrag von großer Bedeutung.

Von der Bestellung des Gartens

AUFGABEN

Wonach richtet die Mutter den Anbau der Gemüse?
Was weißt du von der Entwicklung der verschiedenen Gemüse?

Es ist verständlich, daß die Auswahl der zum Anbau kommenden Gemüse in den einzelnen Familien verschieden ist. Immer werden aber in der Auswahlreihe neben mengenmäßigen Unterschieden Dauergewächse, Starkzehrer, Schwachzehrer und Stickstoffsammler zu finden sein.

Im allgemeinen ist es so, daß die Starkzehrer in der Mehrzahl sind und flächenmäßig so viel Land erfordern wie die Schwachzehrer und Stickstoffsammler zusammen. Aus diesem Grund hat sich, nachdem die Dauergewächse ihren Platz im Garten gefunden haben, für das übrige Land in den meisten Fällen eine Zweiteilung als zweckmäßig ergeben. Auf einem Teil (Quartier), der im Herbst mit verrottetem Mist gedüngt wurde, kommen im folgenden Frühjahr die Starkzehrer zum Anbau, auf dem anderen Teil, der im Frühjahr Kompost erhält, die Schwachzehrer und Stickstoffsammler. Im nächsten Jahr wird gewechselt.

	I. Quartier mit Mist gedüngt	II. Quartier mit Kompost gedüngt
	als Hauptfrucht	
Dauergewächse	Blaukraut oder Rotkohl	Karotten
	Weißkohl	Möhren oder gelbe Rüben
	Wirsing	Rote Rüben
	Blumenkohl	Schwarzwurzeln
	Lauch (Porree)	Zwiebeln
	Sellerie	Buschbohnen
	Gurken	Stangenbohnen
	Tomaten	Erbsen

Neben den in vorstehender Übersicht aufgeführten Gemüsen, die wir als H a u p t f r ü c h t e bezeichnen, müssen noch Vor-, Zwischen- und Nachfrüchte zum Anbau kommen; z. B. kann auf dem Beet, das im Mai mit Sellerie bepflanzt wird, als V o r f r u c h t , die bis zum Mai geerntet werden kann, Spinat gesät werden. Zwiebeln werden im August geerntet, dann kann auf diesem Beet eine N a c h f r u c h t , wie Feldsalat, zur Aussaat kommen. Zwischen vielen Gemüsepflanzen, die eine lange Entwicklungszeit haben, können solche mit kurzer Entwicklungszeit als Z w i s c h e n f r u c h t angebaut werden, z. B. bei Tomaten Kohlrabi, bei Kohl Salat usw.

Je kleiner der Garten im Verhältnis zur Größe des Haushalts ist, um so besser muß er ausgenützt werden. Es ist deshalb angebracht, den Stalldünger nur über den Komposthaufen in den Garten zu bringen, da der Anbau von Zwischenfrüchten ungebundener erfolgen kann.

MERKE

Hauptfrüchte sind: die Kohlarten, Gurken, Tomaten, Lauch (Porree), Sellerie, Zwiebeln, Bohnen, Erbsen, Karotten, Möhren (gelbe Rüben), rote Rüben, Schwarzwurzeln, Petersiliewurzeln.

Zu Vorfrüchten sind geeignet: Salat, Spinat, Kohlrabi, Radieschen, Rettiche.

Als Nachfrüchte können Winterkohl, Endivien, Wintersalat, Spinat, Winterzwiebeln, evtl. Rosenkohl verwendet werden.

Als Zwischenfrüchte sind zu empfehlen: Salate, Sommerrettiche, Radieschen, Frühkohlrabi.

AUFGABE

Mache eine Aufstellung, welche Vor-, Zwischen- und Nachfrucht in eurem Klima zu der Hauptfrucht möglich ist!

Aus dem Angeführten ist zu ersehen, daß die Bestellung des Gartens nicht aufs Geratewohl erfolgen darf. Es könnte sonst der Fall eintreten, daß für eine wichtige Hauptfrucht, die später zum Anbau kommt, kein freies Beet vorhanden ist, oder daß zu einer Zeit ein Übermaß an Gemüse zu ernten ist, während zu einer anderen ein Mangel besteht. Laß dir deshalb raten, im Winter einen **Anbauplan** zu machen und bei seiner Ausarbeitung
den Gemüsebedarf des Haushalts,
das Nährstoffbedürfnis der Gemüsepflanzen und
den Fruchtwechsel zu beachten.

Gemüseerträge im Durchschnitt je 10 qm.

Die Erträge sind wesentlich abhängig von:
Klima, Boden, Witterung, Sortenwahl,
Anbauweise und Pflegemaßnahmen,
Krankheiten und Schädlingsbefall.

Gemüseart	Durchschnittsmenge/kg	Gemüseart	Durchschnittsmenge/kg
Weißkohl früh	25,00	Möhren spät	30,00
Weißkohl spät	42,00	Rote Rüben	20,00
Rotkohl spät	25,00	Schwarzwurzeln	15,00
Wirsing früh	21,00	Porree	20,00
Wirsing spät	26,00	Zwiebeln	22,00
Blumenkohl	17,00	Erbsen	7,00
Rosenkohl	8,00	Bohnen	8,00
Kohlrabi früh	15,00	Spinat	7,00
Kohlrabi spät	22,00	Endivien	50 Stück
Kopfsalat früh	100 Stück	Sellerie	18,00 kg
Kopfsalat Sommer	75 Stück	Tomaten	25,00
Karotten	19,00 kg	Gurken	15,00

ZUR ANWENDUNG

Miß die Fläche in eurem Garten, die für den Gemüseanbau zur Verfügung steht! Fertige eine Skizze dazu an und trage die Einteilung in Quartier I und II ein!

Unterteile die Fläche in Normalbeete von 1,20 m und 0,30 m Zwischenweg! Trage die für euren Bedarf wichtigen Hauptkulturen ein!

Überlege, wie du Salate, Spinat, Kohlrabi, Winterkohl, Rosenkohl, Radieschen und Rettiche als Vor-, Zwischen- oder Nachfrucht unterbringst!

Bedenke, daß du Kopfsalat möglichst von Ende Mai bis zum Spätherbst zur Ernte haben willst und Salat deshalb in Abständen als Folgepflanzung im Anbau verteilen mußt!

Von der Saat

AUFGABEN

Wo und wann werden bei euch die Sämereien gekauft?

Wie bewahrt ihr Samenreste auf?

Welche Geräte benützt ihr im Frühjahr zum Richten der Beete?

Der Volksmund sagt: „Wie die Saat, so die Ernte." Und in der Tat, es ist auch so; haben wir schlechtes Saatgut, oder ist die Aussaat fehlerhaft gewesen, so wird die Ernte eine geringe sein. Der Samen muß vor allen Dingen keimfähig[1] sein. Kaufe deshalb die Samen am besten in einer guten Samenhandlung! Diese führt auch die für eure Klimaverhältnisse beson-

[1] Keimprobe

Gut eingeteilt, nach Quartier und Beetordnung

ders geeigneten Sorten, und sie ist gerne bereit, dir für die Auswahl und Bestellung einen Katalog zu überlassen. Die Berechnung des Samenbedarfs kann auf Grund des Anbauplans nach untenstehender Aufstellung erfolgen:

Gemüseart	Samenbedarf für 10 qm in g	Reihenabstand in cm	Zeit der Aussaat
Spinat früh	50	20	März–April
Spinat spät	60	25	August–September
Gurken	5	eine Mittelreihe auf dem Beet	Mitte Mai
Karotten	5	20	März–April
Möhren	3	30	März–April
Rote Rüben	12	30	April–Mai
Schwarzwurzeln	30	30	März–April
Rettich	20	20	ab März
Radieschen	30	Vor- oder als Zwischenfrucht	ab März
Wurzelpetersilie	5	25	März–April
Zwiebeln	10	20	März
Erbsen	150	40	März-Mai
Buschbohnen	70	40	Mai–Juni
Stangenbohnen	80–100		Mai

Zur Vorbeugung von **Krankheiten** ist es zweckmäßig, den Samen vor der Verwendung zu beizen. Es soll dadurch erreicht werden, die dem Samen anhaftenden Krankheitskeime abzutöten und damit eine Übertragung auf die Kulturen zu verhindern. Das B e i z e n geschieht entweder mit einer Naßbeize oder einer Trockenbeize. Für die feinen Samen, die im Hausgarten verwendet werden, ist die Trockenbeize, wie z. B. die Trockenbeize „Ceresan", einfacher in der Anwendung. Das Beizen geschieht in einem gut verschließbaren Gefäß (Büchse oder weithalsige Flasche) durch langsames Schütteln (5 Minuten). Danach läßt man das Gefäß noch einige Minuten stehen, bis sich der Staub gesetzt hat. Der gebeizte Samen ist sofort zu verwenden.

M E R K E
Verwende nur für deine Klimaverhältnisse geeignete, sortenreine, keimfähige Samen! Bewahre Samenrückstände trocken auf und führe vor ihrer Verwendung die Keimprobe durch!

Aussaat im Freiland

Das **Herrichten** des u m g e g r a b e n e n B o d e n s. Alle Pflanzungen und insbesondere die Aussaaten können nur in einem gut bearbeiteten, lockeren Boden gemacht werden. Die Oberfläche des im Herbst umgegrabenen Bodens ist unter dem Einfluß des Frostes fein und krümelig geworden. Die Schollen müssen zerkleinert und es muß bis auf 15 cm Tiefe eine feinkrümelige Schicht geschaffen werden.
Nach dem Abtrocknen (März–April) können wir an die Bearbeitung des Bodens gehen. Als Geräte benützen wir den Kreil oder Karst, je nach Bodenart auch den Kultivator. Wir vermeiden möglichst, auf dem Land herumzutreten. Durch kräftiges Hin- und Herziehen und Stoßen zerkleinern wir die Schollen und lockern das Erdreich; wir nehmen immer nur einen Streifen von 80 bis 100 cm Breite vor. Wenn die Erde genügend fein ist, muß die Oberfläche eingeebnet werden; dazu benutzen wir den Rechen.
Einteilen d e r B e e t e. Wir richten uns zuerst die zweckmäßigen Geräte vor, wie Meßlatte, Gartenschnur, Rechen.

Die Grabegabel vor allem für die Bodenbearbeitung unter den Beerensträuchern

Der Kultivator besonders für die Bodenbearbeitung im Frühjahr und Sommer

Kultivator

Rechen für leichten und schweren Boden

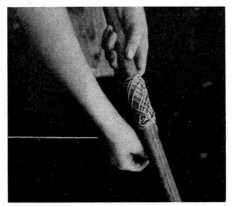

Pflanzschnur

Meßlatte

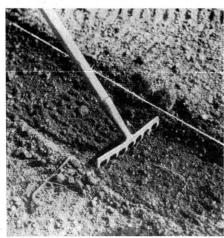

Wegerechen

Verstellbarer Rillenzieher

Ihre Verwendung lohnt sich für den ganzen Sommer

Wähle den richtigen Spaten

Aussäen mit der Hand in breiter Rille, nicht zu dicht

Nach dem Abdecken mit Kompost wird die Saat angedrückt

Nun wird das Gartenland in die gewünschte Beetzahl nach M a ß , aber n i c h t nach A u g e n m a ß eingeteilt. Erfahrungsgemäß eignet sich eine Beetbreite von 1,20 m mit 30 cm Weg am besten für den Hausgarten. Die Gartenschnur wird von einem Ende des Beetes zum anderen gespannt, und der Weg entsteht durch Festtreten entlang der Schnur.

Das Rillenziehen. Immer mehr tritt die Reihensaat an Stelle der Breitsaat. Die Reihensaat erfordert in der Vorbereitung mehr Zeit; doch bei der Pflege wie Hacken, Jäten und bei der Ernte wird dies mehrfach eingeholt. Der Abstand zwischen den Reihen muß genügend groß sein (s. Tabelle S. 228).

Als weitere Geräte nehmen wir den R i l l e n z i e h e r zu Hilfe. Nachdem die Reihen an Hand der Meßlatte oben und unten am Beet markiert sind, ziehen wir die Rillen entlang der Schnur behelfsmäßig mit der Hacke oder mit dem Stielende eines Gerätes oder mit dem Rillenzieher. Die T i e f e d e r R i l l e richtet sich nach dem Saatgut, z. B. für Möhren (gelbe Rüben, Karotten), Petersilie 2 cm tief, für Buschbohnen und für Erbsen 6-8 cm.

Die Aussaat. „Dünn säen" ist eine Kunst — „dicht säen" braucht unnötig viel Saatgut und bringt minderwertige Pflänzchen, da sie an Nahrungs- und Platzmangel leiden. Keimende Samen brauchen Luft und nicht zuviel Feuchtigkeit; also nicht in allzu feuchte oder gar nasse Erde säen! Richtige Aussaat soll gleichmäßig und dünn sein. Wir m i s c h e n f e i n e S a - m e n , z. B. von Möhren (gelbe Rüben), mit Sand oder krümeliger Erde und säen mit der Hand aus. In der losen Faust halten wir nicht zuviel Saatgut und lassen es zwischen Daumen und Zeigefinger über den Daumen hinweg ausfallen. Wir säen die Reihe beim erstenmal mit flacher Handhaltung lieber etwas in der Breite als mit steiler Hand und schmal. Eine Rille darf nicht zwei- oder dreimal „übersät" werden. Die Saatrille wird ein- bis zweimal, so dick wie das ausgesäte Samenkorn ist, mit feiner Erde oder Kompost abgedeckt und ange-drückt, damit die Feuchtigkeit hochsteigt und der Samen schneller keimt (s. Abb. oben).

MERKE

Richte das Saatbeet feinkrümelig! Ziehe die Reihensaat der Breitsaat vor!
Säe gleichmäßig, dünn und nicht zu tief! Decke den Samen richtig ab!
Sorge für die zur Keimung erforderliche Feuchtigkeit und schütze den Boden vor Verkrustung und Austrocknung!

Vom Pflanzen

AUFGABEN

Woher bezieht ihr eure Pflanzen?
Worauf achtet die Mutter beim Einkauf?
Beobachte die Mutter, den Gärtner beim Pflanzen!

Pflanzen (Setzlinge) können im eigenen Anzuchtbeet herangezogen oder vom Gärtner gekauft werden. In jedem Fall ist darauf zu achten, daß die Setzlinge gesund und kräftig aus
feuchter Erde genommen werden und einen Erdballen haben. Wenn man die Setzlinge
selbst zieht, gießt man das Beet, worauf sie stehen, am Tag vor der Pflanzung nochmals
gut durch; muß man sie kaufen, so besorgt man sie am besten frühmorgens beim Gärtner,
legt sie an einen schattigen, kühlen Ort, mit einem feuchten Sack überdeckt, und pflanzt
gegen Abend.

Das **Pflanzbeet** ist genau wie das Saatbeet vorzubereiten, und die Pflanzreihen sind entlang
der Pflanzschnur zu ziehen.

Zweckmäßige **Arbeitsgeräte** werden bereitgestellt:

das Setzholz aus einem Stück Holz zugespitzt, praktischer noch mit Metallspitze oder
aus Metall;

die Pflanzschaufel für Setzlinge mit großen Erdballen;

ein Kistchen oder ein flacher Korb und ein feuchter Sack, um die Setzlinge zu transportieren, und die Gießkanne.

Beim **Pflanzen** ist darauf zu achten, daß die Wurzeln der Setzlinge nicht gekrümmt und die
Pflanzen in der richtigen Höhe gesetzt werden. Während die Kohlarten bis zum ersten Blatt
eingepflanzt werden, achtet man bei Salaten, roten Rüben, Sellerie darauf, daß der Wur-
zelhals etwas über die Erdoberfläche herausragt. Auf das Pflanzen eines Beetes folgt das
Gießen jeder Pflanze unmittelbar an die Wurzel.

Die späten Sorten von Kohl (Kraut) kommen auf das Feld und werden dort meist 60 cm im
Abstand gepflanzt.

Gemüsepflanzen	Bedarf für 10 qm	Abstand		Zeit des Pflanzens
		der Reihen in cm	innerhalb der Reihen in cm	
Rotkohl, früh	50	40	50	April–Mai
Weißkohl, früh	50	40	50	April–Mai
Wirsing, früh	60	40	40	April
Blumenkohl, früh	50	40	50	März–April
Blumenkohl, spät	40	60	50	Mai–Juni
Kohlrabi, früh	130	30	25	April
Winterkohl (Krauskohl)	50	40	50	Juni–Juli
Rosenkohl	25–30	60	60	Mai–Juni
Tomaten	20–25	60	60–80	Mitte Mai
Sellerie	60	40	45	Mai
Lauch (Porree)	200	20	25	Mai–Juni
Kopfsalat	Vor- oder Zwischenfrucht		20–25	ab April
Endivien für den Sommer	110	30	30	Mai–Juni
Endivien für den Winter				Juni–Juli

MERKE

In feuchten, nicht nassen Boden pflanzen!

Verwende stets gesunde, kräftige, frische Pflanzen!

Achte darauf, daß das Pflanzloch genügend tief ist, die Wurzel ungekrümmt liegt und die Wurzelspitze gut
angedrückt wird!

Gieße jede Pflanze einzeln in unmittelbarer Nähe der Wurzeln an!

Erledige die Pflanzarbeit möglichst gegen Abend, damit die Pflanzen nicht sogleich der starken Sonnenbestrahlung ausgesetzt sind!

Guter Setzling einer pikierten Selleriepflanze
im Vergleich mit einer unpikierten Pflanze

Das notwendige Pflanzgerät vorrichten

Genügend großes Pflanzloch

Mit dem Setzholz andrücken

Von der Pflege der Gemüsekulturen

AUFGABEN

Betrachte Saat- und Pflanzenbeete einige Tage nach einem starken Regen!
Wann und wie oft wird zu Hause im Garten gegossen?
Welches Wasser wird zum Gießen verwendet?
Welche Möglichkeit der Arbeitserleichterung kennst du für diese Arbeit?
Welche Pflegemaßnahmen sind dir außer Hacken, Gießen und Jäten bekannt?

Nach erfolgter Aussaat bzw. Anpflanzung bedürfen die Gemüsekulturen der Pflege. Wir haben als erste notwendige Pflegearbeit nach dem Pflanzen das G i e ß e n durchzuführen.

Vom Gießen

Diese oft recht mühsame Gartenarbeit kann im Laufe des Wachstums öfter nötig sein und will überlegt durchgeführt sein. Zunächst sind die möglichen A r b e i t s h i l f e n zu beschaffen:
zwei ovale G i e ß k a n n e n mit ovalem, von vorn nach hinten laufendem Tragbügel, mit Brause und Verteiler, bei Vorhandensein von Wasserleitung einen S c h l a u c h in erforderlicher Länge, an dem man einen Verteiler anbringt, am Stab befestigt und ihn so zu einem B e r e g n e r macht. Siehe Abb.

Beim Gießen ist zu beachten:
> Besteht Frostgefahr (bis Ende Mai), so gießt man am Morgen, vom Juni bis Ende September am Abend.
> Abgestandenes Gießwasser ist stets dem kalten Leitungswasser vorzuziehen. Nicht scharf, sondern sorgfältig gießen!
> Nicht oft, aber durchdringend, gründlich gießen!

M a n e r s p a r t G i e ß e n, indem man Saat- und Pflanzenbeete mit lockeren, feuchtigkeithaltenden Stoffen wie Torfmull, Laub oder verrottetem Stallmist a b d e c k t, z. B. bei Möhren (gelben Rüben), Erdbeeren, frisch gepflanzten Salaten, Gurken und Tomaten. Möglichst nach jedem Regen oder gründlichem Gießen lockert man den Boden durch Hacken. Dies ist weniger mühsam als Gießen und hat darüber hinaus noch wesentliche Vorteile für den Boden und die Pflanze. Neuerdings verwendet man auch schwarze Plastikfolie zum Abdecken. Sie wird nur an den Pflanzenstellen durchlöchert. Sie deckt den Boden gut ab und hält ihn unkrautfrei. Die Außenränder der Folie müssen fest eingegraben sein.

Vom Hacken und Häufeln

Der gare Boden — locker, krümelig, wärme- und feuchtigkeithaltend, nährstoffreich — ist die beste Voraussetzung für das Gedeihen der Kulturpflanzen im Garten. Betrachten wir nun unser Gartenland nach einem starken Regen oder nach öfterem, vor allem scharfem Gießen, so sehen wir, es ist festgeplanscht, und nach dem Abtrocknen zeigen sich Risse und Sprünge. Die Erdoberfläche ist verkrustet. So kann das Bodenwasser ungehindert an der Oberfläche verdunsten, und das aus den tieferen Schichten in den Haarröhrchen aufsteigende Wasser — die kostbare Bodenfeuchtigkeit — geht allmählich ebenso verloren.

Für wenig Geld ein wirklicher „Gartensegen"

Das L o c k e r n der O b e r f l ä c h e durch das Hacken unterbricht dieses Aufsteigen kurz unterhalb der Erdoberfläche, das V e r d u n s t e n wird weitgehend v e r m i n d e r t und die Bodenfeuchtigkeit bleibt zum Nutzen der Pflanzen größtenteils erhalten. Das Regenwasser kann gut eindringen. Durch das Hacken, als wichtigste Pflegearbeit während des Wachstums, erreichen wir:
> die Erhaltung der Bodenfeuchtigkeit,
> das Lockern, Lüften und Erwärmen des Bodens,
> eine erhöhte Tätigkeit der Bodenlebewesen und
> eine leichtere Unkrautbekämpfung.

Da das Hacken so viele Vorteile bietet, führen wir es oft und richtig aus. Dafür merken wir uns:

Nach jeder Aussaat lockern wir den Boden zwischen den Reihen, sobald die jungen Pflänzchen sichtbar werden (Vorteil der Reihensaat).

Nach dem Pflanzen hacken wir spätestens nach 14 Tagen zum erstenmal. Die Tiefe des Lockerns richtet sich nach der Größe der Pflanzen; bei den aufgelaufenen Aussaaten 1 bis 2 cm tief (z. B. Karotten), bei größeren Pflanzen 8 bis 10 cm tief (z. B. Kohl) hacken. Solange das Laubwerk die Zwischenräume zwischen den Pflanzen nicht deckt, hacke man, wenn möglich, alle 8 Tage durch.

Besitzen wir die zweckentsprechenden A r b e i t s g e r ä t e , so können wir gerade die letzte Forderung sehr gut ohne viel Zeit- und Kraftaufwand erfüllen. Wir verwenden je nach Boden und Pflanzenart

Rollhacke zwischen den Reihen bei wenig Unkraut,

Ziehhacke in verschiedener Breite zwischen den Reihensaaten,

Pendelhacke oder Bügelzughacke,

einfacher Schlaghacke zum Häufeln,

doppelseitige Hacke,

Scharrer zum Säubern der Wege,

dreizinkigen Grubber, Kultivator und Kreil.

Bei manchen Kulturen, wie Erbsen, Bohnen und Kohlgewächsen, schließen wir an das Hacken das H ä u f e l n , ein Herziehen von Erde an den Stengel, an. Das Häufeln gibt der Pflanze mehr Halt und fördert die Wurzelentwicklung.

Vom Verziehen

Nach einem Regen werden, wenn das Land abgetrocknet ist, die Gartenbeete möglichst alle durchgehackt. Im Frühsommer ergibt sich oft noch eine recht nutzbringende Arbeit. Die Saat ist gut aufgegangen, aber die Sämlinge stehen zu dicht und müssen vereinzelt oder verdünnt werden. Nach Regen lassen sich die Pflänzchen leichter ausziehen, ohne die stehenbleibenden zu lockern; mit den ausgezogenen Pflänzchen, z. B. roten Rüben und Zwiebeln, können auch Lücken ausgebessert oder weitere Reihen bepflanzt werden.

Wir verziehen, solange die Sämlinge jung sind:

Karotten und Möhren auf 3 bis 5 cm,

Rettiche, Schwarzwurzeln auf 6 cm,

Mangold auf 10 bis 12 cm,

rote Rüben auf 15 cm.

Dabei arbeiten wir sorgfältig (auf Sack im Weg kniend) mit Geduld (wechseln nach zwei Stunden die Arbeit), nicht während der Mittagshitze, und gießen nach dem Verziehen gründlich.

Von der Unkrautbekämpfung

Mit dem Hacken und Verziehen, ja schon mit dem Umgraben geht die Unkrautbekämpfung Hand in Hand.

In den R e i h e n z w i s c h e n r ä u m e n halten wir durch das Hacken regelmäßig und zur rechten Zeit das Unkraut nieder.

In den R e i h e n der bepflanzten Beete können wir mit der Hacke überall hin, solange die Pflanzen jung und klein sind. Mit der Hand ist nur wenig zu jäten, je früher um so besser. Bei den Saatreihen (Karotten, Zwiebeln) muß das Unkraut zwischen den Pflanzen mit der Hand ausgerissen (nicht abgerissen) werden. Diese Arbeit läßt sich mit dem Verziehen verbinden.

A u s d e m B o d e n s a m m e l n wir beim Umgraben die Wurzeln der ausdauernden Unkräuter wie Quecke, Hahnenfuß und Winden, bringen sie aber – wie auch die Samenunkräuter – nie auf den Kompost.

Als Grundsatz merken wir uns:

Vernichte das Unkraut so früh wie möglich, denn es entzieht dem Boden die besten Stoffe, erdrückt die Kulturpflanzen, überträgt Krankheiten und Schädlinge und stellt somit die Ernte in Frage.

Unkrautfreie Wege geben dem Garten erst ein schönes, gepflegtes Aussehen.

Bei Trockenheit und Sonne kann das Unkraut mit dem Scharrer entfernt werden. Unkrautbekämpfungsmittel können, beachtet man die Vorschriften, mit Erfolg angewendet werden.

Besondere Pflegemaßnahmen

Erbsen werden nach dem Anhäufeln durch Reiser oder durch ein Drahtgeflecht gestützt. Bei Stangenbohnen ermöglichen die senkrecht gestellten Stangen einen besseren Licht- und Sonnenzutritt als die schrägen.

Die Tomaten bedürfen der besonderen Pflege. Vor dem Pflanzen schlägt man Stützen ein, z. B. leichte Pfähle von 150 cm. Die Tomaten sind sehr wärmebedürftig. Damit sie beim Auspflanzen ab Mitte Mai keine Wachstumsstockung erleiden, pflanzt man sie gern auf „warmen Fuß". Hierzu wird ein tiefes Pflanzloch ausgehoben, eine Schaufel Pferdemist hineingegeben und dann mit Komposterde aufgefüllt. Die gedrungene Tomatenpflanze, die einen guten Erdballen haben soll, wird hierein so gepflanzt, daß sie etwas tiefer zu stehen kommt als vorher im Warmbeet. Darnach wird im Kranz herum angegossen. An Stelle von Pferdemist („warmer Fuß") kann man in das Loch auch Mistbeeterde geben; wichtig ist die Zugabe von nährstoffreicher Erde. Die Tomatenpflanzen dürfen nach dem Setzen nicht trauern. Sie werden an den Stöcken angebunden. Die sich in den Blattwinkeln zeigenden Triebe (Geize) werden, solange sie klein sind, am besten wöchentlich ausgebrochen. Man sagt, die Pflanze wird entgeizt. Es ist ratsam, Ende August/Anfang September die Endtriebe, aber nicht die Blätter zu entfernen, damit die Früchte ausreifen.

Von der Kopfdüngung

Um eine Ertragssteigerung zu erzielen, ist es bei manchen Kulturen ratsam, mit einer Handelsdüngergabe nachzuhelfen. Für den Anfänger sind hierzu am besten die Volldünger geeignet, welche die vier Kernnährstoffe enthalten; man rechnet neben der Herbstdüngung auf 1 qm 30 bis 40 g. Diese Volldünger

Entgeizen der Tomatenpflanze

können von der Pflanze sofort aufgenommen werden. Der Dünger wird entweder gleichmäßig gestreut und eingehackt oder er wird in Wasser aufgelöst (2 bis 3 g auf 1 Liter Wasser) und um die Pflanze bzw. zwischen die Reihen gegossen.

Kopfdüngung in flüssiger Form

Winke zur Bekämpfung von Krankheiten und Schädlingen

F r u c h t w e c h s e l verhindert Krankheiten, z. B. Kohlhernie.

K a l k macht versauerten Boden gesund und vernichtet Schädlinge.

F r o s t vernichtet Schädlinge; grabe im Herbst grobschollig – achte dabei auf Engerlinge!

Frische J a u c h e und Abortdünger begünstigen Krankheiten; daher gib sie nicht direkt aufs Land, sondern über den Kompost!

Auf den K o m p o s t wirf keine kranken Pflanzenteile! Alles Kranke und Kohlstrünke verbrenne!

Als S a a t g u t verwende nur das beste und, wenn möglich, gebeizt!

Als S e t z p f l a n z e n nimm nur gesunde, abgehärtete, nicht überständige oder geile!

S ä e und p f l a n z e nicht zu dicht, h a c k e oft, j ä t e rechtzeitig!

Gegen E r d f l ö h e an Kohl und Rettich hilft Bestäuben mit Gesarol oder E 605.

Gegen die Möhren- und Zwiebelfliege ist „Streunex" zu empfehlen, und zwar: 10 g pro qm vor der Aussaat eingearbeitet und 5 g pro qm im Juni längs der Reihen gegeben.

Der K o h l w e i ß l i n g wird durch Absammeln der Eier und Raupen etwa 10 Tage nach der Hauptflugzeit der Falter bekämpft. Weniger mühsam ist das Stäuben oder auch Spritzen mit DDT-, Hexa- oder Phosphorpräparaten (z. B. Gesarol, Lindane, E 605). Das Mittel muß unbedingt die Blattunterseite erreichen.

S c h ü t z e die Singvögel, bringe Nistkästen an!

Lasse dich beim Landwirtschaftsamt über Bekämpfungsmittel und ihre Anwendung rechtzeitig b e r a t e n ! Verfolge die Ratschläge im Land- und Gartenfunk!

Von den Gartengeräten

AUFGABEN

Welche Geräte werden zu Hause für die Gartenarbeit verwendet?
Welche Beobachtungen konntest du bei der Benützung der einzelnen Geräte machen?

Richtige Arbeitsgeräte können uns die Arbeit erleichtern, Zeit und Kraft sparen helfen. Wir müssen deshalb gut überlegen, welche Geräte für unsere Gartenarbeit notwendig sind und dürfen dann die Kosten nicht scheuen, da sich die Anschaffung sehr bald bezahlt macht. Wir achten beim Einkauf auf Q u a l i t ä t s g e r ä t e und sorgen für eine ordentliche Aufbewahrung. Da die Gartengeräte leicht rosten, dürfen sie nach Gebrauch nicht im Garten stehen, Wind und Wetter ausgesetzt bleiben oder verschmutzt aufbewahrt werden. Sie sind nach jeder Benützung von der anhaftenden Erde zu befreien und trocken auf-

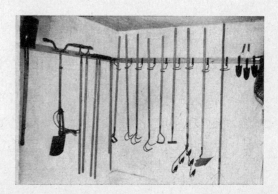

Praktische Unterbringung der Gartengeräte

zubewahren. Verschmutzte, nicht glatte Geräte gleiten schlecht und erschweren die Arbeit. Nach beendeter Gartenarbeit sind sie im Herbst gründlich zu reinigen und einzufetten.

ZUR ANWENDUNG
Überprüfe eure Gartengeräte auf ihre Zweckmäßigkeit und Unterbringung!

Vom Überwintern der frischen Gemüse

Unser Ziel für die Ernährung im Haushalt ist, das g a n z e J a h r hindurch f r i s c h e s G e m ü s e zu haben, das wir im Garten s e l b s t z i e h e n. Für den Frischverbrauch im Winter stehen uns bei zweckmäßiger Aufbewahrung zur Verfügung:

K o h l a r t e n	W u r z e l g e m ü s e	a u ß e r d e m
Weißkohl,	Möhren,	Zwiebeln,
Rotkohl,	Sellerie,	Lauch (Porree),
Wirsing,	Petersiliewurzeln,	Endiviensalat,
Grünkohl (Winterkohl),	Schwarzwurzeln.	Feldsalat,
Rosenkohl,		Winterspinat.

Überwintern im Garten

Hier gibt es viele Gemüse, die ohne weiteres an Ort und Stelle im Freien bis zum Verbrauch überwintern können.

Winterkohl	Verbrauch ab November,
Schwarzwurzeln	Verbrauch im Frühjahr,
Feldsalat	Verbrauch bei offenem Wetter bis April,
Winterspinat	Verbrauch März–April,
Lauch (Porree)	Verbrauch März, April, Mai,
Rosenkohl	Verbrauch ab November – bei stärkerem Frost kann er an einer Stange im Keller aufgehängt werden.

Von Lauch (Porree) und Schwarzwurzeln werden wir für die größte Kälte auch einen Vorrat im Keller haben.

Das Einwintern

Für den Verbrauch im Haushalt ist die Lagerung verschiedener Gemüse in einer Miete als **Gemüsegrube** sehr vorteilhaft. Die einzelnen Gemüsearten werden in Längsreihen eingeschichtet und sind somit leicht greifbar.
Beim V o r r i c h t e n der Grube wird der Boden 40 cm tief und 70 bis 80 cm breit ausgehoben; die Länge richtet sich nach Bedarf. Der Aushub wird am Rand aufgeschichtet und festgeklopft. So erhält man bei weniger tiefem Graben doch eine geräumige Grube.
Der **Gemüsekeller** muß kühl, frostsicher und mäßig feucht sein. Er wird im Oktober gründlich gereinigt, gelüftet und wenigstens alle zwei Jahre frisch gekalkt. Wurzelgemüse und

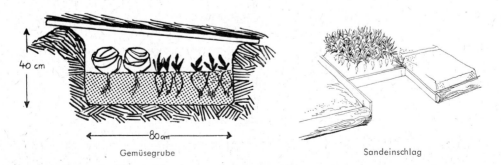

40 cm

80 cm

Gemüsegrube   Sandeinschlag

Porree werden in Sand eingeschlagen; dazu wird jedes Jahr frischer, trockener Sand verwendet. Die im Freien abgetrockneten Gemüse werden in Haufen aufgeschichtet; dabei wird je eine 15 cm hohe Schicht Gemüse mit Sand überdeckt. Der fertige Haufen (bis 1,20 m hoch) wird noch mal mit Sand überdeckt, um das Gemüse vor dem Austrocknen zu schützen.

Auch Endiviensalat kann im Keller eingeschlagen werden. Endivien aneinandergereiht, die Wurzelballen nur halb mit Erde bedeckt, halten sich im kühlen Keller gut.

ZUR ANWENDUNG

Überlege, welche Möglichkeiten der Überwinterung bei euch in Frage kommen und hilf mit, daß auch in eurem Haushalt durch sorgfältiges Überwintern das ganze Jahr frisches Gemüse verbraucht werden kann!

Kräuter im Hausgarten

bekommen möglichst nahe am Eingang des Gartens ihren Platz als Kante oder eine 5–8 qm große Ecke, sonnig und geschützt gelegen.

Einjährige Würzkräuter müssen jedes Jahr frisch ausgesät werden.
An Ort und Stelle zu säen:

Bohnenkraut:	Anfangs Mai dünn in Reihen säen, evtl. Folgesaat; möglichst vor der Blüte ernten und trocknen. Frisch und getrocknet zum Einmachen von Bohnen, für Fleischteig und Braten.
Borretsch (Gurkenkraut):	Wenn einmal angebaut, versämt es sich meist von selbst; sonst anfangs Mai ganz dünn in Reihen aussäen. Die grünen jungen Blätter als Gewürz für Salate und Gurken.
Dill:	Ab Mai 2–3 Folgesaaten; versämt sich oft selbst. Blätter für Salate, Gurkengerichte und zur Soße. Die Blüten- und Fruchtstände werden zum Einmachen von Gurken verwendet.
Petersilie:	Wurzel- und Blattpetersilie ab März in Reihen aussäen, Wurzelpetersilie im Herbst aus der Erde nehmen; Wurzeln in Sand einschlagen, einige Wurzeln zum Austreiben in Topf oder Kiste einsetzen. Blattpetersilie überwintert im Freien, treibt im Frühjahr meist wieder aus.

Salat mit diesen Kräutern angemacht, ist besonders schmackhaft

Im Frühbeet vorziehen oder Pflanzen kaufen:

Majoran: Vorziehen und 2–3 Pflanzen anfangs Mai in 20 cm Abstand auspflanzen. Grüne Stengel mit Blättern möglichst vor der Blüte abschneiden; treibt noch mal aus (2. Schnitt). Getrocknet verwendet für Leberknödel, Kartoffelgerichte und als Wurstgewürz.

Ausdauernde oder mehrjährige Kräuter: Diese bleiben mehrere Jahre stehen und werden nach 3–5 Jahren durch Teilung verjüngt.

Estragon: 1–2 Pflanzen genügen. Die frischen Triebe als Würze für Salat sowie zur Herstellung von Kräuteressig und zum Einmachen von Gurken.

Liebstöckel: Auch Maggikraut: 1 Pflanze ist ausreichend; sie braucht bei 1,50 m Höhe 80 cm Platz im Umkreis. Die Blätter als Würze zur Suppe (mitkochen) und für Fleischgerichte.

Schnittlauch: In 20 cm Abstand pflanzen (Kanten), feuchthalten; bleiben 3–4 Jahre stehen.

Zitronenmelisse: 1–2 Pflanzen genügen. Salatwürze. Frisch und getrocknet zu erfrischendem Tee geeignet.

Tee- und Duftpflanzen:

Lavendel: Eine Kante oder 3–4 Stöcke im Garten locken die Bienen an; die Stengel mit blauen Blüten getrocknet in Päckchen in den Wäscheschrank geben.

Salbei: 1 Pflanze genügt; vor der Blüte die zarten Blätter trocknen (Tee zum Gurgeln, Spülen u. dgl.)

Zitronenmelisse: Siehe oben.

Pflege: Das Beet laufend durch Hacken locker und unkrautfrei halten!
Die ausdauernden Pflanzen während des Sommers öfters zurückschneiden, um junge und zarte Triebe zu erhalten. Wenn nötig, am Stock hochbinden. Im Herbst mit verrottetem Mist düngen und flach graben. Im Frühjahr mit Kompost abdecken.
Rechtzeitig ernten, im Schatten trocknen! Reichlich verwenden!

Rhabarber, ein Dauergewächs

AUFGABEN
Was hältst du vom Anbau des Rhabarbers?
Welche Verwertung des Rhabarbers kennst du?

Wir können bereits im A p r i l (bis Ende Juni) mit der E r n t e der Rhabarberstiele beginnen. Deshalb sollte in keinem Garten der Rhabarber fehlen; 2–3 Stöcke genügen oft schon. Gute Sorten sind die rotstielige „Verbesserte Viktoria" und „Holsteiner Blut".
Der Rhabarber kann 5–6 Jahre am gleichen Platz stehenbleiben. Er wird am besten im Herbst in gut vorbereitetes Land gepflanzt. Hierzu wird 4 Wochen vorher (im September) auf das vorgesehene Stück Land Jauche und Kompost oder Mist aufgebracht und tief eingegraben. Der Rhabarber braucht viel Stickstoff und viel Feuchtigkeit. Er wird so tief gepflanzt, daß seine Knospen noch 5 cm tief in der Erde sind (Abstand 1:120 cm). Die Pflanzstelle wird mit verrottetem Mist abgedeckt. Im Frühjahr werden je Pflanze im Umkreis 50 g Volldünger, z. B. Nitrophoska oder AmSupKa, gestreut. Im 1. Jahr gibt es noch keine Ernte;

doch muß für genügend Feuchtigkeit gesorgt werden. Der Platz kann durch eine Zwischen-
pflanzung, wie Tomaten, Salat u. ä., genutzt werden. Im 2. Jahr können einzelne Blattstiele
durch Ausbrechen geerntet werden; ab dem 3. Jahr ist die laufende Ernte möglich, doch sollen nicht mehr als 4–6 Stiele auf einmal ausgebrochen werden. Schon w ä h r e n d der Ernte
sind die Blütenstiele frühzeitig bis auf den Grund auszubrechen. N a c h der Ernte wird
reichlich gewässert, mit Kompost und viel Jauche gedüngt.

Vom Beerenobst

AUFGABEN
Welche Beerenarten habt ihr im Garten?
Was schätzt du an den einzelnen Beerenarten?

Die Erdbeeren

VORÜBERLEGUNGEN
In welcher Zeit stehen uns frische Erdbeeren zur Verfügung?
Wie viele Jahre tragen eure Erdbeeren gut?
Wie pflegt ihr eure Erdbeerbeete?

Die Erdbeere kann in jedem Hausgarten angebaut werden.
Wenn wir bei der Anpflanzung die richtigen Sorten überlegt wählen, haben wir von Anfang
Juni bis Mitte Juli reichlich und darüber hinaus bis zum Frost in kleinen Mengen frische Erdbeeren. Zum Frischverbrauch, frühmorgens gepflückt, sind die Früchte ganz besonders geeignet; auch sterilisiert sind sie für besondere Zwecke recht geschätzt, z. B. für eine Feier
oder für kranke und alte Leute.

Als **Sorten** haben sich bewährt:

f r ü h e	m i t t e l f r ü h e	s p ä t e
Macherauchs Frühernte	Senga-Sengana	Späte von Leopoldshall
Regina	Georg Soltwedel	Frau M. Schindler.
M o n a t s e r d b e e r e n		
Baron Solemacher		

Von Neuzüchtungen sind empfehlenswert:

Precosa, Lihama, Dir. P. Walbaum u. a. Zur Konservierung ist Senga-Sengana besonders
geeignet.

Die Erdbeerpflanze gibt uns 3–4 Jahre einen guten Ertrag. Darum ist es zweckmäßig, jedes
Jahr 1/3 bis 1/4 der Erdbeerfläche neu anzulegen.
Es ist wichtig, zur N e u a n l a g e die Pflanzen in einer guten Gärtnerei bzw. Baumschule
der Umgebung zu kaufen. Dann können wir weiterhin gut selbst nachziehen, indem wir
schon mit Beginn der Ernte die besten T r ä g e r p f l a n z e n durch einen gut eingesteckten
Stock kennzeichnen.
Den bezeichneten Pflanzen beläßt man zwei A u s l ä u f e r , legt sie zur Beetmitte und hält
sie mit einer Handvoll Erde fest. Nun kann sich die Jungpflanze an Ort und Stelle bis August
gut bewurzeln. Alle übrigen Ranken sind laufend und n a c h A b s c h l u ß d e r E r n t e
am besten durch Abstechen mit dem Spaten zu entfernen. Ein Wässern der Beete nach dem
Ernten kräftigt die Pflanzen. Auch kann eine Gabe von Kali und Phosphat oder Hakaphos
verabreicht werden; die Beete werden leicht gehackt, ohne die Wurzeln bloßzulegen. Doch
liebt die Erdbeere die organischen Dünger weit mehr. Deshalb ist ein Abdecken der Beete im
Spätherbst mit strohigem Mist die beste Düngung und zugleich Winterschutz. Die Herzblät-
ter müssen frei bleiben. In sehr kalten Lagen kann mit Fichtenreisig leicht abgedeckt werden.

Die **Neuanlage** der Erdbeerbeete erfolgt bereits im August. Die Erdbeere liebt eine windgeschützte Lage, einen lockeren, nahrhaften, feuchten, mehr leichten Boden. Sie ist ein Flachwurzler; deshalb läßt sich der Boden in der oberen Schicht so verbessern, daß er für den Anbau geeignet ist. Wir verwenden dazu reichlich gute Komposterde, evtl. mit Torf gestreckt. Beete von 1–1,20 m Breite mit 2 Reihen und in der Reihe 25 cm Abstand im Verband bewähren sich am besten.

Das P f l a n z e n erfolgt an einem bedeckten Tag unter Verwendung von Kompost; danach wird gut angegossen. Bei trockenem Wetter wird die Neupflanzung noch weiter gewässert. Ende Oktober deckt man die Beete mit kurzem Mist ab.

Im kommenden Frühjahr bleibt die Düngerdecke liegen, wird evtl. noch mit kurzem, strohigem Mist ergänzt. Dadurch kann das Hacken erspart werden, die Feuchtigkeit bleibt erhalten und es wird eine trockene Unterlage für die Früchte geschaffen. Nach der Blüte wird bei trockenem Wetter gewässert, wie überhaupt während der Fruchtausbildung die Erdbeerbeete feucht zu halten sind.

Von den Schädlingen sind den Erdbeerpflanzen im Hausgarten besonders die Engerlinge gefährlich. Bei beginnendem Welken sind die Pflanzen vorsichtig auszugraben und die an den Wurzeln sitzenden Schädlinge zu vernichten. Zum Schutz gegen Vogelfraß hängt man Stanniolstreifen, sog. „Katzenköpfe", auf.

Die roten, rankenlosen Monatserdbeeren (z. B. Baron Solemacher) haben schöne, hocharomatische Früchte. Sie sind als Kantenpflanzen bis zur 3jährigen Kulturdauer sehr dankbar. Die Pflanzen werden durch Aussaat gewonnen und sind deshalb vom Gärtner zu kaufen.

Die Johannisbeeren und Stachelbeeren

AUFGABEN

Wo stehen die Johannis- und Stachelbeersträucher in eurem Garten?
Welche Menge von Johannisbeeren erntet ihr durchschnittlich von einem Strauch?
Wie verwendet ihr die Johannis- und Stachelbeeren in eurem Haushalt?

In keinem Haushalt in Stadt und Land möchte man die Früchte der Beerensträucher, vor allem der Johannisbeeren, missen. Als Frischobst und für die Vorratswirtschaft finden sie vielseitige Verwendung.

Die Johannisbeersträucher bringen auch in höheren rauhen Lagen (600 m) noch gute Erträge, da sie sich dem Klima und den Bodenverhältnissen gut anpassen. Sie brauchen Feuchtigkeit und Kalk im Boden. Durch Düngung und gute Pflege werden erhöhte Erträge erzielt. Die Stachelbeersträucher sind in ihrem Bedarf an Feuchtigkeit und Nährstoffen im Durchschnitt etwas anspruchsvoller als die Johannisbeersträucher. Dagegen sind sie auch noch mit leichtem Halbschatten zufrieden. Da sie den Schnitt gut vertragen, sind sie bei Raummangel und auch zur Zierde als Hochstamm (mit Pfahl) geeignet. Die Stachelbeerblüte wird von den Bienen gerne besucht.

Um die für den Haushalt gewünschten Erträge zu bekommen, ist es notwendig, daß wir die richtigen **Sorten** wählen, genügend Sträucher auf ausreichendem Raum in guter Pflege und gutem Schnitt halten.

Johannisbeeren:	Stachelbeeren:
Red lake	Hönings früheste, gelbe
Heros	rote und weiße Triumphbeere,
rote Vierländer	
rote Holländische,	
weiße Versailler (etwas anspruchs-	grüne Kugel
voller),	Resistenta, widerstandsfähig gegen Mehltau.
Weiße aus Jüterbog	
Rosenthals Langtraubige	
Wellington III	

Bei einem gut gepflegten Johannisbeerstrauch kann man mit einer jährlichen D u r c h - s c h n i t t s e r n t e von 6–8 kg, bei einem Stachelbeerstrauch mit einer solchen von 5 kg Früchten rechnen. Ein Teil der Stachelbeeren kann zum Einkochen grün geerntet werden. Die hängenbleibenden Früchte werden um so größer.

Jeder Strauch bedarf mindestens 1,5×1,5 m R a u m , besser noch 1,5×2 m.

Für die Anlage einer **Neupflanzung** von Beerenobst lasse dich durch den Fachberater für Obst- und Gartenbau beraten, der dir dann auch die richtige Bodenvorbereitung und Pflegetechnik zeigt. – Die Pflanzen bezieht man von einer anerkannten Baumschule der Gegend, am besten im Herbst vor Frosteintritt oder auch noch im zeitigen Frühjahr. Ein Teilen alter Sträucher hat keinen Wert.

Durch den **Schnitt** soll erreicht werden, daß möglichst viel Sonne und Luft auch zum Buschinnern kommen kann. Deshalb werden die älteren (über 3 Jahre alten) dicht stehenden, sich

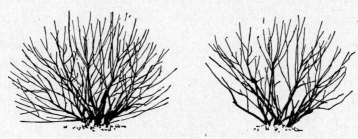

Vor und nach dem Auslichten

kreuzenden und reibenden Triebe möglichst tief weggenommen. Bei diesem Auslichten (mindestens alle 2 Jahre) werden auch die s c h w a c h e n Jungtriebe beseitigt.

Die **Pflege** erfordert nicht viel Zeit. Bei Trockenheit während des Fruchtansatzes sind die Sträucher gründlich zu wässern. Eine Düngung, am besten mit flüssigem Dünger oder vergorenem Geflügeldung, gleich nach der Ernte wirkt sich günstig aus. Im Spätherbst wird grobschollig umgegraben; dabei gibt man in einem Jahr Stallmist, im nächsten Jahr Handelsdünger, und zwar Thomasmehl, Patentkali und Kalk. Im Sommer wird das Land durch Hacken unkrautfrei gehalten. Eine Bodendeckung mit Stallmist wirkt sehr günstig.

Der gefährlichste **Schädling** für den Johannisbeerstrauch ist die J o h a n n i s b e e r b l a t t - l a u s ; der Befall ist erkenntlich an den roten, gekräuselten Blättern. Das Tierchen sitzt an den Triebspitzen, doch darf man diese nicht abschneiden. Zur Bekämpfung wird heute das Stäuben mit E 605 spätestens Ende Mai angewandt.

Der amerikanische S t a c h e l b e e r m e h l t a u ist eine Pilzkrankheit, bei der Früchte und Triebe mit dunkelbraunen Flecken überzogen sind. Die befallenen Spitzen und Beeren sind abzuschneiden und zu verbrennen. Zur Vorbeugung soll vor dem Laubaustritt mit Schwefelkalkbrühe bzw. Kupferkalkbrühe oder Solbar gespritzt werden. Richtige Sortenwahl, gutes Auslichten und gründliche Bodenbearbeitung unterstützen die Bekämpfung.

Die S t a c h e l b e e r b l a t t w e s p e legt ihre Eier an die jungen Blätter. Die daraus schlüpfenden kleinen Raupen fressen zunächst kleine Löcher in die Blätter und bald den ganzen Strauch kahl. Sie verpuppen sich bald und erscheinen oft mit 3 Generationen im Jahr. Zur Bekämpfung ist in den frühen Morgenstunden mit Gesarol zu spritzen oder zu stäuben.

ZUR ANWENDUNG

Überprüfe, ob eure Beerensträucher in der Ertragsmenge entsprechen!
Versuche bei Nichtzutreffen die Ursache zu klären: ob überaltert, ungünstige Sorte, falsche Pflege, zu dichte Pflanzung, zuwenig Sträucher!
Ein Platz für die Anlage oder Erweiterung der Beerensträucher findet sich oft günstig außerhalb des Hausgartens. Himbeeren und Brombeeren werden zweckmäßig an Zäunen entlang oder als Schutz- oder Deckhecken gepflanzt. Wende dich um Beratung an den Fachberater für Obst- und Gartenbau!

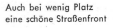

Auch bei wenig Platz
eine schöne Straßenfront

Geh aus mein Herz und suche Freud'
in dieser schönen Sommerszeit
an deines Gottes Gaben!
Schau an der schönen Gärten Zier,
und siehe, wie sie mir und dir
sich ausgeschmücket haben;
die Bäume stehen voller Laub,
das Erdreich decket seinen Staub
mit einem grünen Kleide;
Narzissus und die Tulipan,
die ziehen sich viel schöner an
als Salomonis Seide.
Paul Gerhardt

BLUMEN IN GARTEN UND HAUS

VORÜBERLEGUNGEN

Welche Gartenblumen kennst du?

Welche ist deine Lieblingsblume?

Welche Blumen blühen bei euch im Garten und am Balkon oder Fenster?

Welche Blütensträucher kennst du?

Welche Blumen sind in eurer Gegend zur Grabbepflanzung besonders beliebt?

Überlege, was dir bei den einzelnen Blumengewächsen besonders aufgefallen ist!

Blumen und Sträucher im Garten

Wenn wir durch die Straßen und an Gärten vorbeigehen, so gewinnen wir beim Blick in die Gärten zugleich ein Bild von den Menschen, die hier leben und arbeiten. Blüht es in reicher Fülle im Vorgarten oder auf der Blumenrabatte im Hausgarten, leuchten die Fensterkästen in den frohen Farben der Geranien, Begonien oder anderer Blumen, so wissen wir, daß hier ein Mensch weilt, der neben der Arbeit auch Sinn für Freude und Schönheit hat.

Das bunte **Blumenbeet** und die **Staudenrabatte** im Garten geben uns die Möglichkeit, vom Frühjahr bis zum späten Herbst S c h n i t t b l u m e n für bunte Sträuße zu schneiden. Mit Blumen schmücken wir Zimmer und Haus. Blumen verschönern unsere Feste, Blumen lassen wir sprechen, um unseren Mitmenschen bei freudigen und traurigen Anlässen unsere Teilnahme zu zeigen.

Eine bunte K a n t e oder E i n f a s s u n g mit Kapuzinerkresse oder Vergißmeinnicht bringt kaum Arbeit und Kosten und schmückt den ganzen Garten.

Besonders erfreuen uns die Frühlingsblüher, wie Schneeglöckchen, Krokus, Tulpe und Hyazinthe, an geschützten Ecken oder Plätzen im Garten, oft unter einem Blütenstrauch, wie Forsythien oder Flieder, stehend. Dabei läßt sich durch einen schönen Strauch oder eine rankende Pflanze eine wenig schöne Ecke oder Mauer verdecken.

Am Zaun, Hauseingang oder auch am Sitzplatz können Rank- und Schlinggewächse, wie Rankrosen, die blau blühende Clematis, der anspruchslose Knöterich, eine besondere Zierde sein.

Ein Schmuck nicht nur für das Haus, sondern für die ganze Umgebung sind schön gepflegte **Balkon- und Fensterkästen** und ein mit Liebe gepflegter **Friedhof**.

Nach Lebensdauer, Art und Verwendung unterscheiden wir:

  einjährige Sommerblumen,
  zweijährige Sommerblumen,
  Zwiebel- und Knollengewächse,
  ausdauernde Blumen oder Stauden,
  Blüten- und Ziergehölze, Rosen,
  Kletterpflanzen,
Topfpflanzen als Zimmerpflanzen, Fenster- und Balkonschmuck.

Cosmea oder Schmuckkörbchen, eine dankbare Einjahrsblume

Einjährige Sommerblumen siehe Tabelle S. 246.

Malven

Die immer wieder schönen Dahlien

Einjährige Sommerblumen
(Aussaat, Blüte und Samen im gleichen Jahr)

Vorbereitung: Beet mit reichlich Kompost düngen, flach umgraben, mit Rechen fein einebnen

Aussaat von Ende März bis April, leicht einharken und festdrücken. Auspflanzen möglichst mit Erdballen nach den Eisheiligen.

Name	Blütezeit, Höhe		Verwendbar für	Farbe der Blüte vorwiegend	Vorzuziehen im Kistchen oder Frühbeet oder Pflanzen kaufen
1. Reseda stark duftend	Juni bis Frost	35 cm	Beet, Schnitt	Gelbgrün	
2. Gretel im Busch	Juni bis September	45 cm	Beet, Schnitt	Blau-Weiß	
3. Sommerrittersporn	Juni bis Sept.	60—100 cm	Beet, Schnitt	Blau, weiß, rosa, violett	
4. Roter Lein	Juni bis August	30—40 cm	Beet, Schnitt	Rot	
5. Kapuzinerkresse	Juni bis Frost	30 cm	Einfassung, Einzelbeet, Balkonpflanze	Orange, rot, gelb, goldbraun	
6. Eschscholtzia (Schlafmützchen)	Mai bis Oktober	30—40 cm	Beet, Schnitt	Goldrot	
7. Wicken, wohlriechend	Juni bis September, rankend		Schnitt	Weiß, rosa, rot, blau, violett	
8. Ringelblume	Juni bis Oktober	40 cm	Beet, Schnitt	Gold, orange	
9. Sonnenblume	Juli bis Oktober	150—200 cm	Zaunbepflanzung, Einzelpflanze	Gold, orange	
10. Cosmea (Schmuckkörbchen)	Juli bis Oktober	60—100 cm	Beet, Schnitt	Weiß, rosa, rot, violett	Cosmea (Schmuckkörbchen)
11. Aster	Juli bis Frost	30—60 cm	Beet, Schnitt, Einfassung	Weiß, rosa, rot, violett	Astern (Sommerastern)
12. Levkoje, stark duftend	Juni bis September	30—40 cm	Beet, Schnitt	Weiß, rosa, rot, violett	Levkojen
13. Löwenmäulchen	Juli bis Frost	30—70 cm	Beet, Schnitt	Weiß, gelb, rosa, rot	Löwenmäulchen
14. Tagetes (Studentenblume, stinkende Hoffart)	Juni bis Oktober	20—80 cm	Beet, Einfassung, Friedhof	Gelb, orange, goldbraun	Tagetes
15. Zinnien	Juni bis Frost	30—80 cm	Beet, Schnitt, Einfassung	Weiß, gelb, gold, rosa, rot, violett	Zinnien
16. Strohblumen	Juli bis Oktober	80 cm	Beet	Weiß, gelb, gold, rosa, rot, violett	Strohblumen
17. Hedwigsnelke	Juni bis Frost	30 cm	Beet, Einfassung, Balkon, Topf, Grab	Rot	Hedwigsnelken
18. Begonie	Mai bis Frost	20—30 cm	Einfassung, Balkon, Topf, Grab	Rosa, rot	Begonie
19. Petunie	Mai bis Oktober, stehend und hängend	20—40 cm	Balkon, Topf	Weiß, rosa, lila	Petunie

Ins Freiland werden gesät:

Reseda
Gretel im Busch
Jungfer im Grünen
Sommerrittersporn
Roter Lein
Kapuzinerkresse

Eschscholtzia, Schlafmützchen oder Goldmohn
Wicken
Ringelblume
Sonnenblume

Cosmea*)

Aster*)

Pflege: Boden lockern, unkrautfrei halten. Zu dichte Aussaat verdünnen; bei Trockenheit vorsichtig gießen; verwelkte Blumen laufend abschneiden. Samen von schönsten und ersten Blüten sammeln!

*) blühen dann etwas später.

Zweijahrsblumen

Aussaat im Sommer auf gut vorbereitetes Saatbeet oder an freien Platz im Frühbeet. Im Herbst verpflanzen auf geschütztes Gartenbeet, evtl. vor Frost mit Tannenreis schützen.
Auspflanzen an gewünschtem Platz im Herbst (September/Oktober) oder im März/April.

Name	wann wird gesät?	wann wird gepflanzt?	wofür verwendbar? Höhe	Blütezeit und Farbe
Maßliebchen	Juli–August	Oktober oder März–April	Einfassung, Grabbepflanzung	April–Juni
Vergißmeinnicht	Juli	September	Einfassung, Grabbepflanzung	April–Mai
Stiefmütterchen	Juni–Juli	September oder April	Einfassung, Grabbepflanzung und Balkon	April–Juli
Goldlack	Mai–Juni	Oktober	Beete 30–70 cm	April–Juni; Gold, orange, braun
Gefüllte Gartennelke	Mai–Juni	September	Beete, Schnitt, Kante, 40–50 cm	Juni–Juli Bunt
Bartnelke	Mai–Juni	September	Beete, Schnitt, Kante, 50–60 cm	Juni–Juli Bunt
Glockenblume (Marienglocke)	Juni–Juli	Sept.–Okt. April	Beete, Schnitt, 70 cm	Mai–Juni Weiß, blau, rosa

Pflege wie Einjahrsblumen

Zwiebel- und Knollengewächse

Name	wann wird gepflanzt?	wohin	Blütezeit	Überwinterung
Krokus	September	Gruppenweise auf Rasen, Beet, unter Gehölzen	Febr.-April	Freiland am Ort
Tulpe	Oktober	Beet, Schnitt	April–Mai	Freiland am Ort
Osterglocke Narzisse	Oktober	Beet, Schnitt Kante	März–Mai	Freiland am Ort
Hyazinthe	Mitte Oktober bis November	Beet oder Kante	April	Freiland am Ort
Kaiserkrone	Juli (nach der Blüte)	Beet 3–4 zusammen	Mai–Juli	Freiland am Ort
Gladiole (Knollen)	Ende April	Beet 18–20 cm	Juli–Oktober	Frostfrei im Keller
Dahlie auch Georgine (niedrig, hoch, einfach, gefüllt blühend)	Ende April	Beet und in Gruppen 60–200 cm	Juli bis Frost, lieben Sonne u. Feuchtigkeit	Keller (+ 4–8°) Stengel handhoch abschneiden
Begonie (Knollenbegonie)	April, anfangs Juni	Topf oder Kasten, Ende Mai Freiland, 20–25 cm Kante und für Balkonschmuck	Juli bis Frost, lieben viel Feuchtigkeit, vor greller Sonne schützen	Keller, Blätter abschneiden

Zwiebeln und Knollen sind ausdauernd, die Stengelteile sterben ab. Doch sind die Knollen meist nicht winterhart und müssen im Herbst ausgegraben, frostfrei überwintert und im Frühling wieder ins Freiland gebracht werden (s. S. 247).

In humushaltigen, nicht zu feuchten Standort[1]) legen, im Herbst mit Kompost abdecken.

Stauden

Stauden sind Pflanzen mit a u s d a u e r n d e n Wurzeln und jährlich absterbenden Blättern und Stengeln. Sie bleiben jahrelang am selben Ort im Garten stehen.

Deshalb muß bei der **Neupflanzung** im Herbst reichlich Kompost in den Boden gebracht werden. Als Vorratsdünger eignen sich Thomasmehl und Hornspäne.

Name	Höhe	Blütezeit	Standort	Winke
Märzveilchen	10–15 cm	März–April	Sonne, Halbschatten	Einfassung oder Unterpflanzung bei Ziersträuchern
Gartenprimeln od. Gartenaurikeln	10–30 cm Einzelpflanzen	März–April	Halbschatten	Rot, gelb, blau
Schwertlilie	20–100 cm	April–Juni	Sonne	Blühen nach dem Schnitt in der Vase
Akelei	20–100 cm	April–Juni	Sonne, Halbschatten	Gelb, blau, rot, weiß
Tränendes Herz	40–80 cm Einzelpflanzen	April–Juni	Sonne, Halbschatten	6–8 Jahre stehenlassen
Pfingstrosen	50–80 cm Kante, Polster	Mai–Juni	Sonne, Halbschatten	Tiefen, lockeren Boden, mehrere Jahre stehenlassen
Nelken	20–40 cm Gruppen (Kanten)	Mai–Juli	Sonne	Lieben durchlässigen Boden
Rittersporn	50–200 cm	Juni–Sept.	Sonne	Nicht frisch düngen, nach der Blüte abschneiden
Stockrosen (Malven)	100–200 cm Einzelpflanze oder Gruppen	Juli–Aug.	Sonne	Weiß, rosa, rot, gelb, lila
Aster (Sommer, Herbst)	100–200 cm	Juli–Nov.	Sonne	Brauchen viel Düngung
Winteraster (Chrysanthemen)	50–150 cm	Juli–Dez.	Sonne, Halbschatten	Viel wässern, gute Schnittblume
Christrose	15–30 cm	Dez.–März	Halbschatten	Liebt kalkhaltigen Boden

[1]) Von Standort sprechen wir, wenn die Pflanze während ihrer Lebensdauer an diesem Platz verbleibt.

Der Schmuck des Hauses spricht für seine Bewohner

Rechts oben:
Die Teehybridrosen mit ihrem
feinen Duft ergänzen die Staudenrabatte in ihrer wechselnden
Blüte vom Frühjahr bis zum
späten Herbst

Rechts Mitte:
Die Clematis (großblumige
Waldrebe) bildet im Wetteifer
der Blütenfülle einen hübschen
Gegensatz zur Rankrose

Der bunte Strauß von Sommerblumen und Staudenblüten zur
Freude im Haus

Durch laufende **Pflege** sind die Beete unkrautfrei zu halten; im Herbst schneidet man die abgestorbenen Teile kurz über dem Boden zurück, lockert das Beet vorsichtig und deckt mit verrottetem Mist oder Komposterde ab.

Bei sehr hohen Stauden, wie Rittersporn, ist in windgefährdeten Lagen oder zum Schutz der Nachbarpflanzen ein rechtzeitiges Festbinden der Stengel an einem Stock notwendig. Zur **Vermehrung** wird die Staudenpflanze im Herbst aus dem Boden genommen und mit dem Spaten in 3–4 Teile durchstoßen. Die Wurzeln werden beschnitten, und die Pflanzen können sofort wieder eingepflanzt werden.

Blüten- und Ziergehölze

Name	Höhe und Verwendung	Blütezeit	Winke
Forsythie oder Goldglöckchen	1,5–4 m Einzelpflanzen freien Stand	März–April Hängende Zweige	Anspruchslos, gedeiht an Sonne, soll nicht beschnitten werden
Spieraea oder Spierstrauch	1–3 m, Einzel-pflanzen oder 2–3 als lockere Gruppe	Mai–Juli Dicht mit weißen Blüten besetzte Zweige	Anspruchslos, gedeiht an sonnigem und schattigem Standort
Holunder schwarzer	2–6 m Einzelpflanzen oder in Hecken	Mai–Juni Starker Duft	Anspruchslos, Blüte und besonders Frucht im Haushalt verwendbar
Gartenflieder	2–6 m Einzeln und in Gruppen als Laube	Mai–Juni Wohlduftend	Liebt Sonne, humosen nahr-haften, mäßig feuchten Boden, nach der Blüte zurückschneiden
Schneeball	3–4 m Als Deckstrauch	Mai–Juni	Halbschatten, Blätter werden im Herbst dunkelrot, für Kränze geeignet
Buchsbaum	Als Einzelpflanze und Einfassungs-pflanze	Immergrün	Anspruchlos, liebt Sonne, mäßig feuchten Boden, durch Teilung leicht zu vermehren, leicht zu beschneiden.

Bunte Primel als Frühlingsbote

Die Christrose beendet den Jahreslauf

Blüten- und Ziersträucher sind ausdauernde Pflanzen wie die Bäume. Sie besitzen in der Regel keinen Stamm, sondern verzweigen sich schon am Boden. Man verwendet sie als sogenannte Decksträucher, d. h., sie sollen kahle oder unschöne Stellen verdecken, besondere Plätze schmücken oder Hecken bilden. Sie erfreuen uns durch Blüte und Duft, z. B. Flieder, Jasmin, oder durch Laub und Früchte, z. B. Zwergmispel, Sanddorn. Auch für die Bienen sind sie ein geschätzter Futterplatz, z. B. Akazie.

Das Versetzen erfolgt im Herbst nach dem Laubfall; ab Anfang Oktober werden sie am besten mit großen Erdballen genügend weit gepflanzt und vor allem im ersten Jahr nach der Pflanzung gut feucht gehalten.

Die vertrockneten Blütenstände werden entfernt, und nach Bedarf werden die Sträucher im Winter ausgelichtet und zurückgeschnitten.

Kletterpflanzen

Die Kletterpflanzen mit Ausnahme der Kletterrosen sind fast unbekannt und werden viel zuwenig in unseren Gärten genutzt. Sie beranken Holzgerüste und Lauben, verdecken häßliche Zäune und Mauern und bereichern auch bei geringer Bodenfläche das farbige Bild unseres Gartens und Hauses das ganze Jahr hindurch; selbst an einzelnen Bäumen oder Sträuchern ranken sie sich hoch.

Alle Kletterpflanzen brauchen kräftigen Boden und kräftige Düngung, wachsen aber dann ohne viel Pflege. Ihre Wurzel soll möglichst im Schatten stehen.

Die Pflanzzeit ist bei offenem Boden im Herbst bis Ende November und im Frühjahr (mit großem Ballen).

Der Wilde Wein ist als selbstklimmender Kletterer bekannt.

Die langen Blütentrauben der Glyzinie erfreuen auch die Bienen

Glyzinien blühen im Mai bis Juni mit blauvioletten, etwa 30 cm langen Trauben; sie beranken Hauswände und Lauben und sind anfangs festzubinden. Sie lieben nur warmen, kalkhaltigen Boden und warmen, sonnigen Stand. Findet die Glyzinie diese Bedingungen, so wird sie bis zu 12 m hoch. Im anderen Fall kann sie auch die liebevollste Pflege nicht zum Blühen bringen.

Geißblatt, auch Jelängerjelieber oder Lonicera genannt, gedeiht sehr gut im Halbschatten, hat berauschenden Duft und blüht rosa und gelblich-weiß im Juni und Juli.

Die großblumigen Waldreben (Clematis) blühen von Juli bis September mit dunkelvioletten oder auch purpurnen Blüten. Sie lieben Sonne bis Halbschatten. Die kleinblumige Waldrebe ist auch für Nordwände geeignet.

Kletterknöterich, üppig wachsend, schnell rankend, blüht mit kleinen weißen Blüten von Ende Juli bis November.

Rosen

Unter allen Blumen nimmt die Rose einen besonderen Platz ein. Ob man sie als Hochstamm-oder Busch-, als Ranken- oder Kletterrose oder als Hecke zieht, in jeder Form ist sie überaus schön. Die Rosen lieben einen lehmhaltigen, doch lockeren, nährstoffreichen Boden und einen durchweg sonnigen, mäßig feuchten Standort.

Man p f l a n z t die Rosen im Spätherbst oder Frühjahr; schwache Triebe schneide man fort, stärkere Triebe schneide man auf 15 cm zurück, den Rankrosen lasse man 1 m lange Triebe. Bei der Pflanzung werden die Wurzeln auf ca. 25 cm zurückgeschnitten, in der Pflanzgrube ausgebreitet, mit guter Erde bedeckt und kräftig angegossen. Im Sommer sorge man für gründliche Bewässerung und Bodenlockerung. Am besten deckt man den Boden mit Laub, verrottetem Mist oder Torfmull ab.

Der S c h n i t t an den Rosen soll wegen der Gefahr von Frostschäden erst im Frühjahr aus-geführt werden. Es gilt die Regel: je kürzer der Schnitt, um so kräftiger der Austrieb. Daher werden starkwachsende Sorten weniger zurückgenommen als schwachwachsende. Man läßt bei starkwüchsigen Rosen 5–7 Augen, bei schwachwüchsigen 3–5 Augen stehen, wobei man 5–8 mm über dem Auge möglichst waagerecht schneidet. Parkrosen werden jährlich ausgelich-tet und durch Rückschnitt bis ins alte Holz nach Bedarf verjüngt. Kletterrosen blühen an den Seitentrieben, am vorjährigen Holz stehend, darum werden sie nur von Zeit zu Zeit aus-gelichtet.

Zur D ü n g u n g im Frühjahr eignet sich eine Lösung aus Volldünger. Im Herbst kann noch zusätzlich Patentkali gegeben werden.

Zur P f l e g e der Rosen müssen abgeblühte Blumen laufend abgeschnitten werden. Im Herbst schneidet man alle schwachen Triebe zurück, häufelt die Pflanzen an, deckt den Boden mit Laub oder Mist ab oder schützt die Pflanzen mit Tannenreisig.

Man unterscheidet bei den Rosen:

R e m o n t a n t r o s e n , die mehrmals im Jahr blühen, T e e - und T e e h y b r i d r o s e n , die fast den ganzen Sommer über blühen, P o l y a n t h a r o s e n , die in kleinen Büscheln stehen und ununterbrochen den ganzen Sommer über blühen, K l e t t e r r o s e n — R a n k - r o s e n in groß- und kleinblumigen Sorten und P a r k r o s e n , zu denen z. B. die C e n t i - f o l i e n r o s e n , eine uralte winterharte Rosenart mit besonders schönem Duft, gehören.

Für Heckenpflanzungen und als Deckpflanze sind die W i l d r o s e n , z. B. die H u n d s - r o s e n , besonders geeignet. Sie sind winterhart, haben einen kräftigen Wuchs, schönes dichtes Laub und bringen im Haushalt verwertbare vitaminreiche Früchte. Sie werden nicht beschnitten, nur ausgelichtet.

Zimmerpflanzen

Diese Gruppe unter den Zierpflanzen bedarf ganz besonderer Sorgfalt und erhöhter Pflege. Sie sind ein Schmuck für jeden Raum und erfreuen uns vor allem im Winter durch ihr Grün und oft ganz besonders durch Blüten. Für die Pflanze jedoch bedeutet dieses Leben im Zimmer eine Umstellung von ihrem Leben in der Natur in mehr oder weniger unnatürliche Lebensverhältnisse.

Wie oft sind Lichtmangel, Lufttrockenheit, starke Schwankungen in der Raumtemperatur, in der Feuchtigkeit des Topfballens und dazu oft noch Zugluft und Staub Ursache mangeln-den Gedeihens unserer Zimmerpflanzen.

Deshalb soll man versuchen, durch wohlüberlegte Pflege ihnen die bestmöglichen Bedin-gungen in unseren Räumen zu schaffen.

Ansprüche der Zimmerpflanzen

Die Zimmerpflanzen brauchen:

Licht und Luft, Wärme, Nährstoffe und Feuchtigkeit.

Licht hat die Pflanze im Freien von oben und meist von mehreren Seiten. Im Zimmer bekommt sie es in der Regel nur vom Fenster einseitig, es sei denn, wir haben einen Erker zur Verfügung. Wieviel Licht die Pflanzen entbehren, zeigt die Tatsache, daß selbst an einem hellen Fenster unmittelbar hinter der Scheibe nur ein Drittel der Helligkeit des freien Landes herrscht, und in einer Entfernung vom Fenster von einem Meter nur ein Zwanzigstel. So ist ein breites Fensterbrett an einem Ost- bzw. Süd-Ostfenster für die meisten Pflanzen der günstigste Platz. An einem Südfenster leiden die Pflanzen in der warmen Jahreszeit unter der Mittagssonne. Sie brauchen leichten Schatten, der schon durch einen der üblichen weißen Scheibenvorhänge gegeben ist.

Die **Luft** im Zimmer ist meist trocken; wenn die Räume geheizt sind, muß man deshalb Verdampferschalen aufstellen. Auch ein Spritzen der Pflanzen mit feiner Brause schafft einen Ausgleich. Das Abwaschen der Blätter z. B. beim Gummibaum, Scindapsus und Philodendron mit lauwarmem Wasser, sehr weichem Lappen nimmt den Staub und kommt dem Luftfeuchtigkeitsbedürfnis der Pflanzen entgegen. Die Umstellung aus der kühlen und feuchten Luft vom „Kalthaus" beim Gärtner in unsere warmen, geheizten und trockenen Räume ist für die Pflanze im Winter besonders schwierig. Sie sollten deshalb erst 12–14 Stunden in einem kühlen Raum stehen, um so ein plötzliches Welken zu verhindern.

Der Befall von Läusen zeigt an, daß die Luft im Raum für die Zimmerpflanzen zu trocken ist. Daß sie keine Zugluft vertragen, haben wir alle schon beobachtet.

Das **Wärmebedürfnis** der Pflanzen ist verschieden, meist wird es wohl überschätzt.

In niederer Temperatur (10–14° C) gedeihen Primeln, Alpenveilchen, Zimmerlinde, Wachsblume, Zimmertanne, Zierspargel, Myrthe. Zur Zeit der Blüte vertragen sie etwas mehr Wärme.

Höheres Wärmebedürfnis haben Oleander, Knollenbegonie und Schiefblatt, Clivie, Tradeskantia, Kakteen.

Pflege der Topfpflanzen

AUFGABE

Überlege, welche Pflegearbeiten im Laufe des Jahres notwendig sind!

Die Pflanzen sind Lebewesen und bedürfen zur richtigen Pflege der laufenden Beobachtung. Der Pflanzenfreund wird bald feststellen, daß jede Pflanze anders behandelt sein will. So läßt sich auch nur einiges Grundsätzliche sagen, das andere muß die liebevoll sorgende Hand tun.

Standort und Pflanzenauswahl

Unsere Räume sind ganz verschieden in ihrer Lage; wir haben z. B. ein schattiges Zimmer mit Nord-Nordostfenster und möchten auch hier Pflanzenschmuck haben. Dafür sind Schattenpflanzen noch geeignet. Ein stark besonntes Fenster kann auch für wenig sonnebedürftige Pflanzen durch eine Schattenvorrichtung geeignet werden. Doch muß diese (z. B. Jalousie) außerhalb der Scheibe angebracht sein, da sonst bei starkem Besonnen der Glasscheibe eine direkte Wärmespeicherung erfolgt.

Der Raum mit seinen Licht-, Helligkeits-, Luftfeuchtigkeits- und Temperaturverhältnissen ist der S t a n d o r t unserer Pflanzen. So soll bei ihrer Auswahl erst überlegt werden, welche Pflanzen am gegebenen Standort wohl gedeihen können.

Unter dieser Sicht werden die Zimmerpflanzen in 3 Gruppen aufgeteilt:

1. Für s o n n i g e n S t a n d o r t sind geeignet:

   Kakteen und die „fleischigen" Pflanzen, wie Sedum, Aloe u. ä.; sie haben meist keine Stengel und Blätter im üblichen Sinne, sind nicht holzig oder krautig, sondern „fleischig". Ferner sind die Buntnessel, das Brutblatt, die Grünlilie, der Oleander, die Passionsblume und die Wachsblume (Hoya) sowie der Bogenhanf (Sansevierie) geeignet. Auch die als Balkonblumen beliebten Geranien und Pelargonien zählen dazu.

2. In jedem Fall h e l l, aber n i c h t s o n n i g, soll der Standort sein für:

   die Zimmerlinde und das fleißige Lieschen, den Zierspargel oder Asparagus, den russischen Wein oder Cissus, ebenso für die Clivia, Amaryllis und Calla wie auch für den Gummibaum und die Myrte.

3. Im Halbschatten bis Schatten gedeihen das Alpenveilchen und die Azalee, die Primel und das Schiefblatt, der Philodendron, die Tradescantie, der Scindapsus (Efeutute) und schließlich die Zimmerfarne und Weihnachtskakteen. Doch brauchen auch diese Schattenpflanzen Helligkeit; sie dürfen höchstens 1,5–2 m von der natürlichen Lichtquelle entfernt sein, um das Mindestmaß an Helligkeit für ihr Gedeihen zu haben. Gleich wichtig wie der Standort sind

das **Pflanzgefäß** und die **Topferde.**

Für Pflanzgefäße werden heute vielerlei Materialien angeboten. Als „bestens bewährt" gilt auch heute noch der unglasierte Blumentopf (Ton) oder die entsprechende Pflanzschale mit poröser Wandung. Für größere Pflanzen, wie Lorbeer oder Oleander, kommen Holzkübel in Frage. Als Grundforderungen an die Pflanzgefäße bleiben bestehen:

1. luftdurchlässige, poröse Wandungen und Abzugloch im Boden; – das Gießwasser muß abfließen können, um stehende Nässe und Faulen der Wurzeln zu verhindern.

2. eine der Pflanze entsprechende Größe, damit eine gute Wurzelentwicklung gewährleistet ist; die feinen Wurzeln sollen durch die porösen Wandungen Luft bekommen. Zu groß schadet ebenso wie zu klein.

Zweckmäßig stellt man die Pflanzen in porösen Töpfen auf wasserundurchlässige Untersetzer aus glasiertem Ton, Glas oder Kunststoff. Das Einstellen in Übertöpfe ist günstig und verhütet, daß die Pflanzgefäße durch ihre Wände zuviel Feuchtigkeit abgeben. Zwischen Blumentopf und Übertopf muß eine kleine Luftschicht bleiben, und am Boden der Übertöpfe sollten Erhöhungen sein oder durch Holzklötzchen oder grobe Kiesel geschaffen werden, damit die Pflanzen nicht ständig im unten sich sammelnden Gießwasser stehen.

Die T o p f e r d e ist der Nährstoffträger für die Pflanze; es kann nicht einfach nur gute „Gartenerde" genommen werden, da sie den besonderen Ansprüchen der Zimmerpflanzen nicht genügt. Kaufen wir die Pflanzen im Topf beim Gärtner, so hat sie die entsprechende Erde. Sie müssen jedoch nach 1–2 Jahren umgetopft werden. Manchmal sind auch verschiedene Gewächse – um dekorativ zu wirken – in einer Schale zusammengepflanzt. Diese müssen baldmöglichst auseinandergenommen und einzeln eingetopft werden.

Als T o p f e r d e werden fertige Mischungen angeboten. Man kann auch für manche Gewächse, wie Farne, Moorbeetpflanzen, Kakteen, die betreffende Spezialerde beim Gärtner beschaffen. Will man selbst mischen, so nimmt man reine, frische Komposterde, die mit bis $1/3$ scharfem Sand (Flußsand, nicht Grubensand) gemischt wird.

Vom Gießen

Das beste Gießwasser für alle Zimmerpflanzen ist Regenwasser – das schlechteste ist kalkhaltiges, „hartes" Wasser. Die Empfindlichkeit der Zimmerpflanzen gegen „hartes" Wasser ist verschieden; sie macht sich besonders bei Azaleen, Buntnesseln, Weihnachtskakteen und Begonien bemerkbar; weniger empfindlich dagegen sind die Sansevierien (Bogenhanf).

Dauerndes Gießen mit kalkhaltigem Wasser wirkt wie Gift und ist am weißen Kalkbelag, den Kalkringen an der Außenwand des Blumentopfes erkenntlich. Steht kein Regenwasser zur Verfügung, dann muß das „harte" Wasser brauchbar gemacht werden. Dies geschieht entweder durch mindestens 24stündiges Abstehen oder durch Abkochen. Für besonders kalkempfindliche Kulturen kann man das Wasser ansäuern; dazu gibt man 1 Gramm Superphosphat auf 1 Liter Wasser.

Gießwasser soll stets Zimmertemperatur haben und nie kalt gegeben werden. Zum Gießen verwendet man eine kleine Kanne mit langem engem Rohr, so daß man „um die Pflanze herum" gießen kann. Meist wird eher zuviel als zuwenig gegossen; doch ist beides gleichermaßen schädlich. Als allgemeine Regel gilt: während des Austriebes und in der Blütezeit am meisten, während der Ruhezeit am sparsamsten gießen! Die Wassermenge muß dem wirklichen Wasserbedarf der Pflanze, ihrem Wachstumsrhythmus und ihrem Standort angepaßt werden. In Räumen mit Zentralheizung wird jeden Morgen nach Bedarf gegossen; fließt durch das Abzugsloch Wasser in den Untersetzer, dann hat die Pflanze genügend. Ist das Wasser im Untersetzer nach einer halben Stunde nicht aufgesogen, so muß es weggegossen werden. Stauende Nässe bewirkt Versumpfung und ruft Wurzelerkrankungen hervor. So ist auch das Gießen von unten nur in Ausnahmefällen angebracht; empfindliche Pflanzen gießt man besser sorgfältig „um die Pflanze herum". Zur Kontrolle läßt sich, aber auch wieder nur allgemein, sagen: ist der Topf etwas dunkel gefärbt, feucht und kühl, dann ist die Erde feucht genug; ist die Topfwand hell und trocken, dann ist es höchste Zeit zum Gießen.

Die Düngung

ist notwendig, da den Topfpflanzen nur sehr wenig Erde zur Verfügung steht. Jedoch werden alle Zimmerpflanzen nur während ihrer Hauptwachstumszeit gedüngt. Dies ist der Zeitraum vom Beginn des Austriebs bis während oder nach der Blüte oder bis zum Abschluß des jeweiligen Blattaustriebes. Grundsätzlich wird während der Ruhezeit keine Pflanze gedüngt, mit Ausnahme von Asparagus und Topfprimeln. Bei letzteren können wir die Blütezeit im Winter wesentlich verlängern, wenn wir wöchentlich einen kleinen Dungguß geben.

Beim Umtopfen ist für ältere Pflanzen eine V o r r a t s d ü n g u n g möglich, und zwar durch Beigabe langsam zersetzlicher Stoffe, wie Knochenmehl oder Hornspäne. Für die K o p f d ü n g u n g verwenden wir käufliche „Blumendünger", die den selbsthergestellten vorzuziehen sind; sie sind auf die Bedürfnisse der Zimmerpflanzen abgestimmt. Ihre Verwendung, meist im Gießwasser, muß nach Mengenangabe und Gebrauchsanweisung sorgfältig erfolgen.

Das Umtopfen

ist notwendig, um die verbrauchte Erde gegen frische, nährstoffreiche Erde auszutauschen und der Pflanze mehr Raum zu geben. Bei raschwachsenden Pflanzen geschieht dies alljährlich. Dabei verwendet man am besten neue Blumentöpfe, 2–4 cm im Durchmesser größer, die vor Gebrauch mindestens 12–24 Stunden zu wässern sind.

Auf das Abzugsloch im frischen Topf kommt ein Deckscherben. Gebrauchte Erde wird grundsätzlich nicht verwendet. Der neuen Erde können zur Gesunderhaltung der Wurzeln einige kleine Stückchen Holzkohle beigegeben werden.

Der alte Topfballen bleibt ungestört erhalten; kranke oder abgeknickte Wurzelteile werden vorsichtig herausgeschnitten. In den neuen, vorbereiteten Topf wird die frische Erde um den Topfballen herum eingefüllt, leicht angedrückt; der Topf wird aufgestoßen, so daß die Erde sich gut setzt.

Die frisch umgetopfte Pflanze wird mit der Brause kräftig angegossen; sie soll nun 1–2 Wochen kühl und schattig stehen und darf in der Folgezeit nur mäßig gegossen werden. Die beste Zeit für das Umtopfen ist das Ende der Ruhezeit, wenn die Pflanze zu neuem Treiben ansetzt. Während der Ruhezeit darf nur sparsam gegossen werden. Die Pflanzen sind kühl zu halten. Manche Zimmerpflanzen, wie Azaleen, Alpenveilchen, Hortensien, Oleander und Sedum (Fetthennengewächse), werden vorteilhaft während der Sommerzeit ins Freie gebracht. Ende Mai werden sie an halbschattigem, windgeschütztem Platz in ihren Töpfen bis zum oberen Rand in die Erde eingesetzt, wenn nötig, täglich mit der Brause gegossen, damit die sie umgebende Erde naß wird. Anfang Oktober kommen sie wieder an ihren Standort im Hause.

Leider sind unsere Pflanzen trotz Pflege manchmal von **Schädlingen** befallen, in erster Linie von B l a t t l ä u s e n. Ursache ist oft zu trockene Luft, deshalb hilft man zunächst durch häufiges Abspritzen. Zur Bekämpfung kocht man eine Handvoll Tabakabfälle in 1 l Wasser aus, löst eine Handvoll Schmierseife in heißem Wasser auf, gießt die Tabakbrühe abgeseiht dazu und füllt mit kaltem Wasser bis zu ca. 8 l auf. Mit dieser Brühe werden die Blätter der befallenen Pflanzen von unten abgewaschen. Den Blumentopf deckt man zuvor mit Packpapier ab, damit nichts von der Brühe auf die Erde kommt. Die Pflanzen werden nach 2—3 Stunden mit klarem Wasser nachgespritzt.

Die S c h i l d l ä u s e sitzen so fest, daß man sie meist mit der Brühe abbürsten muß. Doch gibt es heute gute käufliche Spritzmittel sowohl gegen Schädlinge als auch gegen Krankheiten. Die Anwendung muß sorgfältig unter genauer Beobachtung der Vorschriften erfolgen.

Von der Heranzucht

Die Heranzucht ist bei einem Teil der Zimmerpflanzen schwierig; wir überlassen das dem Gärtner und kaufen z. B. die Primeln und Alpenveilchen schon blühend.

Die größere Zahl, vor allem die Balkonblumen, lassen sich aus **Stecklingen** heranziehen, z. B. Fuchsien, Tradescantien, Efeu und Geranien. Ein Steckling ist k e i n A b l e g e r , sondern ein losgetrennter Teil des Sprosses ohne Wurzel. Er wird möglichst schnell zur Bewurzelung gebracht. Von der „Mutterpflanze" schneiden wir mit einem scharfen Messer einen fingerlangen Trieb von einem noch nicht holzigen, aber auch nicht mehr weichen Stengel ab. 1—2 mm unter einem Knoten oder Blattansatz schneidet man glatt und scharf nach. (An dieser Stelle bilden sich Wundgewebe und Wurzeln.) Die untersten Blätter werden entfernt, und dann wird der Steckling sofort in ein kleines Töpfchen gesteckt, das mit einer Mischung aus gesiebter Komposterde und Sand gefüllt ist.

Der Steckling darf nie welk werden. Da er aus dem Boden noch wenig Wasser aufnehmen kann, wird mehr gespritzt als gegossen. Man kann auch die Wasserverdunstung noch einschränken, indem man über den Stecklingstopf ein Einmachglas stürzt. Der Steckling braucht Licht, aber keine grelle Sonne.

Nach 4—6 Wochen ist die Bewurzelung meist erfolgt, die Pflanze beginnt neue Blätter zu bilden.

Junge, im August geschnittene Geranienstecklinge werden in hellen, frostfreien Räumen überwintert.

Z w i e b e l n v o n T u l p e n , H y a z i n t h e n u n d K r o k u s kann man im September in Töpfe pflanzen und in die Erde eingraben. Bei beginnendem Frost nimmt man sie aus der Erde und bringt sie in den Keller. Sie werden mäßig feucht gehalten, dürfen aber nicht austrocknen. Von Januar ab können sie an das Fenster gestellt und bis zum Durchstoßen des Blütenschafts mit Tüten bedeckt werden.

Kakteen

Sie sind als Zimmerpflanzen sehr anspruchslos. Man gießt sie, wenn die Erde trocken ist. Als Erde lieben sie gute Gartenerde mit Sand gemischt. Im Sommer können sie gut im Freien, an sonnigem Standort bleiben.

Selbstgetriebene Hyazinthe

Bei guter Pflege monatelanges Blühen

Besonders beliebt ist der W e i h n a c h t s k a k t u s. Im Sommer soll er leicht beschattet sein, aber hell und luftig stehen. Im Juli, August wird er nur ganz mäßig gegossen, da dies die Blütenbildung anregt. Sind die Blütenknospen zu erkennen, wird zunächst leicht ge-spritzt und dann nach und nach wieder gegossen. Nach dem Abblühen wird eine Ruhezeit von etwa 2 Monaten mit ganz mäßigem Gießen gegeben. Danach aber wird bis zum Juli wieder reichlich gegossen. Nach dem Ansatz der Blütenknospen, bis zum Aufblühen sollte man die Pflanzen nicht mehr von ihrem Platz entfernen, selbst nicht mehr drehen, da sonst die Knospen leicht abfallen.

Christusdorn

Blühende Topfpflanzen

Name	Verwendung Blüte	Ansprüche	Winke
Alpenveilchen	Zimmerblume, für Fensterbank Rot, rosa, weiß	hell, kühl, reichlich gießen	Für Zentralheizung nicht geeignet; am Topfrand vorsichtig gießen, blüht meist nur im 1. Jahr reich.
Azalee	Topfpflanze, für Zimmer. Rot, weiß, lachs; über kühlen Raum in mäßig warmen Raum.	hell, aber nicht sonnig, luftig, kühl, keine Zugluft	Mit weichem Wasser, am besten Regenwasser gießen; während der Blüte reichlich. Ab Ende Mai im Halbschatten im Garten einsenken. Ende Sept. in kühlen, hellen, luftigen Raum bringen. Zum Umtopfen Spezialerde mit viel Torf verwenden.
Clivia	Zimmerblume Orange	hell, nicht sonnig, gut gießen; guten Abzug	Sehr dankbar, öfters nachdüngen, blüht jährlich, durch Teilung vermehren.
Christusdorn	Zimmerblume, für Fensterbank Rote, leuchtende, dauerhafte, kleine Blüten.	hell, vor praller Sonne schützen, stets im Zimmer; im Winter mäßig warm. Mäßig gießen, in der Ruhezeit besonders sparsam	Vor der Blüte alle 2–3 Wochen düngen. Alle 2–3 Jahre am Ende der Ruhezeit umtopfen.
Fuchsien	Fenster und Balkonkästen, hängende Form Rosa-weiß Rosa-blau, rot	Halbschatten, nachdüngen	Kühl überwintern, Ende Februar hell und warm stellen, zurückschneiden. Durch Stecklinge vermehren.
Geranie (Pelargonie)	Stehende Sorte, auch als Zimmerpflanze, hängende für Fenster- und Balkonkästen Rosa, rot, weiß	Viel Sonne, nachdüngen	Stecklinge im Spätsommer schneiden, nach 3 Jahren durch neue Pflanzen ersetzen. Kühl überwintern, Ende Februar hell und warm stellen, zurückschneiden.
Knollenbegonie	Für Fenster und Balkon, auch ins Freiland auf Beet Weiß, gelb, rosa, rot, scharlach, einfach u. gefüllt, klein, riesenblumig	Nicht zu grelle Sonne, viel Feuchtigkeit frostempfindlich	Als Knollen gekauft. Februar bis März in Lauberde eintopfen (3–5 cm tief), im Zimmer vortreiben. Nach Mitte Mai auspflanzen. Nach dem ersten Frost herausnehmen, Blätter abschneiden, in leichtem Torf überwintern, dürfen nicht ganz austrocknen.
Primel	Topfpflanze für Zimmerfenster, kühler, heller Standort	Reichlich, auch in den Untersetzer gießen	Vom Gärtner kaufen, nach dem Abblühen Weiterpflege nur in Ausnahmefällen lohnend.

Blühende Topfpflanzen

Name	Verwendung Blüte	Ansprüche	Winke
Usambara- veilchen (Urwald- pflanze)	Weiß, rosa, rot, lila Für Ost- und Nord- fenster, immergrüne, dicke, fleischige Blät- ter, samtige Behaa- rung, Blüte: „Blauauge"	Hell, aber schattig, empfindlich gegen Sonne; gleich- mäßige Wärme, nicht unter 15°, hohe Luftfeuchtig- keit. Beim Gießen Stengel nicht be- netzen.	Ursache bei Blütenabfall: zu kühl, vor allem bei Nacht. Keine Samenbildung; Blüten wegnehmen!
Wachsblume (Hoya)	Zimmerblume, auch Beranken von Fen- stern. Glänzend grüne, lederartig feste, wachsartig schim- mernde Blätter. Weiße oder rosa- rote, duftende, por- zellanartige Blüten.	Viel Licht und Luft. Heller Standort im Halbschatten. Überwintern bei 12–14°. Ruhezeit im Win- ter, soviel gießen, daß Topfballen feucht bleibt; nicht düngen.	Vom Frühjahr bis nach Ver- blühen reichlich Wasser, jede Woche Kopfdüngung. Sobald Blütenknospen erscheinen, nicht mehr bewegen, da Knos- pen abfallen. Dolden n i c h t abschneiden, auch nicht die verblühten, da neue Knospen sich am gleichen Blütenzapfen bilden.

Hoya oder Wachsblume in reicher Blüte

Wachsartige Blüte der Hoya

258

Blattpflanzen

Name	Standort und Aussehen	Ansprüche	Winke
Bunte Brennessel	Zimmer, hell, nicht sonnig Grün, rot, weiß, geädert	warm und feucht	Mit Blumenspritze öfters abrausen.
Cissus, Russischer Wein	hell, auch mäßig hell	feucht, nicht zuviel Wasser	Keinen Torf in die Erde. Rankt.
Grünlilie	Zimmer	keine	Ableger ruhig hängenlassen.
Gummibaum	Heller, gleicher Stand, verträgt Wärme und Kühle Dunkelgrün, fleischiges Blatt	Mäßig, aber gleichmäßig gießen; öfters abwaschen	Kann im Sommer ins Freiland gebracht werden, geschützt. Wenn nötig, an Stock binden.
Philodendron (Fensterblatt)	hell, auch mäßig hell; nicht unter 12° im Raum; viele Luftwurzeln, langgestielte, große, tief eingeschnittene Blätter.	immer genügend Bodenfeuchtigkeit, Ballen nie trocken werden lassen.	Durch Abwaschen staubfrei halten, öfters sprühen! Alle 2–3 Jahre in etwas größere Töpfe umtopfen.
Scindapsus (Efeutute)	Hellen, aber nicht sonnigen Standort. Glänzend grüne bis goldgelb gefleckte, große herzförmige Blätter.	weiches Wasser, gleichmäßig feucht halten, nicht unter 12°; keine Zugluft.	Im warmen Raum öfters absprühen.
Tradeskantia	Zugfreien Standort Grüne, weißgrüne, grünrote Blätter, hängend bzw. rankend	Liebt feuchte Wärme	Die alten Triebe abschneiden, treibt nach. Durch Stecklinge vermehren.
Zimmerlinde	Kühl, hell, ruhig stehenlassen Große grüne Blätter, weiße Blüten	Liebt Lehmzusatz, viel gießen und spritzen	Leicht durch Stecklinge zu vermehren, Blätter dabei einkürzen. Kann im Sommer ins Freie, leichten Schatten, neigt zu Blattläusen.
Zimmerzierefeu	Wächst auch noch an mäßig hellem Standort; stehend, rankend u. hängend	Mäßig, gleichmäßig gießen, während der Wachstumszeit nur wenig düngen.	Nicht in Zugluft, verträgt mäßige Wärme und Kühle; Ruhe; Standort nicht verändern.

Blumen für Balkon- und Fensterblumenkästen

Für Balkon- und Fensterschmuck eignen sich sowohl einige der Zimmerpflanzen, wie Asparagus und Knollenbegonie, als auch der ein- und zweijährigen Sommerblumen, wie Kapuzinerkresse, Wicke, Tagetes, Tausendschönchen, Goldlack, Vergißmeinnicht und insbesondere

Gemütlicher Sitzplatz vorm Blumenfenster

Stiefmütterchen. Vor allem sind die Petunien, Geranien, Lobelien, Pantoffelblumen und Verbenen beliebt. Sie sind auch für Zierbeet- und Grabbepflanzung geeignet.

Balkon- und Fensterbepflanzung sollen für das Haus und die Umgebung eine Zierde sein. Ihre Auswahl und Anordnung bedarf darum mancher Überlegung, ihre Erhaltung fordert Kenntnisse und sorgfältige Pflege.

Die gebräuchlichsten Balkonblumen für den Sommer:

	Standort	zur Pflege
Begonien-Knollenbegonien	Halbschatten, überwintern nach Einziehen in trockenem Torfmull bei 5–10°	April in Töpfe, Mai in Balkonkästen pflanzen. Erde mit Torfmull mischen, reichlich gießen, Knolle nicht benetzen. Alle 8–10 Tage Kopfdünger. Ende Sept. Triebe 5 cm über Knolle abschneiden.
Fuchsien	leicht schattig bis Halbschatten; warm und luftig; hell in nicht zu trockener Luft bei 5–10° überwintern.	Frühjahr umtopfen oder in Kästen setzen, dabei kräftiger Rückschnitt, evtl. noch mehrmals entspitzen. Sommer: reichlich gießen, spritzen. Winter: Topfballen nur mäßig feucht, alle 8–10 Tage düngen.
Geranien Pelargonien (stehend und hängend)	sonnig, auch volle Südseite. Im Winter hell und luftig, bis Februar bei 4–6°; dann zurückgeschnittene Pflanzen in frische Erde umgesetzt bei 8–10° vortreiben, nach den Eisheiligen ins Freie.	Im Sommer reichlich gießen, alle 8 Tage düngen; im August Stecklingsvermehrung, im Winter sparsam gießen. Überwinterung nach dem 3. Jahr wegen später Blüte nicht lohnend.
Petunien (stehend und hängend)	luftig, in voller Sonne, nur einjährig gezogen.	reichlich gießen, alle 8 Tage düngen, Blüten nicht benetzen, Verblühtes sofort wegnehmen. Pflanzen vom Gärtner.

Über die Anzucht und Pflege der ein- und zweijährigen Pflanzen für Fenster und Balkon siehe unter Sommerblumen Seite 246/47.

Das **Klima** an der äußeren Hauswand, inbesondere an der Südwand, ist einem Steppenklima vergleichbar. Zur starken Sonnenbestrahlung kommt noch eine starke Erwärmung der Hauswand hinzu. Außer der normalen Luftbewegung steigt noch ständig warme, sehr trockene Luft unmittelbar an der Hauswand auf; dadurch werden die Wandungen der Blumentöpfe und Tonkästen stark ausgetrocknet. Blumenkästen aus Holz, Eternit, Asbest oder Zement sind mit ihren kaum luftdurchlässigen Wänden deshalb besser geeignet. Blumentöpfe können auch in Kästen mit feuchtem Torfmull eingestellt werden. Alle Blumenkästen verlangen regelmäßige Pflege. Vor dem ersten Gebrauch werden Holzkästen außen mit Firnis oder Ölfarbe gestrichen; Karbolineum ist ungeeignet, da es den Pflanzenwurzeln schadet. Tonkästen, evtl. an Nord- oder Ostwänden oder freien Aufgängen verwendet, sind vor Gebrauch mindestens 12 Stunden zu wässern.

Die Abzugslöcher am Boden der Kästen werden mit Abdeckscherben belegt; gute frische Komposterde, mit etwas Hornspänen als Vorratsdüngung vermischt, wird eingefüllt. Einheitserde ist allen anderen Blumenerden vorzuziehen. – Im Herbst werden die Kästen entleert, gut gesäubert, nach Ausführung notwendiger Reparaturen trocken und luftig aufbewahrt.

Eine der Lage entsprechende geeignete **Pflanzenauswahl** ist wesentliche Voraussetzung für das Gedeihen. An S ü d w ä n d e n kommen nur Geranien und Hängepetunien zur vollen Pracht. Um auch gute Farbwirkung zu erzielen, pflanzt man sie entweder farbeinheitlich oder gemischt in Puffs. H a l b s c h a t t e n beanspruchen Fuchsien, Kapuzinerkresse und Knollenbegonien.

Als F r ü h j a h r s b e p f l a n z u n g kommen bunte Primeln, Stiefmütterchen, Vergißmeinnicht und Tausendschönchen in Frage.

Von lebhafter Wirkung im S o m m e r sind abwechselnd bunte Bepflanzungen mit Geranien, Petunien und gelben Pantoffelblumen – oder Feuersalbei, Agaratum (Leberbalsam) und gelben Pantoffelblumen. Tagetes können auch in voll erblühtem Zustand, mit gutem Ballen aus der Erde genommen, noch verpflanzt werden. So können damit evtl. entstandene Lücken gut geschlossen werden.

Im W i n t e r kann man Kiefernzweige in erdgefüllte Kästen stecken und dadurch gute Schmuckwirkung erreichen.

Zur **Pflege** gehört das tägliche Gießen, am besten am frühen Morgen. Besonders dankbar sind die Pflanzen in den heißen Sommerwochen für täglich zweimaliges Spritzen. Alles Verwelkte, Verblühte wird laufend entfernt und dadurch die Blühwilligkeit erhöht. Regelmäßige Kopfdüngung alle 8–10 Tage mit käuflichem Spezialdünger ist insbesondere für Fuchsien, Geranien, Pantoffelblumen, Petunien und Knollenbegonien sehr zu empfehlen. Nicht zu enges Pflanzen fördert die volle Entwicklung der einzelnen Pflanze und verhindert Krankheitsbefall.

Zum Überwintern und zur Stecklingsvermehrung sind geeignet: Geranien, Nelken, Fuchsien. S. Seite 255.

Die Bepflanzung der Balkonkästen mit Sommerblühern erfolgt von Mitte bis Ende Mai.

DIE BERUFSTÄTIGE UND DER HAUSHALT

Es ist sicher der Wunsch jedes Mädchens, jeder – auch der alleinstehenden – Frau, ein eigenes Heim zu haben, das nach eigenen Wünschen gestaltet werden kann, das nach des Tages Arbeit im Beruf Entspannung und Freude bringt, in dem sie ganz sie selbst sein kann. Das „möblierte" Zimmer der Berufstätigen entspricht nicht immer den Vorstellungen und Bedürfnissen, da nicht sie, sondern die Vermieterin bestimmt, was im Zimmer untergebracht wird, wo und wie dies zu geschehen hat. Es fehlen hier meist auch die technischen Hilfen und Annehmlichkeiten, die unabdingbare häusliche Arbeiten erleichtern. Manches junge berufstätige Mädchen würde besser sparen und haushalten lernen, wenn es ein Daheim hätte, das es gestalten kann. Es wäre dies eine gute Vorschule für den späteren Familienhaushalt.

Das eigene Heim, und sei es auch nur eine Kleinstwohnung von einem Zimmer mit einer Kochnische, stellt aber auch seine Forderungen. Auch dieser kleine Haushalt muß entsprechend geführt werden, und zwar n e b e n der Berufsarbeit. Alle die Arbeitsgebiete, die in einem Normalhaushalt anfallen und in vorliegenden Kapiteln aufgezeigt sind, treffen auch auf diesen Ein- und Zweizimmerhaushalt:

> Gestaltung und Pflege des Heims,
> Instandhaltung und Pflege von Kleidung und Wäsche,
> Bereitung verschiedener Mahlzeiten – auch wenn mittags auswärts gegessen wird,
> Feierabend, Gesundheitspflege, und –
> im wohnlichen Heim – Blumenpflege.

Der Beruf der Hausfrau ist ein vollgültiger Beruf, der entsprechend erlernt werden muß, der je nach Größe des Haushalts die ganzen Kräfte und die Zeit der Frau beansprucht. Für die Berufstätige, die nach des Tages Arbeit am Abend müde heimkommt, bedeutet auch ein kleiner Haushalt schon eine Belastung, wenn er nicht planmäßig geführt wird.

Ein **Arbeits-** und **Zeitplan** für den Tag, die Woche, ist die erste Forderung, um so mehr, da nur die berufsfreie Zeit dafür verfügbar ist. Es gibt kaum Bedrückenderes, als am Abend beim Heimkommen – müde und abgespannt – eine nicht aufgeräumte Wohnung vorzufinden, insbesondere dann, wenn dies regelmäßig der Fall ist. Die Aufräumungsarbeiten sind v o r Antritt der Berufsarbeit zu erledigen. Sie werden erleichtert

> durch O r d n u n g in allen Dingen,
> durch r e c h t z e i t i g e s E r l e d i g e n der anfallenden Arbeiten,
> durch a r b e i t s e r l e i c h t e r n d e G e r ä t e und Einrichtungen, welche für Berufstätige vor allem in Frage kommen, damit sie ihre Kräfte für die Berufsarbeit bewahren.

Auch das **Einrichten** dieser Ein- oder Zweizimmerwohnung muß wohl überlegt erfolgen. Was wird u n b e d i n g t gebraucht?

Schlafgelegenheit – Was ist vorteilhaft? Ein Bett? Eine Couch? Ein Schrankbett? Steht nur ein Zimmer zur Verfügung, das Wohn- und Schlafraum zugleich ist, so soll es vor allem wohnlich und gemütlich sein. Ist dieses Zimmer zudem noch klein, dann ist die Couch mit Bettkasten am günstigsten geeignet. Tagsüber ist sie bequeme Sitzgelegenheit, am Abend wird sie durch Ausziehen oder Umlegen zum Bett. S. Seite 264. – Ist das Zimmer groß genug, dann kann außer der Couch ein Schrankbett gestellt werden, das tagsüber (geschlossen) ein Schrank, für die Nacht (geöffnet) ein Bett normaler Größe ist, das eine breitere und bequemere Liegefläche als die Couch bietet.

In beiden Fällen ist wegen der leichteren Unterbringung eine Daunendecke dem fülligeren

Federoberbett vorzuziehen. Hat sie eine einfache, daunendichte Einschütte, dann ist sie ver-
hältnismäßig unempfindlich und außerdem preisgünstiger. Sie wird durch einen kochbaren
Bezug (Damast, Irisette, Linon o. a.) geschützt.

Sitzgelegenheit – Die Couch als einzige Sitzgelegenheit ist im allgemeinen zu wenig. Ob zusätzlich ein oder zwei Stühle oder ein bequemer Sessel gewählt werden, hängt davon ab,

Couch als Sitz- und Schlafgelegenheit

was die Berufstätige in ihrer freien Zeit daheim tut. Wird die Couch nicht als Schlafgelegenheit benötigt, so kann sie je nach Raum auch durch bequeme Sessel ersetzt werden. Ein
praktischer Stuhl sollte aber auf alle Fälle beschafft werden. Siehe Kap. Heimgestaltung.

Tisch – Wozu wird er gebraucht? Zum Einnehmen der Mahlzeiten? Zum Schreiben? Arbeiten? Für welche Arbeiten? –
Art der Tischplatte, Höhe und Form des Tisches, verstellbar und ausziehbar – all dies wird
vom Gebrauch her bestimmt. Nicht vergessen soll werden, daß für manche Arbeiten: Reinigen, Bügeln u. a., eine möglichst unempfindliche Platte notwendig ist und daß in vielen
Fällen (mangels Raum) die Tischplatte dafür verwendet werden muß.

Unterbringungsmöglichkeit für Kleider und Wäsche, für Geschirr, Geräte u. a.
Ist ein Einbauschrank im Zimmer, so ist die Frage oft schon gelöst. Sonst ist ein entsprechend
großer Schrank zu wählen. Vorteilhaft sind die heute verfügbaren „Anbau"-Möbel (siehe
Abb. S. 25), die auch nach und nach je nach den Bedürfnissen und finanziellen Möglichkeiten
beschafft werden können. Wichtig ist dabei, daß beim Kleiderschrank auf genügende
Schrankhöhe und -tiefe geachtet wird. Kleider und Mäntel dürfen unten nicht aufstoßen
und müssen zwischen Tür und Rückwand genügend Spielraum haben. Die Innenausstattung
der Schränke (verstellbare Wäschefächer, englische Züge, Schubladen) soll Ordnung erleichtern. Siehe Abb. S. 27.

Welche **Heiz**gelegenheit ist zu wählen, wenn die Wohnung an keine Zentralheizung angeschlossen ist? Kohleofen? Ölofen? Elektrische Wärmestrahler?
Die Vorteile der Zentralheizung liegen für die Berufstätige vor allem darin, daß sie auch in
der kalten Jahreszeit beim Heimkommen nach der Arbeit ein Zimmer vorfindet, dessen be-
hagliche Wärme Müdigkeit und die Schwierigkeiten des Alltags schneller überwinden hilft.
Dies sollte bei der Wahl der Beheizungsart berücksichtigt werden. Ob ein Kohle- oder Ölofen (siehe Kap. vorne) zu wählen ist, hängt von den Raumverhältnissen, vom Kaminzug
und von der für die Heizung verfügbaren Geldsumme ab. Immer aber sollte im Interesse der
Gesundheit und des Wohlbefindens so geplant werden, daß während der kalten Jahreszeit
das Zimmer nie ganz auskühlt. Diese Möglichkeit gibt heute neben dem Ölofen auch der
Kohledauerbrandofen, vor allem der mit automatischer Wärmeregelung. Der elektrische
Strahlofen vermittelt wohl rasch Wärme, wird aber zum vollen Durchheizen eines Raumes
recht kostspielig.

Was verschafft **Behaglichkeit?** Siehe Kap. Heimgestaltung.

Fußbodenbelag – Teppich, Läufer, Vorhänge, Bilder, Blumen u. a. sollen immer so gewählt werden, daß der Eigenart der Bewohnerin Rechnung getragen und die Harmonie im Raum nicht gestört wird. Dabei soll insbesondere die Berufstätige gut überlegen, daß ihr k l e i n e s Heim n i c h t ü b e r l a d e n wird, auch, ob sie die durch den Erwerb sich ergebende Mehrarbeit ohne Überbelastung leisten kann.

Die Instandhaltung dieser Kleinwohnung neben der Berufsarbeit bedeutet mitunter eine recht fühlbare Belastung. Darum sollen, soweit möglich, die durch den Fortschritt der Technik geschaffenen a r b e i t s e r l e i c h t e r n d e n Einrichtungen gerade im Haushalt der Berufstätigen Anwendung finden. (Siehe Kap. Arbeitserleichterung S. 45.) Erscheinen manche dieser Hilfen für den Kleinhaushalt wirtschaftlich preisungünstig, so machen sie sich für die Berufstätige doch in vieler Hinsicht bezahlt: sie sind arbeits-, kraft- und zeitsparend. Das Heim wird dadurch leichter in Ordnung gehalten und es kann mehr Wert auf gesunden Ausgleich in der Ernährung, z. B. auf die Bereitung der Abendmahlzeit gelegt werden. Ferner wird Zeit für notwendige Entspannung und Erholung nach der Tagesarbeit gewonnen, außerdem wird ein sicherer Bestand materieller Werte geschaffen, die dem künftigen Familienhaushalt gute Grundlage geben.

Die **Instandhaltung von Kleidern und Wäsche** (siehe auch Kap. S. 99) bringt für die Berufstätige manche Sorge. Im „möblierten" Zimmer fehlen oft alle Möglichkeiten, die Pflege selbst vorzunehmen. Die Wäscheausgabe und die Reinigung der Kleider werden auf die

Spare Arbeit! Kochen und Anrichten in einem

Dauer recht kostspielig. Es ist darum notwendig, diese Frage mit der Vermieterin zu besprechen, um zu einer vernünftigen Vereinbarung zu kommen. – Viele junge Berufstätige überlassen – ohne viel zu überlegen – diese Arbeiten und Kosten der Mutter; andere setzen aus Scheu vor den Ausgaben und dem Zeitaufwand ihr Geld immer wieder in neue Kleider und Wäsche um. Des begrenzten Einkommens wegen wird nur auf den Preis, nicht aber auf Qualität gesehen.

Es ist zu überlegen:

a) Welche Möglichkeiten (Wasser, Heizung, Geräte, Trockenplatz, Bügelgelegenheit) stehen innerhalb oder außerhalb der Wohnung für die Eigenarbeit zur Verfügung?

Vereinfache die Arbeit durch Benützung vielseitig verwendbaren Kochgeschirrs

b) Wieviel Zeit ist regelmäßig dafür aufzuwenden? Kann sie neben der übrigen Arbeit in der freien Zeit noch aufgebracht werden, ohne die Kräfte zu überlasten?

c) Wie teuer kommt die Instandhaltung bei Eigenarbeit?

d) Wird die Wäsche ausgegeben: Wieviel Wäsche fällt regelmäßig an? Wie teuer kommt sie als Bügel-, Mang-, Trocken- oder Naßwäsche? (Trockenplatz?)

e) Lohnt es sich, das eine oder andere arbeitserleichternde Gerät zu beschaffen und die Arbeit selbst zu übernehmen?

f) Gegenüberstellung der Vor- und Nachteile der Eigen- und Fremdarbeit. Was ist in m e i n e m Falle am günstigsten?

Für die Bereitung der häuslichen Mahlzeiten (Frühstück, Abendbrot, freies Wochenende, Gäste im Heim) sollte wenigstens eine kleine **Kochnische** verfügbar sein. Deren Gestaltung ist von den räumlichen Verhältnissen und den finanziellen Möglichkeiten abhängig. Je günstiger sie eingerichtet ist, um so leichter fällt es, der oft recht eintönigen und einseitigen Kost bei vielen Gemeinschaftsverpflegungen daheim einen Ausgleich zu geben. (Siehe Kapitel: Richtige Ernährung! S. 135.) Die Verwendung von arbeitserleichterndem Geschirr und Gerät (siehe Abb. S. 49 f.) mindert den Kraft- und Zeitaufwand und gibt immer neue Anregung für Abwechslung im Speisezettel. Eine Möglichkeit der Kleinvorratshaltung bietet der Kühlschrank, der in der Kleinwohnung der Berufstätigen die Speisekammer ersetzt.

Sinnvolle Freizeit – Siehe auch Kap. S. 187.

Es ist mit Rücksicht auf Gesundheit, Leistungsfähigkeit und innere Ausgeglichenheit wichtig und notwendig, daß sich die Berufstätige einen Ausgleich der Berufsarbeit gegenüber schafft. Dieser kann und wird je nach Anlage und Eigenart der einzelnen in verschiedene Richtung gehen: bei der einen ist es das Heim, das sie gestaltet und bewohnt, bei der andern die Musik, das Buch, eine Handarbeit oder andere handwerkliche Beschäftigung, bei wieder anderen ist es die Geselligkeit im Heim, im Klub oder Verein, das Wandern u. a. Bei der Einrichtung der Wohnung muß auch dies berücksichtigt werden: Radio, Plattenspieler, eine kleine Bücherei, Gerätschaften zum Basteln usw. als gute Hilfen für die Freizeit sind kein Luxus und sollen darum ihren Platz auch im Heim der Berufstätigen finden.

Vorliegende Überlegungen zeigen deutlich die Belastung der Frau – ob berufstätig oder nicht – durch den Haushalt auf. Nicht umsonst werden die Erleichterungen gerade für die „außer Haus" Arbeitenden gefordert. Wie steht es aber mit der Hausfrau und Mutter, die noch in der Berufsarbeit steht? Ihr Haushalt, bedeutend größer, ihre Familie fordern sie ganz. Soll sie – kann sie nebenher noch eine Berufsarbeit ohne Schaden für Gesundheit und

Familie ausüben? Oder umgekehrt – kann sie neben der Berufsarbeit, die ihre Kraft fordert, ihren Haushalt, ihre Familie, ihre Kinder noch gut versorgen und betreuen? Bringt die zusätzliche Geldeinnahme der Familie wirklichen Vorteil? – Es ist wohl zu überlegen und genau abzuwägen, ob das Arbeiten außer Haus, fern der Familie sich wirklich lohnt. Vor- und Nachteile in wirtschaftlicher, gesundheitlicher, familiärer und erziehlicher Hinsicht sind gegenüberzustellen und nur im äußersten Notfall sollte die Mutter sich entschließen, eine Berufsarbeit neben dem Haushalt auf sich zu nehmen. In diesem Falle aber müssen alle Erleichterungen geschaffen werden, damit sie ihre Doppelaufgabe auch wirklich ohne Schaden für sich und ihre Familie erfüllen kann.

SACHVERZEICHNIS

Abänderungsmöglichkeiten 90
Abdecken 234
Abstauben 38
Abwaschen 37
Albumine 125
Alkohol 154
Allesbrenner 15
Aluminium 35, 39
Ampere 53
Anbaumöbel 25, 34
Anbauplan 226, 238
Anfertigung 70
Anheizklappe 32 f.
Anschlußwert 53
Antistatikum 64
Anwendung, Kälte 207
Anwendung, Wärme 207
Anzuchtbeet 232
Appretieren 66
Arbeit-Freund 176
Arbeitsablauf 31, 46
Arbeitseinteilung 37
Arbeitserleichterung 15, 38, 45 f.,
   49 f.
—, Grundforderungen 45
Arbeitsgeräte, zweckmäßige 49,
   232, 235
Arbeitshose 99
Arbeitskleidung 45, 174
Arbeitsleistung 177
Arbeitspausen 177
Arbeitsplan 45, 263
Arbeitsplätze 19, 46, 175 ff., 186
Arbeitstisch 30, 46
Arbeitswege 13, 47 f.
Arbeitsweise 37
Ärmel, einnähen 90
Ärmelschnitt 90
Arterien 182
Arzneien 205
Assimilation 120, 128
Atlasbindung 65
Atmung 134
Atmungsorgane 168, 183
Aufbewahrung 137, 139, 141, 143,
   145, 148 ff.
Ausbessern, Kleidung 110
Ausbessern, Wäsche 110
Auslichten 243
Ausmahlung 144
Ausmahlungsgrad 144
Aussaat 228, 231
Ausscheidungen 122, 130, 134, 183,
   205
Ausscheidungsorgane 169, 184
Automatik-Bügeleisen 110
Automatik-Regler 35

Babykleidung, warme 93 f.
Backen 158
Backfähigkeit 125

Backpulver 147
Backwaren 145
Bad 12, 28 f.
Badegerät 197
Baden 198
Badethermometer 199
Badewasser 170, 199
Balkonblumen 260
Balkon-Fensterkästen 245
Bandspitze 79
Baumwolle 72
Baustoffe 118 f., 122 f., 127, 135
Beerenobst 241
Bedarfsberechnung 69
Beheizung 14
Beikost 194
Beizen 228
Bekämpfung, Krankheiten 237
Bekämpfung, Schädlinge 237
Beleuchtung 18, 30, 46
Beregner 234
Berufstätige, Haushalt 263
Beschatten 220
Besen 43
Betten 44
Bettwäsche 71
Bewegungen 189
Bindungen 65
Blattgemüse 149
Blattgrün 120, 219
Blattpflanzen 259
Bleichen 66
Blende 79
Blumen 244
Blumenbeet 244
Blumenfenster 22, 260
Blut 181
Blütengehölze 249
Blutkörperchen 178, 181
Blutkreislauf 183
Bodenbakterien 218, 220 f.
Bodenbedeckung 224
Bodenbearbeitung 218
—, Grundregeln 224
Bodenfeuchtigkeit 234
Bodenfruchtbarkeit 219 f.
Bodengare 220
Bodenleben 220
Bodenlebewesen 234
Bodenverbesserung 218
Boiler 56
Bouclételeppiche 21
Braten 158
Brei 195
Breiten, gebräuchliche 73
Breitsaat 231
Brennprobe 61 ff., 68
Brennstoffe 15, 34, 119, 122, 127 f.,
   135
Brot 145, 195
Brotaufstrich 195

Brotsorten 145
Bubenschürze 91
Buchführung 57
Büfett, kaltes 166
Bügeln 109 f.
Buntwäsche 106
Bürsten 43

Caritas 213
Cromargan 32

Dauerbrandherd 31, 34
Dauerbrandofen 15
Dekatieren 67
Desinfektionsmittel 208
Diätkost 138
Dickdarm 183
Doppelmantelboiler 34
Doppelnaht 70
Druckspeicher 56
Düngemittel 220
Düngermengen 224
Düngung 218 ff., 254
Dünndarm 133
Dunstkamin 30
Durchbrandofen 15
Durchlauferhitzer 57
Darmtätigkeit 184
Darmzotten 133

Ei 137
Eier 195
Eigenheim 11 f.
Eigenschaften, Baumwolle 63
—, Fett 128
—, Flachs, Leinen 62
—, küchentechnische 138
—, Kunstseide 63
—, Nylon-Perlon 64
—, Seide 61
—, Stärke 129
—, Wolle 60
Eigentumswohnung 11 f.
Einfamilienhaus 11
Einkauf 137 f., 141 ff., 148 f.
Einmotten 101
Einraumheizung 15
Einrichten 263
Einrichtungen, arbeits-
   erleichternde 265
Einstricken 116 f.
Einweichen 105
Einwintern 258
Eiweiß 120, 124 f., 135
—, nicht vollwertig 125, 144, 149
—, vollwertig 125, 138, 140, 143, 148
Eiweißarten 125 f.
Eiweißbedarf 126
Eiweißspender 125 f.
Elektrizität 50
Elektroheizung 15

Elektroherd 34
Email 40
Entgeizen 236
Enthärten 103
Entwicklung 189
—, geistig-seelische 201
Erdbeeren 241
Ergänzende Stoffe 119, 127, 131, 135
Erholung 177, 187
Ermüdungserscheinungen 180
Ermüdungsstoffe 180
Ernährung 118, 200
—, künstliche 191
—, künstliche, Betandteile 191 f.
—, natürliche 190
—, Säuglinge 190, 194
Ernährungslehre 118
Ernährungsstörungen 194
Erneuern Teilstück, Regeln 117
Erstickungsanfälle 210
Erstlingsschuh 93, 99
Erziehung 203
Essen, gesundes 180
Eulanisieren 67

Färben 66
Fasern, industriell geschaffene 63
—, synthetische 64
Fäulnisbakterien 140
Federkernpolster 26
Feinwäsche 106
—, Trocknen 107
Feinwaschmittel 106
Fett 135
Fettbedarf 127
Fette 127
—, Schmelzpunkt 127
Fetthaut 168
Fettspender 127
Fieber 205
Fieberthermometer 205 f.
Fibrin 125
Filzaufnäharbeit 98
Finnen 140
Fische 142
Flachs 62
Flaschenkind 194
Fleckenentfernung, Regeln 101
Fleisch 139, 195
Fleischbeschau, amtliche 139 f.
Fleisch-Dauerwaren 141
Fleischteile 139
Flicken 103, 111
—, aufgesetzter 114
—, durchgezogener 116
—, eingesetzter 115
Flickstoff, Auswahl 114 f.
Flottenverhältnis 107
Fontanelle 189
Formbesatz, Gewinnung 84
—, Halsausschnitt 85
—, Schnitt 85
Formgebung 161
Fortschritte, körperliche 201
Fragealter 201
Freizeit 179 f., 186 f., 266
Freizalter 201
Frischei, deutsches 139
Frischverbrauch 238
Fruchtfolge 225
Fruchtwechsel 225
Fußbekleidung, gesunde 175
Fußböden 16

Fußschäden 175
Füttern, Flasche 193

Garmachungsarten 161
Garten, Bestellung 225
—, Plan 215 ff.
Gartenbau 214
Gartenboden 218
Gartengeräte, Unterbringung 237
Gärung, alkoholische 146, 155
Gasaustausch 183
Gasheizung 15
Gasherd 36
Gebäck 195
Gebiß 172
Geflügel 141
Geleebereitung 129
Gemüse 148, 157
Gemüsearten 222
Gemüsebau 224
Gemüsebedarf 226
Gemüsedauerwaren 149
Gemüseerträge 226
Gemüsegrube 238
Gemüsekeller 238
Gemüsekulturen, Pflege 233
—, Wechsel 225
Genußgifte 184
Genußmittel 151
Geräte, arbeitserleichternde 266
—, arbeitsparende 37
—, elektrische 49, 53
—, praktische 48
—, zweckmäßige 228 ff.
Geschmackstoffe 119, 132
Geschmackszutaten 166
Gesetz d. Minimums 219 f.
Gesundheitsdienst, staatlicher 212
Gesundheitslehre 167
Gesundheitspflege 167
Gesundheitsregeln 181
Getreideerzeugnisse 143
Gewebe 64
Gewichtszunahmen 189
Gewürze, ausländische 132
Gießen 234, 253
Glaswaren 39
Glyzinien 250
Grillen 35, 158
Grundmengen 160
Grundregeln, Flicken 113
—, Stopfen 111
Grundrezept 160
Grundzutaten 160
Gummibelag 42
Gummikleidung 175
Gummiunterlage 196
Gütezeichen 15, 34, 66, 68, 102

Haare 170, 189
Haargarnteppiche 21
Haarpflege 170
Hacken 234
Halbfettkäse 137
Haltbarmachung 129, 154 f.
—, Obst 150
Halsausschnitt, rund 83
—, Veränderungen 85
Handelsdünger 222
Handschuh 93, 99
Häubchen 93, 99
Häufeln 234

Hauptfrucht 226
Haut 122, 127, 189
—, Aufbau 170
—, Aufgaben 168
Hautatmung 175
Hautschädigungen 168
Hausapotheke 206
Hausarbeit 11, 37
Hausgarten 214
Haushaltbuch 57
Haushaltgeräte, Metall 39 f.
Haushaltkeller 155
Haushaltplan 57
Hauswäsche 74
Hefe 146
Hefepilze 129
—, wilde 146
Heim 17
Heimschmuck 22
Heimgestaltung 11
Heißwasserbereiter, elektrisch 56
Heißwasserspeicher 56
Heißwasserversorgung 54
—, elektrisch 55
Heizanlage 15
Heranzucht, Zimmerpflanzen 257
Herz 181 f.
Hilfe, erste 209
Hilfe bei Unfällen 212
Hirschhornsalz 147
Holz 41 f.
Holzböden 16
Holzvertäfelung 18
Hühneraugen 171
Hülsenfrüchte 148
Humusbildung 221

Impfungen 200, 209, 213
Imprägnieren 67
Indanthren 66
Infektionskrankheiten 208
Instandhaltung, Kleidung 99, 265
—, Wäsche 99, 265
Isolierung 56

Jäckchen 93 f., 99
Joghurt 137
Johannisbeeren 242

Kalbfleisch 140
Kali 219
Kalk 219
Kalorienwert 134
Kakteen 255
Kaminzug 15
Kämme 43
Karamellisieren 129
Kartoffelerzeugnisse 148
Kartoffeln 147 f., 195
Kasein 125 f.
Kehren 38
Keimprobe 227
Keller 12
Kennzeichnungspflicht 143
Kernnährstoffe 219, 221
Kernobst 150
Kilowattstunde 54
Kimonoschnitt 82 f.
—, Blusen 87
Kinderkleidung 87
Kinderkost 127, 137, 144
Kinderwagen 197

Kinderzimmer 12, 27, 28
Kleber 125
Kleidermotte 101
Kleidung 59
—, Aufgabe 99
—, gesunde 173 f.
—, zweckentsprechende 100
Kleinkind, Entwicklung 200
—, Erziehung 200
—, Pflege 200
Kleinlebewesen 126, 154, 218, 223
Kletterpflanzen 250
Knochen 124
—, Aufgabe 178
Knochenbildung 179
Knochenbruch 210
Knochenbrüche 195
Knochengerüst 177
Knochenverbindungen 178
Knollengewächse 247
Knöpfe, annähen 74
Knopflöcher 73 f.
Knopfverschluß 87
Kochen 158
Kochendwassergerät 55 f.
Kochgeschirr 35
Kochstellen 32
Koffein 151
Kohle-Anstellherde 34, 37
Kohlenhydrate 128, 130, 135
Kohlenwasserstoffe 128
Kohleöfen 15
Kohlgemüse 149
Körperhaltung 47, 176 f., 189
Körperpflege 167, 188, 205
Körperschlacken 169, 184
Körpertemperatur 122, 169, 176, 205
Kost, tägliche 135
Kokon 61
Kokos-Sisalteppiche 21
Koliken 209
Kompost 221
Kompostbereitung 221
Komposterde 218
Kompostplatz 216
Kopfdüngung 223, 236, 254
Kopfkissen 72
Kopfkissenverschluß 72
Köperbindung 65
Kragen 85
—, annähen 86
Krankenbett 205
Krankenkost 127, 137, 144
Krankenpflege 204
—, Grundsätze 204
Krankenzimmer 204
Krankheiten 225
—, akute 204
—, Allgemeines 204
—, ansteckende 204, 208
—, chronische 204
—, Vorbeugung 228
Krankheitserscheinungen 208
Kräuter 239
Kreislauf, Natur 120 f.
Kreuzstich 95, 97
Küche, Anforderungen 30
Küchengeschirr 31
Küchenherd 32
Küchenkräuter 132
Küchenmaschinen 51 f.
Küchenmöbel 31
Küchenplan 31, 46

Kunstseide 63
Kunststoffböden 16, 30
Kunststoffe 42

Lagerstätte 196
Latzschürze, einfach 75, 76, 79
Lebensstoffe 131
Leibchenschnitt, Verwendung 89
Leibwäsche 196
Leinenbindung 65
Leistung 185
Liebig, v. Justus 219
Linoleum 16, 43
Lockerungsmittel 146
—, anorganische 147
—, organische 146
Luftaustausch 168
Lunge 183
Lymphe 181
Lymphgefäße 133, 181

Magermilch 137
Magnesium 219, 223
Mahlzähne (Molarzähne) 172
Mahlzeit 135, 193
Marmeladebereitung 129
Maschenberechnung 92
Maschenbild 116
Maschinen, elektrische 53
—, praktische 48
Maße, gebräuchliche 72, 74
Maße, Schürze 76
Material (Stoffkunde) 59
Mehl, Nährwert 144
Mehrraumheizung 14 f.
Mietwohnung 11 f.
Milch 136
Milcherzeugnisse 137
Milchgebiß 172, 190
Milchmischgetränke 126
Mineralstoffe 120, 123 f., 135
Mission, innere 213
Möbel 19
—, Auswahl 19
—, Bedarf 19
—, Holz 20
—, Oberflächenbehandlung 20
Molarzähne, Backenzähne 172
Mottenschäden 101
Mottenschutzmittel 102
Muskelbündel 179
Muskelfasern 179
Muskeln 179
Muskelzellen 179

Nachbearbeitung 69, 174
Nachfrucht 226
Nachthemd 81
—, Anforderungen 81
—, Nähen 85
—, Schnitt 82 f.
—, Veränderungen 86
Nagelpflege 171
Nähen 70, 73
Naht, einfache 70
—, überwendliche 70
Nähte, verschiedene 70
Nähtisch, praktischer 29
Nährstoffbildung 120
Nährstoffe 119, 122
Nährstofftabelle 152 f.

Nahrung 119 f.
—, künstliche, Zubereitung 193
—, Verarbeitung 133
Nahrungsaufnahme 118
Nahrungsmittel 120
—, pflanzliche 143
—, tierische 136
Nahrungsmittelkunde 136
Nahrungsstoffe, Umwandlung 133
Nahrungsweg 133
Nährwert 135
Naßbeize 228
Natron 147
Nebenräume 32
Nervenendungen 170
Neupflanzung 222, 243, 248
Niedernaht, Kappnaht 80
Nutzgarten 217
Nylon 63 f.

Oberflächenbehandlung, Holz 41
Obst 150, 156
Ohnmacht 209
Ordnung 48, 102, 263
Orientteppiche 21

Packungen 207
Paratyphus 138
Passe 87 f., 90, 93
—, Schnitt 88
Passenkleidchen 88
Patentschlitz 90
Perlon 63 f.
Pflanzen 232
Pflanzenanzucht 222
Pflanzenauswahl 252, 262
Pflanzgefäße, Grundforderungen 253
Pflanzgeräte 233
Pflege, Hausrat 39 ff.
—, Kleidung 99 f.
—, Möbel 39 ff.
—, Räume 39 ff.
—, Säugling 196
—, Topfpflanzen 252
—, vorbeugende 100
—, Wäsche 91
Pflegearbeiten 205
—, einfache 100
Pflegemaßnahmen 197
—, besondere 236
Pflegesachen 197
Phosphorsäure 219
Pilze 149
Plastikfolie 234
Plattfuß 176
Platzbeleuchtung 18
Polstermöbel 24, 44
Porzellanwaren 39
Pottasche 147
Propangas 37

Qualität 69
Quark 137

Rachitis 131, 199
Raum, Größe 13
—, Lage 13
Raumbedarf 12
Räume, Einrichtung 18
—, Gestaltung 17
Raumgestaltung 48
Raumplanung 48

Regler-Blitzkochplatte 35
Reihenberechnung 92
Reihenhaus 11 ff.
Reihensaat 231
Reinigung, Hausrat 39 ff.
—, Möbel 39 ff.
—, Räume 39 ff.
—, tägliche 33
Reinigungsarbeiten, tägliche 37
Reyon 63
Rhabarber 240
Rindfleisch 140
Risse, kleine 112
Rißkante 62 f.
Rohholz 41
Rohstoffe 59
—, Pflanzenreich 62
—, Tierreich 59
Rosen 251
Rotes Kreuz 213
Ruhepause 180, 187
Rührflügelmaschine 107 f.

Saat 227
Sandeinschlag 238
Sanforisieren 67
Sättigung 130, 133
Sättigungswert 138, 140
Sauerstoff 183
Sauerteig 146
Säugling 188 f.
Säuglingsernährung 129, 182
Säuglingskleidung 87
Säuglingspflege 175, 188
Saumnaht 71
Saumverschluß 73
Schäden, gesundheitliche 140
Schädlinge 225, 243, 255
Schädlingsbekämpfungsmittel 223
Schafwolle 59
Schaummasse, fettfreie 138
Schlackenanfall 180
Schlafsack 87, 89
Schlafzimmer 17, 25, 27
Schlafzimmermöbel 25 f.
Schlitz, gestreckter 90
Schlitzversäuberung 85 f.
Schlitzverschluß, einfacher 89 f.
Schmoren 158
Schmutzwäsche, Aufbewahrung 104
Schneidezähne 172
Schnitt, Auflegen 77
—, Beerensträucher 243
—, schräger 112
—, Zeitung 90
Schnitteile 77, 83
Schnittgewinnung 75, 91
Schnittmusterbogen 91
Schrägstreifen 79 ff., 92
—, Gewinnung 80
Schrankwand 27
Schürzchen 87
Schürze 74
—, Nähen 79
—, schräges Rockteil 79
Schürzenformen 75
Schutzorgan 168
Schwachzehrer 225
Schweinefleisch 140
Schweißdrüsen 169 f.
Schwesternschürze 76 f.
Seefische 142

Seide 61
Seife 103
Seifenpulver 103
Serienmöbel 20
Servierwagen 165
Setzlinge 232
Sicherung 53
Silitstahl 32, 35, 40
Singen 187
Skelett 178
Sommerblumen, einjährige 245 f.
Spannung, elektrische 53
Speicher, drucklose 56
Speisefette 127
Speisegeschirr, Anordnung 162
Speisen, Zubereitung 158
Spezial-Elektrogeschirr 35
Spielhöschen 87
Spieltiere, selbst gefertigte 94
Spielzeug 202
Spülen 37
Spülkorb 37
Spurenelemente 219
Stachelbeeren 242
Standort 248, 252 f.
Stärke 128 f., 135
Starkzehrer 225
Staubsauger 52, 102
Stauden 248
Stecklinge 255
Steinbelag 43
Steinböden 16
Stickstoff 219
Stickstoffsammler 225
Stillen 190 f.
Stillregeln 191
Stoffbedarf 69, 71 ff., 76
Stoffe, gewebte 64
—, gewirkte 66
—, Herstellung 64
—, Nachbearbeitung 66
—, synthetische 21
Stoffeinkauf 67 ff.
Stoffkunde 59
Stoffwechsel 133 f.
Stopfen 111
—, Maschine, Regeln 112
Strampelhöschen 87
Sträucher 244
Stricken 92
Strombedarf 55
Stromstärke 53
Süßmostbereitung 150
Süßwasserfische 142

Tapeten 17
Tee, schwarzer 151
Tee- und Duftpflanzen 240
Teesorten, einheimische 206
Teiglockerung, mechanische 147
Teilarbeiten 76 f.
Teppiche 21, 44
Teppichkehrmaschine 44
Theobromin 151
Thermostat 35, 54
Tisch, Bedienung 165
— Benehmen 164
Tischdecken 161
Tischkarten 164
Tischordnung 164
Tischschmuck 161, 163
Tischsitten 161

Toilette 12, 28
Topfblumenpflege 222
Topferde 253
Topfpflanzen, blühende 257 f.
Torfschnellkompost 222
Trägerdopplung 79
Trägerschürze 75, 99
—, Latz angeschnitten 75, 99
Trägerspitze 79
Trichinen 140
Trikot 66
Trinkwasser 123
Trockenbeize 228
Trockenplatz 109
Trommelwaschmaschine 107 f.
Tuftingteppiche 21

Überkrusten 159
Überwintern 238
Umschläge 207
Umtopfen 254
Unfälle, elektrischer Strom 210
Unkrautbekämpfung 234 f.
Unterbrandofen 15
Unterernährung 191
Unterhaut 127, 170
Unterhautfettgewebe 168, 170

Velourteppiche 21
Verbände 210 ff.
Verbandkasten 206
Verbrennung 119, 129, 183
—, flammenlose 119
Verdauung 133 f., 180
Verdauungsweg 134
Verdauungswirkung 134
Verderben, Lebensmittel 154
Vergiftungen 210
Verletzungen 210
Vermehrung 249
Verordnungen, ärztliche 205
Verzierungen 95
Vigantol 199
Vitamine 119 f., 131
—, Aufgaben 131
—, Vorkommen 132
Vitaminpräparate 132
Vlies 59
Vollautomaten 107
Vollfettkäse 137
Volt 53
Vorfrucht 226
Vorhänge 21
Vorlegebesteck 163 f.
Vorratsbereitung 129
Vorratsdüngung 254
Vorratshaltung 50
Vorratskeller 155
Vorwäsche 105

Wachstumsbedingung 220
Waldreben 250
Wände 17
Wärmewert 134
Warmwasserbereiter 34
Warmwasserboiler 56
Warmwasserspeicher 56
Warmwasserversorgung 14
Wäsche 59
—, Aufhängen 109
—, Trocknen 109
Wäschebehandlung 102, 104

Waschen 103, 105
—, Maschine 107
Waschmaschinen 105, 107
—, Anschaffung 108
—, elektrische 108
Waschmaschinentypen 107 f.
Waschmittel 103
—, gewebeschädigende 104
—, selbsttätige 104 f.
Waschpulver 103
Wasser 122 f.
—, hartes 103, 123
—, weiches 103, 123
Wasserbedarf 55, 254
Wasserleitung 30
Wasserversorgung 13, 49
Watt 53
Weizenmehltypen 144
Wellenradmaschinen 107 f.
Wickel 207
Wickelmöbel 197
Wickeln 197
Wickeltisch 198
Wild 141
Wildfrüchte 150
Windeln 196

Windeln, gebrauchte 198
Windschutz 216
Winkelriß 112
Wirkung, Genußmittel 151
Wirkungen, Packungen 207
Wirkwaren 66
Wischen 38
Wohlfahrtsverband, paritätischer
  213
Wohnen, gesundes 185
Wohnung 11 f.
—, gesunde, Anforderungen 186
—, Wahl 12
Wohnungstypen 11
Wohnzimmer 12, 17, 23
Wurstwaren 140 f.
Würzen, richtiges 160
Würzkräuter, einjährige 239
Würzmittel 132

Zackenlitze 96, 98
Zahnbildung 172
Zähne 124, 171, 190
—, Aufgaben 171
Zahnfäule 173

Zahnpflege 173
Zellstoff 120, 130, 135
Zellulose 63
Zellwolle 63
Zentralheizung 15, 34
Ziergarten 217 f.
Ziergehölze 249 f.
Zierstich 95 ff.
Zimmerpflanzen 251
—, Ansprüche 252
Zubereitungsarten 158
Zucker 128, 135
Zündsicherung 36
Zusammensetzen, gerade
  und gereihte Teile 88
—, Latz-Träger 79
—, Passe-Röckchen 88
Zuschneiden 73, 83
—, Regeln 78
—, sparsames 77
Zweijahrsblumen 247
Zwickel 93
Zwiebelgewächse 247
Zwiebeln 255
Zwiemilchernährung 193
Zwischenfrucht 226